이야기치료와
내면아이 치유

• 양유성 저 •

학지사

그리운 어머니에게 이 책을 헌정합니다.

들어가는 글

이 책의 큰 주제는 이야기 심리와 상담이지만, 자세히 구분하면 이야기학에서부터 이야기심리학, 이야기치료, 과거 이야기 속의 내면아이, 미래 이야기 속의 희망과 절망, 은유치료, 치료적 자서전 쓰기까지 책 속에 또 다른 작은 책들이 여러 권 들어가 있는 구성을 이룬다. 그렇지만 전체적인 흐름은 이야기를 통한 인간의 치유 경험을 상담 상황에 초점을 맞춰 일관성 있게 전개시켰다.

이 책은 학문적 주제에 관한 학술 자료의 단순한 집합체가 아니고 필자가 오랜 기간 강의하고 수업한 내용을 토대로 해서 인간의 경험을 학문적으로 성찰하고 분석하면서 내용을 정리한 것이다. 연구 주제에 맞춰 구조적 틀과 체계를 잘 유지해 나가되 스토리텔링 방식을 도입하여 전달하고자 하는 내용이 구체적이고 사실적으로 명확히 드러나도록 하였다. 관념적이거나 고루한 내용은 되도록 삭제하였고, 현실적이고 실용적인 내용을 잘 가리고 뽑아 독자가 쉽게 이해하고 자신의 삶과 문제에 적용해 보면서 실제적 도움을 받도록 내용을 구성하였다. 이 책을 통해 시대적으로 논의되고 있는 상담학의 다양한 주제들이 연속적으로 등장하겠지만, 만약 내면아이 문제에 관심이 큰 독자라면 곧바로 3장부터 읽어 보는 것도 궁금한 문제를 속히 해결하는 좋은 방법이 될 것이다.

이 책의 큰 흐름을 전개하면서 상담을 문학적으로 이해하고 접근할 수 있는 길을 모색하였고, 시, 소설, 그림동화, 그리고 영화와 음악 등 많은 문학과 예술 작품을 참고하거나 인용하였다. 상담과 예술이 서로 겹치는 영역에서 학문적 질문과 대화를 진지하게 시도하면서, 인간 이해와 치유를 위한 발전적 방안을 만들어 보려고 노력하였다. 상담 과정과 방식에 있어서 심리 이해뿐 아니라 문학적 접근을 함으로써 새로운 가능성의 세계를 열고 기술적 완성도를 높일 수 있다. 상담전문가는 자신의 상담을 예술의 경지까지 승화시킬 수 있는 장인 정신이 필요하고, 내담자의 이야기를 잘 끌어내며, 발전시켜 나가기 위해 무엇보다 문학적 상상력을 계발하여 적극적으로 구사해 볼 필요가 있다.

삶의 다양한 영역에서 펼쳐지는 이야기 세계

국내 이야기 산업은 폭발적으로 성장하고 있다. 인문학 분야에서 거의 유일하게 살아남아 맹활약을 하고 있는 것이 이야기 산업이다. 이런 배경에는 세계적으로 놀라울 정도로 커진 영향력을 발휘하고 있는 한류 열풍이 있고, 한국 영화, 드라마, 만화, 게임 등 스토리텔링에 기반을 둔 우수한 작품들이 계속 쏟아져 나오는 사회문화 현상이 이를 뒷받침하고 있다.

이렇게 문학적이거나 예술적인 분야에서뿐 아니라 모든 학문 분야에서 이야기 접근방식에 큰 관심을 쏟고 있다. 이런 방대한 분야를 총괄하는 최상위 범주를 이야기학(Narratology)이라고 부를 수 있고,[1] 이야기에 얽힌 주제와 소재, 자원, 매체 등 학문적인 모든 내용과 방식을 다룬다. 이에 관한 연구와 발표가 계속 진행되면서 전문 영역에서 사회와 소통할 수 있도록 진입 장벽을 낮추는 작업을 촉발시키고, 이야기 산업과 연결된 경제적 상품성을 높이고 있다.

잘 만들어진 재미있는 이야기는 다양한 방식으로 소비자에게 전달된다. 해

1) 문학 분야에서는 narratology를 서사학이나 서사 이론으로 번역하여 부르기도 하지만, 여기서는 문학적 의미로만 한정짓지 않고, 이야기 주제가 최근 다학제 간 연구로 확장되는 것을 고려하여 이야기학으로 표기한다.

리 포터 이야기가 대표적 실례이다. 해리 포터 이야기는 책으로, 영화로, 게임으로, 캐릭터 상품으로, 그리고 테마 파크로 만들어져 소비자와 만난다(김요한, 2010, p. 269).

의학적으로도 TV 의학 드라마를 통해 천부적 재능을 지녔거나 카리스마가 넘치는 의사가 긴급한 의료 상황에서 환자를 매우 기민하게 대하는 모습을 보면서 시청자는 의술과 의사의 세계에 관심을 갖는다. 동시에 이런 의사 중심의 의료 서사 외에 환자 중심의 투병 서사도 있다. 환자가 호소하는 증상에 대한 이야기를 의사가 청취하여 환자의 질병을 파악하는 서사적 전통은 히포크라테스 시대부터 의료행위의 핵심요소였다(김유라, 이근미, 2019, p. 152). 그래서 의사들은 환자들이 겪는 질병의 증상에 관한 이야기를 잘 들어봐야 한다. 의사뿐 아니라 환자도 동일한 질병을 앓고 있는 다른 환자가 심각한 상태에서 회복된 이야기가 큰 힘과 위로가 된다. 또 건강한 사람은 노년기에도 건강하게 장수하는 사람의 건강관리 비결이 무엇인지 그 이야기를 듣고 싶어 한다.

이런 의학 서사는 무엇보다 지그문트 프로이트를 필두로 한 정신분석 운동에서 학문적으로 크게 주목받았다.[2] 프로이트 자신이 노벨문학상 후보로 지명될 정도로 그의 문학적 재능은 비범했고, 그로 인해 지금도 문학 분야에서는 정신분석학의 도움을 받지 않고는 등장인물들의 성격이나 심리 묘사가 충분히 표현되기가 어려울 정도이다. 유사하게 칼 융[3]이나 빅터 프랭클[4]도 의사로서 정신의학의 영역에서 전문성뿐 아니라 문학적 서사가 풍부한 저술 활동을 통해 인간의 본성과 심층 세계를 이해하는 데 큰 공헌을 했다.

---

2) 그의 많은 작품 중 특히 『일상생활의 정신병리학』, 『히스테리 연구』, 『꼬마 한스와 도라』, 『늑대인간』 등에 서사적 요소가 잘 드러난다.

3) 융의 작품 중 『인간과 무의식의 상징』(집문당, 2000), 『카를 융: 기억 꿈 사상』(김영사, 2007)에 서사적 요소가 풍부하다.

4) 특히 홀로코스트 체험 수기로 그의 대표 저서인 『죽음의 수용소에서』(청아, 2005)를 읽어 보길 권한다.

범죄와 싸우는 경찰과 검사들, 악질 범법자들을 처벌하는 법조계에서 벌어지는 범죄와 법정 서사도 때로는 매우 흥미로운 이야깃거리가 된다. 법정 드라마와 영화에서는 고위 공직자의 권력형 비리를 파헤치는 수사나 재판 과정이 시청자들의 흥미를 끌기도 한다.

의사나 검사와 같은 전문직의 세계를 다룬 드라마는 일반 시청자들의 호기심을 자극할 만한 극적 요소가 풍부하다. 또 그런 특정 직업에 종사하는 전문직이 많은 사람이 선망하는 직업인 경우 이런 드라마는 대중의 욕망을 충족시켜 주기도 한다(임훈, 주효진, 2017, p. 265).

법정 드라마 외에 범죄를 수사하는 드라마로 과거 TV에서 〈수사반장〉이라는 형사들이 강력 사건을 풀어가는 내용을 다룬 드라마가 국내에서 장기간 큰 인기를 끌었고, 그중 많은 소재가 영화로 제작되기도 했다. 또 미국 드라마로 피터 포크가 주연한 〈형사 콜롬보〉는 매우 장기간 시청자들에게 큰 인기를 끌면서 그의 독특한 수사 방식, 용의자들 중 진범을 찾아내 궁지로 몰아넣는 용의주도한 대화 내용, 그의 뛰어난 연기력과 늘 똑같은 코트를 걸치고 나오는 특유한 코디까지 많은 화젯거리가 되었다. 이런 장르를 보면, 살해당한 피해자를 부검하며 단서를 찾는 법의학 드라마에서부터 조직폭력배들의 세계 등 종속된 하위 범주까지 다층적인 소재가 잡히고, 한국뿐 아니라 외국의 수사 드라마 등 다양한 문화권에서 자주 등장하는 이야기 소재가 되었다. 또 법원에서 판결의 근거로 판례를 중시하고, 사건 내용을 분석하는 과정에서 사례연구를 도입하는 방식은 상담에서 이야기 접근방식과 유사한 면이 있다.

우리는 과거 오랜 역사 속에서 늘 외세의 침략을 당하며 전쟁 공포에 시달렸고, 그러다 냉전 시대 강대국들의 개입 속에 동족상잔의 비극까지 치렀으며, 지금도 여전히 불안과 긴장 속에서 남북 간에 군사적 대결 양상이 계속되고 있다. 이 같은 전쟁 서사는 인간을 비인격화 내지는 마성(魔性) 인격으로 변하도록 이끌고 가 많은 젊고 순수한 생명을 빼앗고 개인과 가족을 큰 불행과 고통으로 몰고 간다. 러시아의 우크라이나 침공 사태를 보면서 많은 사람은 그것이 남의 일처럼 여겨지지 않는다. 우리도 그런 일을 미래 어느 순간 갑자기 당할 수도 있기 때문이다.

이와 같이 전쟁에 얽힌 에피소드는 중국의 〈삼국지〉에 나오는 유명한 적벽대전 이야기부터 한국사의 3대 대첩인 을지문덕의 살수대첩, 강감찬의 귀주대첩, 이순신의 한산대첩, 그리고 20세기 현대사에서는 역사상 가장 참혹한 전쟁이 되었던 미국과 영국 등의 연합국과 독일과 일본이 제2차 세계대전에서 싸운 과거 전쟁의 승리와 패배의 이야기가 엄청나게 많은 양의 내용으로 영화나 TV 드라마로 소개되었다. 그 후 미국과 베트남 전쟁, 이라크 전쟁, 아프가니스탄 전쟁, 9·11 테러로 인한 알카에다와 같은 테러 집단과의 전쟁, 최근 다시 과거 재래식 전쟁으로 회귀한 것 같은 우크라이나 전쟁 등 전쟁은 끊임없이 인류 역사에서 계속되고 있다.

이런 전쟁 통에 민간인들도 다양한 형태로 피해를 입는 장면이 많은 영화 속에 공개되었다. 이를 테면, 안소니 퀸이 주인공으로 나온 영화 〈25시〉에서는 한 소박하고 평범한 루마니아 농부가 전쟁을 겪으면서 여러 차례 자신의 인종과 국적이 바뀌고 그로 인해 삶의 천당과 지옥을 오가면서 파란만장한 운명을 살게 된 이야기가 소개된다. 또 비비안 리와 로버트 테일러가 주연으로 나오는 영화 〈애수〉도 사랑에 빠진 두 연인이 전쟁으로 헤어져 비극적인 결말로 끝나는 애잔한 이야기로 기억에 남는 인상적인 영화이다. 마찬가지로 영화 〈바람과 함께 사라지다〉도 미국 남북전쟁을 배경으로 한 남녀의 러브 스토리인데, 영화 역사상 가장 유명하고 성공적인 영화로 손꼽힌다. 이렇게 전쟁은 사회적으로 엄청나게 큰 충격과 고통을 가져오지만 그 속에서도 인간들은 치유와 회복을 위해 다시 애쓰는 모습이 소개된다.

TV 채널이 과거처럼 소수의 지상파 방송 외에 종편과 뉴스 보도 채널, 심지어 유튜브 방송까지 생기고 많아지면서 정치 이야기가 과거보다 무성해지고 지나치게 과열되어 보도되는 양상을 띠게 되었다. 정계 소식도 정치 평론가들의 정치 이념이나 진영 논리에 따라 똑같은 사건도 서로 너무 다른 관점에서 해석하고 평가되기도 한다. 이처럼 대한민국이 선진국 생활수준으로 넘어가면서 유익하고 필요한 이야기도 있지만 위험하고 불필요한 이야기도 차고 넘치는 사회가 되어가고 있다. 물론 이런 양상이 국민들의 국정에 관한 관심과 정보 공유 욕구를 충족시켜 주는 면도 있겠지만, 여당과 야당이 지나치게 대립하고 정치적 주도권을 잡고 이권을 취하기 위해 사사건건 충돌하면서 국민들을 분열시키고 불안과 혼란에 빠뜨리는 부작용도 덩달아 커지고 있다.

이야기의 세계는 연령 집단에 따라, 그리고 남성과 여성의 성 차이에 따라 모이면 신나게 떠드는 대화 내용이 달라진다. 남성들이 모이면 직장에서 벌어진 크고 작은 사건에 대한 이야기, 정치판에서 벌어지고 있는 이야기를 주로 많이 한다. 또 한 가지 자주 화젯거리가 되는 것은 스포츠 이야기인데, 축구나 야구와 같이 자기가 좋아하는 운동 경기 종목의 시합 결과에 따른 뒷이야기, 중요한 시합에서 큰 활약을 한 선수들에 관한 이야기는 그들의 모임에서 자주 등장하는 단골 메뉴이다. 스포츠는 인간의 아드레날린을 분출시키지만, 운동장에서 뛰지 못한 관중들은 죽이 맞는 친구들과 만나 흥분했던 감정을 진정시키기 위해 이야기로 뒤풀이를 해야 하는 것이다.

음악이나 미술과 같은 예술의 영역에서도 음악가나 화가의 생애에 관한 에

사진 1 관중이 수만 명 운집한 축구장

피소드는 그들의 작품 세계를 이해하는 데 큰 도움이 된다. 특히 그들의 출생과 시대 배경, 가족관계 속에서의 성장 과정, 성격 기질과 심리 성향, 이성 관계와 결혼생활, 그들이 추구했던 삶의 의미와 주제, 가난과 질병 같은 고통의 문제에 대한 대처 반응 등은 그들의 작품 속에 그대로 표현되어 남게 된다. 그런 흥미로운 에피소드가 많고 적음에 따라 그들의 작품에 대한 대중들의 이해와 평가가 달라질 수 있다. 마찬가지로 영화나 뮤지컬 배우, TV 드라마 연기자나 개그맨 또는 개그우먼도 동일한 범주에서 그들의 자서전적 에피소드를 공개하며 진술한 내용은 팬들에게 많은 영향을 주게 된다.

우리가 입는 옷이나 들고 다니는 가방 또는 타고 다니는 승용차를 구매할 때도 이야기의 힘은 크게 작용한다. 그런 쇼핑을 할 때 구매자의 사용 후기를 읽어 보고 최종 결정을 하는 경우가 많고, 마찬가지로 자동차도 그 차를 사서 타본 사람들의 시승기를 동영상으로 보거나 기사 내용을 읽고서 구매 의사가 결정되는 경우가 많다. 이것은 그 이야기들이 얼마나 객관적 진실성이 있고, 대중적 인기나 전문적 검증이 됐는지를 확인시켜 주기 때문이다. 더구나 비싼 돈을 주고 사는 명품의 경우에는 이런 이야기의 위력이 더욱 커진다. 그래서 창업자의 비범한 자질, 남다른 헌신과 특출한 경영 능력, 제품 개발에 얽힌 숨겨진 이야기, 독창적인 디자인과 제품 상표의 독특한 문양이나 엠블럼이 만들어진 배경 이야기 등에 재미있는 사연이 있을 때 사람들은 더욱 감동하면서 큰돈을 내고 그 물건을 사게 된다.[5)]

관광 산업에 있어서도 관광객들이 가서 만족스럽게 구경하고, 신나게 놀고, 맛있게 식사하고, 편하게 숙박하는 데 있어 다양하고 풍부한 여행 서사를 품고

5) 에르메스, 루이비통과 함께 프랑스의 3대 명품 브랜드 중 하나인 샤넬의 엠블럼인 두 개의 C자가 서로 대칭으로 놓인 모양은 창업자인 코코 샤넬의 앞 이름에서 만들어진 것이고, 독일의 고급 승용차 브랜드인 메르세데스 벤츠의 삼각별 엠블럼은 육지, 바다, 하늘을 의미하는데, 창업 초기 육해공의 모든 운송수단에서 최고를 지향하겠다는 창업자들의 사업 의지가 담겨 있다.

있는 관광지에 사람들이 더 많이 몰리고, 그 곳에 얽힌 숨겨진 이야기가 홍미로울 때 관광객들은 더 많이 찾게 된다. 이처럼 재미있는 이야기는 고부가 가치 산업과 연결된다. 때문에 지역마다 관광객들을 유치하기 위해 다양한 축제와 행사도 하지만, 그 지역을 배경으로 한 역사적 인물이나 사건 또는 전설이나 민담 등을 찾아내 이를 관광 상품으로 연결하여 개발하기도 한다.[6] 마찬가지로 흥행에 성공했던 영화나 TV 인기 드라마를 촬영했던 장소가 관광객들이 많이 몰리는 관광 명소가 되기도 한다.[7] 이렇게 특별하거나 홍미로운 이야깃

사진 2 부여 성흥산성 사랑나무[8]

6) 이를 테면, 남원 광한루와 춘향테마파크를 배경을 한 성춘향과 이몽룡의 한국의 대표적 러브 스토리를 주제로 한 관광 상품, 고구려의 뛰어난 장군이 된 바보 온달과 평강공주의 사랑을 배경으로 한 단양 온달 관광지, 이순신 장군의 전공을 기리며 그의 영정을 모신 사당과 그가 성장한 고택과 활터가 있는 아산 현충사 그리고 임진왜란 격전지인 통영, 여수, 진도의 이순신을 배경으로 개발된 다양한 역사 여행 프로그램, 논개의 충절정신을 기리는 진주의 논개제, 운보 김기창 화백과 그의 예술혼이 담긴 청주 운보의 집과 미술관, 대향 이중섭 화백의 예술적 발자취를 느낄 수 있는 제주도 서귀포의 이중섭 거리와 미술관 등

7) 영화나 드라마가 많이 촬영된 유명한 장소로는 〈미스터 션샤인〉 촬영지인 논산 선샤인랜드, 〈겨울연가〉 촬영지인 남이섬, 사극 드라마가 많이 촬영된 문경새재 오픈 세트장, 순천 드라마 촬영장, 창원 마산 해양 드라마 세트장, 합천 영상 테마파크, 부여 성흥산성(가림성) 사랑나무, 포천 비둘기낭 폭포 등이 있다.

8) 저자 DSLR 촬영, 2021년 7월 20일

사진 9 한식 밥상

거리가 있는 곳에 사람들이 더 많이 찾게 되는 것이다.

요리나 음식에 관한 이야기는 과거에는 주로 여성의 영역이었으나 지금은 그 벽이 허물어져 남성과 여성 모든 사람의 관심을 끄는 이야기 주제가 되었다. 그래서 여기저기 방송 채널에서 맛집을 소개하는 프로들이 많아졌고, 과거에는 결코 알 수 없었던 음식점 메뉴의 특별한 맛을 만들어 내는 비법들이 쉽게 공개되기도 한다. 이렇게 삶의 어느 영역에서 이야기의 세계가 형성되고 이야깃거리가 많아지며 활기를 띨 때 거기 소속된 사람들의 지적이거나 정서적인 예민성과 평가 수준도 올라가 그 분야가 고급스럽게 발전해 가는 계기가 된다.

인간은 동물이나 식물과도 정서적으로 교감하고 자신만의 방식으로 의사교환을 하거나 상호작용을 한다. 오늘날 많은 사람이 사회적으로 고립되거나 단절된 상태로 외롭게 살아가기 때문에 사람보다 오히려 반려동물이나 반려식물과 애착 관계를 형성하는 경우가 늘고 있다. 상담학에서도 일찍부터 동물보조치료나 원예치료 등이 도입되어 큰 성과를 내기도 한다. 그렇다면 이야기는 단순히 인간 세계에만 제한되어 있는 것이 아니고 주변 생태계로 확장되어 새롭고 창의적인 더 많은 이야기가 계속 쏟아질 수 있다.

사진 4 승마를 통한 동물과의 교감

앞서 살펴본 바와 같이 이야기의 세계는 의학, 법학, 군사학, 정치학, 경제학, 예술과 체육, 관광과 조리학, 동물과 식물학 등 거의 모든 학문 영역에 걸쳐 있고, 그 속에서 가지각색의 이야기가 무궁무진하게 생산될 수 있다. 이와 같은 이야기들은 시간과 공간을 넘어 인접 분야와 연결되고 또 다른 의미로 해석되고 표현되면서 그 시대에 부응하는 새로운 이야기로 변형되어 재생산된다.

대한민국이 문화 콘텐츠 강국이 되면서 매력적이고 흥미진진한 이야기의 세계는 갈수록 확장되고 풍부해지고 있다. 본론적인 내용이 소개되는 다음 장부터는 우리 주변에서 펼쳐지는 각계각층의 이야기 중에서 상담 이야기의 세계로 들어가 보고자 한다. 치유와 성장을 일으키는 이야기의 본질적인 성격과 기능을 이해하고, 시간적 역동성 속에서 벌어지는 심리적 갈등을 깊이 다루며, 임상적인 측면에서 다양하고 창의적인 접근방식을 제안해 보고자 한다.

차례

제1장

이야기 심리학의 개념

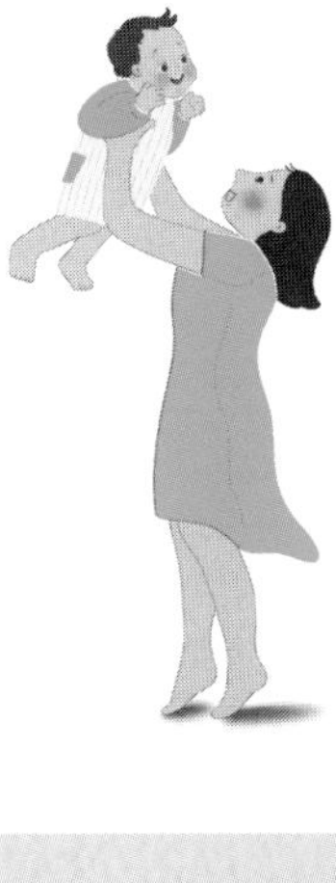

이야기하는 인간, 호모 나랜스

원시시대부터 인류는 이야기를 통해 세상을 이해하고, 종족의 역사를 후손에게 남겼다. 사람들은 문자가 없던 옛날부터 이야기를 통해 감정을 표현하고, 의사소통을 하고, 정보를 교환했다. 이야기를 통해 상대방을 이해하고 자신을 드러내고 알린다. 그러면서 그들은 이야기 속에서 서로를 이해해 왔고, 그 속에서 위안과 즐거움을 느꼈다. 이야기에는 사람들의 마음을 어루만지며 감싸주고, 고통을 누그러뜨리며, 문제를 해결해 내는 힘이 있었기 때문이다. 인간은 이야기를 통해 세상과 자신을 이해하고 소통시키는 본능을 지닌 호모 나랜스(Homo Narrans)이다(이민용, 2009, p. 227).

인간은 무엇보다 이야기하는 존재이며, 계속해서 새로운 이야기를 만들어 내고, 그런 이야기를 주고받기를 즐기는 이야기꾼이다. 이야기와 떼려야 뗄 수 없이 깊이 의존하며 평생 살아갈 수밖에 없는 운명적 존재이다. 그래서 이야기를 하고 싶어 하고, 이야기하길 즐기며, 그런 이야기에 둘러싸여 커가고 나이를 먹는다.

이처럼 인간은 평생 이야깃거리를 만들어 내면서 엄청나게 방대한, 무궁무진한, 변화무쌍한 이야기의 세계에 파묻혀 살게 된다. 그 속에는 말로 표현된 이야기도 있지만, 글로 쓴 이야기도 있다. 신나게 누구에게나 하고 싶은 이야기가 있고, 두렵거나 부끄러워 말하고 싶지 않고 침묵 속에 깊이 묻어둔 이야기도 있다. 다른 사람들에게 하고 싶은 이야기도 있지만, 다른 사람들로부터 더 많이 더 자주 듣고 싶은 이야기도 있다.

신라 48대 왕인 경문왕의 귀에 얽힌 설화가 있다. 임금 자리에 오른 뒤에 귀가 나귀의 귀처럼 커진 경문왕의 비밀을 발설할 수 없었던, 왕의 두건을 만들어 주던 장인은 마음의 심한 고통을 안고 살다가 죽더라도 속 시원하게 말이나 한번 해 보고 죽자고 결심하고 대나무 밭에 가서 "임금님 귀는 당나귀 귀다!"라

사진 1-1 울창한 대나무 숲

고 크게 외쳤는데, 그러자 마음의 병이 낫게 되었다. 그러나 그 뒤부터 바람이 불면 대밭에서 '임금님 귀는 당나귀 귀'라는 소리가 들렸다는 내용이다. 이 설화는 인간의 이야기에 대한 뿌리 깊은 욕망, 즉 이야기를 하고 싶고, 그 이야기를 다른 사람들과 함께 나누고 싶어 하는 인간의 본성을 잘 드러내 주고 있다.

어린 시절 할머니에게 옛날이야기를 해 달라고 조르기도 하고, 가정에서 잠자리에 들기 전 부모들은 아이에게 책을 읽어 주거나 이야기를 들려 준다. 청소년기에 접어들면서부터는 학교 화장실에 출몰하는 귀신 이야기를 하며 담력을 키워 보기도 한다. 이렇게 인간은 성장하면서 자신의 발달 과제에 적합한 이야기를 하고, 듣고, 읽고, 쓰면서, 갈수록 확장되어 가는 이야기의 세계 속에서 살게 된다. 우리는 이렇게 인생의 여정 속에서 다양하고 풍부한, 그리고 변화무쌍하게 전개되는 이야기의 세계에 둘러싸여 살아왔다. 그래서 음악치료가 인간을 무엇보다 청각적 존재로 이해하고, 미술치료는 인간을 시각적 존재로 바라본다면, 이야기치료는 인간을 이야기 창작을 위한 상상력을 발휘하고 표현할 수 있는 문학적 존재로 보는 것이다.

우리의 정체성을 형성하는 이야기

이야기는 인류의 역사 시작부터 내려오는 가장 오래된 정신적 자원과 유산이며, 인류 공통의 문화적 자산이다. 이야기는 존재의 근원과 맞닿아 있고, 이 세상의 모든 존재는 이야기에 의해 생성된다. 인간들의 이야기가 있는가 하면, 동물이나 식물들의 이야기가 있고, 산과 바다, 해와 달의 이야기가 있으며, 신들의 이야기가 있다. 이야기가 없다면 어떤 존재도 인간의 기억과 역사 속에 오랫동안 살아남을 수가 없다.

이야기는 그 존재를 형성하고 유지하는 방식일 뿐 아니라 그것을 설명하고 표현하는 수단이기도 하다. 어떤 존재이든 이야기를 통해 자신을 알릴 수밖에 없기에 이야기는 그 존재가 누구이고 어떻게 살았는지를 알아낼 수 있는 자료이고, 그 대상을 이해하려고 시도하는 소통의 창구가 된다.

인간이 이야기를 끊임없이 생산해 내고, 그중 많은 이야기는 사라지지만, 어떤 이야기는 끝까지 살아남고 마음속 깊이 들어와 자아 정체성을 형성해 주는 재료로 사용된다. 우리의 정체성은 이야기에 의해 구성되고, 때로는 타자와의 관계에 의해 정의되기도 한다.[1] 다른 사람들과의 관계에서 나의 마음을 공감해 주고 존중해 주는 이야기는 나를 격려하고 위로해 주면서 긍정적인 정체성을 형성시켜 주고, 거칠고 억누르는 이야기는 마음의 상처와 고통을 주면서 부정적인 정체성을 만들어 놓는다.

1) 인간의 정체성 발달에 대해 에릭 에릭슨은 자기 자신과 다른 사람들이 동시에 인식하는 동일성(sameness)과 연속성(continuity)에 의해 형성된다고 주장한다(Erikson, 1980, p. 22). 동일성은 자신이 이상화한 대상의 어떤 특성을 동일시하면서 그것을 수용하면서 융합되는 현상을 의미하며, 연속성은 시간적 측면에서 자신의 심리적 속성들이 과거, 현재, 미래 이야기 속에서 의미 있게 서로 연결되고, 영향을 주고받으면서 성장하는 것을 가리킨다(연속적 상승이 아닌 침체나 퇴행을 포함한 발달과정).

우리의 정체성을 형성해 주는 이야기 중에 장기적인 면에서는 말보다 글의 힘이 오래 남아 있겠지만, 짧은 순간 강한 힘을 발휘하는 것은 말의 힘이 더 클 수 있다. 독서 경험 속에서 고전이나 소설과 같은 문학 작품이든 수필이나 시와 같은 짧은 글이든 마음에 큰 울림을 주기도 하고 때로는 잔잔한 여운을 남긴다. 철학자의 강연을 듣거나 영화나 드라마 속의 연기자의 대사 내용이 내 마음을 사로잡게 되면서 그들의 존경스러운 모습을 내 마음 속에 이식시켜 놓는다.

우리는 이야기를 생산해 내는 주체이면서 동시에 이야기에 의해 만들어져 가는 객체이기도 하다. 인간이 이야기를 만들어 내기도 하지만, 반대로 이야기가 인간을 만들어 갈 수도 있다. 내가 이야기를 표현하며 발표하기도 하고, 다른 많은 사람의 이야기를 듣고 수용하기도 한다. 이렇게 역동적인 상호작용을 하면서 내 속의 이야기의 세계가 확장되고 발전해 간다. 인간의 풍부한 이야기 경험 속에서 이야기 정체성은 개인이 다양한 인생 경험을 일관성 있게 통합하여 내재화한 자신에 대한 이야기를 의미한다(정보라, 2020, p. 371).

인간은 이렇게 이야기 세계 속에 자신의 이야기를 서술하면서 내면적 정체성을 형성해 갈 뿐 아니라 외부 세계와 상호작용을 한다. 그때 자신의 삶의 이야기가 끊어져 서로 연결되지 않고, 그 이야기가 시시하고 공허한 이야기로 채워질 때, 또는 그 이야기의 주된 내용이 부정적이고 패배적일 때 인간은 자신의 삶의 의미나 기능성을 잃게 된다. 상담에서 내담자의 이런 이야기를 풍성하고 다양하게 바꿔 줄 때, 부정적으로 왜곡된 이야기를 밝고 건강한 이야기로 고쳐 줄 때 삶에 새로운 긍정적 변화가 찾아온다. 이야기 정체성은 자신이 누구인지 자신의 삶을 이야기하고, 다시 이야기하는 과정 속에서 크고 작은 변화를 경험하게 된다(고미숙, 2003, p. 21).

구자경은 삼차원적 탐구 공간을 통해 내담자의 이야기 정체성이 변화하는 양상을 탐색하여 질적 분석을 시도했다(구자경, 2016, p. 221). 시간, 상황, 상호성 속에서 부모의 이혼과 재혼으로 가족관계의 상실과 위기를 경험한 20대 여성 내담자는 성장 과정에서 이야기 정체성이 여러 차례 바뀌게 된다. 엄마가 이혼 후 두 살 된 어린 내담자를 맡긴 이모네 가정에서 버림받을까 불안해하며 '눈치 빠른 재롱둥이'로 크다가 이모네 가정에서 나와 초등학교 6학년 때 합류한 재혼한 엄마의 가정 사이에서 어느 집 딸이어야 하는지 혼란에 빠져 갈등하는 '외톨이'로, 청소년기에는 엄마의 재혼 가정에 적응하지 못하는 '쓸모없는 반항아'와 '겉도는 딸'로, 청년기에는 사랑을 갈구하지만 남자친구에게 버려진 '피해자'로 이야기 정체성은 계속 부정적으로 변해 왔지만, 오랜 상담 끝에 안개꽃처럼 뒤에 숨겨진 배경이 아닌 '완전한 또 하나의 꽃'으로 아름답고 당당한 정체성을 구현해 낸다. 이야기 정체성은 완성된 상태가 아니라 형성되는 과정 속에 있다. 누군가의 자서전적 진술은 한 번의 이야기하기로 완성되는 것이 아니고, 개정 작업을 통해 더 좋은 이야기로 바뀔 수 있다.

우리의 자아는 고정된 상태가 아닌 가변적인 상태로 존재하며, 이야기를 통해 만들어지고 구체화된다. 이렇게 이야기 정체성은 인생 전반에 분산된 많은 사건을 일관성 있는 이야기로 구성해 놓은 자신의 모습을 가리킨다.

오늘날 가정의 모습뿐 아니라 사회적으로도 급격히 변모하는 다문화사회에서 인간의 정체성은 단일 구조가 아닌 복합 구조를 이루면서 이야기는 개인의 정체성을 형성해 주고, 크고 작은 집단의 정체성을 만들어 가는 데 큰 영향을 주기도 한다. 개인의 정체성은 물론이고 국가나 사회의 정체성도 이야기에 의해 형성된다. 최근 드라마, 영화, 음악, 예능뿐 아니라 음식과 패션까지 다양한 장르의 한류 콘텐츠는 한국적 이야기를 생산해 내는 문화 산업으로 역동적이고 복합적인 집단 정체성을 형성시키는 데 큰 역할을 담당하고 있다. 김대군은 다양한 삶의 관계 속에서 많은 사건을 경험하면서 자신과 집단의 과거, 현재, 미래 이야기를 만들어 가는 것이 이야기 정체성 형성의 과정이라고 규정하였다(김대군, 2017, p. 124).

인간관계를 주도하는 이야기의 힘

사람들은 가깝고 친한 사이에서 서로 모이면 이야기를 시작한다. 어떻게 지내고 있는지 궁금해하며 최근에 있었던 일들을 이야기한다. 어린 시절 명절 때마다 가족들이 둘러앉아 음식을 준비하며 이야기꽃을 피운다. 이야기가 무르익어 가면서, 흥미롭고 재미있는 이야깃거리가 많은 사람이 모든 사람의 관심을 독차지하면서 모임을 주도하게 된다. 이야기를 해 나가는 가운데 그 사람의 인간적 모습이 소개된다. 감정적 분위기가 표현되고, 삶의 주제와 동기가 나오며, 삶의 의미를 추구해 나가는 방식이 전달된다.

누구나 가장 가깝고 친하게 지내고 싶은 사람은 내가 편하게 이야기를 주고받을 수 있는 사람이다. 자신의 일상생활 이야기를 매우 자연스럽고 생생하게 전해 주고, 따뜻하고 감동적인 이야기를 들려주는 누군가 옆에 오랫동안 머물고 싶어 한다. 거짓되고 얄팍한 이야기가 아니고 진지하면서 삶의 깊은 의미와 여운이 깔리는 이야기를 들려주는 사람을 존경하며 따르고 싶어 한다. 이런 것이 인간을 치유하는 결정적 자원이기도 하다. 그만큼 이야기는 세상의 다른 어떤 것보다 인간을 변화시킬 수 있는 강력한 힘을 지니고 있다. 이렇게 이 세상의 무수한 이야기가 있지만 반대로 듣는 사람의 입장에서는 어떤 이야기를 선택하고 받아들이느냐에 따라 자신의 미래와 운명이 크게 바뀌게 될 수도 있다.

듣는 사람이 즐겁고 편안하게 듣고 거기다가 매우 의미심장한 이야기를 하는 사람 옆에 주변 사람들이 꾸역꾸역 모여든다. 단순히 논리적으로 말을 잘하기보다 공감할 수 있는 감동적인 이야기를 전하는 스타일을 의미한다. 이렇게 이야기를 잘하는 사람이 자신이 속한 공동체의 지도자가 되고 결국 세상을 지배하게 된다. 지도자의 중요한 자격 조건 중 하나는 이야기 생산 능력이라고 볼 수 있다. 이야기는 인간의 마음을 움직이고 바꿀 수 있는 큰 감화력을 만들어 낼 수 있다. 사람들은 이야기가 흥미롭고 자신의 삶과 연결될 때 그 이야기에 심취되어 빨려들게 된다.

사랑의 삼각형 이론으로 유명한 로버트 스턴버그는 사랑하는 관계에서도 이야기 코드가 맞는지에 의해 행복하게 살지 그렇지 못할지가 결정된다고 보았다(Sternberg, 1998, p. 224). 사랑에 관한 이야기 접근방식의 연구를 통해 왜 사람들이 어떤 사람에게는 끌리고 다른 사람에게는 그렇지 않은지, 왜 어떤 관계는 오랫동안 잘 견디는데 다른 관계는 실패하고 마는지를 설명한다. 심지어 바깥에 있는 다른 사람들에게는 너무 고통스러워 보이는 관계도 관계 속에 있는 사람들의 이야기가 서로 맞는다면 오랫동안 지속될 수 있고, 반대로 밖에서 보기에 잘 되어 가는 관계도 그들의 이야기가 서로 맞지 않는다면 그 관계는 쉽게 끝날 수 있다는 것을 보여 준다. 사람들이 지속적인 사랑을 경험하느냐 못 하느냐는 그들의 파트너가 서로의 이야기 속에서 얼마나 그 역할을 잘 감당해 주느냐에 달려 있다.

지식과 정보를 능가하는 이야기의 힘

지식이나 정보는 객관적이거나 과학적 사실에 기반을 둔 현실 세계에 제한되어 있지만 이야기는 그보다 확장된 세계 속의 내용물도 끌어낼 수 있다. 이야기의 세계는 더 넓은 공간에서 자유롭게 표현될 수 있는 잠재된 자원과 무한한 가능성을 지니고 있다. 지식이나 정보는 가시적인 공간 내에 주로 머물지만 이야기는 가상공간이나 초현실 상황까지도 포함시켜 제한 없이 활동 영역을 넓혀갈 수 있다.

지식이나 정보는 공부하고 일하기 위한 목적에서 이해하고 다루어 나가지만 이야기는 흥미를 불러일으킬 수 있는 방향으로 진행되면서 인간의 마음을 즐겁고 편하게 해 줄 수 있다. 이론 중심의 강의나 교육은 학생들을 힘들고 지치게 한다. 그러나 사례나 일상 예화를 들 때는 자연스럽고 편안하게 잘 듣고 교육 내용을 쉽게 따라온다. 그래서 지식이나 정보는 인간에게 마음의 고통과 부담을 주기도 하지만, 이야기는 마음을 여유롭게 해 주고 안정시켜 줄 수 있다.

영화나 드라마 속의 이야기는 곰곰이 이치를 따져 보고 내용을 철저히 확인하고 검토해 보는 방식으로 그것을 보거나 다루지는 않는다. 지식이나 정보는 평가하고 분석하는 반응을 먼저 불러오지만, 이야기는 있는 그대로 수용하는 반응을 불러온다. 이야기 접근은 사람들로 하여금 그 내용을 친숙하게 받아들이도록 하는 효과를 거둔다. 이것이 이야기 접근의 특별한 매력이고 장점이다. 이야기는 이렇게 사람들의 마음속에 더 빨리 침투하고, 기억 속에 오래 남아 있게 된다.

지식이나 정보는 사람들이 그 세계에 들어갈 때 긴장하거나 불안해할 수 있다. 상담도 지식이나 정보를 앞세우는 주지화 성향을 띨 때 모든 것이 경직되고 불편해질 수 있다. 그럴 때 내담자 편에서 거부감이나 반발 의지가 커질 수 있다. 그러나 이야기는 자연스럽고 편하게 느껴지고 재미있고 창의적인 방식으로 여겨지므로 쉽게 접근할 수가 있다. 이렇게 이야기는 인간을 이해하고 치유하는 데 상당한 장점과 가능성을 지니고 있어 상담에서 치료 성과를 크게 높여 줄 수 있다.

인문학 분야에서 눈부신 기술혁신으로 발전하는 과학계를 모방하여 과학적이고 논리적인 사고에 집착하므로 관념적이고 무미건조한 내용을 많이 생산하는 결과로 몰고 가고 있다. 이야기학은 본질적으로 논리적 사고보다 경험적 사고에 의존한다. 관념적 이론보다 일상생활에서 발견되는 삶의 반성적 지혜에 기반을 둔다. 지나치게 물질문명으로 변해가는 이 세계에서 정신문명은 과거보다 갈수록 쇠퇴하고 있다. 이를 바로 잡을 수 있는 길은 이야기 접근방식 속에서 삶의 경험적 이야기를 경청하고 그 내용을 질적으로 깊이 있게 분석하는 것이다.

삶을 구성해 주는 세 가지 이야기

인간이 경험하는 이야기의 내용을 크게 세 가지로 나누어 분류할 수 있고, 인간의 인성(personality)도 이 세 가지 요소가 합쳐져서 형성된다. 즉, 모든 인간은 인류의 보편성(human commonality: 'like all other men')과 문화적 다양성(cultural difference: 'like some other men')과 개인적 특수성(individual uniqueness: 'like no other men')이 합쳐져서 결정되는 것이다(Kluckhohn & Murray, 1967, p. 53).

① 보편적 경험의 이야기: 인간이면 누구나 알고 있는 이야기, 이를 테면 인간의 본성이나 본능과 얽힌 이야기

② 문화적 경험의 이야기: 어떤 문화권이나 지역에 살고 있는 사람들만 알고 있는 이야기, 특히 인간이 집단에 소속되어 동화되거나 갈등하면서 벌어지는 이야기

③ 개인적 경험의 이야기: 오직 나만 알고 있는 비밀스럽고 특별한 이야기, 나의 고유한 개성을 밝히고 드러내는 이야기, 나를 나이게끔 해 주는 이야기

개인이 인식하고, 느끼고, 필요하고, 행동하는 방식은 다른 사람이 그대로 따라 하기 어려운 독특한 면이 있다. 이런 특수성은 출생 이후 오랜 세월 개인마다 다른 발달 과정을 거치면서 삶의 다른 환경 속에서 사회적 상호작용을 계속 해 나간 결과로 만들어진 것이다(Kluckhohn & Murray, 1967, p. 55).

이 세상의 모든 이야기는 전체 인간에게 해당하는 이야기, 크든지 작든지 어떤 집단의 구성원들에게 해당하는 이야기, 그리고 개인에게만 해당하는 이야기, 이렇게 크

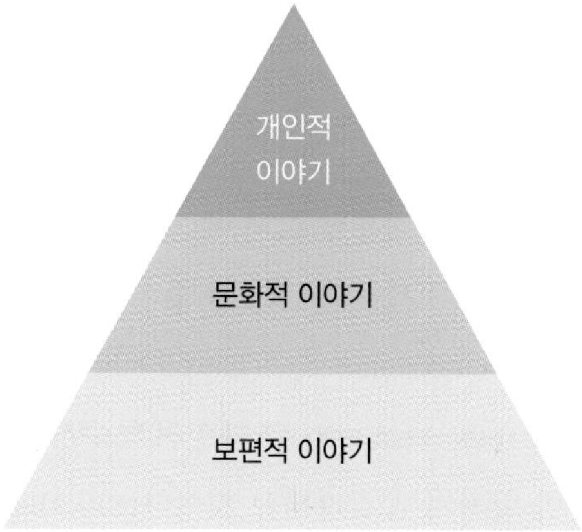

[그림 1-1] 피라미드 형태의 이야기 유형

게 세 가지 유형으로 나누어진다. 일반적인 예를 든다면, 지구에서 태어난 한 인간으로서의 이야기가 있고, 한국인(또는 어떤 국적의 외국인)으로서의 이야기가 있고, 오직 나만의 이야기가 있다. 마지막 개인적 이야기는 자서전적 진술의 많은 부분을 차지하게 된다. 이야기의 분량을 놓고 보면, 보편적인 이야기가 삶의 근본이나 기초를 이루면서 누구에게나 가장 큰 분량을 차지하고, 시간과 공간의 배경을 이루는 문화적 이야기는 보편적 이야기보다 훨씬 적은 분량이며, 나만의 개인적인 이야기는 가장 적은 분량의 특별하고 비밀스러운 이야기이다.

먼저 보편적 이야기는 생물학적이거나 환경적인 동일한 규칙성에 의해 모든 인간은 다 똑같다는 것이다. 이를테면 인간은 시간이 지나면서 나이가 들어 늙어가고 신체적으로 병들고 약해져 죽게 된다. 인간은 이성적 존재로 생각하고 평가하고 판단하기도 하고, 복잡하고 미묘한 감정에 사로잡히기도 하며, 어떤 행동적인 습관이나 특성이 엿보이기도 한다. 인간은 누구나 이런 신체적이거나 심리적인 요소들을 동원해서 살아간다.

보편적으로 모든 인간은 개인적이거나 집단적으로 서로 영향을 주고받으며 살아간다. 또 누구나 의식주에 얽매인 일상생활을 꾸려나간다. 대부분의 사람들은 진선미(眞善美)의 보편적 가치를 추구해 나간다. 이러한 모든 인간의 공통적인 경험의 이야기는 삶의 전체 이야기 중에서 가장 많은 내용을 구성한다.

문화적 경험의 이야기에서 문화란 사회 전반에 걸친 광범위한 영역에서의 생활방식의 표현과 변화의 양상을 의미하는데, 지역, 계층, 성별, 종교적 다양성을 띠고 오랜 시간에 걸쳐 형성되고 전승되어 온 이야기이다. 이런 문화 체험은 외국에 나가 낯선 장소를 방문하고 현지인들을 만나면서 인상적으로 경험하게 된다. 이런 경험을 문화 충격이라고 부르는데, 시간이 지날수록 이질적인 간극이 줄어들고 보편성을 공유하는 부분이 차츰 커진다. 그러면서 점점 다른 세계에 적응해 나가고 동화되기 시작한다. 과거 해외여행이 어려웠을 때는 이런 문화적 경험이 신기하고 특이한 것이었지만 지금은 인터넷에 실시간으로 지구상의 모든 국가가 연결되어 다양한 문화 경험이 공유되므로 과거처

사진 1-2 중국의 경극[2] 공연

2) 중국 문화의 꽃으로 불리는 경극을 잘 이해할 수 있는 대표적 영화로는 중국 고사에 나오는 패왕 항우와 미인 우희의 비극적 이야기를 배경으로 한 〈패왕별희〉를 들 수 있다. 장국영과 공리가 주연으로 나오며, 1993년 초연되었고, 2017년과 2021년 다시 상연되었다.

럼 이질감을 크게 주지는 않는다.

해외여행이나 유학이나 이민 등으로 외국생활을 하는 경우가 아니더라도 국제 교류와 이동이 증가하는 세계화 현상 속에서 국내 상황도 과거와 크게 달라졌다. 저출산과 고령화로 외국인 이주 노동자의 수요가 증가했고, 한류 문화의 세계적 확산에 힘입어 대학마다 외국인 학생 숫자가 크게 늘어났으며, 국제결혼 커플도 많아지면서 국내 거주하는 외국인 숫자는 빠른 속도로 증가하고 있다. 과거 혈연중심 사회는 급속히 해체되고 다문화사회로 변해 가면서 문화적 다양성을 수용하는 분위기로 크게 바뀌고 있다.

문화적 성향을 놓고 집단 간의 이해관계가 서로 맞물리고 충돌하면서 소수와 다수, 주류와 비주류 사이의 힘의 갈등이 벌어지고, 동시에 편견이나 차별로 인한 고통도 증가하고 있다. 이런 사회적 분위기 속에서 다문화사회와 다문화가정에 대한 관심도 높아지고 연구도 활발해지고 있다. 미래 사회로 갈수록 서로 다른 집단 간의 상호 이해와 존중, 서로 의지하고 환대해 줄 수 있는 관계를 형성해야 하는 어렵고 힘든 과제가 남아 있다.

이런 사회적 변화 속에서 상담자는 문화적 민감성을 지닐 필요가 커지고 있는데, 이 시대의 전문상담사들은 추가적인 과제도 동시에 받게 된다. 그것은 외부적으로 증가하는 문화적 다양성을 이해하고 대처할 뿐 아니라 내부적으로 과거 세대와 크게 달라진 우리 자신의 문화 코드를 심층적으로 분석하면서 한국인의 심성에 부합하는 한국형 상담 모델을 계속적으로 연구하고 개발해 내는 것이다.

나만의 고유한 이야기도 사실 과거 누군가가 겪었던 이야기일 수 있다. 고통을 겪을 때는 '왜 나만 이런 일을 당할까?' 생각하지만 자신을 위로하기 위해 쓰는 인지 왜곡이기 때문이다.

개인적 경험의 이야기는 자신의 개성이나 개체성과 연결된 이야기이다. 이것은 진정한 나를 만나는 순간 나의 정체성을 확인해 주는 이야기이기도 하다. 상담 과정에서는 세 번째 이야기에 더 많이 집중하게 되고 그것이 문제해결의 실마리가 되는 경우가 많다.

이런 개인의 독특한 이야기에 관해 아브라함 매슬로(Abraham Maslow, 1908~1970)는 자아실현의 욕구를 달성하는 문제로 보았고, 자아실현을 성취한 대표적 인물들을 조사하여 현실 인식과 수용력, 자기와 타인에 대한 수용, 자발성, 문제해결 능력, 주체의식(또는 독립성), 자율성, 늘 감사하는 마음 또는 긍정 심리, 절정 경험, 인간적 유대감, 겸손과 존중, 원만한 인간관계, 도덕성, 목적중심의 삶, 유머감각, 창의성, 저급한 문화화에 대한 저항, 불완전한 상태의 수용, 가치관, 타협과 융화의 19가지 심리적 특성을 찾아냈다(엄상현, 2016, p. 365).

그 밖에 개인적 이야기가 발달하는 양상을 칼 융(Carl Jung)은 개성화 과정으로 보았는데, 이는 무의식의 세계를 탐구하면서 그 속의 대극적 요소들을 통합시켜 진정한 자기를 찾는 과정으로 보았다. 또한 가족치료에서는 이런 개인적 성장의 경험을 어린 아이가 부모로부터 분리되면서 독립된 한 인격체로 유능하고 성숙하게 커가는 분화의 과정으로 묘사한다.

이야기의 네 가지 유형

캐나다 출신의 문학비평가이자 평론가인 노드롭 프라이(Northrop Frye)는 주인공의 특징과 다른 등장인물들과 그들의 환경을 비교하면서 모든 문학적 이야기는 다음의 네 가지 유형으로 분류된다고 주장한다(Frye, 2000, p. 322). 즉, 관객을 웃기기 위한 희극(comedy), 모험담, 무용담, 연애 소설, 공상 소설 등을 통칭하는 로맨스(romance)[3], 슬프고 비참한 사건을 다룬 비극(tragedy), 삶의

3) 소설의 전신으로 이상화된 세계에서 벌어지는 현실도피의 환상적인 이야기이며(김은철, 김종호, 2019, p. 256), 주로 중세 기사들의 모험담과 연애 이야기가 많다.

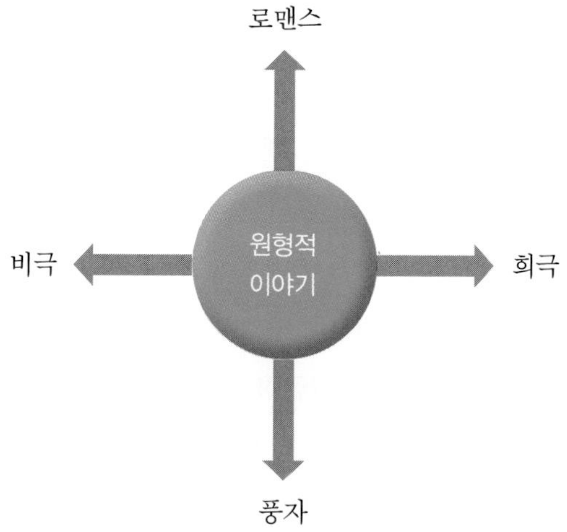

[그림 1-2] 원형적 이야기의 대극 구조

모순되고 불합리한 점을 폭로하고 비웃는 풍자극(irony)의 네 가지 원형으로 압축시켰다. 여기서 희극은 새벽, 봄, 출생 단계의 원형으로, 로맨스는 정오, 여름, 결혼의 원형으로, 비극은 석양, 가을, 죽음의 원형으로, 풍자극은 어둠, 겨울, 해체의 원형으로 보았다.

로맨스는 이상화된 인간 경험과 완전한 행복에 대한 소원 성취의 꿈이다. 그 반대인 풍자극 또는 아이러니는 이상적이지 못한 체험과 속박과 좌절이라는 불안의 꿈을 묘사한다. 비극은 행복에서 파국으로의 추락을, 희극은 고통과 속박으로부터 행복과 자유로의 상승을 보여 준다. 이렇게 네 종류의 이야기인데, 이들은 다시 복합적 스토리를 형성하게 된다(Ryken, 1982, pp. 43-46).

희극, 로맨스, 비극, 풍자, 이런 방식은 한 인간의 삶의 이야기에도 동일하게 적용될 수 있고, 전반적인 이야기의 분위기를 이해하도록 돕는다. 이를 테면, 희극과 로맨스는 낙관적인 이야기의 분위기를 제공하는 반면, 비극과 풍자는 비관적인 분위기를 제공한다(McAdams, 2015, pp. 67-69). 희극과 비극이 정반대의 분위기와 성격을 띠듯이 로맨스와 아이러니(풍자)도 서로 대극적 관계를 이룬다. 로맨스와 아이러니가 서로 대극인 이유는 로맨스는 합일의 경험을 의미하고 아이러니는 모순과 불일치를 의미하기 때문이다. 결과적으로 로맨스는 합체와 통합을 가져오지만 아이러니는 혼란과 분열을 불러일으킨다.

이야기의 네 가지 유형은 이야기의 장르와 연결시켜 생각해 볼 수 있다. 사람들마다 심리 성향에 따라 TV 드라마나 영화를 좋아하고 선택하는 장르가 제각기 다르다. 마음속의 심리적 동기나 욕구에 따라 자신이 사로잡히고 끌리는 이야기의 장르가 달라진다. 대개는 무의식적 배경에서 선택하지만, 때로는 의식적이거나 지적인 필요에 의해 선택하기도 한다.

필자의 경우 30대에는 미국에서 생활하면서 〈람보〉와 〈록키〉 영화로 유명한 실베스터 스탤론, 〈터미네이터〉 시리즈로 유명한 아놀드 슈워제네거, 브루스 윌리스, 클린트 이스트우드가 등장하여 막강한 공격력으로 악당들을 통쾌하게 물리치고 때려눕히는 액션 블록버스터에 압도되었다. 그러다가 40대로 접어들면서부터 비비안 리, 오드리 헵번, 맥 라이언, 잉그리드 버그먼, 소피아 로렌 등이 주인공으로 나오는 순수하고 밝은 느낌을 주는 로맨스나 멜로드라마에 끌리게 되었고, 노년기로 들어오면서는 〈명량〉, 〈한산〉 등 이순신 장군을 배경으로 한 한국 역사 영화나 TV 사극 드라마를 좋아하게 되었다.

사람들은 나이가 들고 마음의 세계가 바뀌면서 자신이 좋아하는 이야기의 장르도 달라진다. 이런 현상은 영화나 드라마 장르 속에 생명과 사랑의 에너지인 에로스(eros)와 죽음과 파괴의 에너지인 타나토스(thanatos)가 복합적으로 뒤섞여 표출되기 때문이다. 프로이트가 제기한 두 가지 상반된 인간 본능은 늘 대립적인 갈등 구조로 보이지만, 무의식적으로는 상호보완적 기능을 하고 있다. 젊은 시절 공격적이고 지배적인 성향을 추구하다가 나이가 들면서 마음의 세계가 타나토스에서 에로스로 변하는 것은 칼 융이 주장하는 중년기 이후 출현하는 개성화 작업의 한 단면으로 볼 수 있다.

많은 남성이 즐기는 액션 영화도 그 안에 들어가 보면 매우 다양한 하위 장르가 있다. 고대 로마제국의 검투사 이야기인 러셀 크로우의 〈글래디에이터〉를 시작으로 중세 유럽을 배경으로 철갑옷과 투구를 쓰고 말을 타고 달리면서 싸우는 기사들의 무용담, 해리슨 포드의 〈인디아나 존스〉 시리즈와 같이 고대 왕국을 배경으로 나치 정권이 숨겨 놓은 보물을 적들보다 먼저 영리하게 찾아내는 모험 영화, 공통적으로 보물찾기 모티브를 쓰는 카리브 해의 해적 영화, 흔히 제2차 세계대전을 배경으로 지상에서 또는 하늘이나 바다에서 긴박감이 넘치는 전투 장면이 펼쳐지는 전쟁 영화, 중절모를 쓰고 시가를 문 냉혹한 마피아 보스가 등장하는 갱 영화, 강력반 형사나 탐정이 살인 사건을 해결하는 범죄 수사 영화, 제임스 본드가 첨단 무기로 악당들을 제압하는 007 시리즈와 같은 첩보 영화, 대량 살상 무기나 폭발물로 대도시의 큰 건물을 파괴하고 많은 무고한 인명을 해치려는 테러범을 진압하는 영화, 무사 계급인 사무라이나 요인 암살을 청부받은 자객이 등장하여 검술로 대결하는 일본 영화, 대조적으로 권법을 주로 쓰고 칼이나 창뿐 아니라 희한한 무기들이 동원되는 중국과 홍콩의 무협영화, 기병대와 인디언들이 배경 인물로 나오고 보안관이 주인공으로 나오면서 총잡이들이 결투하여 사건을 종결짓는 미국의 서부 활극, 슈퍼맨, 배트맨, 스파이더맨, 로보캅이 초능력을 발휘하면서 지구와 지역 사회를 지키는 슈퍼 히어로 영화 등 등장인물, 배경과 분위기, 스토리의 전개가 제각기 다르다.

이런 대중문화의 배경과 연결된 과거 상황을 회상해 보면, 대한민국의 베이비부머 세대(1955~1963년 출생)는 어린 시절부터 청년기까지 영화뿐 아니라 미국 TV 드라마에도 깊이 빠져 있었던 연령 집단이다. 1970년대는 특히 액션 드라마가 많이 방영되었는데, 제2차 세계대전을 배경으로 한 전쟁 드라마인 〈전투(Combat)〉, 서부극 장르의 〈보난자〉, 그 외 SF 장르와 합쳐진 〈6백만불의 사나이〉, 〈두 얼굴의 사나이: 헐크〉 등 액션 드라마가 큰 인기를 끌었다.

이처럼 장르별로 스펙트럼이 매우 넓기 때문에 어떤 특정 영화나 드라마를 좋아하는 정신세계도 각기 다른 것이다. 그렇다면 왜 과거나 현재 특정 장르의 영화에 끌리게 되었을까?

영화뿐 아니라 문학 작품도 마찬가지 원리로 생각해 볼 수 있다. 그것은 그 당시 어떤 영화나 소설을 통해서 내 마음의 욕구나 필요를 충족시킨 것이다. 또는 그런 매체를 통해 무의식적으로 자신의 상처받은 마음의 치유를 시도한 것이다. 아무런 이유 없이 끌려들어간 것이 아니고 어떤 심리적 배경이 숨어 있는 것이다.

이런 부분을 심층분석 해 본다면 매우 유익하고 재미있는 결과물을 얻을 수 있다. 필자가 청년기에 액션 영화에 끌렸던 것은 그때 너무 위축되고 억압되어 있었기 때문이다. 빠져나갈 길이 없는 어딘가에 갇혀 있다는 느낌이었다. 이를 테면, 30대에는 어느 조직에서나 강한 자들에게 쉽게 짓밟히면서 살아간다. 그래서 내게 강한 힘이 필요하고, 나를 억누르고 지배하던 거대한 힘과 권위를 두들겨 패고 다 부숴버리고 싶다. 이런 모습은 청소년기에 자주 출몰하는 영웅 숭배의 연장으로도 볼 수 있다. 강한 근육질 남성의 할리우드 액션 스타들을 앞세워 현실 세계에서는 이룰 수 없는 개인적 욕망을 충족시키고 있는 것이다.

또 한 가지 다르게 해석할 수 있는 부분은 나의 생존과 행복을 위협하며 불안을 느끼게 하는 대상에 대한 방어기제의 문제이다. 여기서 적용되는 심리적 반응은 '공격자와의 동일시'로 힘 있는 사람과 갈등이 있거나 그런 사람의 지배를 받으면서 겪는 불안으로부터 자신을 보호하기 위해 권위적인 강한 인물의 폭력 성향을 그대로 받아들이는 것이다.

그러다가 중년기가 되면서 칼 융이 주장한 대로 심리적으로 개성화 작업이 시작되고, 남성은 마음속 심층부에서 반대편에 숨어 있던 다른 성(gender)을 만나게 된다. 융은 그것을 아니마(anima)라 부르고 중년기부터 남성은 마음 깊은 데서 아니마가 깨어나게 된다. 그것이 과거와는 다른 삶의 주제와 심리 성향으로 이동하는 삶의 전환점이 된다. 필자의 경우에도 청년기에 발동했던 공격성이 중년기에 삶의 형편이 안정되면서 누그러지자 내 속에 숨어 있던 사랑과 성을 그리워하고 갈망하는 아니마의 활동이 내 삶을 주도하게 됐고, 그것은 가족과 부부의 심리를 학문적으로 연구하는 커다란 원동력이 되었다.

노년기에 접어들면 노화가 급격히 진행되고 몸의 여기저기서 이상신호가 탐지되고 병원 신세를 많이 지게 되면서 의욕도 떨어지고 삶의 많은 부분을 절제하거나 포기하면서 내려놓게 된다. 자신의 삶을 돌아보면서 반성하기도 하고 현실 세계를 초월하여 영원한 세계를 생각해 보게 된다. 그래서 노년기에는 인간의 삶에 있어 원시적이고 근원적인 원형을 탐색하고 추구하는 성향이 강해진다. 이것은 융이 말하는 개성화 과정의 종착역인 진정한 자기의 출현을 의미할 수 있다. 삶의 경박하고 피상적인 모습보다 오래전부터 전해 내려오는 인간 본연의 모습을 직시하고 삶의 깊은 의미를 다시 확인하며 그 속에서 터득한 원형적 지혜를 받아들이려 한다.[4)]

초월적 이야기

이 세상에는 순수한 형태의 이야기만 존재하는 것이 아니고, 다양한 차원에서 여러 가지 속성의 이야기가 혼재되어 있는 상태에 있다. 초월적 이야기는 초자연적이거나 신비스럽거나 영원한 이야기로 인간적 결함을 극복했거나, 신성한 이야기이거나, 시공간에 갇힌 상태가 아닌 그런 한계를 초월한 이야기를 의미한다. 이런 이야기는 문학 범주에서는 인간의 불가사의한 경험을 다루는 미스터리 장르와 신화나 전설을 들 수 있다.

초월적 이야기를 시간성과 공간성을 놓고 생각한다면, 시간적으로는 역사적 탐사를 시도하는 과거 이야기보다는 과학적 상상력이 적극적으로 동원되어 인간의 한계를 극복해내는 최첨단 사회의 미래 이야기 속에서 더욱 매력적으로 등장한다. 예를 들면, 모든 사람이 개인용 완전 자율주행 비행기를 타고

4) 에릭슨(Erik H. Erikson)도 노년기에 출현하는 긍정적 덕목으로 지혜를 지적하였다.

가고 싶은 곳을 마음대로 쉽게 갈 수 있다든지, 매우 작은 외국어 통번역 전자 장치를 뇌 속에 장착해 주면 외국어를 따로 배울 필요가 없다든지, 어떤 질병이든 알약 하나 먹으면 치료가 쉽게 된다든지 하는 공상과학영화 속의 초현실적인 이야기를 상상해 볼 수 있다.

공간을 놓고 비교하면 가까이보다는 멀리서 바라보거나, 지상에서보다는 새가 하늘 높이 날거나 드론이 공중에서 촬영하듯이 높은 데서 내려다보는 관점이 초월적 이야기를 찾아내는 특별한 위치가 될 수 있다. 오래전에 미국 시어스 타워(현재 윌리스 타워)의 103층 전망대에서 시카고 시내의 야경을 내려다보며, 장난감 차들보다 작은 자동차들이 벌레처럼 천천히 기어가는 모습을 보면서 문득 모든 인간이 작고 초라하게 느껴졌던 순간이 내게 떠오른다.

지난 수십 년간 물질문명의 위세에 눌려 영혼의 침체와 고갈을 경험하면서 초월성과 신비주의에 사회적 관심이 다시 커지고 있다. 이뿐 아니라 개인적으로 심신이 약해져 지쳐 있고, 삶의 큰 위기에 봉착해 있을 때, 기적과 같은 놀라운 일이 벌어지길 바란다. 이런 초월적 이야기의 심리적 배경을 이루는 신비주의는 신체와 영혼으로 구성된 인간이 물질성의 한계를 극복하고 초월적 존재를 만나 새로운 차원의 삶의 질서를 형성해 나가는 것을 의미한다.

이런 경험은 인간의 이성으로 이해하거나 언어로 설명하기 어려운 특이한 상황을 만들어 낸다. 트랜스(trans) 상태처럼 최면이나 명상에 몰입해 있거나, 엑스터시(ecstasy) 속에서 황홀감을 느끼는 경우처럼 다양한 상황이 발생하지만, 윌리엄 제임스는 대부분 감정이 주도하면서 일시적이고 수동적인 상태로 경험하게 된다고 분석했다(James, 2000, pp. 462-463).

다양한 형태의 초월 경험 중 종교적 차원에서의 진정한 신비주의는 초월적 존재와의 합일 속에서 신비 현상을 경험하고, 그 전까지 지배받던 감각적 세계의 모든 집착에서 벗어나 신적 실재의 속성(이를 테면, 진실하고 성숙한 방식의 사랑이나 평화)을 자신의 삶을 통해 구현하려는 사상과 실천체계를 의미한다(김성민, 2009a, pp. 256-257). 대표적인 예는 아시시의 프란치스코를 들 수 있는

데, 그는 가난하고 순박한 삶과 노동, 탈권위적이고 공감적인 태도, 동물들과의 신비로운 교감, 초월적인 기도와 묵상, 그리스도의 상흔 체험 등 다양한 형태의 신비주의 영성을 실천하였다(백상훈, 2022, p. 344-345).

순수한 형태의 신비주의와 달리 사이비 종교나 이단 종파에서 흔히 볼 수 있는 위험한 형태의 신비주의로 인한 피해 사례도 상담 현장에서 만나게 된다. 전형적인 종교적 학대로 인해 심한 고통을 당한 사례도 보게 되고, 불온한 인간의 욕망이 빚어낸 거짓 사기극에 의해 큰 피해를 입은 사례도 볼 수 있다. 때로는 진실과 거짓의 혼란스러운 중간 지점에서 심리적 갈등이 커지기도 하는데, 1920년대 미국 농촌사회를 배경으로 한 〈엘머 갠트리〉[5]는 이런 모습을 매우 예리하게 영화 속에 잘 그려냈다.

초월적 관심을 모체로 종교적 경험의 큰 틀과 방식을 정해 놓은 보편적인 종교의 예배의식과 의례를 보면 고대로부터 대부분 이야기 형태로 전승되었고, 신의 임재와 신과 인간의 관계경험이 주된 내용을 이룬다. 이런 측면에서 종교

사진 1-3 회전 군무를 추는 이슬람 수도사[6]

5) 1960년 제작되었고, 버트 랭카스터와 진 시몬스가 주연으로 출연하였다.

6) '세마'라는 회전 춤으로 흔히 '수피댄스'라고 부르는 이슬람 신비주의 춤. 수도자들이 여러 명 함께 돌면서 황홀경에 이르는 신비 경험을 한다.

생활을 가장 열성적으로 하는 집단을 보면, 일단 성직자들은 어느 종교에서나 자신의 종교에 대한 신념이 확고하고 종교적 실천에 헌신하기에 제외시켜 놓고 일반 신자들만 놓고 본다면, 이슬람과 유대교 신자들이 내게 가장 인상적이었다. 이슬람 신자들은 하루 다섯 번 종교의식을 수행한다. 필자가 오래전 미국에서 공부할 때 이슬람 학생들은 매일 새벽 기숙사에 집단으로 모여 예배를 드리는 것을 보았고, 심지어 강의실에서도 정오나 오후 시간이 되면 강의실 뒤에 가서 깔개를 깔고 기도를 드리는 것을 보았다.

유대교인들도 그에 못하지 않다. 필자가 뉴욕에 살 때, 정통파 유대인들이 브루클린에 많이 모여 살았는데, 안식일(금요일 해질 때부터 토요일 해질 때까지)을 매우 엄격하게 지키고, 복잡하고 엄격한 안식일 계명 때문에 그날은 종교 활동 외에는 다른 일을 일체 해서는 안 된다. 심지어 전기나 가스도 쓸 수가 없다. 아파트에 사는 사람은 엘리베이터 버튼도 누를 수가 없다. 같은 아파트에

사진 1-4 예루살렘 통곡의 벽에서 기도하는 유대인

사는 다른 사람이 와서 눌러줄 때까지 기다려야 한다. 또 요리를 하려고 부엌의 가스레인지를 켤 수도 없다. 그래서 그 전날 부업으로 불 켜러 다니는 사람을 정해진 시간에 오라고 해야 한다. 이렇게 종교는 인간의 전반적인 삶에 상당히 큰 영향을 주곤 한다.

종교적 경험도 인간의 다른 경험과 같이 양가성을 띨 수 있다. 건강하고 성숙한 모습과 어둡고 병든 모습이 혼재되어 공존한다. 그래서 종교의 순기능으로 진정한 행복감과 풍성한 생명력을 불어넣어 주기도 하고, 반대로 역기능적인 면에서 발생하는 부정적인 면을 보면 무서운 파괴력을 갖고 큰 고통을 주기도 한다. 사랑과 봉사를 실천하고 삶의 고통과 위기를 극복해 낼 수 있도록 돕기도 하지만, 반대로 지나치게 신비적 성향을 추구하면서 정신적 분열이나 혼란을 초래하기도 하고, 신적 대상과의 합일 경험 속에서 자아도취에 빠지거나 유한한 자기 자신을 과도하게 팽창시키면서 과대망상에 빠지기도 한다. 금욕적이거나 율법적인 성향을 추구하며 지나치게 자신의 욕망을 억누르거나 강박적인 성향으로 종교 규율을 지켜나가며 늘 죄책감에 사로잡히기도 한다. 또는 잘못된 믿음으로 인해 신적 관계뿐 아니라 인간관계에서도 유아적 의존상태를 심리적으로 고착시켜 놓기도 한다. 그러나 진정한 종교의 기능은 삶의 진실을 깊이 깨닫게 해 주고, 마음의 평화와 안식을 주고, 박애 정신과 사회봉사를 실천

사진 1-5 그랜드 캐니언 국립공원

사진 1-6 나이아가라 폭포

사진 1-7 기도 제단에 켜 놓은 수없이 많은 촛불[7)]

하고, 미래를 희망을 품고 바라볼 수 있도록 도와주는 것이다. 이러한 종교의 긍정적 효과는 삶의 긍정적 몰입이나 절정 경험으로 연결되기도 한다.

인간에게 있어 초월 경험은 주로 삶의 어느 순간 신비롭거나 신성한 느낌으로 외경심에 사로잡히는 상황에서 이루어진다. 그것은 종교 행위 속에서 어느 순간 신의 현존을 자각하거나, 그랜드 캐니언이나 나이아가라 폭포와 같은 자연의 놀랍거나 신비로운 장관에 압도된다든지, 예기치 못한 큰 사고나 심각한 질병으로 죽을 고비에서 다시 살게 되는 기적을 경험하거나, 밤에 자면서 매우 신비로운 꿈을 꾸거나 아니면 어떤 종교적 환상을 보거나 환청을 들으면서 시작되기도 한다. 그러나 이런 특별한 경험이 아니더라도 인간은 자신의 안전을 지켜줄 수호신이나 수호천사를 마음 속 깊이 믿고 의지하거나, 아니면 그런 상징물을 가까이 두거나 지니고 다닌다면 초월적 세계의 어떤 힘을 받아들이고 있는 것이다.

또 흔한 모습은 유한하고 제한적인 운명 속에 살고 있는 인간인 내가 부단히 완벽하거나 이상적인 존재이기를 꿈꾸거나 그런 대상을 찾는다면 초월적 세

7) 저자 DSLR 촬영, 2015년 9월 9일, 안성 미리내 성지

계에 대한 관심과 동경 때문일 것이다. 그리고 이런 큰일을 기대하지 않더라도 마음속 깊이 매우 간절한 소원을 품고 늘 그런 소원이 성취되기를 기다리며 바라고 있다면, 이미 초월적 세계에 발을 내디디고 종교적 행위를 시도하고 있는 것이다. 이렇게 초월적 이야기의 세계는 나를 능가하는 어떤 존재를 찾고, 불만스러운 현실 세계를 넘어선 다른 이상적 세계를 꿈꾸면서 시작된다.

이와 같은 초월적 세계는 지구 각처의 수많은 신화와 전설 속에서 인류의 원시적이고 근원적인 형태와 개인적이거나 사회적인 상황에 따라 다원적인 형태로 소개되고 있고, 그 세계에는 매우 다양한 영적 대상들이 존재하며 활동한다. 신과 천사나 요정과 같은 선한 존재가 있고, 악마나 마귀, 악령, 귀신과 같은 악한 존재가 있다. 중세 유럽의 민담에서는 뾰족한 모자를 쓰고 검정 망토를 입고 빗자루를 타고 공중을 날아다니는 마녀(witch), 피를 빨아먹는 흡혈귀인 뱀파이어나 드라큘라 백작과 같이 인간과 유사한 존재가 등장한다. 이런 영적 존재에 대한 관심으로 인해 해마다 10월 31일 마녀나 유령 복장을 하고 길거리를 누비는 영미권의 민속 행사인 핼러윈 축제가 전 세계로 퍼져 나갔다.

이와 달리 입에서 불을 뿜으며 큰 뱀의 형상으로 하늘을 날아다니는 용이나 뾰족한 뿔이 앞머리에 하나 달린 흰색 말의 형태를 띤 유니콘, 한국 고전문화에서 신성하게 여기는 봉황과 해태처럼 인간이 아닌 동물과 유사한 존재도 있

사진 1-8 마녀 복장을 입은 여자 아이

사진 1-9 경복궁의 해태(또는 해치) 석상

다. 그리고 동북아시아 문화권에 자주 등장하는 천상계의 불로불사(不老不死) 존재인 신선과 선녀, 사람을 홀리기도 하고 짓궂은 장난을 치기도 하는 도깨비가 있다.

이런 초월적 이야기는 한국의 민담과 전래동화에서부터 영국의 〈해리 포터〉나 〈반지의 제왕〉과 같은 판타지 소설이나 영화의 장르로 확장된다. 이렇게 이야기가 서술되는 공간은 우리가 살아가는 현실세계뿐 아니라 초현실적 가상공간이거나 천국 또는 극락과 같은 이상화된 세계의 공간까지 끊임없이 넓혀 가게 된다.

이야기의 네 가지 구성 요소

인간의 삶을 표현하는 이야기 구조와 형식에 가장 가까운 문학 장르는 소설이다. 소설의 구성은 인물, 사건, 배경을 기본 요소로 한다(권영민, 2009, p. 159). 이 외에도 소설의 대표적인 구성 요소로는 플롯, 주제, 시점, 톤(정서나 분위기) 등을 꼽을 수 있는데(김은철, 김종호, 2019, p. 226), 여기서는 상담을 진행해 나가는 방식과 쉽게 연결되는 배경, 인물, 플롯, 톤을 중점적으로 살펴보도록 한다.

먼저 이야기가 벌어지는 사회적 환경인 '배경'은 내담자의 자서전적 진술을 청취하는 상담학 입장에서는 시간과 공간을 놓고 따져보는 것이 무엇보다 중요하다. 시간적 배경은 내담자가 살아가는 시대 상황이나 역사적 배경을 생각해 볼 수 있고, 그 당시의 시대정신이나 이데올로기, 대중문화의 시대적 변천과 유행 방식, 국내외 정치 그리고 경제 상황의 변동 등이 중요한 점검사항일 수 있다. 만약 이런 시대적 배경 속에서 등장인물이 제대로 사회 적응을 못하거나 그런 시대 성향과 자신의 심리 성향이 계속 충돌한다면 심리적 갈등이 커지게 되고, 그것이 삶의 고통을 가중시켜 자신을 불행한 삶으로 몰고 갈 수 있다. 예를 들면, 과거 70년대와 80년대 젊은 시절을 보낸 세대(대표적으로 베이비부머 세대)들은 남성의 경우는 취업에 큰 어려움이 없었고, 다양한 경제적 수입 창출과 진로 선택의 길이 열려 있었다. 남녀 모두 젊은 시절 낭만적 분위기 속에서 삶의 도전 의지가 강하고 미래에 대한 희망을 품고 살았다. 그러나 지금의 젊은 세대(흔히 MZ 세대)[8]는 과거와는 전혀 다른 양상을 띤다. 과거보다 제조업의 쇠퇴와 첨단산업의 자동화 생산 설비의 증가로 일자리는 계속 줄고 있는 상황에서 양성 평등, 고령화, 세계화 현상으로 오히려 극심한 경쟁과 더 높아지고 엄격해진 사회적 기준 속에서 우울과 불안감이 커졌고, 그에 따른 삶의 의미나 생존방식도 크게 바뀌게 되었다. 이는 수십 년간 급격한 사회적 변화 속에서 현재의 시대 상황이 과거와 너무 많이 달라졌기 때문이다. 이렇게 과거보다 삶의 목표 달성이 오히려 어려워진 사회적 여건 속에서 MZ 세대가 힘을

8) M(millennial)세대와 Z세대를 합친 단어로 1980년부터 2000년대 초반 사이에 출생한 사람들을 통칭한다(박순형, 2022, p. 1). 이들은 아날로그 방식에서 디지털 생태계로, 집단중심에서 개인주의 문화로 바뀌면서 집단을 위한 헌신이나 희생보다는 개인의 행복 추구를 삶의 중요한 가치로 받아들이고, 소확행, 워라벨 등의 실리적이면서도 균형 잡힌 삶의 방식을 추구한다.

사진 1-10 맥문동 꽃이 만개한 소나무 숲[9)]

내기 위해 시대적 유행어처럼 잘 쓰는 표현을 보면 "가보자고!" "오히려 좋아!"인데(박순형, 2022, p. 13), 여기서 그들의 도전정신이나 문제해결방식을 엿볼 수 있다.

공간적 배경은 등장인물의 삶의 주된 무대가 도시인지, 농어촌인지 지역적 특성을 살펴보아야 하고, 좀 더 넓게 보면 살고 있는 국가나 큰 단위의 지역 특성도 등장인물의 삶에 큰 영향을 줄 수 있다. 또 살고 있는 주변의 산과 바다, 강과 호수, 동물원, 식물원, 미술관 등도 등장인물의 삶에 큰 의미가 있거나 긍정적 영향을 줄 수 있다. 푸른 숲과 파란 하늘을 자주 보고 새들과 풀벌레 소리를 듣고 사는 공간적 조건과, 회색과 검정색을 주로 보며 삭막하게 사는 거주 환경은 인간의 심성에 다른 영향을 줄 수 있는 것이다. 그래서 대도시에 사는 많은 사람이 도시생활에 피폐해지고 염증을 느껴 정신적이거나 신체적 건강을 위해 귀농이나 귀촌을 하는 경우가 종종 생긴다.

이렇게 우리는 자연의 어떤 공간에서 새로운 변화와 성장을 모색해 보고, 거기서 마음의 치유와 회복을 경험하곤 한다. 때문에 집 주변의 가까운 공원을 산책하기도 하고 멀리 여행을 떠나보기도 한다. 여행을 통해 날마다 반복되는

9) 저자 스마트폰 촬영, 2023년 8월 31일, 서천 장항 송림산림욕장 맥문동 축제

사진 1-11 시원하고 맑은 물이 흐르는 계곡[10)]

일상생활에서 벗어나 새로운 자극과 흥분을 느껴볼 수 있다. 건강한 일탈 경험을 시도하면서 해방감을 느껴보고, 삶의 무거운 굴레를 벗을 수 있는 즐거움을 얻는다. 늘 친숙한 주변 세계와는 다른 공간에 들어가 새로운 대상들과 접촉하므로 신선한 감동을 얻고, 경험과 기억의 지평을 크게 확장시키게 된다. 이런 요소는 늘 긴장 속에 살아가므로 경직된 마음을 편하게 해 주고, 우리의 모든 감각기관을 이완시켜 휴식과 안식을 얻게 해 준다. 그동안 숨 막힐 듯 답답했던 공간에서 탈출하여 생명력을 불어넣어 주는 맑은 공기와 산소를 마음껏 들이켜 본다.

집을 떠나고 다시 돌아오는 경험을 통해 건강한 방식의 심리적 애착과 분리의 경험도 해 본다. 그러면서 가정과 생업에 다시 복귀하여 고단한 삶을 이겨낼 수 있는 새로운 활력을 얻는다. 이런 신체적이거나 심리적인 큰 변화를 볼 때, 여행은 인간의 심신을 치유하는 대단한 기능을 갖고 있고, 동시에 새로운 환경에서 길을 찾고, 신기한 구경을 하며, 재미있게 놀고, 색다른 음식을 먹고,

10) 저자 DSLR 촬영, 2013년 8월 25일, 가평 유명산 계곡

사진 1-12 한겨울에도 해수욕을 즐기는 하와이 바다[11)]

내가 살고 있는 집과 다른 숙소에서 잠이 들면서 특별한 문화적 경험을 하게 되므로 스토리텔링의 세계를 채우는 무한한 자원을 품고 있다.

많은 사람은 산과 바다를 좋아하고 자주 찾는다. 산은 산대로 우리에게 인내와 용기를 배우게 해 주고, 도전 정신을 키워 준다. 정상까지 도달하면서 인생의 어떤 과업을 완성하거나 정복했다는 느낌과 동시에 성취감을 느끼게 해 주거나, 때로는 수도사나 수행자와 같이 무념무상의 초월적 경험을 하게 해 준다. 또 바다는 바다대로 산과 전혀 다른 묘한 매력을 느끼게 해 준다. 큰 바다의 풍부한 수량과 거센 바람으로 거친 물결이 밀려와 파도치는 소리는 시원한 청량감을 주기도 하고, 이 세상 모든 것을 다 품어주는 넉넉한 마음을 느끼게 해 준다. 바다는 산처럼 땀 흘리며 고되게 올라가지 않아도 되는 한가롭게 빈둥거리거나 게을러질 수 있는 자유까지 선물로 준다. 거기다 사랑하는 연인이나 가족과 동행한다면 행복하고 낭만적인 느낌을 더해 주고 오랜 추억거리를 남겨 준다.

필자는 청년기에 산을 매우 좋아했는데, 나이가 들면서부터는 바다를 더 좋

11) 저자 DSLR 촬영, 2017년 1월 13일, 하와이 와이키키 해변

아하게 되었다. 오래전 어렵고 힘든 일을 겪을 때 강릉 경포대 해변에서 오랜 시간 아무 생각 없이 바다를 바라보면서 마음의 큰 위로를 받았다. 나는 내 마음에 벌어진 신기한 변화를 곰곰이 생각했다. 왜 내 마음이 진정되는 것일까? 하나는 내 속에 큰 불덩어리가 타고 있었기 때문이다. 그런데 그 시뻘건 불덩어리가 엄청난 양의 바닷물에 의해 뜨거운 열기가 식고 있었다. 두 번째로 백사장에 앉아 있는 내 앞에 놓인 큰 바다는 그 앞에 어떤 장애물도 보이지 않았다. 내 앞을 막고 있는 삶의 문제가 사라지고 뻥 뚫린 채 푸른 하늘과 바다만 보이는 탁 트인 시야는 그동안 어려운 문제가 장애물처럼 앞을 가로막아 답답했던 내 마음을 편안하게 해 주었다. 때때로 우리는 아파트의 작은 방, 회사의 사무실같이 늘 좁은 공간에 머물러 있기 때문에 광활한 공간 앞에서 마음이 쉽게 열리는 개방감을 경험한다. 세 번째로 파도가 백사장에 밀려왔다가 내려가면서 만드는 하얀 포말은 마치 거대한 세탁기처럼 속을 끓이고 애태우며 새까매진 내 마음을 다시 깨끗하게 씻어 주는 것 같았다. 마지막으로 찝찔한 바다 냄새는 부정적 감정의 독소로 인해 상처 난 마음을 소금 성분으로 소독하고 치유해 주었다.

자연 환경의 입지 조건을 보더라도 똑같은 바다지만 동해와 서해가 서로 다르다. 동해는 물이 깊고 거칠고 험하고, 서해는 물이 얕고, 물살도 잔잔한 편이다. 그렇다면 그런 바다를 보고 대하며 계속 살 때, 환경의 영향으로 인간의 심성도 강하고 거칠어지거나 반대로 부드럽고 순해질 수 있다. 또 동쪽에서 뜨는 해를 계속 바라보며 사는 것과 서쪽으로 가라앉고 지는 해를 바라보며 사는 것은 심리적이거나 정서적으로 분명히 다른 영향을 줄 것이다. 이것은 우리의 역사가 그렇게 말해 주고 있다. 삼국시대에도 동쪽에 거주하는 신라가 삼국을 통일했고, 대한민국 현대사에서도 영남 지역에서 정치적 주도권을 오랫동안 장악하였다.

인간은 의식주의 문제를 날마다 고민하며 선택하기 때문에 이런 결정에서도 심리적 갈등과 스트레스를 겪는다. 공간의 문제에 있어서는 자주 이용하는

사진 1-13 아침 해가 힘차게 떠오르는 동해 바다[12)]

생활 편의 시설이 가까이 있는지 또는 너무 멀리 떨어져 있는지도 삶의 만족도나 행복감에 영향을 줄 수 있고, 주택의 노후 문제라든지, 방범 문제 등도 심리적 스트레스를 많이 줄 수 있다.

사람들은 삶의 공간을 새로 바꿀 때 자신의 심리적 분위기나 정서 상태도 새로운 기분으로 바뀌기 때문에, 집안 가구의 위치를 바꾸거나 새 가구를 사기도 하고, 인테리어를 새로 하고 그림 액자를 구입하여 걸고, 벽지를 다른 색상으로 바꾸기도 한다. 특히 그림 액자는 풍경화와 정물화를 계절별로, 또는 자신의 심리적 분위기에 따라 바꿔 걸면, 그림을 바라보며 마음의 큰 위로와 힘을 얻기도 한다.

인간에게 있어 삶의 가장 소중한 공간은 내가 살고 있는 집이다. 노년기가 되고 나이가 들수록 집에 머무는 시간이 길어지기 때문에 집이 갖는 의미나 중요성은 더 커진다. 인간의 심리에 미치는 환경적 영향력을 과소평가해서는 안 된다. 자신의 생활환경에서의 실내 온도와 습도, 실내공기의 질과 유해가스 여부, 소음 발생의 종류와 크기, 실내조명의 종류와 밝기에 의해 신체적 영향

12) 저자 DSLR 촬영, 2014년 7월 31일, 강릉 경포대 해변

뿐 아니라 심리적 영향도 크게 받을 수 있다.

가족이 관계성을 의미한다면 집은 공간성을 의미한다. 하지만 이 둘은 서로 분리시킬 수 있는 것이 아니다. 집이라는 공간을 이용하여 가족구성원들은 그 속에서 긍정적이든 부정적이든 상호관계의 내용과 질을 만들고, 함께 살았던 과거 경험을 오랜 세월 기억 속에 간직하게 된다.

이렇게 집은 개인이나 가족이 거주하는 공간일 뿐 아니라, 바깥세상에서 겪은 긴장과 고단함을 푸는 편안하고 아늑한 안식처이고 휴식의 공간이기도 하고, 가장 고가의 재산 목록으로 경제력과 사회적 성취를 과시하는 수단이 되기도 하며, 어떤 사람들에게는 아름답게 꾸미고 단장하는 예술적이거나 미적 공간이 된다. 하지만 집이라는 편안하고 안전한 공간을 경제적 어려움으로 잃거나 뺏기고 말 때, 심리적 고통과 충격이 매우 클 수 있다. 전업 주부인 한 중년 여성은 남편의 사업 실패로 시부모님과 함께 살게 되었고, 서로 갈등과 고통이 커져 하루 종일 바깥에서 시간을 보내면서 그동안 타고 다녔던 소형 승용차가 자신의 집으로 바뀌고 말았다. 그래서 자신이 자주 쓰는 모든 물건들이 차 안

사진 1-14 고색창연한 한옥마을의 기와집[13)]

13) 저자 DSLR 촬영, 2014년 7월 18일, 서울 북촌

의 작은 공간에 구석구석 채워지게 되었다.

삶의 경험에서 공간의 문제는 이렇게 신체적이든 정신적이든 삶의 내용과 질에 크고 작은 영향을 준다. 상담에서는 심리적 내면세계에서 벌어지는 모든 일과 현상에 집중적으로 주목하지만, 외부적인 시대와 공간 환경에서 벌어지는 일들이 인간의 삶에 주는 영향력을 무시하거나 간과해서는 안 된다.

이야기의 두 번째 구성 요소는 '인물'인데, 배경이 이야기의 무대이고 보조 장치라면 인물은 이야기를 지배하고 주도하는 전경에 해당한다. 우리는 영화나 드라마를 볼 때 장르를 보고 선택하지만, 때로는 주인공과 등장인물을 보고 선택하기도 한다. 등장인물들은 이야기 속 사건의 흐름을 좌우하고, 전체 과정의 내용을 결정짓는다.

스토리텔링 방식을 취하는 소설, 드라마, 영화, 동화 속에 등장하는 인물들은 의인과 악인의 첨예한 대립과 격돌로 갈등 상황을 고조시키는 고전적 플롯을 자주 전개해 나간다. 자신의 이기적 욕망을 채우기 위해 온갖 반칙을 쓰고 악행을 저지르는 비겁하고 잔인한 악당들의 이야기가 있고, 의협심이 강해 용감하게 불의에 항거하고 사회적 약자들을 돌보는 정의의 수호자로 등장하는 의인들의 이야기가 있다.

상담에서도 책임감이 무척 강하고 성실한 장남이나 장녀가 착한 아이 콤플렉스에 빠져 가족과 친구들을 위해 평생 희생하다가 지칠 대로 지쳐 우울증을 호소하며 찾아오기도 하지만, 반대로 범죄에 얽혀 가해자와 피해자의 신분으로 상담을 신청하는 사람들이 있다. 예를 들면, 성폭력, 가정폭력, 학교폭력, 도박이나 약물 중독 문제 등으로 인한 가해자 교정 상담이나 피해자를 위한 재활 상담이 이루어지는 경우이다. 이런 경우 가해자들은 감형을 받기 위해 신청하므로 상담 동기가 자발적이거나 진지하고 순수하다고 볼 수 없고, 자신의 저지른 행동을 반성하기 보다는 은폐, 축소, 왜곡하거나, 변명하고 합리화시키는 방어기제가 강하게 작동하기 때문에 상담이 쉽지가 않다. 이렇게 명백하게 잘 잘못의 시비가 가려진 경우도 간혹 있지만, 대다수 상담의 경우는 피해자이면서 가해자이고, 가해자이면서 피해자인 혼란스럽고 판단하기 어려운 경우가 많기 때문에 선과 악의 도덕적 평가를 하는 것이 부적절한 경우가 많다.

상담이 아닌 다른 일반적인 경우를 놓고 보면, 대다수 사람들은 다른 사람들에게 의도적으로 피해를 주려고 하지는 않는다. 그러나 경쟁 사회에서 내가 먼저 한정된 좋은 자리를 차지하거나 어떤 이득을 취하면 다른 사람들은 뒷전으로 밀리거나 기회를 잃게 될 수도 있다. 때로는 승자 독식 방식으로 운 좋은 한 사람이 모든 것을 차지하는 불공평한 일도 발생한다. 이렇게 본의 아니게 모든 사람은 피해를 주기도 하고 받기도 한다. 그리고 그런 결정이 내 뜻대로 되지 않는 경우가 종종 생긴다.

내담자들 중에는 어려서 가정이나 학교에서 차별을 당하면서 크게 상처를 입고 성장하면서 혹시 자신의 신분과 출신으로 불이익을 당하지 않을까 불안해하는 경우도 있다. 하지만 큰 틀에서 보면, 대부분의 사람들은 살면서 가정에서 형제순위에 의해 차별을 받기도 하고, 사회에서는 남녀차별이나 인종차별을 받기도 하며, 거주 지역, 학력, 직업, 경제력, 종교 성향, 질병과 장애, 범죄 경력 등에 의해 우대를 받기도 하고 천대를 받기도 한다. 그로 인해 피해를 입은 경우는 주변 사람들이 생각하기보다 마음의 상처가 깊고 심한 경우도 많다. 그렇게 당한 사람은 그 일로 내 인생이 꼬이고 안 풀렸다고 다른 모든 문제를 여기다 연결시키곤 한다.

상담에서는 이런 부분에 대한 주의 깊은 관심과 배려가 필요하다. 그래서 상담자는 내담자가 상담 과정에서 이런 일을 당하지 않도록 내담자를 지나치게 보호하려 하거나 차별하지 않도록 유의해야 한다. 내담자를 존중해 주는 것은 상담자의 올바른 태도이지만 지나친 연민을 품는 것은 무의식 속에 과거 차별 당한 경험을 해결하지 못한 상담자 자신과 내담자를 동일시한 상담자의 역전이 증상일 수도 있고, 이런 태도는 상담의 정상적인 진행을 방해할 수 있다.

일상생활에서의 편견이나 차별로 인한 사소한 갈등이나 다툼과 달리 심각하고 중대한 분쟁의 경우는 법정에서 사건의 심리를 공정하게 다루기 위해 범죄 사실 여부를 철저히 조사하고 잘못을 지적하고 캐묻는 검사가 있고, 기소를 당한 피고인의 권익을 옹호하고 인권을 보호하며 도와주는 변호사가 있으며, 모든 사실을 취합하여 결론을 내리고 판결을 확정짓는 판사가 있다. 그런데 상담은 상담자 혼자서 모든 일을 맡아 진행하는 것이기 때문에 이렇게 여러 관점에서 내담자의 문제를 바라보고 객관적으로 처리하기는 매우 어려운 것이다.

상담자의 역할과 기능은 법적이거나 도덕적인 판단과 평가를 내놓는 것이 아니고, 무엇보다 심리적이고 정서적인 감수성과 예민성을 갖고 내담자의 문제를 바라보는 것이다. 그래도 만약 법적이거나 도덕적인 첨예한 문제라면, 이를 테면 동성애, 미혼모, 성매매 여성 상담, 외도 상담 등, 상담자는 검사나 수사관, 또는 재판관의 배역을 떠맡는 것이 아니고, 오히려 변호인의 입장에 서는 것이 바람직하다.[14)]

이렇게 선과 악 사이에서 방황하고 좌절하다가 누군가의 도움으로 개과천선하여 새로운 인간이 되는 이야기는 문학작품에서 자주 등장하는 플롯이다. 가장 유명한 이야기는 빅토르 위고의 〈레 미제라블〉에 나오는 장발장의 이야기로, 전 세계 수많은 사람이 즐겨 기억하는 감동적인 이야기가 오래전 대형 뮤지컬로 제작되어 국내와 해외 각처에서 장기간 순회 공연되기도 하였고, 2012년에는 휴 잭맨이 장발장으로 등장하는 영화가 상연되어 관객들의 높은 평가를 받기도 하였다.

이야기의 핵심 장면을 보면(Hugo, 2012, pp. 139-141), 19년이란 긴 세월의 감옥살이로 저주받고 비천한 신세로 전락하여 분노와 증오심에 가득 찼던 주

14) 여기서 상담자는 내담자를 어떤 경우라도 감싸고 두둔하기만 하라는 뜻은 아니다. 매우 드문 일이지만 내담자가 범죄 행위를 저질렀거나 위험한 일을 계획하고 있다면, 상담자는 관계 당국에 신고해야 한다. 내담자의 범죄 사실을 은닉하거나 비호하면 상담자가 법적 책임을 지고 처벌받게 될 수도 있다.

인공 장발장은 드디어 출소하게 되었지만 어느 여관 주인도 이 위험한 전과자를 받아주려 하지 않았다. 궂은 날씨에 묵을 곳을 찾아 나흘 간 시골 길을 헤매던 그에게 마침내 어느 친절한 신부가 자비를 베푼다. 그날 밤 장발장은 너무 편안한 침대에 가만히 누워 있다가 신부와 그 누이가 잠자리에 들자 침대에서 일어나 찬장을 뒤져 가족 은잔을 훔쳐 몰래 달아나고 만다. 이튿날 아침 헌병 세 명이 장발장을 끌고 와 신부의 집 문을 두드린다. 훔친 은잔을 들고 도망치던 그를 붙잡은 것이다. 헌병대장은 이 악당을 평생 감옥에 처넣을 기세였다. 그런 상황에서 신부의 반응은 누구도 예상하지 못한 것이었다. 특히 장발장의 입장에서는 더 말할 것도 없었다. "다시 오셨군요!" 신부는 장발장에게 큰 소리로 말했다. "참 다행입니다. 제가 촛대까지 드렸던 걸 잊으신 모양이군요? 그것도 은이라서 다 합치면 족히 200프랑은 나갈 겁니다. 깜박 잊고 놓고 가셨나요?" 장발장은 눈이 휘둥그레졌다. 그저 말로 표현할 수 없는 심정을 눈빛에 담아 노신부를 쳐다보고 있을 뿐이었다. 신부는 헌병대장에게 장발장은 도둑이 아니라고 증언해 주었다. "이 은잔은 제가 선물로 준 겁니다." 헌병들이 떠나자 신부는 할 말을 잃은 채 떨고 있는 장발장에게 촛대를 주며 말한다. "그 돈을 정직한 사람이 되는 데 쓰시기로 저와 약속하신 것을 절대 잊지 마십시오. 잊으시면 안 됩니다." 인간의 본능을 넘어선 신부의 행동에 장발장의 삶은 완전히 달라진다. 용서의 신비로운 힘에 정면으로 부딪히자 영혼의 철벽같았던 방어벽이 눈 녹듯이 녹아내린 것이다. 촛대를 은혜의 소중한 상징물로 간직한 그는 어려운 사람들을 돕는 데 여생을 바친다. 정의밖에 모르는 형사 자베르는 그 후 20년간 매몰차게 장발장의 뒤를 밟는다. 장발장이 용서받고 새 사람이 되자 그는 복수를 갈망한다.

장발장이 이전과 전혀 다른 새로운 삶을 살게 된 놀라운 변화의 배경 속에는 그를 둘러싼 두 인물의 강력한 영향력이 크게 대비를 이룬다. 법치주의에 입각한 엄격하고 철저한 신념으로 집요하게 그의 정체를 밝혀내고 정의의 이름으로 처단하기를 원했던 자베르 경감과 죄인을 향한 무조건적인 사랑과 관용을 베푼 미리엘 주교의 종교적 영향력이 정반대의 모습을 보여 준다.[15] 여기서 한 인간이 전격적으로 바뀌는 결정적 배경과 그 힘은 프로이트의 표현대로 죽음과 파괴의 힘(thanatos)이 아닌 사랑과 생명의 힘(eros)인 것을 볼 수 있다. 청빈한 삶을 살면서 성서적 사랑을 실천하는 디뉴의 미리엘 주교는 장발장을 흉악한 범죄자가 아닌 신의 형상(Imago Dei)대로 지어진 고귀한 존재이며, 신의 사랑스러운 자녀로 보았고, 그럼에도 불구하고 신을 배신하고 떠나 절망에 빠졌지만 그래도 다시 돌아오길 원하시는 신의 강한 의지를 확신하였고, 즉각적이고 기민하게 그 뜻을 실행한 것이다.[16]

때때로 상담자는 내담자의 부정적 경험과 자신의 긍정적 가치관이 서로 어긋나면서 도덕적 갈등을 겪기도 하지만, 상담자는 자신과 다른 세계관, 가치관에 대해서도 경청하는 자세와 개방적인 태도를 취해야 한다. 만약 그렇지 않고, 여기서 내담자를 악인으로 보기 시작하면 그에 대한 혐오와 경멸 속에서 부정적 역전이가 가속화될 수 있고, 상담을 파괴적인 양상으로 몰고 가게 된다. 상담자는 이런 위험성을 신중하게 고려하여, 선과 악의 이분법적 심리도식에서 벗어나 내담자를 삶의 갈등과 고통으로 인해 잠시 나락으로 떨어진 위기 상황에서 누군가의 도움을 필요로 하는 존재로 보아야 한다. 그래서 상담을 통해 내담자의 과거 경험 속에 숨겨진 고유한 강점과 자원을 함께 탐색하고, 삶의 긍정적 변화를 모색하면서, 아직은 희미하지만 아름답고 행복한 미래 이야기의 가능성을 여

15) 지나치고 잘못된 온정주의는 배격해야 하나, 사회적 약자에 대한 이해와 배려는 존중되어야 한다. 상담에서는 칼 로저스(Carl Rogers: 1902~1987)가 치료적 변화를 위한 세 가지 조건 중 하나로 본 존중(unconditional positive regard)의 개념도 이와 유사한 면이 있다.

16) 미리엘 주교는 19년간 감옥에서 모진 옥살이를 한 46세 장발장의 억울한 사연을 듣고 위로하면서 하늘에서는 의인 100명의 흰 옷보다 잘못을 뉘우치는 자의 눈물 한 방울에 더 큰 기쁨이 있다(누가복음 15장 7절)고 말하면서 평화와 친절과 밝은 마음을 갖고 새로운 삶의 길로 나아가길 권고한다(Hugo, 2012, p. 107). 이로써 주교는 신의 형상대로 창조되어 장발장의 내면세계에 깊이 심겨진 인간의 본성이 회복되도록 도와준다.

사진 1-15 렘브란트의 〈돌아온 탕자〉[17]

전히 지니고 있는 존재로 보아야 한다.

이렇게 상담에서 가치관의 충돌로 인한 문제에서 내담자를 바라보고 대하는 태도와 달리 상담자가 자신의 가치관을 이해하고 다루는 문제는 본질적으로 다른 문제이다. 상담에서는 늘 내담자를 바라보는 시선과 관점에만 사로잡혀 있는 경우가 많지만, 상담자가 자신을 주시하며 살피고 분석하는 것도 본인의 신체적 소진 현상을 막고 정신건강을 돌보면서 치료 성과를 높이기 위한 매우 중요한 전제 조건이다.

인간은 누구나 성장하면서 가까운 권위적 인물들로부터 삶의 규칙과 교훈을

17) 러시아 상트페테르부르크 예르미타시 미술관, 〈돌아온 탕자〉(1668년)는 누가복음 15:11-32에 나오는 성서 이야기이다. 서성록은 그림에서 묘사된 지그시 눈을 감은 인자한 모습의 얼굴 표정(죄를 용서하시는 하나님/잘못을 용서해 주신 아버지를 의미)과 부드러운 여성적인 손을 지적하면서 젠더를 초월한 부성적 사랑이 강조되었다고 분석했다(서성록, 2011, pp. 147-148).

자주 듣게 되면서 자신의 고유한 가치관이 형성된다. 상담자는 이렇게 형성된 자신의 올바른 가치와 정당한 신념을 상담에서 포기하거나 버릴 필요는 없다. 오히려 상담자는 자신의 건전한 가치관 때문에 엄격한 기준에서 자신을 관리하고, 상담에서 발생하는 온갖 유혹을 이겨내면서 도덕적이거나 법적인 의무를 잘 이행하고 준수할 수 있기 때문이다. 그러나 그런 나의 가치관을 내담자에게 주입시키면서, 그것을 따라주기를 일방적으로 기대하고 강요하거나, 또는 가르치고 권면하려는 것은 상담의 기본을 깨뜨린 잘못된 태도이다. 상담자의 역할은 중고등학교 훈육 주임이 되거나 윤리 교사가 되는 것이 아니다.

상담에서는 가능한 한 가치 판단을 유보하거나 배제하고, 객관적이고 중립적인 태도를 취하는 것이 바람직하고, 섣불리 충고하기보다는 충분히 많이 들어주고 공감해 주는 것이 상담 본연의 업무에 충실한 것이다. 그렇게 해서 상담 초기에 확실한 신뢰 관계가 형성되어야 하고, 충분한 시간이 경과되어 심리적으로 내담자가 안정이 되고, 지적 통찰력이 생겨야 삶의 잘못되고 모순된 불일치에 대한 상담자의 직면과 지적을 받아들일 수 있으며, 본격적인 변화가 일어날 수 있는 것이다.[18)]

이렇게 선과 악의 문제에서 비롯된 보편적 방식의 인물 평가 외에 우리 주변에 등장하는 인물들을 바라보며 평가하는 또 다른 흔한 방식은 인물의 인격적 됨됨이, 특히 마음 씀씀이가 넓고 깊고 큰 것을 기준으로 대인배와 소인배(또는 군자와 소인)[19)]로 분리하기도 하고, 인물의 품성을 진선미를 기준으로 따지

18) 상담 분야의 일반적 입장(특히 인간중심상담)과 달리 장성숙은 상담자의 역할은 단순한 조력자가 아니라 '어른'이라고 주장하면서(내담자는 정서적으로 미숙한 어린아이 같기에), 상담에서 맹점을 자각하여 변화를 촉진시킬 수 있도록 상담자가 내담자에게 솔직하게 이야기해 주는 피드백을 강조한다(장성숙, 2022, pp. 286-289).

19) 유가에서 이상적 인간상을 군자라고 불렀고, 그와 반대되는 평범한 보통 사람들을 소인이라고 불렀다. 공자는 군자를 높은 도덕성, 사회적 지도력과 문제해결능력을 동시에 잘 갖춘 인물로 보았다(이철승, 2013, p. 10).

사진 1-16 돌하르방 조형물[20)]

기도 한다. 그래서 세상에는 모든 사람이 우러러 존경하며 칭송하는 영웅호걸이 있는가 하면 조잔한 좀팽이나 겁쟁이 졸장부도 있다. 대부분의 사람들은 사소한 일에도 자극을 받거나 집착하기도 하고, 또 이 세상은 너무 거칠고 험악한데 자신이 지고 가야 할 삶의 무게는 너무 버겁게 느껴지기에 소인일 수밖에 없다. 영웅호걸은 우리 주변에서 보기 힘든 희대의 인물이므로 이런 초인적 인물이 도탄에 빠진 세상을 구해 주기를 기대하고 기다린다.

이런 대인이나 소인과 달리 진선미의 의미는 인생에서 추구하는 삶의 목적과 방향, 그리고 이상과 가치에 달려 있다. 그래서 다양하고 풍부한 지식과 지혜를 추구하는 사람, 따뜻한 심성으로 다른 사람들을 돌보며 도와주는 일을 기꺼이 감당하는 사람, 화려하고 멋진 또는 고상하고 우아하고 세련된 세계를 끊임없이 갈망하며 만들고 있는 사람으로 나누어지게 된다. 대개 이런 성향이 어느 한쪽으로 우세하고 편중되는 경우가 흔하겠지만, 간혹 이런 모든 성향이 개

20) 저자 DSLR 촬영, 2017년 2월 28일, 제주도 금능석물원, 매우 다양한 얼굴 모습의 돌 조각품들을 쌓아올려 만들었다.

인의 삶의 방식 속에서 조화롭게 균형을 이룬다면 그것은 이상적인 인격이 완성되고 있는 것이다.

이런 도덕적 가치 외에도 치열한 생존경쟁으로 인해 경쟁력을 계속 강화해야 하는 환경에서 살아가므로 인간을 강자와 약자로 분류하거나 물질주의에 치우쳐 있는 대중문화 속에서 가진 자와 없는 자로 나누는 이분법적 방식으로 바라보곤 한다. 이렇게 대중적이고 일반적인 면에서 인간 군상을 바라볼 수 있고, 또 다른 인물 평가 방식이 있겠지만, 상담에서 등장하는 인물로 제한시킨다면 무엇보다 내담자와 그 주변을 중심으로 생각해 봐야 할 것이다. 내담자와 그의 문제를 정확하게 이해하기 위해 먼저 확인할 점검 사항은 성별과 연령, 주소와 연락처 같은 내담자의 인적 사항이 일차적인 정보이다.

그다음은 삶의 영역별로 살펴보는 것이 내담자의 문제를 이해하고 분석하는 데 편리하고 좋은 방법이다. 먼저 신체적인 면에서 외모와 체형, 의상과 액세서리, 머리 손질과 메이크업 상태, 과거 질병을 앓은 경험과 현재 복용하는 약물, 가족의 유전적 질병 여부, 현재 건강 상태와 건강을 관리하는 방식, 식사 성향과 습관, 수면의 양과 질 등을 살펴본다.

심리적인 면에서는 성격 유형과 기질, 정체성과 자존감 상태, 강점과 자원, 발달적 특성(인지와 정서), 애착 유형, 성생활과 성적 성향, 심리적 욕구, 정신건강과 이상심리의 증상 유형, 의사소통 유형이나 언어적 습관, 문제 이해와 해결 방식, 고통과 위기에 대한 주된 반응과 대처방식, 주로 사용하는 방어기제, 스트레스 관리 능력, 밤에 자주 꾸는 꿈, 백일몽이나 무의식의 환상, 실수나 착오행위에서 나타나는 무의식의 문제 등을 살펴본다.

사회적인 면에서는 가족 배경과 결혼 상태,[21] 인간관계에서 나타나는 삶의 내용과 질—이를 테면 친구를 쉽게 사귀는지 그렇지 않은지, 친구가 얼마나

21) 가계도를 비롯하여 탐색할 내용이 많은 경우 별도의 큰 항목으로 추가하는 것이 좋다.

많은지, 관계가 얼마나 오래 가고 대개 어떻게 헤어지는지, 힘의 역학관계에서 지배적인지 반대로 순응적인지, 사회적 교환에 있어 베풀고 주는 편인지 주로 받기만 하는 편인지 등, 자신을 돕고 편들어 주는 사회적 지지 세력과 조력자, 반대로 갈등을 일으키고 고통을 주는 경쟁 또는 적대 세력, 삶의 목적과 동기, 생활신조나 도덕적 가치, 교육적 배경, 직업적 배경, 경제적 수입과 소비 성향, 종교적 배경과 성향, 취미나 특별한 재능, 수집하는 물품 여부, 대중문화(영화, 음악, 문학 등)에 관한 성향 등을 살펴볼 수 있다.

상담에서 이야기를 구성하는 등장인물로서 내담자를 주연으로 먼저 지목하겠지만, 상담 진행은 상담자와 내담자의 양자 관계에서 진행되는 것이기에 상담 결과를 좌우하는 것은 내담자 요인뿐 아니라 상담자가 기여하는 부분도 무시할 수 없는 것이다. 때문에 내담자와 상담자가 어떤 인물인지를 평가하고 분석하는 것은 치료 성과를 높이기 위해 유익하고 필요한 일이다. 이 부분은 스스로 자신을 평가하고 분석하는 것이 어렵기 때문에 충분히 오랜 시간을 상급 감독자들로부터 지도와 분석을 받는 것이 가장 좋은 방법이다.

상담자도 내담자와 마찬가지로 연령과 성별에 따라 인간적인 다른 면모를 보일 수밖에 없고, 성격과 심리성향, 가족관계 속에서의 성장배경이 상담 과정에 영향을 미칠 수 있다. 또한 전문가로서의 활동을 하는 것이기 때문에 학력과 경력도 상담에 큰 영향을 줄 수 있고, 지적 능력(통찰력, 직관력, 순발력 등)이나 정서적 감수성(공감적 이해와 반응 능력), 임상 경험과 자격증의 등급, 대인관계의 친화력(신뢰감과 친밀감 형성 능력), 의사소통 능력(청취력과 표현력), 문제해결 능력(논리적이거나 합리적인 사고 능력)도 상담 진행에 있어 큰 변수가 될 수 있다. 그뿐 아니라 상담자의 도덕성과 종교성도 상담 과정에서 겪을 수 있는 도덕적 갈등이나 가치 판단에 영향을 줄 수 있다.

때때로 상담자들 중에는 천성적으로 다른 사람들을 돌보고 돕는 일에 늘 앞장 서왔던 사람도 있고, 어려움에 빠진 사람을 자신이 나서서 구해야 한다는 마음에 사로잡히는 구원자 콤플렉스를 갖고 있는 사람도 있다. 또한 완벽주의

나 강박 성향이 심해 내담자가 좋아지지 않을 때 자신을 질책하면서 심한 죄책감을 느끼거나 또 어떤 경우는 어린 시절 겪은 상처와 고통으로 인해 자신과 같은 어떤 피해 경험을 한 내담자에게 동일시하여 지나치게 잘해 주려고 애쓰는 경우도 생긴다. 이런 문제들은 상담에서 역전이 현상을 가져올 수 있으므로 상담자 자신도 내담자 경험을 해 보고 교육 분석을 받아 자신의 문제를 먼저 해결해야 한다.

이야기의 첫 번째 구성요소인 배경이 주로 시간성과 공간성의 문제라면, 두 번째 구성요소인 등장인물의 경우에는 관계성이 중요한 주제로 떠오르게 된다. 상담이 상담자와 내담자가 서로 협력하여 진행되는 과업이라면 둘 사이의 관계성이 어떠한지가 상담의 진행방식과 방향을 결정짓게 된다.

상담자와 내담자의 관계로서 쉽게 연상될 수 있는 것은 삶의 고통과 위기 상황에서 도움을 청하는 자와 조력자의 관계, 마음의 병을 치유받기 원하는 환자와 의사의 관계가 상담과 비슷한 상황이 될 수 있다. 때로는 서로의 관계에서 상담자가 하는 역할이 내담자를 위로해 주고 격려해 주는 인생 선배가 되기도 하고, 삶의 지혜를 가르쳐주는 교사나 인생 여정의 갈 길을 안내해 주는 가이드가 되기도 한다. 또 어떤 경우 상담자는 내담자가 어린 시절 영웅처럼 숭배를 하던 이상화된 인물이나 내담자가 존경했던 인물의 대역을 맡기도 하고, 또는 그런 인물처럼 성장하도록 도전하거나 용기를 줄 수도 있다. 내담자의 정체성과 심리상태를 탐색하면서 적절한 역할을 찾아 치료적 도움을 줄 수 있는 관계형성을 해 나갈 필요가 있다. 상담 진행과정의 상황에 따라 적절한 변신이 필요하겠지만, 대부분 어린 시절 역기능 가정에서 부모로부터 학대를 받거나 상처와 고통을 받은 채로 상담에 찾아오는 내담자들을 위해서는 그런 과거의 상처를 치유해 줄 수 있는 심리적으로 좋은 부모의 역할을 해 주는 것이 더욱 필요하다. 그것은 단지 부드럽고 따뜻한 심성뿐 아니라 냉철한 지성과 강인한 의지 및 인내력을 필요로 하고, 이런 부성과 모성의 적절한 균형 감각을 잘 유지하는 것이 중요한 과제이다.

이야기를 만들어 가는 세 번째 구성요소는 '플롯'으로 각 인물들이 펼치는 사건의 줄거리와 전개 방식을 의미한다. 처음과 중간을 거쳐 결말에 이르는 내러티브 조직의 구상과 설계가 바로 플롯이며, 때문에 문학에서 이야기를 생성하고 전개하는 데 플롯의 역할은 매우 중요하다.

삶의 이야기의 플롯 구성은 삶의 경험들을 서로 연결시키면서 의미의 구조적 체계를 구축하는 행위이다. 플롯에 의해 우리에게 벌어지는 때로 불연속적이고 이질적인 사건들이 어떤 일관성을 지니게 된다. 다시 말하면 내러티브가 일사분란하게 질서를 잡고 끌고 가는 이야기의 논리가 플롯이다.

이야기는 시간적인 순서에 따라 엮어 나가기도 하지만, 등장인물들의 관점과 그들의 마음의 숨겨진 동기를 어떻게 연결하느냐에 따라 다르게 엮을 수도 있는 것이다. 그래서 플롯은 이야기의 진행과 결말을 통해 의미를 생성해 내는 전체 과정을 끌고 가게 된다.

플롯의 기능은 어떤 사건을 강조하면서 부각시키고 반대로 무시하기도 하고, 어떤 것은 해석하고 다른 것은 추측하게 내버려 두고, 이야기해 주고 보여주기도 하지만 때로는 침묵하면서 숨겨놓기도 하고, 그러면서 사건과 인물의 여러 양상을 영화나 드라마를 촬영할 때 카메라가 구도를 잡고 초점을 맞춰나가듯이 예술적으로 표현하는 것이다. 이에 따라 플롯은 연속적인 시간의 흐름 속에서 파편화된 인간의 경험을 역동적으로 재구성해 내는 주도적인 기능을 취한다.

플롯의 역할은 이야기를 탄탄하고 치밀하게 구성하여 독자(관객 또는 시청자)로 하여금 관심을 집중시키고 홍미를 유발하면서 이야기의 세계에 빨려 들어가게 하는 것이다. 이야기를 어떻게 구성하느냐에 따라 그 이야기에 대한 사람들의 반응이 달라진다. 독자들은 이야기의 전개가 박진감이 있고 정교하면서도 쉽게 예측하기 어려울 때 이야기의 귀추가 어찌될지 더욱 궁금해지면서 그 후 전개될 이야기를 기다리게 된다. 이때 독자들은 다음 장면을 머릿속에 이렇게 저렇게 미리 그려보는데, 전혀 예측하기 어려워도 독자들은 홍미를 잃을 수 있기 때문에 숙련된 작가는 상징적인 암시를 넌지시 던져주면서 결말에 관한 힌트를 주기도 한다.

이런 방식으로 이야기를 긴장감 있게 전개하기 위해서는 고도의 문학적 기술이 요구되며, 이를 위해 이야기 속의 갈등 양상을 단계적으로 고조시키면서 다원적인 복합 장르로 끌고 가기도 하고, 평면적 구조가 아닌 위와 아래, 앞과 뒤에서 다 볼 수 있는 입체 구조로 이야기를 구성해 나가기도 한다. 한국 영화 역사상 아카데미상을 비롯한 최다 수상 경력을 기록한 봉준호 감독의 영화 〈기생충〉은 희극과 비극, 가족영화, 공포영화, 미스터리, 범죄영화, 기형적으로 양극화되어 버린 한국사회를 폭로하는 풍자극 등 다중 장르를 동시에 넘나들면서, 스토리 전개에 대한 관객들의 예측을 불허하고, 긴장 속에 몰입하게 하면서 관객들의 상상을 뛰어넘는 반전으로 결말을 낸 매우 뛰어난 문학적 상상력과 이야기 구성 능력을 보여 주었다.

플롯의 기교로 놓고 볼 때 재미있는 이야기는 사건 속에서 갈등이 고조되는 이야기이고, 시시하고 지루한 이야기는 일기나 연대기처럼 단순하게 시간의 흐름대로 진행되는 이야기이다. 거기서 이야기의 흐름과 방향을 잡아나가는 것은 인간의 마음을 지배하고 있는 욕망이고, 작품에 등장하는 주인공의 욕망과 그를 방해하고 좌절시키는 강력한 적대 세력과의 치열한 접전이 벌어진다. 이런 심리적 배경 속에서 뛰어난 구성력을 지닌 이야기는 독자나 시청자의 기대와 예측을 뛰어넘는 수준에서 전개되므로 신선한 충격을 받거나, 놀라워하고, 강한 홍미를 느끼면서 스토리와 분위기에 몰입하게 되고, 복잡하고 깊은 감정을 경험하면서 심리적 긴장과 불안을 해소해 주며 삶의 깊은 여운을 던져준다.

문학적 입장에서 플롯은 어떤 사건 속의 등장인물의 삶의 맥락과 연결된 어떤 주제가 되겠지만, 상담학의 입장에서는 심리적이거나 성격적 측면이나 정신건강의 임상적 측면을 연결시키는 것이 유력하고 적합한 학문적 시도일 것이다. 문학에서 등장하는 로맨스와 아이러니, 비극과 희극처럼 상담에서는 자주 등장하는 원형적 주제의 대극적 구성은 생명–죽음, 질병–건강, 억압–표출, 집착–초월, 성장–퇴행, 애착–분리, 지배–종속, 강자–약자, 가해자–피해자, 절정–침체, 상승–하강, 상실–회복, 안전–불안, 공포–용기, 희망–절망, 죄책감–용서 등으로 표현될 수 있다. 또한 문학에서는 인생 무대에서 벌어지는 전반적인 모든 사건과 경험이 작품의 소재가 될 수 있겠으나, 상담의 경우는 대부분 마음의 상처와 고통을 안고 찾아오는 내담자들의 이야기가 주된 내용이기 때문에 마음의 질병과 치유 이야기가 주된 소재를 이루며, 문학보다 좁은 영역의 특정 주제로 한정될 수밖에 없다.

문학의 세계에서는 언어적이고 예술적인 표현력과 작품의 완성도에 많은 관심을 쏟겠지만, 상담의 세계에서는 심리적이고 치료적인 면에 구체적이거나 실제적인 성과를 내기 위해 노력한다. 문학에서는 상상력이나 창의력을 충분히 잘 동원한 글쓰기 실력이 좋은 작품이 나오는 데 기여하겠지만, 상담에서는 내담자가 의뢰한 문제를 탐색하고, 분석하고, 해결해 나가는 전문성의 수준이 상담의 결과를 좌우하게 된다.

이와 같이 서로 전공상의 차이점이 있지만 문학의 영역에서 밋밋하거나 엉성한 플롯으로 독자들의 원성과 지탄을 받을 수 있듯이, 상담에서도 상담 내용과 진행의 설계와 구성이 너무 시시하고 지루하기만 하다면 내담자는 상담에 대한 흥미나 동기를 다 잃고 상담을 그만둘 가능성이 높다. 이런 면에서 플롯의 기술은 충분히 깊이 연구하여 상담에서 효과적인 방식으로 도입해 볼 필요가 있다. 때로는 상담도 소설이나 드라마처럼 극적인 효과를 높이며 박진감 있게 전개될 때 치료적 성과도 크게 거둘 수가 있다. 이것이 상담을 진부하고 무미건조한 형식이나 기술이 아닌 창의적이고 미학적인 예술의 차원으로 고양시킬 수 있는 유력한 해결 방안이 될 수 있다.

문학적 접근방식을 상담학적으로 다시 바꾸어 이해하면 문학 작품에서 주인공의 내면적이거나 외부적 갈등이 고조되면서 등장인물들 간 복잡한 문제가 형성되는 양상은 상담에서 사례개념화 작업과 유사한 면이 있다. 또한 문학 작품에서 시작–중간–끝의 전개를 어떤 방식으로 전개시킬지의 문제는 상담에서 시작과 종결, 그리고 중간 과정에서의 작업을 어떤 방식으로 구성할지의 문제와 유사한 고민을 하게 된다. 이런 측면에서 본다면, 문학과 달리 상담을 잘하기 위해서는 무엇보다 두 가지 과제를 잘 처리하는 것이 중요하다. 그것은 먼저 사례개념화를 통해 내담자의 심리 상태와 문제의 진상을 올바로 파악하고 평가한 후, 그에 따른 상담의 구조화를 잘 설계하는 것이다.

이야기를 전개하고 완성하기 위해 필요한 마지막 네 번째 구성 요소는 '톤'이다. 톤(tone)은 화자가 이야기를 풀어 나가는 독특한 분위기 또는 무드이다. 플롯이 다분히 인간의 인지적 사고 과정에 많이 의존한다면 톤은 인간의 감정과 정서에 깊숙이 연결된다. 여기서 무드나 기분은 인간이 자신의 감정을 느끼고 경험하는 방식을 의미한다. 감정을 의미하는 여러 단어들을 좀 더 구별해 보면, 감정이 어떤 사건의 어떤 장면에서 느끼는 즉각적이고 일시적이거나 단편적인 느낌이라면 정서는 긴 시간에 걸쳐 전체적인 국면에서 나타나는 복합적인 심리 반응으로 볼 수 있고, 기분이나 톤은 신체 상태에 의한 반응을 포함하며 주변 관계나 상황에 좀 더 예민하게 영향을 받는 심리 상태를 의미한다.

우리는 일상생활의 경험 속에서 많은 시간을 기뻐하고 슬퍼하며, 분노하고, 두려워하며 지낸다. 감정은 사고보다 훨씬 일찍 시작된 생존과 직결된 심리 장치이고, 행동 반응을 일으키는 동기를 주기도 한다. 동기와 마찬가지로 정서도 인간의 행동을 활성화시킨다. 모든 정서는 인간이 직면한 환경에 주의를 돌리고, 행동을 취하는 데 도움을 준다. 공포에 휩싸인 사람은 그 공포에서 벗어나기 위해 도망갈 것이고, 분노에 휩싸인 사람은 누군가를 공격하게 될 수 있다.

이야기의 톤 또는 분위기는 어린 시절 일찍 형성되는데, 영아기부터 어린 아이들은 자신의 생각을 말로 이야기할 수 없지만, 다양한 형태의 울음으로 자신의 불편한 상황에서 경험하는 감정을 엄마에게 전달한다. 이렇게 감정은 원시적이고 본능적인 형태로 인간의 내면세계 깊숙이 침투하여 일찍 자리 잡게 되고, 개인의 삶의 주제나 내용을 지배하는 심리적 동력으로 발달하는 데 이것을 핵심 감정이라고 부르기도 한다.

이런 감정의 분위기 여하에 따라 한 인간의 삶의 이야기는 네 가지 원형적 이야기 형태 중에서 희극으로 또는 비극으로 전개될지를 예고해 주기도 한다. 등장인물이 느끼고 표출하는 감정적 분위기는 다혈질인지, 우울질인지, 외향성인지, 내향성인지, 공격적인지, 방어적인지, 이성적인지, 감성적인지 등의 성격 유형이나 기질에 의해 유전적으로 나타나는 부분도 있고, 때로는 성장 과정에서 생기는 심리적 갈등에 의해 영향을 받기도 하고, 또 어떤 경우는 외상 경험과 같은 외부적인 강한 충격에 의해 과거와 전혀 다른 분위기로 바뀌기도 한다.

인간의 감정은 날씨와 같이 변덕스럽게 바뀌기 때문에, 개인의 삶을 행복하게 해 주기도 하고 반대로 불행으로 몰고 가거나 위험에 빠뜨리기도 한다. 사실 인간의 감정 그 자체는 자연스럽고 순수한 상태이지만, 개인의 심리적 동기나 욕구, 주변 상황의 변화에 의해 양면성을 띠면서 건강하고 성숙한 모습으로 표현되기도 하고, 부정적이거나 미숙한 모습으로 표현되기도 한다. 그래서 분노, 열등감, 죄책감, 시기심 등도 그 자체로 잘못된 감정이 아니고 때로는 그런 부정적 감정이 역설적으로 성장과 치유의 동력원이 되기도 한다.

사실 인간이 자신의 생각이 틀렸다고 인정하거나 자신의 신념을 포기하는 일은 그렇게 쉬운 일은 아니다. 때문에 상담에서 처음부터 너무 지적인 작업에 주력하다 보면, 내담자는 더욱 방어적이거나 의존적이 될 수 있고, 오히려 내담자의 자존감을 떨어뜨릴 수도 있다. 반대로 감정을 이해하고 다루는 방식을 배워나가는 것이 서로 기대하는 치료 목적을 훨씬 쉽고 빠르게 달성할 수 있다.

가까운 사람일지라도 말을 하지 않으면 속으로 무슨 생각을 하고 있는지 알 수가 없다. 그러나 감정은 얼굴 표정이나 비언어적 표현 속에서 계속 반응하기 때문에 무슨 감정을 느끼는지 파악하기가 쉽다. 그래서 일단 감정을 확인하고 나면 그런 감정을 느끼게 된 발단과 원인적 배경이 된 사건의 내용, 감정을 느끼는 주된 대상, 현재의 감정을 불러일으키고 있는 생각의 근거, 추후 벌어질 양상 등이 한꺼번에 다 드러나게 된다. 그래서 상담에서는 내담자의 감정을 탐색하고 정확하게 이해하는 것이 매우 중요하고 우선적인 과제가 된다. 또한 이런 접근이 공감적 이해와 반응을 이끌어 내 만족스러운 치료 성과를 얻게 해 준다.

사실적 이야기와 허구적 이야기

이야기가 사실적이냐 허구적이냐의 문제는 흔히 역사 서사와 허구 서사 사이의 차이점으로 본다. 역사는 있었던 사건의 기록이고 허구는 가능성을 바탕으로 개연성이 있는 사건의 서술이다. 개인의 역사적 기록물로서 진실성을 요구하는 자서전과는 달리 소설은 사실이 아닌 허구를 다룬다. 그러나 소설은 사실이 아닌 허구를 다룸에도 독자들에게 현실세계를 넘어 또 다른 세계를 열어 주고 확장시켜 준다(한승희, 2006, p. 149).

작가는 지금까지 존재하지 않았던 새로운 세계를 창조한다. 현실의 삶을 취재하되, 그것을 개인적 주관과 상상력에 의해 재구성하는 것이다. 그리고 그 현실의 세계에 의미를 부여한다. 현실의 세계와 닮은 점을 많이 가지고 있으면서도 현실의 세계에서는 찾아볼 수 없는 독특한 세계, 그것이 문학의 세계이고 허구의 세계이다. 이러한 허구화의 작업을 통해 작가는 세계를 보고 관찰하거나 비판할 수 있는 독특한 안목을 만들어 낸다(김시태, 1985, p. 26).

허구화는 허구 자체가 위대해서가 아니라 현실이 가진 불완전성을 보완하기 위해 필요할 경우에만 실행하는 서사 작업의 부가 장치에 해당한다. 서사의 완전성을 획득하기 위해 실행하는 허구화의 단계를 승인하는 것이 바로 픽션의 영역이다(방현석, 2013, p. 24).

문학에서의 이야기는 가상적 이야기를 의미하고 상담학에서의 이야기는 경험적 이야기를 의미한다. 문학의 세계에서 허구를 다룰지라도 현실 세계를 배제하거나 현실 속에서 이탈하는 것은 아니다. 허구의 반대는 진실이 아니라 사실이고, 허구에서의 진실의 척도는 있을 법한 개연성에 의존한다(유종호, 1996, p. 55).

과학은 사실을 다루고 우리에게 그 사실을 통해서 지식을 전한다. 그러나 문학은 허구를 통해 진실을 전할 뿐이다. 실제 있었던 일이 아니라 있음직한 일들을 통해 인생의 진실을 전하고 표현하는 것이 문학이다. 있음직한 일들이 사실일 수는 없고, 그러기에 그것은 아무리 많이 알아도 지식이 될 수는 없다. 따라서 문학은 우리에게 지식을 전하는 것이 아니라 허구를 통해 인생의 진실을 깨우쳐 주는 역할을 한다. 여기서 문학이 전하는 것은 정서이고, 작품이 이야기하는 것은 우리의 미적 감각, 즉 정서에 호소하기 때문이다(김용성, 김정식, 1992, pp. 50-51).

픽션은 논픽션 너머에 존재하면서 실제를 다룬 논픽션보다 완전한 미적 성과를 거둘 수 있어야 한다. 논픽션보다 못한 완성도와 감동을 가진 픽션은 이미 그 역할과 가치를 잃고 만 것이다(방현석, 2013, p. 25).

정운채는 문학치료에서 참이냐 거짓이냐 또는 실제냐 허구냐를 문제 삼지 않는다고 주장한다. 왜냐하면 문학치료학의 서사 이론에서 현실은 객관적으로 존재하는 것으로 보지 않기 때문이다. 동일한 시간과 공간에 있는 사람들이라 하더라도 그 사람들이 어떠한 서사를 가지고 세상을 살아가고 있는가에 따라서 현실은 각각 다르게 인식된다는 것이다. 다시 말해서 현실은 서사에 의해 구조화되고, 사람들은 이미 구조화된 현실을 받아들이고 이해한다는 것이다(정운채, 2010, p. 315).

로이 쉐퍼(Roy Schafer)와 도날드 스펜스(Donald Spence)와 같이 정신분석학계에서 내러티브 접근을 중시하는 학자들의 주장에 의하면 분석가 또는 상담자가 할 일은 과거를 재건하는 것이 아니고 내담자의 진술을 토대로 일관성 있는 내러티브 텍스트를 엮어가는 작업이다. 앞뒤가 정연하게 연결되어 있고 논리적으로 모순이 없으며 미학적으로 잘 다듬어진 이야기는 높은 설득력을 갖게 되고 이것은 곧 치료 효과로 연결된다는 것이다(박찬부, 1994, p. 540). 우치다 타츠루는 정신분석의 사명은 진상의 규명이 아니고 증상의 소멸이라고 주장한다(우치다 타츠루, 2016, p. 199).

상담학에서 학술 연구를 위해, 객관적이고 실증적인 양적 연구를 진행할 경우는 정확한 사실관계를 매번 확인하는 것이 중요하겠지만, 임상 현장에서는 그것을 확인하는 것이 상담관계를 불편하게 만들어 놓거나 상담의 예기치 않은 조기 종결을 가져오기도 한다. 이를 테면, 어린 시절 친족 성폭력을 당한 30대 여성 내담자가 상담자가 강하게 직면시켜 과거의 고통스러웠던 경험을 사실로 인정했으나, 바로 그다음 날 상담자에게 연락하여 어제 이야기는 전혀 사실이 아니라고 부정하면서 자신이 진술한 모든 내용은 다 허위 사실이니 상담 기록에서 다 삭제해 달라고 했고, 그 이후 그녀는 상담실에 다시 나타나지 않았다.

이런 경우 내담자의 문제의 원인을 밝히기 위해 상담자가 너무 급하게 서두른 것이 잘못일 수 있다. 그것은 상담자가 자신의 권위를 앞세워 자신이 유능한 상담자임을 과시하고 싶은 욕구가 강하게 올라와 그런 실수를 했을 수 있다. 그렇게 문제의 인과관계를 입증하는 것보다 더 우선적이고 중요한 과제는 서로 신뢰할 수 있는 관계형성을 해 나가는 것이고, 내담자의 마음을 충분히 공감해 주고 내담자의 이야기를 경청하며 오래 기다려 주는 것이다. 그래서 내담자가 심리적으로 안정되고, 자신의 자아가 강해지면, 오히려 내담자 편에서 자신의 과거 경험을 본인의 진술로 고백하거나 공개할 수 있는 것이다.

때로는 내담자가 밝히고 싶지 않은 과거의 비밀을 지켜주거나 내담자의 사생활을 보호해 주고, 내담자 본인의 의견과 의지, 내담자의 인권을 존중해 주는 것은 상담자가 자신의 논리적 추론이나 임상적 가설이 맞았다는 것을 입증하는 것보다 훨씬 더 중요한 일이다. 상담은 법정에서 사건을 심리하는 방식으로 문제를 다루지 않는다. 사실관계를 밝히고 법리적인 해석과 논쟁을 하는 데 주력하지 않는다. 오히려 내담자의 과거 기억의 왜곡과 인간적 한계나 실수가 심리적 갈등에 의해 발생할 수 있음을 이해하고, 증폭되어 있는 양가감정을 화해시키고 통합해 나가는 일에 주력한다.

인간의 기억은 실제로 일어난 사건을 정확하게 기록한 것이 아니다. 인간의 기억은 불완전한 것이고, 기억의 내용은 저장될 때뿐 아니라 재생될 때도 상황에 따라 달라질 수가 있다(강진, 백승권, 2017, p. 81). 사건을 재구성한 것이고 크고 작은 세부 사항의 내용은 의심스러운 부분이 상당히 많을 수 있다. 기억은 완전한 허구는 아니지만 원본이 아니라 각색에 불과하다(Gottschall, 2014, p. 206).

기억이 있고 없고, 있다면 얼마나 선명한지 흐릿한지 정확성 여부가 과거 경험을 이해하고 다루는 데 있어 우선적인 관심사가 될 수 있지만, 상담에서는 그보다 내담자가 경험한 어떤 사건의 의미와 중요성에 대한 내담자의 자각과 해석이 치료적 변화를 일으키는 결정적 요인이 될 수 있다. 더 나아가 기억은 선택적 기능을 수행하기 때문에 여러 명이 동일한 경험을 했어도 기억한 내용은 제각기 다르다. 예를 들면, 가족 여러 명이 백화점에 가서 쇼핑을 했거나, 친구 여러 명이 해외로 단체 여행을 다녀와서 제각기 기억나는 경험을 말해 보라고 하면 같은 시간에 같은 장소를 다녀왔어도 각자 관심사가 다르기 때문에 떠오르는 사건의 기억도 서로 달라질 수밖에 없다.

이런 일상생활뿐 아니라 상담 현장에서는 역할극을 동원하는 경우가 많고, 특히 연극치료의 경우는 상담자 자신이 과거의 사실관계를 뛰어넘어 현장 상황과 분위기에서 즉흥적으로 순발력 있게 반응해 나가는 훌륭한 연기자가 되어야 제대로 원활한 치료가 가능할 때도 있다. 그러니까 상담자 자신도 정확한 사실관계를 입증하는 형사나 탐정의 배역을 맡는 것이 아니라, 과거 경험 이야기의 치료적 재구성을 위해 연기력이 뛰어난 배우가 되기도 해야 한다는 것이다. 많은 상담자는 객관적이고 정확한 진단과 평가에만 주력하다가 오히려 치료 과정을 소홀히 하거나 망치는 경우도 생긴다.

일반적인 삶의 영역에서는 눈에 보이는 사실적 현실 세계에만 몰입되어 있으나 상담의 영역에서는 눈에 보이지 않는 마음과 환상의 세계에 더 큰 관심을 쏟는다. 사실적인 자연 그대로의 세계는 순수하지만 때로는 무미건조하게 반복되므로 우리를 쉽게 지치게 한다. 사실과 허구 사이의 중간 지대인 환상의 세계는 창조적이고 생산적인 삶의 특별한 공간이 될 수 있다. 따라서 일반 영역에서 무시될 수 있는 무의식의 환상인 꿈 이야기조차도 상담에서는 매우 중요한 진단과 치료의 매개체가 될 수 있는 것이다. 이런 모든 과정에서 상담의 윤리적 문제와 거기서 파급되는 고민과 갈등도 동시에 튀어나올 수 있겠지만 상담자는 지나치게 경직되어 있는 이론적 접근을 피하고 내담자를 위해 때로는 과감하게 혁신적이거나 실험적인 시도도 해 볼 수 있어야 한다.

제2장

이야기치료의 개념

상담 과정에서 나오는 이야기 형태

상담은 말과 대화, 즉 이야기에 의존하여 전개된다. 삶의 경험을 토대로 상담실에서 내담자는 자신의 삶의 이야기를 털어놓으면서 상담이 시작된다. 상담자는 내담자의 그런 삶의 경험의 이야기를 진지하게 귀 기울여 들어주므로 치료적 관계가 구축된다. 상담은 이렇게 이야기 구조와 방식을 취하고 있다.

정신분석의 치료 접근도 무의식적으로 억압되어 있는 내담자의 심적 과정을 의식화시킴으로써 병의 증후를 소멸시키는 것을 목적으로 한다. 여기서 의식화라고 하는 것은 결국 언어화를 의미하는 것으로 내담자가 지금까지 아무에게도 하지 않았던 진정한 자신에 대해 이야기를 시작하는 것이다(우치다 타츠루, 2016, p. 193).

상담학의 연구에서도 상담 현장에서 실제로 무슨 이야기가 서로 오갔는지 녹음하고 기록하여 축어록을 분석하는 방법을 주로 많이 쓴다. 이렇게 상담은 모든 과정이 이야기로 둘러싸여 있다. 이러한 이야기에 기반을 둔 모든 내용은 학술적인 전문서적으로, 심지어 심리소설로 재탄생하기도 한다.

먼저 상담학에서 이야기를 의미하는 영어 단어로 자주 사용하는 스토리와 내러티브의 차이를 살펴보면, 스토리가 내용의 전체 줄거리를 의미한다면 내러티브는 내용의 핵심 구조인 플롯에 해당된다. 여기서 이야기를 의미하는 대중적인 영어 단어 스토리(story)를 쓰는 대신 내러티브(narrative)를 학술 용어로 선정한 배경은 인간의 경험을 이해하고 탐색하기 위한 삶의 이야기는 중요한 사건들을 연대기적으로 단순하게 배열한 것을 의미하기보다, 삶의 경험에 특정한 의미를 부여하는 플롯에 의한 구성을 의미하기 때문이다. 문학 이론에서 자주 인용되는 것처럼 “왕이 죽고 얼마 후 왕비가 죽었다.”는 스토리이지만, “왕이 죽고 얼마 후 슬픔을 못 이겨 왕비도 죽고 말았다.”는 사건의 원인적 배경을 설명해 주는 방식으로 플롯은 삶의 의미를 구체적으로 밝혀준다.

스토리가 자연발생적 이야기라면 내러티브는 그 내용을 어떤 목적과 의도로 편집한 이야기를 의미한다. 스토리가 시간 경과에 따른 이야기라면 내러티브는 인과관계에 따라 재구성한 이야기를 의미한다. 그래서 스토리가 원재료라면 내러티브는 그것으로 완성된 가공품이다.

상담에서는 어떤 이야기를 어떻게 이해하고 다루느냐를 고민할 때 '어떤' 이야기는 스토리이고, '어떻게'에 해당하는 이야기가 내러티브이다. 그러니까 내러티브는 상담에서 기술, 기법, 기교 등에 해당한다. 여기서 아무리 고급 기술도 그 이전에 어떤 이야기를 다룰 것인지 선택해야 하므로 스토리를 빼놓고 내러티브로만 상담을 전개할 수는 없는 것이다. 그러므로 내러티브 중심으로 상담이 전개된다고 하더라도 스토리를 배제하거나 간과해서는 안 된다.

표 2-1 이야기와 내러티브의 차이점

	속성	구성방식	형태	강조점
이야기	줄거리/내용	시간성	원재료	주제
내러티브	플롯/형식	인과성	가공품	방법

우리는 내게 일어난 모든 이야기를 이야기하는 것은 불가능하기에 상담에서 다루는 이야기는 치료적 목적과 용도로 선택된 이야기를 의미한다. 상담자의 입장에서 스토리는 어떤 이야기를 선별하여 치료적 초점을 맞추느냐가 중요하다. 여기서 핵심은 내담자의 고통이나 갈등을 불러일으킨 문제 이야기를 잘 포착하는 것이다.

이야기치료의 과정에서 상담자는 내담자 자신의 삶의 진술 속에 나타난 문제 이야기를 다른 관점에서 바라보면서 내담자가 무시하고 빠뜨린 조각난 이야기나 잃어버린 이야기를 찾아내 전체적으로 균형 잡힌 이야기를 쓸 수 있도록 도와준다. 상담 초기 내담자가 가져온 이야기는 빈약한 이야기이고, 시간이 지나면서 이런 이야기를 풍부하고 만족스러운 이야기로 고쳐야 한다. 그래서 내담자가 진정으로 좋아하고 원하는 삶의 대안적 이야기(alternative story)를 다시 진술하고 재구성해 나갈 수 있도록 함께 작업해 나간다. 여기서 내담자가 선호하는 이야기(preferred story)는 내담자가 마음에 드는 이야기 또는 내담자가 그런 방식으로 살고 싶어 하는 이야기를 의미한다. 결과적으로 이야기치료에서 궁극적으로 관심을 쏟고 추구하는 이야기는 인간의 삶을 변화시켜 줄 수 있는 이야기이고 인간의 마음을 치유해 줄 수 있는 이야기이다.

상담 과정에서 가장 먼저 제기되는 문제 이야기는 대개 내담자의 주된 호소문제를 의미한다. 내담자가 가장 힘들어 하고 고통스러워하는 내용의 이야기이다. 마음의 고통과 상처를 경험한 이야기이다. 이런 문제 이야기를 역기능적 이야기라고 부를 수 있다. 어리석고 미숙한 이야기, 어둡고 병든 이야기, 혼란스럽거나 무기력한 이야기 등, 여러 가지 다른 방식으로 표현될 수가 있다. 이렇게 문제 이야기를 이해한다면 상담의 목표와 방향은 어리석고 미숙한 이야기를 지혜롭고 성숙한 이야기로, 어둡고 병든 이야기를 밝고 건강한 이야기로 바꿔주는 작업이 된다. 그래서 이야기치료의 진행 과정은 역기능성을 띤 이야기를 다양하고 풍부한 이야기의 세계 속으로 들어가 건강하고 성숙한 이야기를 탐색하고 찾아내면서 새롭고 대안적인 이야기로 변화시키는 방식과 과정을 의미한다.

여기서 문제 이야기가 형성된 주변 배경을 탐색해 보면, 압도적인 영향력을 가하면서 문제를 심각하게 악화시킨 지배적 이야기(dominant story)가 있다.[1] 이 지배적 이야기는 문제 이야기를 둘러싸고 내담자를 괴롭혀서 강한 부정적

1) 상담 상황에서 지배적 이야기는 대부분 내담자의 문제 증상을 불러일으킨 부정적 기능을 의미하지만, 정상적이고 건강한 삶의 방식에서는 자아의 기능을 강화시키거나 희망과 용기를 불러일으키며 자아성취를 돕기도 한다. 마치 프로이트의 이론에서 초자아(또는 좋은 부모와 나쁜 부모)가 지닌 양가성처럼 자기 비난, 처벌, 학대를 불러일으키기도 하고, 반대로 격려나 지지를 해 주는 경우도 있다.

영향력을 행사한다. 이것은 가족관계나 사회적 배경 속에서 부모나 교사와 같은 어떤 중요하고 영향력 있는 인물의 발언으로 촉발되는 경우가 많다. 지배적 이야기는 중요하지만 불완전한 타자의 이야기가 내담자의 내면세계 속에 침투하여 내담자를 통제하거나 조종하는 것을 의미하는데, 부모나 친척이 무심코 던진 말에 큰 충격을 받기도 하고 말이 아닌 TV나 인터넷 등의 시청물에 영향을 받을 수도 있다. 이런 방식으로 문제를 불러일으키고 초래하도록 영향을 주거나 심리적으로 내담자를 억압하는 이야기를 지배적 이야기라고 부른다.

지배적 이야기는 절대적인 진리는 아니지만 대다수 사람들이 그렇게 믿고 따라가기 때문에 기정사실화된 내용을 가리킨다. 그래서 그런 내용이 마음속에 고정관념으로 박혀 있기도 하고 또 문제에 부닥칠 때 편견이라든지 비합리적인 신념으로 작용하여 문제 증상을 불러일으킨다.

또 문제 이야기의 깊숙한 밑바닥 어두운 공간에 숨어 있는 원래의 이야기 또는 원시적 이야기가 있는데, 그것을 원형적 이야기(prototype story or archetypal story)라고 부른다. 원형적 이야기는 어린 시절 초기 기억에 의해 형성된 이야기 또는 자신의 내면아이의 이야기가 주로 큰 부분을 차지할 수 있다. 또는 내담자의 문제 증상의 핵심 성격을 밝혀 줄 수 있는 상징적이거나 대표적인 이야기를 지칭하기도 한다. 이런 개인적 경험에 추가하여 자신의 삶의 주제와 얽혀 집단무의식에 형성된 이야기도 포함시킬 수 있다. 이런 확충된 이야기는 지구

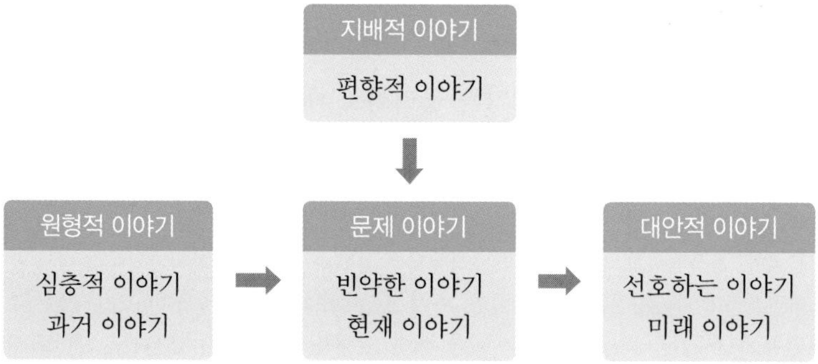

[그림 2-1] 이야기치료의 전개 과정

상의 여기저기서 반복해서 발생하는 보편적 이야기 줄거리와 패턴을 갖고 있다. 그래서 자신의 삶의 주제를 연상시키는 어떤 문학적이거나 예술적 이야기가 나를 깊이 사로잡기도 하고 그것과 연결되어 있는 어떤 상징적인 이미지가 내 마음을 계속 끌어당기기도 한다.

이야기 다시 쓰기

삶의 이야기는 고정불변의 이야기가 아니고 끊임없이 생성되는 변화무쌍한 역동적 이야기이다. 이런 특성이 이야기치료의 전제조건을 이룬다. 그렇기 때문에 내담자의 과거 이야기가 너무 어두침침하고 슬프고 고통스럽다고 해도 그 이야기를 교체시켜 줄 수 있다고 보는 것이다. 그것이 가능하다고 학문적으로 확신하고 치료가 시작되는 것이다. 이야기를 바꿔줄 수 있고, 그렇게 되면 삶의 새로운 세계가 열릴 수 있다고 믿기 때문에 이런 치료법을 시도하는 것이다. 다른 치료법도 인간의 생각과 감정이 바뀔 수 있고 그래서 내담자의 문제가 해결된다고 주장하는데, 마찬가지로 이야기치료도 내담자의 문제 이야기가 바뀌면 내담자의 삶이 바뀔 수 있다고 본다.

이야기치료는 내담자가 삶에 휘둘리고 시달리면서 무기력해지고 혼란한 상태에서 상담에 찾아올 때, 상담자가 내담자와 서로 협력하여 상담을 진행해가는 가운데 내담자가 꺼내놓은 역기능적 이야기를 새로운 대안적 이야기로 공동 저술하는 것이고, 건강하고 성숙한 이야기, 기능적 이야기로 다시 쓰는 작업을 의미한다. 다시 이야기할 때 과거의 기억이 새록새록 계속 떠오르게 되면서 이야기의 내용을 보충하게 되고, 이야기는 더욱 풍성해진다.

이렇게 삶에 대해 이야기하고 그것을 다시 이야기하는 과정에서 깨어진 파편처럼 여기저기 흩어져 있던 이야기 조각들이 서로 연결되고 합쳐져 마치 퀼트 공예에서 아름답고 화려한 옷이나 이불 또는 예술품으로 새롭게 탄생하는

사진 2-1 퀼트 공예품

것처럼 처음 상담할 때와는 크게 달라진 모습으로 놀랍게 바뀌기도 한다. 그 결과 내담자는 자신의 삶의 이야기를 풍성하고 생명력 넘치는 이야기로, 건강하고 행복한 이야기로 재구성하게 된다.

삶의 이야기를 다시 쓴다고 하는 것은 단순하고 지루한 반복을 의미하는 것이 아니고 실패해도 다시 시작하는 도전 정신을 의미하며, 경직되어 있고 폐쇄적인 세계에 갇혀 있다가 자유를 얻고 해방되어 흐리고 뿌옇던 시야가 선명하게 환해지고, 좁아져 있던 시야가 넓게 확장되는 것을 의미한다. 그래서 빛바래고 오래되어 집안 한 구석에 처박혀 있던 재미없고 시시한 자서전을 신나고 즐거운 이야기로 가득 찬 모험적이고 낭만적인 자서전으로 고쳐 쓰는 것이다.

노인들의 심리적 특성으로 가족이나 친구에게 자신의 과거 경험을 처음 이야기하듯이 만날 때마다 되풀이 하는 경우가 있다. 이것은 우울증이나 건망증의 증상으로 보기보다는 삶의 경험을 다시 이야기하므로 자신의 삶의 의미를 재해석하거나 재구성하는 것으로 보아야 한다. 그래서 삶의 의미를 다시 찾고 에릭슨이 제시한 노년기의 발달 과제인 자아통합을 이루기 위한 심리적 치유 과정으로 보아야 한다.

삶의 이야기를 다시 쓰는 작업은 창조적 상상력을 동원하여 삶에 새로운 의미와 질서를 만들어 내는 것이고, 이런 과정에서 무엇보다 필요한 것은 문학적 상상력이다. 여기서 고쳐 써야 하는 것은 과거 불행했고 고통스러웠던 삶의 이야기이며, 그것은 불만스럽고 받아들일 수 있는 이야기가 아니다. 그래서 전혀 다른 새로운 이야기로 만들어 내야 하는데, 그 과정에서 큰 도움을 줄 수 있는 것이 문학적 상상력이다.

또 다른 면에서 다시 쓰기는 독자나 청중들이 생각하고 기대하는 기존 관념의 뒤집기이고, 영화나 드라마에서 이야기의 갈등을 처리하는 결말부에 이르러 큰 반전을 내놓아 그런 결과를 예상치 못했던 모든 사람들에게 탄성을 자아내는 것이다. 이런 과정에서 적절한 도움을 줄 수 있는 것이 문학적 접근방식일 수 있다. 이야기를 구성하는 일이기 때문에 문학적 기능, 자원, 매체 등이 실제적인 도움이 될 수 있는 것이다. 그래서 오래전부터 구전으로 내려온 전래동화나 민담도 다양한 판본들이 지역이나 시대에 따라 다시 생산되기도 한다.

이렇게 다시 쓰기 작업은 다양한 분야에서 삶의 주제를 다른 관점이나 방식으로 구성하여 그 시대에 부응하거나 시대를 선도하는 기술로 자주 사용된다. 음악에서도 원래 발표되었던 곡을 가수나 연주자가 다른 분위기나 방식으로 편곡하여 새로운 감동을 주기도 하듯이 자신의 개성을 발휘하고 예술적인 실력과 전문성을 높이는 방법이기도 하다. 사진 촬영의 편집 기술에서도 포토샵이나 다른 유사한 프로그램으로 보정 작업을 해서 원본보다 훨씬 아름답고 예술적인 작품으로 고쳐보기도 한다. 또한 영화나 게임에서 과거 발표된 원작 소설을 각본으로 각색하여 고쳐 쓰기도 하고 또는 패러디로 과거의 작품을 시대 상황에 맞춰 개작하여 또 다른 삶의 경험적 의미를 실어주기도 하고 사회적 비판의식을 고조시키기도 한다. 이런 과정에서 삶의 경험적 이야기의 변형이 일어나고, 이것이 개인이나 집단의 성장과 새로운 활력을 불어넣는다.

이렇게 다시 이야기하고 다시 쓰는 작업을 할 때, 간혹 전문상담자들이 잘못된 오해와 편견으로 혼란스러워 하는 문제가 생길 수 있다. 권위 있는 학자들이나 예술가들이 이렇게 개작하거나 덧칠하는 방식은 학문이나 예술의 순수성을 크게 훼손시킨다고 비난하면서 그런 것은 진품이 아니고 가짜 모조품이라고 폄

하하는 주장을 듣고, 동화나 시 또는 노래나 영화 등의 내용을 다시 이야기하고 고쳐 쓰는 개작 활동을 적극적으로 시도해 보기를 꺼리는 것이다. 그러나 상담학은 고대 역사 유물이나 예술품을 감식하고 평가하는 작업을 하는 것이 아니고, 지금 살아 있고 시시각각 변하는 생명체인 인간을 상대하는 것이다.

또 이런 작업은 다른 사람의 지적 재산권을 침해하는 행위가 아닐까 의심하고 불안해한다. 그러나 상담 분야에서 치료 과정의 모든 내용을 비공개하는 원칙을 잘 지키고, 개인의 비밀과 정보를 존중하고 철저히 보호해 주는 윤리적 의무를 성실히 이행한다면, 그리고 그런 내용을 상업적으로 쓰지 않고 기관 내부에서 치료 목적으로 쓴다면 크게 문제 될 것이 없다고 본다.

인간은 태어나면서부터 부모나 교사가 말하고 행동하는 것을 흉내 내고 따라하는 모방을 통해 모든 것을 배우기 시작한다. 그런 방식으로 인간의 문명과 역사가 발전해 온 것이다. 상담에서도 대부분의 내담자들은 마치 유아기 상태와 같이 삶의 기본이 무너진 채로 찾아온다. 그렇다면 밑바닥에서 다시 시작하는 수밖에 없고, 이런 모방과 반복 연습을 통해 점차적으로 필요한 능력을 향상시키고 삶의 질을 개선시켜 나가는 것이 적절한 방식이다.

이야기의 치유 기능

마음의 병을 낫게 하고 삶의 어렵고 복잡한 문제를 해결시켜 주는 이야기의 본질적 성격은 무엇인가?

그런 이야기는 어떤 이야기이기에 인간의 마음과 생각을 치유해 주는가?

이야기는 아파하고 고통스러워하는 마음속으로 들어와 어떻게 치유를 불러일으키는가?

이야기할 때 어떤 일이 벌어지는가? 마음과 생각에 어떤 일이 생기는가?

인지적, 정서적, 행동적으로 무슨 일이 생기는가?

어떤 방식으로, 어떤 힘과 근거에 의해 치유가 일어나는가?

이와 같은 질문에 답변을 해 보면, 먼저 인간이 침묵을 깨고[2] 이야기를 시작할 수 있다는 것은 억눌리거나 침체된 상태에서 벗어나 생명력이 움트기 시작한다는 것을 의미하고, 고통스럽더라도 자신의 문제를 공개하는 개방적 자세로 변하고 있음을 의미한다. 이야기를 한다는 것은 자신의 문제 상황을 이야기하면서 현재 갈등과 동일시할 수 있는 또 다른 이야기를 듣게 되고, 그런 이야기를 접촉하고 공감하면서 마음의 빗장을 풀고 열기로 결정한 것이다. 누군가에게 내 이야기를 들려주고 싶은 마음이 생긴 것이다.

아무것도 하지 못하던 무감각한 자폐 상태에서 벗어나 오랫동안 억눌려 있었던 원시적 감정들이 깨어 일어나 활동하기 시작한 것이다. 이것은 상담에서 치료를 위한 필수적인 전제조건이다. 내담자가 소극적이고 의존적인 상태에서 벗어나 적극적이고 능동적인 자세로 전환될 때 치료가 원활해진다. 또 이런 자세는 상담의 긍정적 동기 유발과 문제해결에 큰 도움을 줄 수 있다.

상담을 신청하고 오는 사람들을 보면 내성적 성향이 많은 편인데, 그들은 생각을 해서 말을 하려고 한다. 그러다 보니 말이 더디고 느리고 강박적이 될 수도 있다. 목소리 큰 사람들에게 늘 뒤처지고 밀린 경우가 많기 때문에 더욱 그렇다. 그러나 이 생각 저 생각 많은 생각을 해서 또는 완벽한 내용을 준비하거나 실수를 막기 위해 많은 내부 검열을 하며 말을 하려기보다 말이 되든지 않든지 이야기를 시작하고, 자유롭고 편한 분위기를 따라가다 보면 갑자기 어느 순간 막혔던 사고가 열리고 창의적인 생각들이 튀어나오기 시작한다. 이야기

2) 때로는 침묵도 이야기의 한 부분일 수 있다. 이야기의 단순한 공백 상태가 아니고 이야기를 쏟아내기 위해 잠시 쉬고 있거나, 때와 상황을 기다리고 있거나, 마음에 드는 이야기를 만들어 내고 있는 중일 수도 있다. 상담자는 그때 침묵을 메꾸기 위해 애쓰기보다는 기다려 주는 인내가 필요하다.

를 하면서 자신의 생각과 느낌을 정리하고 조직하게 된다. 생각이 이야기를 만들어 내기보다 반대로 이야기가 창의적이고 적극적인 사고를 불러일으키기도 한다.

이야기하면서 인간의 전체 신경망이 깨어나 작동하기 시작하고, 인간의 인지와 정서 기능이 촉진된다. 인간의 정신 기능을 전체적으로 활성화시켜 준다. 그런데 이 작업은 혼자서 하기는 어려운 일이고, 누군가 열심히 들어 주는 사람이 필요하다. 이것을 효과적으로 잘 해 줘야 하고 이 일을 통해 문제해결의 결과를 끌어내려 노력하는 것이 상담자가 해야 하는 가장 중요한 일이다.

말을 하지 못하고 있다면 정신적으로 그리고 정서적으로 죽어가고 있는 상태이다. 그러나 말을 할 수 있다면 먼저 마음속의 나쁜 독소들을 빼내 제거한 후, 그 속에 유익한 것들이 들어가 건강해질 수 있다. 이런 심리적 과정은 이미 오래전 프로이트가 제시한 카타르시스에 의한 심리적 정화 과정과 유사한 면이 있다. 이런 과정이 선행될 때 내담자는 자신의 문제에 대한 지적 통찰력이 회복되어 합리적 사고 능력도 함께 향상될 수 있다.

이야기를 할 때 인간은 자신의 본연의 모습과 상태를 직면하게 된다. 문어체로 글을 쓸 때는 자신의 생각을 피상적이거나 관념적으로 표현하면서 자신의 본심을 감추거나 바꾸면서 문제에 대해 방어적일 수 있다. 구술 언어로 표현될 때 서투르더라도 자신이 알고 있는 것을 있는 그대로 표현하게 되고, 자신의 현재 상태를 정확하게 인식하게 된다. 또한 자신이 말한 내용이기 때문에 이해력도 확고해지고 문제해결을 위한 실행 의지도 강해질 수 있다.

이야기에 진지하게 몰입하게 될 때, 상상력이나 독창적인 사고력도 전반적으로 향상되어, 때로는 생각지 않은 기발한 생각이 튀어나오기도 하고, 이런 브레인스토밍 기법이 자연스럽게 동원되어 문제해결의 가능성이 커질 수 있다. 이렇게 내담자 편에서 벌어지는 이야기의 치료적 경험 외에도 상담자 편에서 동화나 민담과 같은 문학적 이야기 매체를 통해 접근할 때, 내담자는 이런 방식이 자연스럽고 편안하게 느껴져 상담에 대한 불편한 거부감이 줄고 심리적 저항을 완화시켜 줄 수 있다.

이야기는 치료적 힘을 지니고 있다. 이야기할 때 감정의 구속으로부터, 억압된 사건으로부터 자유를 얻게 된다. 이야기가 무르익어 가면서 시야가 확장되고, 자유롭고 역동적인 사고가 가능해진다. 이야기치료에서는 상담 과정 속에서 이야기의 치료적 기능을 촉진시켜 나가고, 치료를 불러일으키는 삶의 이야기를 찾아 적용하는 데 주력한다.

다중 채널 접근

이야기는 인간의 삶을 언어화하면서 본격적으로 시작된다. 일차적인 것은 구술 언어이지만 부수적인 의사소통 방식도 포함시킬 수 있다. 이야기를 표현하거나 전하기 위해 단일 채널이 아니고 말하기, 듣기, 읽기, 쓰기의 네 가지 다중 채널을 쓰게 된다.

여기서 의사소통의 채널을 인간의 감각기관을 통해 어떤 대상과 상호작용하는 모든 매체와 방식까지 확대시킨다면 언어적 통로는 더 넓어지게 된다. 이를 테면, 시각장애인의 경우에는 점자가 쓰이고, 청각장애인의 경우는 몸짓과 손짓에 의한 수화를 쓴다.

아동의 경우에는 연령대별로 언어발달 정도가 다르기에 부모나 교사가 거기에 맞춰 상호 소통을 해야 한다. 영아기 아이는 신체 동작과 소리로, 유아기 아이의 경우는 문자가 아닌 그림언어를 자주 사용한다.

상담에서도 내담자의 의사소통 방식에 따라 다각적인 시도를 해 볼 필요가 있다. 내담자가 이야기로 말할 때 치유를 경험하는 방식은 앞서 충분히 설명하였는데, 여기서 더 나아가 듣고, 읽고, 쓰기를 통해서도 치료 성과를 낼 수 있는 다양한 방법이 동원될 수 있다.

듣기를 통한 치유 경험을 생각해 보면, 내담자는 자신과 동일한 문제를 겪고 있는 다른 사람들의 다양한 경험담을 들어보는 것이 때로 도움이 될 수 있다. 증상이나 주제별로 치료 목적을 지닌 집단 상담 프로그램이 이런 방법을 쓰고 있고, 알코올 중독자 자조 집단에 정기적으로 참석하여 다른 사람들이 중독으로 인한 고통과 싸우고 극복해 나가는 진지한 이야기를 들어보는 것이 회복되는 데 큰 도움이 된다.

무엇보다 듣기를 통해 치유가 되는 효과적인 방법은 상담 회기별로 대화 내용을 녹음하고 녹음된 음성 파일을 내담자가 집에 가서 다시 들어보며, 어떤 느낌이 들었는지 떠오르는 생각을 정리해 보고, 다음 상담 회기에서 이야기하고 싶은 대화 주제나 내용을 생각해 보고 오도록 하는 것도 상담 진행을 효과적으로 진척시킬 수 있다. 내담자들은 자신이 상담 받은 내용을 다시 들어보면서 자신의 모습과 상황을 직면하게 되고, 어떻게 해야 좋아질 수 있을지 고민하면서 깊이 생각해 보게 된다.

부부 상담에서도 듣기가 자주 사용되는데, 부정적 감정이 격화된 부부는 상담에 와서도 자기 이야기만 일방적으로 하고 상대방을 심하게 비난하는 경우가 많다. 이런 상태가 계속된다면 좋은 결과를 기대하기가 어렵다. 그럴 경우 남편과 아내가 5분이나 10분 정도 교대로 자기 차례가 오면 그때 말하고, 상대편 배우자는 이야기하는 것을 차분하고 진지하게 듣기만 하는 것으로 의사소통 방식을 정해 주면 좋다. 또는 들은 것을 그대로 반복해서 말해 주거나 감정적으로 느낀 내용을 다시 이야기해 보라고 할 수도 있다. 이렇게 할 때 부부는 서로 그동안 자기주장만 하고 상대방의 이야기를 제대로 듣지 않았다는 것을 깨닫게 되고, 비로소 상대방의 생각과 마음을 새롭게 알게 된다. 그동안 오해와 불신이 컸다는 것을 깊이 반성하기도 하고, 미안하고 부끄러운 마음이 들기도 한다. 이와 같이 때로는 이야기를 말하는 편보다 듣는 쪽으로 전환하여 진지하게 상대방의 이야기를 경청해 주고 상대방의 입장을 존중해 주는 쪽으로 나갈 때 부부의 갈등이 쉽게 풀리는 경우가 많다.

말하기와 듣기 외에 읽기는 주로 독서치료의 방식을 따를 수 있고, 내담자는 자신의 문제를 해결하거나 극복하기 위해 다른 사람들의 유사한 경험 이야기를 들어 보거나 아니면 그들이 쓴 글을 읽어 보는 것이 도움이 될 수 있다. 이것은 어떤 문제 증상을 경험한 다른 사람들의 체험 수기나 정신적이거나 심리적인 질병과의 투쟁기를 의미한다. 이런 책이나 기록물은 동일한 문제를 겪는 사람들에게 공감적 반응을 불러일으키고 자신의 문제에 직면하여 적극적으로 대처해 나가는 데 친절한 안내자의 역할을 해 줄 수 있다. 이런 방식은 내담자 편에서 일차적으로 쉽게 시도해 볼 수 있는 방안이고, 이보다 학문적이고 기술적으로 고차원적인 방식은 독서치료 전문가의 도움을 받아야 한다.

치료의 네 가지 다중 채널 중 마지막은 쓰기이다. 이야기를 구술하는 경우는 자신의 일상 경험을 가까이서 주관적으로 보면서 정서적으로 표현하는 경우가 일반적이지만, 쓰기의 경우에는 자신의 경험을 멀리서 객관적으로 보며 비판적으로 표현하는 경우가 많다. 이는 마치 의식과 무의식의 세계가 외부적으로 서로 상반된 입장을 취하기도 하지만, 내부적으로 서로를 보완하며 완전한 상태를 유지하려는 심리기제와 유사하다.

글쓰기는 말하기치료를 위한 보조 수단으로 자주 사용되는데, 때로는 준비 행위가 될 수 있다. 글쓰기를 통해 문제에 대해 말하기 전에 숙고하고 표현할 기회를 제공할 수 있다.

글쓰기치료는 개인적인 문제나 고통스러운 문제에 대해 누군가에게 말할 생각을 하지 못하는 내향적 성격유형에 특히 적합할 수 있다. 여기서 자주 사용되는 방식은 일기 쓰기, 편지 쓰기, 자서전 쓰기이다.

3차원 공간의 이해와 접근

질적 연구방법의 하나로 클랜디닌과 코넬리(D. Jean Clandinin and F. Michael Connelly)가 고안한 내러티브 탐구(Narrative Inquiry)는 학문적 배경을 이야기 접근 방식에 두고 있다. 여기서 질적 연구를 진행할 때, 학문적 주제를 탐구하는 연구자는 그런 주제를 삶에서 충분히 진지하게 경험한 연구 참여자들을 섭외하여 그들을 인터뷰한 자료를 질적으로 분석할 수 있는 방법을 찾고 고민하게 되는데, 클랜디닌과 코넬리는 3차원적 탐구 공간을 염두에 두고 그런 질적 자료들에서 나타나는 현상과 문제들을 구조적인 큰 틀에서 분석하는 유용한 방법을 제시하였다. 이 방식은 존 듀이(John Dewey, 1859~1952)의 경험 이론에 기반을 두고 있는데, 듀이는 미국 실용주의의 대표적인 철학자로 개인과 사회의 일상 경험 속에 담겨 있는 풍부한 의미와 새로운 변화의 가능성에 주목한 경험의 철학자였다. 듀이의 경험 이론을 바탕으로 한 경험의 의미는 개인이 환경과 끊임없는 상호작용 속에서 살아온 경험 이야기로 이해될 수 있다(김병극, 2012, p. 5).

이때 내러티브의 공간을 구체화시켜 주는 세 가지 차원은 시간성(temporality), 개인적이고 사회적인 상황(sociality), 장소(place)인데, 이런 분석의 틀은 인간의 경험적 이야기를 탐색하고 분석하는 상담에도 잘 연결될 수 있다. 삶의 경험은 시간, 공간 그리고 상호작용의 세 가지 차원에서 삶의 이야기로 구조화된다. 삶의 이야기는 과거, 현재, 미래의 시간 축을 중심으로 상황이란 어떤 장소에서 발생하는 개인과 사회의 관계를 조명한다. 상담자는 상담 과정에서 이러한 요소들을 염두에 두고 상담을 진행시켜 보는 것도 이야기의 속성을 잘 파악하고 문제를 해결해 나갈 수 있는 유용한 방식이다. 내러티브 탐구의 3차원 공간처럼 상담에서도 시간성, 공간성, 사회성(관계성)의 경험을 내담자의 문제를 탐색하고 해결책을 마련하는 데 매우 중요한 자료로 이해하고 다루기 때문이다.

누군가가 삶에 대해 묻는다면 우리는 시간의 흐름 속에서 경험한 이야기를 내놓게 된다. 삶의 경험 속에 나의 과거, 현재 그리고 미래 이야기가 담겨 있기 때문이다. 그래서 상담 과정 중에 과거의 실패와 고통에 대해, 그로 인한 현재의 생각과 느낌에 대해, 그리고 미래를 바라보는 불안과 절망에 대해 말하게 된다. 이런 이야기를 놓고 상담자와 내담자는 변화와 성장을 도모하는 대안적 이야기를 함께 쓰게 된다.

3차원 접근의 첫 번째 구성요소인 시간성에 있어서 인간의 경험은 과거, 현재, 미래로 이어지는 시간의 연속선에서 영향을 주고받으며 형성된다는 것을 의미한다. 경험은 과거의 다른 경험으로부터 영향을 받으면서 미래의 후속 경험을 이끌게 된다. 현재 일어나고 있는 이야기뿐 아니라 기억 저편의 과거의 이야기는 물론 앞으로 일어나게 될 미래의 이야깃거리를 드러낸다. 그래서 과거는 기억과 회상의 형태로 실현되고, 미래는 욕망을 중심으로 하는 예측의 형태로 구체화된다(우한용, 2004, p. 137). 결국 이야기는 무엇보다 인간의 시간적 경험이며, 상담에서 성공적인 많은 사례는 내담자의 과거 경험을 문학적 상상력을 통해 건강하고 성숙한 방식으로 재구성해 나간 결과물이다.

이야기 속에서 살아가는 삶 속에서 어떤 의미를 찾기 위해 사람들은 자신이 겪은 경험을 무엇보다 시간적 흐름의 순서로 꿰맞춰 가는 경향이 있다. 이야기를 통해 우리는 과거에 누구였고, 현재 누구이며, 미래에 누구이고자 하는지를 결정한다. 새로운 대안적 삶의 이야기를 재구성하므로 상담자는 내담자에게 과거와 현재 그리고 미래 속에서 삶의 숨겨진 의미를 찾도록 돕고, 시간의 이동과 탐색 속에서 정체성의 회복과 치유를 경험하도록 이끈다.

시간성에 관해 상담 과정에서 탐색해 볼 수 있는 점검사항은 먼저 큰 틀에서는 발달심리학적인 관점에서의 인간 이해와 발달 과제를 확인해 보는 것이다. 그 후 임상적 관점에서는 과거-현재-미래의 시간 흐름 속에서 형성된 정체성, 내담자가 주로 호소하는 문제의 발단이나 원인적 배경, 문제에 대한 반응과 대처방식 등이 일차적인 관심사이다.

또 다른 중요한 주제는 내담자의 시간관 또는 인생관이다. 어떤 시간관을 형성하는지에 따라 삶의 내용과 질이 달라질 수 있다. 인생은 세상에 태어나면 종말을 향해 일직선으로 계속 앞으로 나가는 작동 구조로 보는 시작과 끝이 분명한 시간관이 있고, 이와 달리 인생은 계속 원형을 그리면서 원점 회귀 방식으로 반복해서 돌고 있는 것으로 보는 시간관이 있다. 상징적인 시간의 모습이

직선형이 있고, 곡선형이나 원형이 있다. 공간 속에서 시간이 흐르는 방향도 위에서 밑으로 흐르거나, 뒤에서 앞으로 가고 있거나, 좌우로 이동하며 진행되는 등 개인의 의식 구조나 집단의 문화 양식에 따라 다르게 나타날 수도 있다.

이와 연결시켜 인생은 한 번 태어나면 한 번의 인생으로 모든 것이 끝나는 것으로 보는 관점이 있고, 계속 다른 형태로 새로 태어날 수 있다고 보는 관점이 있다. 그러나 인생은 게임처럼 리셋 버튼을 누르기만 하면 다시 시작할 수 있는 것은 아니다. 이런 심리적 반응은 자신의 실패나 죽음에 대한 불안으로 인해 작동하는 다양한 방어기제 중에서 취소의 기능에 해당한다. 취소는 흔히 죄책감을 느끼는 일을 하고 나서 자신의 행동을 무효화하는 행위에서 쉽게 발견되는데, 예를 들면 강박신경증 환자의 반복적인 손 씻기 행위이다.

시간성을 다루면서도 초월성의 개념이 함께 나타나기도 하는데, 이런 독특한 개념으로 칼 융이 창안한 동시성 현상을 들 수 있다. 이것은 속담에도 '호랑이도 제 말하면 온다.'는 표현이 있듯이 동일하거나 유사한 의미를 지닌 둘 또는 그 이상의 사건들이 인과관계가 없으면서도 시간적 일치를 보이는 현상을 가리킨다(송태현, 2020, p. 136). 이런 예를 들어 보면, 한밤중에 무서운 꿈을 꾸고서 잠이 깼는데, 불길한 느낌이 들어 나중에 친구에게 전화를 해 보니 바로 그 시간에 교통사고가 크게 난 경우, 화재 폭발 사건이 회의 장소에서 발생했는데 갑작스러운 다른 일로 사고 현장에 참석하지 않아 화를 면한 경우 등을 들 수 있다.

동시성 현상은 자신의 생각이 감각적인 의사소통 방식이 아닌 초감각적으로 전달되는 텔레파시(telepathy)나 이심전심(以心傳心)의 상태와도 유사하다. 여기서 동시성은 과학적 인과율에서 주장하는 의미 없는 우연성과는 다르고, 전체적이고 통합적인 우주 질서 속에서의 '의미 있는 우연의 일치'를 뜻한다(요시무라 미카, 2013, p. 35-36). 현실 세계에서 이동하고 변화하는 시간성과 고정된 상태를 유지하는 공간성이 서로 다른 짝을 이루듯이, 인과성과 우연성은 서로 반대되는 속성으로 상호보완적인 기능을 해 나간다.

초월적이거나 초감각적인 성향의 특이한 시간 개념 외에 보편적인 시간 개념과 습성도 폭넓게 살펴볼 수 있는데, 시간에 관한 다음과 같은 문제들이 상담에서 부수적인 관심사가 될 수 있다.

- 시간이 무한하고 영속적인지, 임시적이고 단절된 것인지 시간의 속성에 대한 관점
- 시간이 빠르게 또는 느리게 간다고 느끼는 시간의 속도감
- 시대의 변화에 적응하는 시대감각의 민감성
- 시간을 지키는 정확성의 이해와 이행 여부
- 시간을 아끼는지 허비하는지의 시간 관리방식
- 시간과 관련된 성격이나 생활방식 유형(이를테면, 새벽형과 심야형 인간의 특성과 차이점)
- 과거-현재-미래를 의미 있게 통합시키고 해석하는 능력
- 과거의 상처를 잘 극복해 낼 수 있는 회복 탄력성
- 미래를 예측하고 준비해 나갈 수 있는 예지력
- 어떤 일을 실행하거나 연기하거나 취소할 때 적절한 시점에 관한 결정 능력

두 번째 구성요소인 장소는 개인의 내적 조건과 외적 조건과의 상호작용 속에서 형성되는 상황으로 인해 사건이 발생하는 구체적인 영역을 의미한다. 직업적인 특성에 의해서도 우리가 주로 머물러 있고 활동하는 세계가 달라진다. 예술가는 미적 공간에서 활동하고, 학자는 지적 공간에서 활동하고, 상담자는 심리적 공간에서 활동한다. 이렇게 모든 활동은 어떤 공간에서 벌어지므로 상담에서도 경험이 발생하는 각 장소의 특성과 영향을 탐색하면서 진행되어야 한다.

공간성에 관해 상담 과정에서 먼저 생각해 볼 부분은 내담자의 정신세계에 대한 문제이다. 현실의 의식 세계에서 늘 생각하고 느끼고 행동하는지 아니

면 비현실적인 무의식 세계에서 자주 머무르며 유아적 환상에 지배를 받고 있는지의 문제이고 그런 다양한 정신적 공간 속에서 내담자의 주된 활동 무대가 어디인지의 문제이다. 그 세계가 얼마나 고상한지 반대로 저급한지, 따뜻하고 밝은지 아니면 춥고 어두운지 등의 내담자가 거주하고 있는 정신세계의 특성과 모습은 그의 삶에 지대한 영향을 줄 수 있다. 때로는 환상의 세계뿐 아니라 현실과 이상 세계의 간극 차이로 인한 갈등이나 현실과 망상(또는 공상, 몽상, 백일몽) 세계 사이에서의 방황과 좌절이 발생하기도 한다. 또한 그런 공간에서 임상적이거나 병리적인 면에서 어떤 자리나 위치에 가서 있는지의 문제도 발생한다. 즉, 언제, 어디서, 어떻게 내담자가 우울이나 불안의 자리에 가서 머무르고 있는지 잘 점검해 보아야 한다. 여기서 표현되는 내담자의 신체적이고 정신적인 증상이나 꿈 이야기 등은 내담자의 상태를 이해할 수 있는 매우 중요한 상징적 의미와 문제해결의 단서를 지니고 있으므로 이런 무의식 자료에 대한 신중한 해석이 필요하다.

공간은 우리가 인생 각본의 배역을 맡은 대로 등장하는 삶의 무대일 수도 있고, 가정이나 직장과 같은 삶의 공간적 영역일 수도 있다. 그곳에서 이루어지는 활동 무대의 넓이나 크기, 높이나 깊이, 무대에서 관중의 시선을 사로잡는 전경인지 반대로 뒤의 배경에 가서 숨어 있는지, 또는 무대의 중앙인지 변두리에 가서 주로 자기 자리를 잡는지 하는 각각의 인물이 공간에서 존재하고 활동하는 위치 선정의 문제, 다른 사람들과 안전거리 확보에 대한 경계 설정의 문제, 무대에서 높은 데 가 있는지 낮은 곳에 머무르고 있는지 하는 힘의 욕구와 갈등에서 벌어지는 고자세나 저자세의 문제 등이 관심거리이다. 그 밖에도 생활하는 공간에서 내담자가 추구하는 삶의 의미, 목적과 가치, 역할과 기능, 행복감이나 만족도의 정도, 가정이나 직장에서 내담자가 경험하는 갈등과 스트레스의 정도, 잦은 이사나 이직 등으로 겪는 환경 변화의 문제, 거주 지역이 대도시인지 소도시인지, 농촌인지, 산업공단 지역인지, 탄광 지역인지 등에 따라 내담자가 경험한 문화적이거나 지역적인 영향력도 잘 살펴보아야 할 평가 항목이다.

공간의 문제에 있어 상담 과정에서 큰 비중을 두고 검토해야 하는 또 다른 주제는 상담실 안에서 벌어지는 공간의 의미와 영향력이다. 상담을 진행하는 실제 장소로서 상담실은 상담자가 지향하는 이론적 배경이나 치료 기법에 충분히 적합한지, 필요한 모든 문서나 물품이 잘 비치되어 있는지, 테이블이나 의자가 편안한지, 상담자와 내담자가 앉는 위치가 적절한지, 실내조명, 온도와 습도, 소음 문제 등이 상담 진행에 어떤 영향을 주는지를 확인해 볼 필요가 있다.

세 번째로 사회성 또는 관계성은 개인과 사회의 상호작용으로 발생하는 경험을 의미한다. 상담자는 경험이 형성될 때, 내담자의 내적 조건과 그를 둘러싸고 있는 외적 환경이 어떻게 작용했는지 깊이 살펴보아야 한다는 것이다.

상담에서 관계성의 문제는 먼저 관계를 형성하는 대상을 놓고 자기 자신과의 관계, 가족이나 친구 또는 동료와 같이 가까운 관계 속에서 다른 사람들과의 관계, 반려 동물이나 식물 등의 자연물과의 관계, 종교적으로 초월적 존재와의 관계로 크게 나누어 생각해 본다. 먼저 자신과의 관계에서는 다음과 같은 문제들이 상담의 중요한 관심사로 뒤따르게 된다.

- 자신을 이해하고 받아들이는 방식
- 자신을 과대평가하거나 과소평가하는 방식
- 현실적 자아와 이상적 자아 사이의 불일치를 처리하는 방식
- 자신을 돌보고 존중하거나 반대로 비난하고 학대하는 자신과의 관계방식
- 자신의 인적 · 물적 자원과 지지 집단을 관리하는 방식
- 자신의 욕구나 스트레스를 해소하는 방식

다른 사람들과의 관계에서는 다음과 같은 문제들이 중요한 탐색 과제가 된다.

- 상대방을 믿고 의지하고 받아들이는 신뢰감 형성 방식
- 다른 사람들과 가까워지거나 친해지는 친밀감 형성 방식
- 상대방의 감정을 이해하고 공감해 줄 수 있는 정서적 민감성
- 의사소통 방식의 유형과 그로 인해 발생하는 문제
- 주기와 받기의 상호작용의 균형과 형평성
- 힘과 권력의 갈등 이해와 대처 방식
- 갈등과 분쟁을 처리하거나 해결하는 방식

그 밖에 동식물과 같은 자연물과의 관계는 일반적인 상담에서는 큰 관심사가 되지는 않고, 동물보조치료나 원예치료와 같이 특수 상담에서 본격적으로 진지하게 다룬다. 초월적 존재와의 관계도 주로 종교적이거나 영적인 상담에서 집중적으로 깊이 다루게 된다. 최근 상담의 동향과 추세는 갈수록 전문화되어 가고 있는 양상이기 때문에, 동물도 개냐 고양이냐에 따라 전문가가 달라질 수 있고, 종교 성향도 기독교냐 불교냐에 따라 상담 접근과 해결 방식이 크게 달라질 수 있다. 따라서 내담자의 문제가 반려동물이나 신적 대상과의 갈등에서 주로 파급되는 문제라면 일반적인 상담에서보다는 이런 특수 분야의 상담 전문가에게 의뢰하는 것이 적절하고 바람직하다. 다만 이런 갈등도 대부분 주체와 객체 또는 자기와 타자 사이의 심리적이고 인격적인 상호작용에 의해 발생하는 경향이 많으므로 내담자의 성격이나 심리 성향, 욕구의 결핍과 충족의 문제, 심리적 보상의 문제, 동일시나 투사와 같은 심리기제가 작동하고 있는 경우를 흔히 볼 수 있다.

이렇게 관계성에서는 상대가 어떤 대상인지가 중요한 관심사이지만, 대상의 양적 규모도 확인해 볼 필요가 있다. 1자 관계(자기 자신과의 관계), 2자 관계(양자관계), 3자 관계(삼각관계), 4인 이상의 다자 관계 중 어떤 관계에 가장 오래 머무르고 있는지 또는 더 오래 머무르기를 원하는지, 그 이유나 배경은 무엇인지를 살펴본다. 그 밖에도 관계성에 관한 삶의 다양한 주제에 있어 탐색해

볼 만한 질문들은 다음과 같다.

어떤 관계가 가장 편한가? 어떤 관계에서 더 즐겁고 행복한가? 그 이유나 배경은?

어떤 관계에서 진정한 자기를 만나고 경험하는가? 그 이유나 배경은?

동성과의 관계가 편한가? 또는 이성과의 관계가 편한가? 그 이유나 배경은?

어떤 연령 집단과 만나고 대화하기가 편하고 즐거운가? 그 이유나 배경은?

상담 과정과 기법

상담에서 이야기 접근방식에 대한 본격적인 학문적 연구는 1990년 마이클 화이트(Michael White, 1948~2008)와 데이비드 엡스턴(David Epston, 1944~)이 『Narrative Means to Therapeutic Ends』[3]를 출간하면서 시작되었다. 이들의 연구는 가족치료 분야에서 집중적으로 이루어졌고, 사회구성주의 상담이나 해결중심상담의 영향을 받기도 했다. 그러나 현재 이야기치료의 발전 양상은 모든 상담에 이야기 구조와 방식이 전제되기 때문에 정신분석이나 인지행동치료, 문학이나 예술치료, 철학이나 종교적 상담의 각 분야에서 스토리텔링이나 은유와 같은 이야기 접근을 학문적 정체성에 맞춰 연구하고 임상적 실천을 계속적으로 시도하고 있는 상황이므로 어느 한 분야에서 이론과 기술 개발을 주도하기는 어려운 실정이다.

현재 우리는 4차 산업혁명 시대에 들어와 있다. 전문가들은 4차 산업혁명의 키워드로 초연결,[4] 초지능,[5] 초융합을 꼽고 있다. 초융합은 다양한 분야의 여

3) 『이야기 심리치료 방법론』이란 번역서로 2015년 학지사에서 출판되었다.
4) 무선 인터넷(Wi-Fi), 사물 인터넷(IoT), 유튜브의 발달과 함께 다양한 형태와 기능을 가진 전

러 기술이 합쳐지고 때로는 전혀 다른 분야의 기술과 접목되면서 전문 영역의 엄격한 경계가 허물어지고 있는 현상을 의미한다(최연구, 2018, p. 144). 4차 산업혁명은 어떤 특정 기술이 전체적인 변화를 주도하지 못하고, 여러 첨단 기술이 복합적으로 연결된 다원화 구조를 띠고 있는 것이 특징이다.

미래 사회의 발전 방식은 융복합에 의한 협업으로 창조적 기술 개발을 지향하고 있기 때문에 미래의 상담도 그런 흐름에 편승할 것으로 예상한다. 이야기라는 학문적 큰 주제에 관해 대부분의 상담학파들은 고유의 입장이 있기 때문에 그런 학문적 지식과 의견을 충분히 경청해 볼 필요가 있다. 이야기치료의 이론적 배경은 매우 다양한 학문적 견해가 뒤섞여 있지만, 기술적인 면에서의 방법론은 화이트가 오래전 발표하고 『이야기치료의 지도(Maps of Narrative Practice)』에 잘 보완해 놓은 '문제의 외재화(externalizing the problem)'와 '독특한 성과(unique outcomes)' 찾기 기법을 특별히 주목해 볼 필요가 있다.

이런 방식을 염두에 두고 상담의 단계적 과정을 정리해 보면 크게 두 과정으로 나눌 수 있다. 첫 번째 과정은 문제 이야기의 탐색과 해체 작업이고, 두 번째 과정은 대안적 이야기의 구성과 확장 작업이다.

이 두 가지 큰 작업 속에는 중요한 치료 기법이 한 가지씩 들어간다. 문제 이야기를 찾고 제거해 나가는 과정에서는 문제의 외재화 기법이 사용되고, 대안적 이야기를 만들고 지지해 주는 국면에서는 독특한 성과 찾기 기법이 주로 사용된다.

문제 이야기의 탐색 작업에서는 무엇보다 '사람이 문제가 아니고, 문제가 문제이다.'라는 치료적 전제를 중요시한다. 문제가 문제일 뿐이지, 내담자가 문제 자체는 아니기에 내담자를 문제 인물로 몰고 가서는 안 된다고 보는 것으로

자 기기에서 전 세계 소셜 네트워크에 존재하는 수많은 사람을 하나로 묶는 통신 혁명을 의미한다.

5) 인공지능(AI), 빅데이터, 알고리즘 등의 기술이 동원된 첨단 정보사회로 바뀌는 것을 의미한다.

문제를 인간과 동일시하지 않고, 분리시켜 다루어야 한다는 견해이다(White, 2012, p. 53).

전통적인 치료 접근에서는 상담자가 정신적이거나 심리적인 질병에 대한 인식을 내담자에게 강하게 심어 주려 하지만, 이야기치료의 입장은 질병을 내담자로부터 분리시키고 해방시키려는 입장이다. 질병이 장기화되면 내담자는 질병과 자신의 정체성을 동일시하기 쉽고, 그러면서 문제 증상의 고착 상태가 더 심해질 수 있다.

내담자가 자신의 정체성에서 문제를 분리하도록 외재화 대화를 전개해 나간다. 외재화는 문제의 소재를 개인의 내면이 아닌 외부에서 찾는 치료 접근을 의미한다. 문제를 내담자와 분리시켜, 이름을 붙이고, 속성과 영향력을 파악한다(이선혜, 2005, p. 7). 일단 어떤 현상이나 사물에 이름을 붙이면 그것을 객관적으로 바라보고 적절한 관계를 맺을 수 있기 때문이다. 이름을 붙일 때 주의할 것은 상담자가 일방적으로 정하지 않고 내담자가 그렇게 하도록 도와야 한다는 점이다. 이름은 중요한데, 잘못 지으면 오히려 그것의 부정적 영향력을 강화시킬 수 있다. 일단 문제에 이름을 붙이고 나면 그것의 영향력을 탐구하고 더 큰 맥락에 올려놓고 해체 작업을 진행할 수 있다. 이렇게 문제를 의인화시켜 인격성을 부여해 놓고, 내담자를 괴롭힐 때 어떤 전략을 쓰는지, 어떤 목적으로 그런 짓을 하는지를 알아내는 데 주력한다.

대안적 이야기를 구성하는 작업에서는 여러 작업 중에서 우선적으로 독특한 성과를 찾는 데 주력한다. 독특한 성과란 이름 붙여진 문제 이야기의 범주에 속하지 않거나 반대되는 사건을 말한다. 이야기치료에서는 문제 이야기가 모든 상황을 전적으로 통제한다고 생각하지 않는다. 반드시 그 문제를 벗어난 창조적이고 긍정적인 사건이 있게 마련이고, 상담자는 그것에 초점을 맞추어 독특한 성과의 내력과 의미를 탐구하여 대안적 이야기 개발의 초석으로 삼는다. 독특한 성과에 기초하여 개발된 대안적 이야기에도 은유적 표현방식으로 이름을 붙여본다. 이 정도로 진행되면 내담자는 문제 이야기와 대안적 이야기를 자유롭게 비교하면서 선택과 평가의 준거로 삼을 수 있게 된다.

마지막으로 새롭게 구축된 대안적 이야기를 강화하고 확장시켜 나가는 작업을 진행한다. 이것은 자신의 이야기를 써가는 데 새롭게 구성된 플롯, 즉 대안적 이야기를 튼튼하게 굳힐 수 있도록 지원하는 단계이다. 여기서는 회원 재구성 대화, 편지, 저널, 자서전 쓰기 등의 치료적 글쓰기 활동, 정의 예식 등의 추가적인 방법이 동원된다.

이와 같은 전체 과정에서 사용되는 주요 기법들을 하나씩 살펴보는데, 먼저 문제의 외재화 기법부터 개념과 적용방식을 정리해 본다. 외재화는 문제에 의해 지배되는 이야기로부터 벗어나기 위해 문제를 외부로 표출시키면서 내담자의 정체성으로부터 분리시키는 작업이다. 이런 치료적 목적을 갖고 외재화 단계는 첫 번째로 문제에 이름을 붙이고, 두 번째는 문제를 객관화시킨다.

상담자는 내담자가 이야기하도록 하면서 어느 정도 신뢰가 형성되면 문제를 표출하기 위한 질문을 시작한다. 문제는 사람들과 분리된 것이므로 처음부터 사람들에게 문제의 원인이 아니라, 문제의 영향으로 인한 결과에 대한 질문을 한다. 그리고 문제가 누군가에 의해 소유된 것이 아니라 그들을 소유하려 한다고 암시한다. 즉, 문제를 외재화한다는 것은 내면화된 증상을 인격화하는 것이다. 이와 같은 외재화를 이끄는 연속적인 질문들을 진지하게 한다면 내담자들은 문제가 자신들 밖의 것이라는 생각을 하게 된다(김유숙, 2012, p. 218). 외재화 대화는 내담자가 당면한 삶의 문제에 사로잡혀 함몰되지 않도록 문제 증상에서 격리시켜 주므로, 문제를 객관적으로 바라보고 시야를 넓혀 새로운

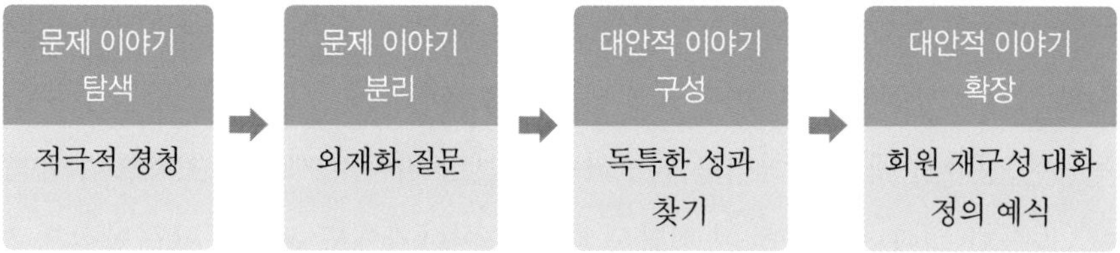

[그림 2-2] 치료 과정별로 동원되는 상담 과제와 기법

인식에 도달할 수 있도록 도와준다.

외재화 대화는 다음의 네 단계로 진행된다. 먼저 내담자와 문제를 분리하는 작업에서 시작하여, 내담자로 하여금 문제가 자신의 삶에서 어떤 영향을 미치고 있는지, 그에 대해 내담자 자신의 입장은 무엇인지, 그리고 그런 입장에 대한 근거나 이유는 무엇인지를 정리하고 피력할 수 있도록 한다(이선혜, 2020, p. 96).

- 1단계 경험에 가깝게 문제 정의하기: 첫 단계에서 상담자는 내담자가 문제에 대한 정의를 내릴 수 있게 도와준다. 상담자는 문제가 언제, 어디서, 어떻게 활동을 하는지 등을 질문하여 내담자에게 문제가 어떤 존재인지에 관한 이야기를 이끌어 낸다(이선혜, 2020, p. 98). 외재화 대화를 상담 사례에 적용시켜 본다면, 다음과 같은 방식으로 일반적인 상담 대화를 외재화 대화로 변형시킨다.
  "저는 우울해요." → "그 우울이란 놈(또는 시커먼 괴물)이 저를 괴롭히고 있어요!"
  문제를 외재화시키면서 문제 앞에 정관사를 붙이는데, 이를 테면 불안을 '그 불안' 또는 '바로 그 불안이란 놈' 등으로 강하고 분명하게 지목하면서 확실하게 분리시키는 느낌을 주는 방법도 있다(McGuinty, 2018, p. 90). 아니면 문제를 주로 '괴물'로 지칭하는데, 우울은 시커멓거나 시퍼런 (또는 작고 못생긴) 괴물로, 분노는 시뻘건 (또는 크고 무서운) 괴물로, 색깔과 결합하거나 크기나 모양을 상상하면서 표현하는 것이 객관적으로 시각화하는 데 편리한 방법이다.
- 2단계 문제의 결과 탐색하기: 외재화 대화의 두 번째 단계는 호소하는 문제가 내담자 삶에 어떤 영향을 미치는지, 문제로 인해 어떤 결과가 초래되었는지를 탐색한다. 예를 들면, "나는 걱정이 많은 사람이야."를 "걱정거리가 나에게 어떤 말을 거는가?" "걱정거리가 언제부터 영향을 주었는

가?" "걱정거리는 언제 찾아오는가?" 또는 "걱정거리가 가장 크게 힘을 쓰는 것은 어떤 관계, 장소, 상황인가?"와 같이 질문할 수 있다.

- 3단계 문제의 영향력 평가하기: 세 번째 단계에서 상담자는 호소 문제의 활동 방식과 내용을 확인하고 문제가 내담자의 삶에 미치는 영향과 결과를 평가한다. 앞의 2단계는 문제가 내담자에게 가한 피해 상황에 주목한다면, 3단계는 문제가 내담자에게 끼친 피해 결과에 대한 내담자의 반응과 평가에 초점을 맞춘다. 이런 평가는 다음과 같은 질문을 통해 이루어진다. "말씀하신 문제가 이런 행동을 해도 괜찮으세요?" "일이 이렇게 전개되는데 어떻게 생각하세요?" "이런 결과에 대해 어떤 입장이세요?" "지금 이런 상황에서 당신은 어떤 입장이지요?" 이런 질문은 내담자로 하여금 자기 삶에 일어난 특정 사건에 대해 깊이 성찰해 볼 수 있도록 도와준다.
- 4단계 평가의 근거 제시하기: 네 번째 단계는 내담자의 평가에 대해 '왜'라는 질문을 던지면서, 앞에서 내린 평가에 대한 근거와 이유를 질문한다. 이 탐색 과정에서는 다음과 같은 질문이 활용될 수 있다. "이런 상황이 된 데 대해 왜 그런 생각이 드세요?" "어떻게 해서 그런 입장을 갖게 되셨어요?" 여기서 '왜'라는 질문은 도덕적 판단을 내포하지 않고, 삶에서 중요한 것이 무엇인지 이해할 수 있게 해 준다.

독특한 성과를 찾아내기

문제의 외재화 과정을 통해 과거의 문제 이야기가 해체될 때 문제 이야기를 대체할 수 있는 새로운 대안이 마련되어야 한다. 문제 이야기와 분리되기 위해서 내담자는 무엇이 정말로 일어나기를 원하는지, 무엇을 하고 싶고 좋아하는지를 찾고 생각해야 한다. 이것은 '독특한 성과 찾기'라는 과거 이야기 속에 빠진 사건과 행위를 찾아내므로 새로운 대안으로서의 삶의 이야기를 구성하는 작업을 가능케 해 준다.

상담 중에 들리는 문제 이야기에서 빠져 있는 수많은 사소한 일이 있지만, 문제 이야기와 모순되는 이야기들은 모두 자취를 감추고 문제에 점철된 이야기만 들리게 된다. 상담자는 내담자의 이야기를 들을 때 이런 빠진 사소한 부분을 들을 수 있는 귀를 가져야 한다. 질문을 통해 오래된 이야기 속에 있는 여백을 메꿀 수 있는 자료들을 끄집어내야 한다. 독특한 성과나 예외적인 경우를 이끌어 내기 위해 "가해자에 대한 분노가 당신을 지배하려고 할 때, 그렇게 하지 못하도록 했던 때를 기억할 수 있습니까? 어떻게 그렇게 할 수 있었나요?"라고 질문할 수 있다.

이같이 예외적인 사건을 토대로 이야기를 만들기 위해 상담자는 내담자로 하여금 최근에 있었던 일 가운데 독특한 성과를 찾아내도록 돕는 것이 중요하다. 아무리 작은 것일지라도 성공적인 사건을 강조하면 내담자와 연결시키는 새로운 이야기가 나올 수 있다.

독특한 성과는 대단한 사건이라기보다는 과거 경험 속에 스쳐 지나가는 평범한 사건일 수 있지만, 상담에서 평범하게 보일 수 있는 예외적인 사건을 특별한 이야기로 확장시키는 것이다. 이런 독특한 성과가 발견되어 상담 대화 속에 풍성해질 때, 지배적인 이야기를 대항하는 대안적 이야기가 만들어질 수 있다(김준, 2019, p. 127).

삶의 이야기는 경험을 구성하고 의미를 주지만 모든 경험을 다 담고 있지는 않다. 가장 우세하게 드러난 이야기에는 많은 세밀한 부분을 빠뜨리고 있다. 상담자는 질문을 통해 그렇게 숨겨지고 빠뜨린 조각을 찾아내서 내담자가 자기 자신에 대해 좀 더 정확한 그림을 그릴 수 있도록 도와야 한다. 이 과정에서 상담자가 문제 이야기의 대안에 관한 단서를 줄 수 있는 경험, 희미한 기억, 사소한 생각에 접근할 수 있는 다양한 질문을 찾아보면 다음과 같다.

"당신은 문제가 당신의 생각에 영향을 주지 않았던 어떤 짧은 순간을 생각해 낼 수 있겠습니까?" "언제, 어디서, 어떤 상황에서 그런 일이 있었습니까?"

"문제가 전적으로 지배하지 않았던 어떤 때가 있었습니까?"

"문제에 의해 지배받지 않았던 삶의 어떤 순간이 있었습니까?"

상담자는 내담자의 최근 삶 속에서 자신의 삶에 적용해 나가진 못하지만 어떤 특별한 자원과 능력의 흔적을 보여 주고 있다는 믿음을 잘 발전시켜야 한다. 그래서 상담자는 내담자로 하여금 문제 이야기에 대한 대안적 이야기와 보다 나은 자기 자신에 관한 이야기를 발전시킬 수 있도록 돕는다.

독특한 성과 찾기는 다음의 네 단계로 진행된다(White, 2012, pp. 277-283).

- 1단계 독특한 성과 정의하기: 상담자는 독특한 성과로서의 의미를 지닐 가능성이 있는 행동에 대해 질문한다. 그런 행동에 대해 자세히 설명하고, 실제 경험에 가까운 내담자의 용어를 사용하여 자세히 설명할 것을 권한다.
- 2단계 독특한 성과의 영향 탐색하기: 삶의 여러 영역에 나타나는 독특한 성과의 영향을 탐색한다.
- 3단계 독특한 성과의 영향 평가하기: 독특한 성과의 영향 또는 잠재적 영향을 평가한다.
- 4단계 평가의 근거 제시하기: 사람들이 내린 평가에 대해 '왜'라고 질문함으로써 평가에 대한 이유 또는 근거를 알아본다.

회원 재구성 대화는 과거 인연을 맺었던 사람을 회원이라고 부르면서 회원과의 만남의 유산, 인격적 자원, 소중한 가치를 기억을 통해 되살려내는 대화이다(고미영, 2019, p. 729). 이런 접근은 인간의 정체성이 내면에 기초하는 것이 아니라 대인관계에 기초하고 있다는 생각에서 비롯된다. 내담자의 대인관계는 내담자 인생의 회원으로 이루어져 있다. 여기서 회원이란 내담자의 과거-현재-미래의 삶에서 중요한 위치를 차지하면서 내담자의 정체성 구성에 영향력을 행사할 수 있는 사람을 말한다. 내담자는 회원 재구성 대화를 통해 자신의 삶에 존재하는 여러 관계를 다른 식으로 수정할 수 있는 기회를 갖게 된다(White, 2012, p. 165). 회원 재구성 대화는 어려움에 처한 내담자가 문제를 극복하기 위해 과거 기억 중에서 의도적으로 그의 존재 가치를 높여주거나 정체성을 풍부하게 서술하는 데 도움이 되는 기억을 떠올리도록 도와준다(고미영, 2019, p. 730).

이야기치료에서 정의 예식(definitional ceremony)은 내담자의 이야기를 풍부하게 발전시키는 장이 된다. 이 예식은 내담자의 삶을 인정해 주고 격상시키는 의식으로, 삶을 평가하고 격하하는 다른 많은 의식과 대조를 이룬다. 현대사회의 의식은 삶을 사회적으로 구성된 규범에 맞춰 평가하는 속성을 지니며, 사람을 부적합하고 무능력하고 실패한 존재로 평가하는 경우가 많다. 정의 예식은 내담자에게 신중하게 선발된 외부 증인 앞에서 자신의 삶을 이야기하고 재현할 수 있는 장을 제공한다.

외부 증인은 내담자의 이야기를 들은 후 특정 형식에 맞추어 다시 말하기(retelling)로 응답한다. 외부 증인의 다시 말하기는 내담자 이야기의 전체 내용을 다시 말하거나 요약하는 과정이 아니고, 내담자의 이야기 중에서 자신의 마음에 와 닿았던 부분에 대해 다시 말하는 것이다. 외부 증인의 응답은 칭찬이나 평가의 형태를 띠지 않는다. 의견을 피력하거나 조언하거나 훈계하는 것도 아니다. 외부 증인은 내담자의 이야기를 들으면서 그중 자신의 마음에 와 닿은 표현이나 그로 인해 연상된 이미지, 떠오른 자신의 경험, 그 표현이 자기 삶에 미친 영향은 무엇인지에 대해 자신의 생각을 나누게 된다. 이런 과정은 내담자의 이야기를 인정해 주는 효과가 있는 동시에 외부 증인의 삶에도 깊은 여운을 남기게 되고, 내담자의 이야기를 훨씬 더 풍성하게 만들어 준다(White, 2012, pp. 205-206).

이야기치료의 과정에서 정의 예식은 다음의 세 가지 단계로 구분된다(White, 2012, p. 226).

- 말하기(telling): 정의 예식의 주인공(내담자)이 자신에게 의미 있는 삶의 이야기를 나눈다.
- 다시 말하기(retelling): 외부 증인으로 초대받은 사람들이 주인공의 이야기에 대해 말한다.
- 다시 말하기에 대한 다시 말하기(retelling of retelling): 외부 증인의 다시 말하기를 듣고, 주인공이 그에 대해 다시 말하기를 한다.

제3장

과거 이야기 속의 내면아이

상담에서 내담자가 고통스러워하는 문제 이야기의 원인적 배경과 발단이 된 촉발 사건을 찾기 위해 내담자의 과거 이야기를 듣게 될 때, 상담자는 내담자의 과거 경험 속 어린아이를 만나게 된다. 여기서 상담뿐 아니라 누구나 어린 시절의 모습으로 마음속에 내면화되어 있는 자신의 유아적 존재와 속성을 대중화된 용어로 흔히 '내면아이'라고 부른다.

이런 내면아이는 마치 지하 동굴 속에 숨어 지내는 흉측하고 무서운 괴물처럼 마음속 깊숙한 곳에서 암약하며 매우 은밀하게 활동하지만 때로는 갑자기 불쑥 튀어나와 활개 치면서 우리를 큰 혼란과 곤경에 빠뜨리기도 한다. 그렇지만 전문적인 도움이 없다면 대부분의 사람들은 이런 내면아이의 존재를 제대로 파악하거나 의식하지 못한 채 평생을 내면아이에게 휘둘리며 지내는 경우가 일반적이다. 그런데 여기서 자기가 왜 그런지 모르기 때문에 더 헤매고 고통스러워하는 경우가 많다.

내면아이의 문제를 다루는 치료 접근은 정신분석 계열의 심층 상담에서 주로 많이 채택되는 편이고, 단기 상담에서는 이런 부분이 생략되는 경우가 많다. 내면아이의 탐색과 치료 작업은 단기간에 쉽게 끝낼 수 있는 일이 아니고 오랜 시간이 걸리는 고통스럽고 어려운 작업이다. 내담자들은 자신의 내면세계 속 가장 깊은 어두운 곳까지 내려가 보기를 두려워하고 불안해하면서 치료적 접근을 회피하거나 거부하고, 끊임없이 항변하면서 자신의 입장과 견해를 합리화시킨다. 또한 자신의 문제를 부인하고 숨기려 하거나, 문제의 의미를 왜곡하고 축소하면서 심리적 저항을 고조시키곤 한다. 내담자의 입장에서 이런 문제가 발생하는 심리적 배경을 보면 자신의 주관적 판단과 초자아의 가혹한 평가 속에서 과거의 부정적 경험을 느끼기에는 너무 수치스럽고 부끄러운 내용이라 그것을 노출하기를 극도로 꺼릴 수밖에 없는 경우가 생기기 때문이다.

내면아이의 발달적 문제

내면아이의 주제에 관해 학문적으로 접근할 때, 발달적인 측면에서 검토해 보는 것이 우선적이다. 모든 인간은 어린 아이 상태를 거쳐 성인이 된 것이다. 여기서 먼저 떠오르는 쟁점은 내면아이의 연령대를 어떻게 잡느냐 하는 것이다. 대다수 공감하며 받아들이는 연령 범위는 유아기부터 초등학교를 다니는 시기인 학동기까지이다. 이 시기가 모든 사람이 경험하는 아동기의 전형적인 모습과 특성을 잘 지니고 있기 때문이다.

영아기를 포함시키기 어려운 이유는 내면아이의 문제는 무엇보다 인간의 기억에 의존하고 있고, 3세 이전의 내용은 대부분 기억 속에 남아 있지 않기 때문에 정확성이 많이 떨어지는 불확실한 내용을 객관적인 자료로 받아들이기가 어렵기 때문이다. 간혹 매우 선명한 3세 이전의 기억을 회상하는 경우도 있는데, 이런 경우는 어린 시절 가족구성원이나 주변에서 들었지만 영화의 한 장면처럼 희미하게 퇴색된 기억을 자신이 그럴듯하게 편집했을 가능성이 높다.

청소년기는 근대 산업화로 인해 노동 인력을 대폭 줄여야 했고, 그런 사회적 문제를 해결하기 위해 십대의 사회 진출을 늦추어야 할 필요에 의해 생긴 것이지 그 이전 전통사회에서는 사춘기에 성징(性徵)이 발생하면서부터는 성인기로 보았다. 더구나 요즘 시대에는 영유아기부터 가정을 떠나 집단생활을 통한 사회화가 과거보다 일찍 시작되면서 발달 속도가 과거보다 빨라졌기 때문에 청소년기는 아동기와 차이점이 많고 오히려 성인기의 심리 상태와 가까워졌다.

상담 현장에서 내면아이의 문제에만 주력할 수도 없기 때문에 내면아이의 연령대를 이렇게 아동기로 제한시켜 놓는 것이 상담의 효율성 측면에서 쉽고 유리할 수 있다. 그럼에도 내담자의 성장 과정의 전체적인 양상을 확대시켜 보려는 경우도 생긴다. 첫째는 내담자의 전 생애에 걸친 자서전적 진술로 일관성 있는 충분한 자료를 확보하고자 하는 경우이고, 두 번째는 아동기에 별다른 특이 사항이 발견되지 않는 경우이다. 그런 경우는 어쩔 수 없이 더 오래된 과거나 가까운 현재로 시간대를 옮겨보는 수밖에 없다. 그래서 심지어 태내기까지 거슬러 올라가기도 하고 청소년기로 확대되는 경우도 있다.

필자가 과거에 상담해 준 사례의 경우에도 태내기에서 문제의 실마리가 잡힌 경우가 있었다. 한 번은 내게 딸의 이성 관계 문제로 찾아온 중년 여성이 있었다. 주된 호소 내용은 자신의 딸이 학벌이나 미모, 가족 배경에서 나무랄 데 없는 잘난 딸인데도 불구하고 남자 친구에게 지나치게 매달리고 의존한다는 것이었다. 딸의 그런 태도로 남자 친구들이 여러 명 떠났는데, 이번에 사귀는 남자 친구 역시 그런 이유로 서둘러 군 입대를 해서 자기 딸에게서 벗어나려 했지만, 그래도 딸은 남자 친구에게 끊임없이 전화하고 면회를 너무 자주 간다는 하소연이었다.

오래전 이야기이지만 필자도 이해하기가 참 어려운 내용이었다. 그래서 딸의 성장 과정이나 부모의 자녀양육 방식에 대해 많은 질문과 탐색을 해 봤지만, 별다른 특이 사항이 없었다. 자신은 딸을 키우는 데 모든 정성을 쏟았고, 딸도 지금까지 모범생으로 무난히 잘 커주었다는 내용이었다.

상담자로서 난감한 상황이라 딸의 어린 시절에 그렇게 아무 문제가 없었다면 더 오래된 과거로 내려가 보는 수밖에 없다는 생각이 들었다. 그렇다면 혹시 딸을 임신하고 있었을 때 집안에 무슨 일이 없었냐고 물었다. 그랬더니 지금까지 자신만만하던 태도에서 돌변하여 갑자기 안색이 바뀌면서 당황하는 기색이 역력했다. 그러면서 그때 남편이 직장에서 여직원과 불륜 관계를 저질러 너무나 고통스러웠고 한동안 심한 우울증 상태였다고 고백했다.

필자는 그렇다면 그것이 딸의 문제 증상의 원인이 될 수 있다고 말해 주었다. 태내기에도 엄마와 태아는 서로 하나로 연결되어 있기에 엄마의 감정적 분위기나 심리 상태에도 영향을 민감하게 받을 수 있다고 알려주었고, 내담자는 공감하며 상담자의 의견을 수용하는 태도였다. 그러면서 영리하고 예민한 딸은 부모의 그런 심리적 갈등을 어린 시절 일찍 눈치 채고 크면서 자신은 엄마처럼 어리석고 무력하게 버림 받는 여자가 되지 않겠다고 다짐했을 것이다. 그 결과는 남자 친구들을 통제하고 감시하면서 자신에게서 벗어날 수 없도록 끈질기게 붙잡아두는 것이었다.

에릭슨의 발달 이론과 내면아이

사진 3-1 에릭 에릭슨

내면아이는 아동기의 발달 특성을 지니고 있고, 동시에 인간의 원시적이고 본능적인 형태를 취하면서 에릭 에릭슨(Erik H. Erikson, 1902~1994)의 이론처럼 양면성을 띠고 있는 심리적 내면세계를 품고 있다. 에릭슨은 지그문트 프로이트의 딸인 안나 프로이트를 통해 정신분석학을 접하면서 아동발달에 학문적 관심을 갖게 되었다. 그는 관심의 초점을 인간의 정체성 발달 과정에 두었고, 전 생애에 걸쳐 사회문화적인 측면에서 발달 과제를 부여받고, 발달 단계별로 갈등과 위기 경험을 하면서 그 결과에 따라 정체성 형성에 긍정적이거나 부정적인 영향을 받는 것으로 보았다.

에릭슨은 인간의 발달 과정을 노년기까지 8단계로 보지만, 여기서는 내면아이 주제에 맞춰 영아기부터 학동기까지 앞의 4단계를 주로 살펴보도록 한다.

에릭슨의 발달 이론에 의하면 생후 첫해 동안 아이는 세상은 믿을 만한 곳이고 자기 자신 역시 믿을 만한 존재라는 것을 배운다. 이러한 믿음을 얻지 못하면 아이는 불안감이 커지고, 다른 사람들을 신뢰하는 능력이 떨어지게 된다. 에릭슨은 첫 번째 발달 단계에서 너무 많은 신뢰는 감각의 왜곡을 불러오는 반면, 너무 많은 불신은 불안과 후퇴를 유발한다고 보았다.

1~2세까지 아이는 걸을 수 있고 대소변을 가리고 자기통제가 가능하게 된다. 그러나 이러한 시도는 늘 성공적이지 않고, 실패 경험은 자기 의심과 수치심을 갖게 한다. 두 번째 단계에서도 너무 많은 자율성은 충동성을 유도하며, 너무 많은 수치심과 의심은 강박 성향을 유발할 수 있다. 에릭슨은 수치심은 아이가 자기 자신을 향해 분노를 느끼는 것으로, 그리고 의심은 수치심으로 발생하는 2차 감정으로 보았다(Erikson, 2014, pp. 309-310).

3~6세까지 아이는 인지와 행동 능력의 발달로 자신의 영향력을 주변에 확대시키고 호기심에 이끌려 엉뚱한 실수나 행동을 저지르기도 한다. 그러나 사회적 환경에 잘 적응하는 것이 중요해지고, 아이는 거기서 정해진 규칙을 위반할 때 죄책감을 느끼게 된다. 이 시기부터는 부모가 이전 발달 단계처럼 일방적으로 가르치고 지시하기보다는 자녀에게 우선권을 주면서 자녀의 행동에 적극적으로 반응해 주는 역할을 취하는 것이 자녀의 주도성을 키워주는 데 큰 도움이 된다.

7~12세까지 아이는 부모로부터 떨어져 나오면서 동일시 대상으로 또래 친구들을 택하게 된다. 아이는 학교와 친구관계 또는 다른 관심사에서 자신의 역량을 발휘하기 위해 노력하며 그에 따른 보상은 성취감과 자신감의 상승이다. 반대로 다른 친구들보다 저조한 학업 성적이나 남들보다 뒤떨어지는 운동 실력이나 예술 감각은 아이에게 열등감을 부추길 수 있다.

이렇게 에릭슨은 인간의 성장 과정을 인생 여정에서 만나는 양 갈래 길의 이정표에서 이쪽이냐 저쪽이냐 어느 길로 가느냐에 따라 크게 상반된 결과를 낳는 심리 도식으로 본다. 모든 인간은 태어나 나이가 들고 성장하면서 발달 단계에 맞춘 인생 과제물을 받게 되고, 그것을 성공적으로 이행하고 그 과정을 잘 통과하면 희망 찬 앞날을 보장받지만, 그 과정에서 실패하고 말면 그 앞길은 실패의 결과를 떠안게 되면서 심적 부담과 고통을 가중시키게 된다.

한편 생의 초기 경험이 인간 발달에 미치는 영향을 중시하므로 비관적 결정론을 주장하는 프로이트와는 달리, 에릭슨은 인생 후반부 경험의 영향도 지지

표 3-1 에릭슨의 아동 발달 단계[1]

발달 단계	발달과제와 위기	중요한 관계	사회적 질서체계	심리사회적 양상	심리성적 단계	긍정적 자원	부정적 결과
1단계: 영아기 (0~1세)	신뢰 대 불신	엄마	우주적 질서	받기 주기	구강기	희망	왜곡된 감각, 불안과 후퇴
2단계: 유아기(2세)	자율성 대 수치심과 의심	부모	법과 규칙	붙잡기 놓기	항문기	의지	충동성 강박 성향
3단계: 유년기 (3~6세)	주도성 대 죄책감	가족	이상적 원형들	따라 하기 흉내 내기	남근기	용기	심리적 억압
4단계: 학동기 (7~12세)	근면성 대 열등감	이웃 학교	기술적 요소들	만들기 완성하기 조립하기	잠복기	자신감	무력감

하는 낙관적 견해를 제시한다. 그래서 인간은 평생 여러 차례 과정별 통과의례를 거치고, 그때마다 해결하거나 극복해야 할 문제는 삶의 위기의 성격을 띠지만, 그 위기를 잘 통과할 때 삶을 반전시킬 수 있는 성장의 기회를 얻게 된다.

프로이트의 고전적 이론 속에서의 내면아이

내면아이에 대한 학문적 이해는 역사적으로 정신분석 학파에서 먼저 시작되었다. 초창기 정신분석학의 인간에 대한 주된 관심은 인간의 정신적 고통의 기원이 되는 최초 시점을 찾는 것이었기 때문에 주로 영아기와 유아기에 학문적 초점이 맞춰져 있었다. 정신분석학의 창시자인 지그문트 프로이트

1) Erikson, 1980, pp. 178-179.

사진 3-2 지그문트 프로이트

(Sigmund Freud, 1856~1939)는 인간의 심리적 구조상 원시적이고 본능적인 형태를 띤 원본능 또는 원초아(id)가 이런 정신적 기능을 주로 맡고 있다고 보았다. 이런 원본능 또는 이드의 속성은 비합리적이고 충동적인 성향을 띠고 있고, 이드가 지배하는 인간은 이기적이고 인내심이 없고, 본능적인 행동을 함부로 저질러 초기 정신분석학에서는 인간의 문제를 불러일으키는 원흉이나 주범으로 보게 되었다. 그래서 프로이트의 정신분석학을 혹자는 이드 심리학이라고 부르기도 하는데, 이런 관점에서 프로이트는 '이드가 있는 곳에 자아가 있게 하라.'는 치료적 제안을 하게 된다. 이것은 강박적으로 이드에 의해 휘둘리는 행동이 자아에 의해 통제되는 합리적 시스템으로 바뀌어야 한다는 것이다(최영민, 2010, p. 140).

프로이트 이론으로 볼 때 내면아이의 상태는 성인이라도 과거 어린 시절로 돌아가는 심리적 퇴행(regression) 현상으로 볼 수 있다. 먼저 퇴행은 다양하게 많은 방어기제 중의 하나로 볼 수 있고, 외부 세계로부터 자신의 안전과 행복을 크게 위협받으면서 심하게 불안을 느끼거나 임박했거나 이미 닥친 위험하고 고통스러운 상황을 모면하기 위해 초기 발달 단계로 되돌아가는 것을 의미한다. 예를 든다면, 성인이지만 심하게 스트레스를 받으면서 땅바닥에 털썩 주저앉아 발을 동동 구르며 어린 아이처럼 심하게 운다든지, 심지어 어린 아이의 경우에도 자기 밑으로 동생을 갖게 되면서 엄마의 관심이 동생에게 쏠리고, 엄마를 동생에게 뺏길 것 같으니까 갑자기 밥을 먹여 달라고 아기 흉내를 내기도 하고 밤에 소변을 가리지 못하는 증상을 보인다. 이런 상황처럼 어떤 경우는 어릴 때 위안이 되었던 행동을 되풀이하곤 한다. 이를 테면, 아동기에 접어들었는데 계속 엄마에게 안아달라고 요구한다든지, 청소년임에도 불구하고 어린 시절 애착 인형에 집착하는 경우이다.

여기서 퇴행으로 되돌아가는 과거 시점은 자신이 가장 행복했던 때가 될 수 있다. 한 청소년 상담 사례에서 부부 싸움이 갈수록 격해지는 가운데, 십대 딸이 심하게 불안을 느낀 나머지 상담실에 어린 아이 복장과 머리 스타일을 하고 나타났다. 그런데 그 모습은 가족 앨범 사진 속의 초등학교 시절 가족이 가장 행복했을 때의 자기 모습을 그대로 재현한 것이었다.

퇴행이 발생하는 시점에 대한 또 다른 이론은 욕구의 과잉 충족뿐 아니라 반대로 결핍과 좌절 경험이 원인이 되는 두 가지 상반된 경우로 보는 것이다. 이때 과거 어떤 발달 단계에서 욕구의 심한 결핍이 있었다면 무의식적 치유 본능에 의해 그 단계를 다시 찾고 거기서 결핍을 채우려는 퇴행이 일어날 수 있고, 반대로 과거 발달 단계에서 지나치게 욕구가 충족되었더라도 현재 삶에서 불만이나 불편을 느끼면 과거 모든 것이 충분했고 편했던 시절이 너무 그립기 때문에 그때로 되돌아가고 싶은 욕구나 동기가 강해진다고 보는 것이다. 즉, 발달 단계에서 그 당시 필요했던 심리적 욕구를 적절한 분량과 방식으로 공급받기 보다는 변덕스럽고 기복이 심했거나 또는 불안하고 혼란스러운 분위기 속에서 부적절한 방식으로 공급받으므로 나중에 문제를 불러일으킬 수 있다는 뜻이다.

이러한 심리적 퇴행 현상이 과거 특정한 발달 단계에 계속 머무르는 상태를 프로이트는 고착(fixation)이라고 불렀다. 프로이트는 아동기를 구강기 또는 구순기, 항문기, 남근기의 세 단계로 구분했기 때문에 내면아이의 형태도 세 가지 유형으로 구분할 수가 있다.

내담자가 현실 세계 속에서 갑작스럽게 닥친 외상 경험으로 일단 안전한 과거로 피신하여 거기서 고통스럽게 신음하거나 절규하면서 통증을 호소하거나 상담이나 누군가의 도움으로 차츰 안정을 취하면서 자신을 추스를 수도 있다. 이렇게 과거로 돌아가 있는 시간이 길어지면 과거 발달 단계의 심리적 배경과 특성의 영향을 받고, 그런 심리적 성향이 고착되어 일정한 성격이 구축된다. 그 결과 아동기의 세 가지 모습 중 하나인 구강기형 인간, 항문기형 인간, 남근기형 인간으로 남게 된다는 것이다.

인간 발달을 사회문화적인 면에서 단계별 발달 과제에 반응하며 성장하는 것으로 본 에릭슨과 달리, 프로이트는 심리 성적인 면을 강조하였다. 그래서 영아기부터 심리 성적인 에너지가 특정 신체 부위에 결집되고, 이렇게 신체적으로 쾌감을 느끼는 성감대가 입에서 항문으로, 마지막에는 생식기로 이동한다고 주장한다. 여기서 어린 아이가 느끼는 쾌감은 무의식의 성적 환상뿐 아니라 신체적이고 심리적인 만족감이나 행복감을 다 포함시키는 개념으로 보아야 한다. 이렇게 인간 발달의 강조하는 관점의 차이와 달리 발달 환경과 조건에 따라 단계마다 양극화된 모습으로 대조적인 결과를 낳는다고 본 것은 프로이트와 에릭슨의 공통된 견해이다.

첫 번째 발달 단계의 구강기형 내면아이의 모습부터 살펴보면, 이 시기는 젖먹이 단계로 구강 순응형(oral-receptive type)과 구강 공격형(oral-aggressive type)의 두 가지 유형이 생길 수 있다. 여기서 구강기형 성격으로 일반적으로 통칭할 때는 주로 구강 순응형을 의미하지만, 구강기적 습관으로 인한 병리적 현상은 구강 전기인 구강 순응형뿐 아니라 구강 후기의 구강 공격형도 나타나는 것을 볼 수 있다. 이런 현상은 인간의 입과 입술에 의해 발생하는 제반 문제로 빨기, 깨물기, 삼키기, 씹기, 마시기, 뱉기, 토하기 등의 신체적 행위나 유아적 환상, 식탐, 과도한 음주나 흡연, 섭식장애, 험담, 음담패설을 자주 하는 경우를 가리킨다. 또는 손가락을 빨거나 손톱을 물어뜯는 행위, 자주 침을 뱉는 행위, 괴물에 잡아먹히는 꿈을 자주 꾸는 경우도 구강기적인 문제일 수 있다.

여기서 구강 순응형은 어린 시절 엄마의 수유 방식과 기간에 의해 영향을 받고, 결핍뿐 아니라 과잉의 경우에도 문제가 발생할 수 있다. 발달상 이 시기의 전형적 모습은 너무 순진하고 미숙함, 의존적이고 무력함의 상태이므로 이런 특성이 고착화되어 나타날 수 있다. 또 아직 무엇을 주도할 수 있는 능력이 없기에 전적으로 받기만 하는 수용적인 모습을 띤다. 그래서 구강기형 성인은 다른 사람의 무리한 부탁을 거절하지 못하고 우유부단한 모습을 보이기도 하고,

귀가 얇아 다른 사람들의 이야기를 쉽게 믿고 끌려 다니기가 쉽다.

이런 구강 순응형은 젖을 먹는 구강 전기의 모습이고, 아기가 이빨이 나서 이유를 시작하면 구강 후기로 넘어가고 이때 형성되는 성격 유형을 구강 공격형이라고 부른다. 아이는 이빨이 나면서 고통을 겪을 수 있고 그로 인해 공격적으로 깨물거나 물어뜯는 특성을 발달시킨다. 여기서 구강 후기의 성격은 아이가 깨무는 것이 좌절될 때 형성된다. 예를 들어, 엄마가 자신의 유두를 깨물까 봐 아이를 거부하거나 너무 빨리 젖을 뗄 때 아이는 구강 공격형 성격을 형성하게 된다(Bienenfeld, 2009, p. 37). 그런 아이가 성인이 되면서 과거 경험을 심층적으로 내면화시킨다면 공격적이고 지배적인 성향, 냉소적이거나 비판적인 성향을 성격적으로 고착시킬 수 있다.

사회심리학자이며 정신분석가인 에리히 프롬(Erich Fromm, 1900~1980)도 인간의 성격 유형을 프로이트와 유사한 방식으로 생각했다. 첫 번째 단계로 가장 미숙하고 유아적인 인격은 남으로부터 받기만 할 뿐, 주는 것을 모르고 매사에 자기중심적이고, 항상 다른 사람을 의존하는 수용적 인격이라고 했다. 마치 젖먹이가 젖을 빨기만 하고, 먹는 것에만 의존하듯이 매사에 다른 사람을 의존하면서 모든 것을 쉽게 받아들이는 생활방식을 취한다.

두 번째는 받는 것으로 만족하지 못하므로 온갖 방법을 동원해서 다른 사람의 것도 자기 것으로 만들려는 착취적 인격이다. 구강기 성격 속에서도 젖을 빨 때 만들어지는 구강 순응형과 이빨이 나면서 만들어지는 구강 공격형이 있는데, 이 착취적 성격은 마치 구강 공격형에서 나타나는 모습과 매우 흡사하다. 이빨이 나면서 그 전에는 천사처럼 순하게 젖을 빨기만 하다가, 이제는 그 이빨을 자신의 공격 무기로 사용한다. 그래서 자기 앞에 나타나는 대상을 막 물기도 하고, 씹기도 하고, 집어 삼키기도 하는데, 이것이 착취형 인간의 모습이다.

프로이트가 주장하는 인간의 두 번째 발달 단계인 항문기도 전기와 후기의 발달 환경과 조건에 따라 심리적 상태가 달라진다. 전기에 형성되는 성격 유형을 항문 배출형(anal-expulsive type)이라 부르고, 후기에 형성되는 유형은 항문 보유형(anal-retentive type)이라 부른다.

먼저 항문기 전기는 변을 의지대로 누거나 보유할 수 있게 해 주는 항문 근육이 아직 성숙하기 전이어서 몸 안에 대변이 축적되면 곧바로 배설하고, 아이는 배설할 때의 쾌감을 놓치지 않고 탐닉한다. 이 시기에 부모가 원하는 시간과 장소에 변을 싸도록 너무 조급하고 강경하게 요구하면 아이는 쾌감을 미처 충족시키지 못한 채 억압함으로써 항문기 전기 성격에 고착된다. 때로 이런 성격은 부모가 아이의 용변 훈련에서 바람직한 행동에 대해서는 보상을 주고 실패할 때는 벌을 주는 과정에서 과도하게 간섭한 결과로 형성될 수 있다.

항문 배출형 성격을 지닌 사람은 외부의 사소한 강요에도 민감하게 스트레스를 받으며, 자신에게 스트레스를 준 사람을 향해 공격성을 분출한다. 반대로 항문기 전기의 쾌감에 너무 많이 오랫동안 충족되어도, 이에 고착되어 청결 의식이 약하고 소비 지향적이고 성적으로 문란한 사람이 되곤 한다(이창재, 2003, p. 192). 또한 이런 성향을 가진 성인들은 충동적이고 무질서하고 성실하지 못할 수가 있고, 때로는 과도하게 관대하거나 반대로 잔인하고 파괴적일 수가 있다(Bienenfeld, 2009, p. 38).

항문기 후기는 항문 근육이 충분히 발달해 자신의 의지대로 변을 누거나 참는 능력을 갖게 된다. 특히 이 시기의 아이들은 변을 자신의 소유물로 생각하므로 변에 대해 애착을 느끼게 됨으로써, 항문 보유형의 성격은 대변을 자신의 몸 안에 품고 참는 데서 기원한다. 이런 성격은 보상은 제공하지 않고 과도하게 엄격하기만 한 용변훈련의 결과로 형성된다. 부모는 아이에게 처벌을 줌으로써 수치심을 심어 주고, 아이는 배설물을 유지함으로써 대응하게 된다. 또한 이 시기에 강압적으로 대변 가리기 훈련을 강요하면, 자기 소유물의 일부가 타인의 뜻에 의해 원치 않게 배출된다는 상실감을 느끼게 된다.

항문기 후기의 성격이 일반적으로 항문기형 성격 전체를 대표하며, 전형적인 강박 성향을 띠게 된다. 부모의 엄격하고 청결한 양육 방식에 의해 항문기에 고착된 성인들은 병적으로 깔끔하고 깨끗하며, 어떤 특정 물건을 수집하거나 정리하기를 좋아하고, 체제 순응적이다(Berry, 2003, p. 99). 성인이 되어서 융통성이 없고, 고집이 세고, 완고하며, 다른 사람에게 간섭받는 것을 싫어하거나 호전적인 성향을 띨 수 있다. 대변에 대한 소유욕은 어른이 된 후에 재물에 대한 소유욕으로 전치되어, 돈을 벌고 모으는 데만 집착하고, 다른 사람들에게 쓰는 것을 매우 힘들어하는 인색한 성격을 만든다.

구강기뿐 아니라 항문기에 관해서도 에리히 프롬은 프로이트와 유사한 견해를 발표했고, 인간 발달의 세 번째 단계로 축적형의 인간을 제시했는데, 이는 프로이트 이론에서의 항문 보유형과 유사한 모습을 띤다. 축적형의 심리적 성향은 주고받는 것도 싫고, 다른 사람을 공격하거나 그들의 물건을 뺏는데도 관심이 별로 없으며, 오직 자기만의 세계에서 만족을 취하고 있는 형태를 취한다. 어려서 대소변 훈련을 할 때, 아이는 심리적 불안과 갈등을 겪기 때문에 나중에 성격이 형성되는 데 여러 영향을 받는다. 엄마가 엄격하고 지나치게 깔끔했기 때문에 조심스럽게 참고, 실수할까 봐 두려워하면서 크기도 하고, 또는 반대로 자유롭게 방치했기 때문에 기분 내키는 대로 충동적으로 대소변 처리를 했을 수도 있다. 이렇게 어린 시절 대소변 훈련을 하면서 자기 몸속에 참고 쌓아두고 보유하면서, "나는 이렇게 하면 외부의 공격과 위협으로부터 안전할 수 있어." 하는 쪽으로 만들어진 유형을 축적형으로 본 것이다.

구강기와 마찬가지로 항문기와 연결된 문제도 생기는데, 이로 인해 심리적 갈등이나 고통을 겪기도 한다. 심리적으로 텅 빈 상태가 되거나, 넘치는 상태가 되는 것, 막히거나 갇힌 상태가 되면서 심리적 문제가 생긴다. 이를 테면 통장 잔고가 바닥나는 상상을 자주 하거나, 자동차 주유를 꽉 채우게 해야 마음이 놓이는 심리 상태, 엘리베이터 안에 갇히는 상상, 배변 활동이나 화장실과 관련된 꿈을 자주 꾸는 경우도 항문기적 문제일 수가 있다.

프로이트는 3세에서 5세 정도의 유아기를 남근기로 명명하였고, 이후 학동기는 잠복기로, 청소년기 이후를 성기기로 규정했다. 프로이트의 발달 이론에서 가장 흥미롭고 학문적인 큰 성과를 보인 것은 단연코 남근기 연구라고 볼 수 있다. 남근은 남성 생식기(음경)를 의미하고, 이런 착상은 인간은 유아기에 이르러 처음 성적 정체성에 호기심과 큰 관심이 생기는데, 무엇보다 음경의 유무로 쉽게 성별을 구분하기 때문이다. 더구나 프로이트의 연구는 19세기 중후반에 집중적으로 이루어졌고 그 당시 유럽 사회는 가부장적인 남성 중심 사회였기에, 그런 시대문화의 영향 속에서 연구 대상에 대한 관심도 남자 아이에 더 초점이 맞춰졌다고 볼 수 있다.

프로이트는 환자들의 환상과 자기 분석에서 밝혀진 내용에 기초하여, 모든 남아들에게는 아버지를 제거하고 엄마와 사랑에 빠지려는 무의식적 소망이, 그리고 모든 여아들에게는 엄마를 없애 버리고 아버지의 애인 자리를 차지하려는 무의식적 소망이 자리 잡고 있다고 생각했다. 이러한 환상은 너무 위험하고 두려운 것이기에, 대부분 억압되어 사람들의 무의식 깊이 묻혀 있게 된다. 비록 무의식에 묻혀 있지만, 그것은 무서운 갈등을 유발하며 인간의 삶에 지대한 영향을 미친다(Kahn, 2008, p. 80).

이 무렵 남자 아이는 엄마에게 강한 성적 매력을 느끼고 독점하고 싶어 하며, 엄마와 결혼하겠다고 하거나 엄마가 잠자는 침대에서 같이 자겠다고 떼를 쓰는 등 다양한 방법으로 자신의 욕망을 표현한다. 그래서 엄마에게 특별한 권리를 갖고 있는 아버지에게 살의를 느낄 정도가 되는데, 이 욕망은 반대로 아버지의 보복에 의해 거세당할지도 모른다는 불안, 즉 거세 불안을 낳음으로써 억압되어 다음 잠복기로 이행한다. 이때 아버지와 경쟁하는 대신 아버지를 보고 배우며 남자다움을 익힌다.

여자 아이의 경우는 약간 복잡해서, 먼저 남근이 없는 것에 열등감을 느끼고 그것을 주지 않은 엄마를 원망한다. 즉, 여자 아이는 남자 아이와 달리 거세 불안이 오이디푸스 콤플렉스를 야기시킨다(Segal, 1999, p. 63). 그리고 자신도 남근을 갖기 원하는데, 이를 남근 선망이라고 부른다. 그러면서 엄마로부터 아버지에게로 애정의 방향을 바꾼다. 여기서 남근을 소유하고 싶은 소망은, 아버지의 아기를 낳고 싶다는 소망으로 변형되고 그것이 불가능하다는 것을 점점 깨닫게 됨으로써 억압되어 잠복기로 이행한다. 이때 엄마를 본받아 여성다움을 갖추게 된다(후쿠시마 아키라, 2003, p. 28).

유아기 아이들은 반대 성의 부모에 대해 자신이 갖고 있는 무의식적 근친상간의 소망 때문에 심리적 갈등을 겪게 된다. 남자 아이의 경우 엄마에게 느끼는 이런 갈등을 오이디푸스 콤플렉스(Oedipus complex)라 하고, 여자 아이의 경우는 엘렉트라 콤플렉스(Electra complex)라 부른다.

남근기의 성격 특성을 살펴보면, 남근기에 고착된 남아는 사랑을 위해서보다는 침입하고 지배하기 위해 공격적으로 남근을 사용하는 남자가 될 수 있다. 남근기 성격을 가진 남성들은 여성을 비하하고, 자신의 성적 우월성을 과시하기 쉽다. 한편 남근기에 고착된 여아는 성장하여 열등감을 가질 수가 있는데 남성들과의 관계에서 더 그렇다. 그녀는 남자들에게 수동적이고 순종적이어야 한다고 믿게 된다. 반면, 어떤 경우는 반항적이 되어 공격적 태도를 취하기도 한다(Kahn, 2008, pp. 70-71).

결국 프로이트의 남근기 이론이 우리에게 시사하는 바는 인간의 초기 발달과정에서 가장 가깝고 친밀한 대상인 부모, 특히 이성인 부모와의 사랑과 애착을 주고받는 경험을 통해, 아이는 처음으로 성적 환상을 마음에 품게 되고, 그로 인한 삼각관계의 심리적 갈등을 겪게 된다. 이런 과정을 통해 나중에 청소년기나 청년기에 본격적으로 닥칠 이성 관계를 이해하고 대응하는 예행연습을 해 보게 된다. 그러면서 이 시기에 개인의 성 정체성과 이성 관계에 대한 자신의 심리 도식이 일차적으로 구축된다. 이런 과정에서 남성과 여성의 인간적인 공통점도 있지만, 심리적이고 성적인 차이로 인한 서로 다른 반응과 결과가 나오기도 한다. 그리고 개인적인 발달 환경과 조건, 부모와의 관계에서 애증의 양가감정에 의해 성격적인 면에서도 긍정과 부정의 양면성으로 형성되거나 고착될 수 있다. 프로이트의 이론으로 볼 때, 성인기 이후 인간의 성적인 면에서 병리적 증후군은 원천적으로 남근기에서 비롯된 것이라고 평가된다.

이때 형성된 오이디푸스 콤플렉스는 개인의 진로와 직업 선택, 사귀는 이성과의 심리적 갈등, 배우자 선택, 결혼생활에서의 부부 갈등 등에 영향을 미칠 수 있다.

사랑의 감정을 느끼고 애착 관계를 형성하는 면에서는 이성의 부모로부터 큰 영향을 받지만, 사회적 진출과 직업적 성취의 측면에서 아이들은 동성의 부모와 더 비교하면서 경쟁해 나간다. 그래서 훌륭한 아버지 밑에서 역시 훌륭한 아들이 나올 수도 있고, 반대로 아버지보다 훨씬 못한 아들이 나오기도 한다. 또 무능하고 못난 아버지 밑에서 유능하고 똑똑한 아들이 나오기도 하고, 아버지처럼 무능하고 의존적인 아들이 나오기도 한다. 이런 경우 오이디푸스 콤플렉스를 극복하지 못하고 아버지보다 못한 아들이 나오는 경우가 많지만, 아버지를 능가하는 아들이 나오는 경우도 보게 된다. 이는 오이디푸스 콤플렉스를 잘 극복해 낸 경우이고, 때로는 아버지는 무능하지만 자신은 그렇게 살고 싶지 않다는 자신의 아버지상을 거부하고 반발하는 부정적 정체성 형성의 심리적 동기가 강하게 작용했기 때문이라고 볼 수 있다. 여기에 더하여 훌륭한 아버지와의 긍정적 동일시에 의한 아들의 성공을 위한 의지력보다 무능하고 실패한 아버지에 대한 부정적 감정에서 분출되는 강력한 동력과 그런 아버지로부터 벗어나 자신의 생존을 위해 필사적인 추진력을 얻는 것이 더 강한 심리적 동기로 작동할 수 있기 때문이다.

이렇게 아이들은 아동기를 거치면서 부모에게 원하는 바를 충족시키지 못하고 상처를 심하게 받거나 실망을 크게 하는 경우가 종종 생긴다. 친구나 친척 집에 가서 그들이 잘 사는 모습을 보고 충격을 받고 무능한 부모와 자신의 처지에 화가 나기도 한다. 거기다 형제가 많은 경우에는 차별 대우를 받거나 소외되기도 한다. 그러면서 어느 날 문득 부모가 내가 기대하는 부모가 아니라는 생각에서 비롯된 실망감은 자괴감으로 이어진다. 아이들은 지금의 부모는 나의 친부모가 아닐 것이라거나 내가 느끼는 소외와 결핍은 지금의 부모는 진짜가 아니기 때문이라는 허구적인 이야기를 만들어서 자신의 불행한 운명을 바꿔보려고 한다.

이런 경우 아이는 '내가 훌륭한 부모 밑에서 컸다면 크게 성공할 수 있었을 텐데, 나는 왜 이런 집에서 태어나 내 앞길이 이렇게 풀리지 않을까?' 한탄하면서 자신의 실패와 좌절을 부모 탓으로 돌리며 부모를 원망하고, 다른 사람들과 비교하면서 마음속에 작고 초라한 자기 모습을 지닌 채 성장한다. 한 30대 여성은 어린 시절 어느 날 부자 엄마가 찾아와 자기를 친딸이라며 데리고 가는 상상을 많이 했다고 자신의 아동기를 회상했다. 이런 현상을 프로이트는 '가족 로망스'라고 이름을 붙였다(Freud, 2004, pp. 200-201). 비천한 부모를 둔 아이들이 세련되고 신분이 높은 어른들이 친부모이기를 꿈꾸는 신경증적 현상이다. 이는 한쪽 부모 혹은 양쪽 부모 모두에게 불만이 있는 자녀들이 부모를 이상적인 부모로 바꾸고 싶어 하는 심리를 말한다. 현실의 부모를 상상의 부모로 대체함으로써 부모에게 복수하고 동시에 자신의 신분까지 상승시키려는 심리이다.

이러한 가족 로망스의 환상은 심리성적 발달 단계 중에서 잠복기 초기에 전형적으로 나타난다. 아이가 생각했던 것처럼 부모가 완전하고 전능하지 않다는 것을 알게 되면서 나타나는 오이디푸스적 실망과 환멸을 드러내는 것이다(Tyson & Tyson, 2020, p. 165).

아이가 오이디푸스기를 지나 6~11세의 아동기를 보낼 때, 프로이트는 이 시기의 발달 단계를 잠복기라고 불렀다. 강한 심리적 혼란 상태를 보이는 남근기나 생물학적 · 심리적으로 큰 변화가 생기는 청소년기에 비해 상대적으로 차분하게 보이는 시기이다(Colarusso, 2011, p. 148). 이 시기에 아이들은 오이디푸스기 갈등을 해소하고, 초자아를 내재화시킨다. 또래관계를 발전시키면서 학습능력을 향상시키려 애쓰고, 취미 생활을 즐긴다. 초자아에 의해 억제된 성적 관심을 계속 억압하고 회피하기 위해 이성보다 동성에게 관심을 갖는다. 소년은 자기들끼리 놀고 소녀를 미워하고, 소녀도 같은 태도를 취한다. 남성적 또는 여성적이 되기 위해 더욱 노력하고, 거의 모든 활동은 동성 친구와 함께 한다(Colarusso, 2011, p. 154).

융의 분석심리학에서의 내면아이

사진 3-3 칼 융

프로이트가 가장 큰 기대를 건 강력한 후계자였으나 후일 의견 대립으로 독자 노선을 걷게 된 칼 융(Carl Jung, 1875~1961)은 프로이트와는 다른 관점으로 무의식을 이해했다. 프로이트는 무의식의 세계를 개인의 억압된 욕구나 잃어버린 기억의 저장소로 이해했지만, 융은 이런 개인무의식에서 더 나아가 창조적인 생명력을 지닌 원형들의 세계인 집단무의식의 독특한 개념을 새로 추가했다.

이로 인해 내면아이 문제를 전체적으로 부정적 측면에서 이해한 프로이트와 달리 융은 창의적이고 생산적이며, 때로는 신비롭고 영적이기도 한 무의식의 긍정적인 면을 부각시킨다. 따라서 내면아이도 집단정신의 아동기 측면으로 보면서 어린이 원형으로 불렀고(Jung, 2002, p. 249), 이런 원형 속에 '신성한 아이(Divine Child)'나 '영원한 아이(Puer Aeternus)' 등이 등장한다(Jung, 2002, p. 246). 종교나 설화에서 특별한 아이의 탄생은, 과거의 신은 사라지고 새로운 시대가 열렸음을 의미한다. 한 아이가 태어날 때 샛별이 반짝이면서 가능성의 세계가 열린다. 여기서 아이는 잠재적 가능성, 구원과 희망의 상징적 이미지이다(양유성, 2008, p. 73).

삼국시대 고구려를 창건한 첫 번째 왕으로 동명성왕이라 불리는 주몽은 알에서 태어났다는 특이한 탄생 설화를 갖고 있다. 기독교의 창시자이고 신앙의 대상인 나사렛 예수는 동정녀 마리아에게서 탄생했다는 신성한 이야기의 주

사진 3-4 아기 예수의 탄생

인공이다. 우리는 생명이 잉태되면서 미래의 운명이 어떻게 전개될지 궁금해지고, 그래서 어머니가 들려주는 태몽이 내 운명은 어떻게 될지 상상해 보는 미래 이야기의 중요한 소재가 된다. 그때 우리는 되도록 그 해석을 긍정적으로 풀면서, 용이나 호랑이를 꿈에 보았으면 커서 큰 인물이 되기를 바라고, 꽃을 보았으면 아름답고 화려한 인생이 펼쳐지길 기대한다. 그러나 인생은 그렇게 만만치가 않고 도처에 살벌하고 위험한 복병이 도사리고 있어 시련과 역경을 이겨내야 영웅이 될 수 있다.

이런 플롯은 오래된 동화책에 자주 등장하는 탄생 설화이다. 왕실에서 태어난 왕자나 공주가 왕가와 불편한 관계에 있는 마법사나 마녀의 저주로 불행을 예고하는 신탁을 받는다. 그로 인해 왕실에서 버림 받고 쫓겨나 모진 고생을 한 후, 천사나 다른 은인의 도움으로 자신이 받은 저주를 깨뜨린다. 과거 어린 시절과 전혀 다른 강한 모습으로 변모하여, 다시 왕이나 왕비로 복귀하는 결말이 영웅 설화의 주된 줄거리이다. 여기서도 출생 시에 벌어지는 주변 환경의 영향으로 인해 태어나는 아이가 겪게 되는 갈등과 고통을 상징적으로 잘 예시해 준다.

융이 제시한 또 다른 내면아이의 유형인 영원한 아이는 나이가 점점 들고 30대, 40대로 넘어가고 있는데도 불구하고, 성인으로 살아가는 데 필요한 사회적 자아(persona)를 계속 거부하는 성인 자녀를 의미한다. 이런 사람은 사회적 책임을 지지 않으려 하고, 언제나 동심의 세계에서 어린 아이처럼 구속받지 않고, 자유분방하게 살고 싶은 퇴행적 환상에 매달려 있는 삶의 방식을 취한다. 이런 영원한 아이의 심리적 특성은 어머니로부터 분리되지 못한 채 부정적 아니마 때문에 감정적으로 미숙하고 인간관계에서 어려움을 많이 겪는 것이다(김성민, 2009b, p. 106).

이런 심리 배경 속에는 때때로 부모가 자녀를 떠나지 못하게 무의식적으로 막는 경우도 있다. 자녀의 어린 모습은 예쁘고 귀엽지만, 크면 징그러운 괴물로 변할 수 있기 때문에 자녀에게 사랑스러운 어린 모습 그대로 남아 있어 주기를 무의식적으로 바라는 경우가 있다. 그래서 자녀가 성장하여 결혼할 때가 되면 의식적으로는 자녀가 부모로부터 독립해야 한다는 것을 알지만, 마음 속 깊은 데서는 점점 늙고 병들어가는 부모를 자녀가 버리고 떠나지 않기를 바라는 마음이 더 커지게 되고, 교묘하게 죄책감을 불어넣기도 하며, 자녀를 계속 지배하고 조정하면서 자녀의 독립을 방해하게 된다.

이런 독특한 가족 구조로 인해 성인 자녀가 아동기 상태에 고착된 경우를 흔히 피터팬 증후군이라고 부른다. 나이가 청년기를 지나 중년기로 접어들지만 결혼에 대한 관심과 의욕이 없고, 고가의 레고나 모형 자동차, 액션 피규어 등을 수집하면서 동심의 세계에 빠져 있는 경우를 종종 볼 수 있다.

최근에는 피터팬 증후군과 유사한 형태로 키덜트(kidult) 현상이 크게 부각되고 있다. 키덜트는 어린이(kid)와 성인(adult)의 합성어로 어린이 같은 감성과 취향을 지닌 어른을 의미한다. 이런 현상은 성인이 되었지만 여전히 어린 시절의 감성을 지닌 채 유년 시절 즐기던 피규어, 플라스틱 모델, RC카, 레고 같은 장난감, 만화나 웹툰, 패션과 뷰티, 시계나 잡화 등에 향수를 느껴 이를 다시 찾고 수집하는 형태로 나타난다. 2016년 조사한 바로는 이런 키덜트 상품의 국내 시장 규모는 1조원이 넘는 것으로 평가되었다(강수정 외, 2020, p. 43).

이런 사회적 현상은 치열한 경쟁 속에서 생기는 불안과 공포로 현실도피와 스트레스 해소를 위해 과거를 회상하며 다시 찾는 노스탤지어 성향으로 분석된다. 개인적인 측면에서는 유년 시절 겪은 결핍감이나 박탈감을 해소시키고, 과거와 현재의 꿈과 로망을 실현시키고 싶기 때문이다. 자동차를 좋아해서 고성능 스포츠카 모델을 구입하고, 어릴 때 꿈이 군인이어서 탱크나 전투기 모형들을 수집하는 경우도 있다(강수정 외, 2020, p. 48).

이런 현상의 또 다른 모습은 사회적 문제로 심각하게 부각되고, 흔히 캥거루족, 빨대족 등으로 불리는 부모에게 의존하여 무기력하게 사는 성인 자녀들의 모습에서 잘 볼 수 있다. 이들의 심리 배경 속에는 무한 경쟁 사회에서의 탈진감, 비교의식에 의한 열등감과 패배감, 현실의 높은 장벽에 대한 좌절과 절망감, 실패에 대한 두려움, 유아적인 자기애 성향이나 자폐 성향, 의존적이거나 회피적인 성향, 상실과 포기로 인한 우울 성향 등 매우 복합적인 심리 상태가 뒤섞여 있다.

융 학파의 분석가인 캐롤 피어슨은 우리의 내면세계 속에 다음의 여섯 가지 유형의 원형적 인간상이 숨어 있다고 주장한다(Pearson, 2007). 고아, 방랑자, 전사, 이타주의자, 순수주의자, 마법사이다. 처음에 필자는 나의 유형은 마법사라고 쉽게 판정했지만, 자신을 깊이 성찰하면서 내 마음속 아주 깊은 데 고아의 원형이 있는 것을 찾아냈다. 실제로 결혼하기 전까지 부모와 함께 살았기 때문에 고아의 개념과는 전혀 거리가 멀지만, 심리적으로는 고아였던 것을 알게 되었다. 나의 어린 시절 아버지는 벌려 놓는 사업마다 실패를 거듭 하였고, 그렇게 여러 차례 부도를 내고 험악해진 빚쟁이들의 협박을 피해 종적을 감추곤 했다. 그러면 나는 친척집을 전전해야 했는데, 외갓집 신세를 자주 지게 되었다. 그러던 어느 날 나보다 열 살 위인 이모에게 아버지가 나를 곧 데리러 올 것이라고 이야기했다. 그러자 이모는 갑자기 나에게 화를 벌컥 내면서 어떻게 가족을 버리고 극심한 고통을 주는 비열하고 못난 인간이 아버지냐고 너는 아버지가 없는 것과 마찬가지니 그런 인간은 아예 아버지라고 부르지도 말라고 소리를 버럭 질렀다. 그 말을 듣는 순간 갑자기 머릿속이 차가운 하얀색으로 바뀌면서 나는 힘없이 고개를 떨구고 한순간 멍해지고 말았다. 처음에는 이모가 나에게 어떻게 그런 말을 할까 너무 서운하고 큰 상처가 되었지만 시간이 지날수록 이모의 말이 맞는다는 생각이 들었다. 그 후 나는 매우 오랜 시간을 아버지를 만나도 아버지라고 부르지 못했다. 이렇게 우리 마음속에는 여러 개의 원형적 아이가 겹쳐 있고, 내게는 그중의 하나가 고아였다. 그렇기에 어린 시절부터 혼자의 힘으로 살아남으려고 발버둥을 치고 안간힘을 다해 내 앞길을 헤쳐 나갔다.

융은 내면아이를 긍정과 부정의 양면성을 놓고 바라보았고, 내면아이의 부정적 측면은 융의 대표적 이론 중에서 특히 그림자(shadow)의 개념과 잘 연결된다. 그는 개인무의식의 영역에서 병리적 증상을 불러일으키는 콤플렉스는 인격의 어두운 부분인 그림자 주변에 몰려 있다고 생각했다. 이런 콤플렉스와 연결된 내면아이의 문제는 부모와의 관계에서 영향을 크게 받는데, 프로이트는 이런 문제를 오이디푸스 콤플렉스와 엘렉트라 콤플렉스로 불렀고, 융의 분석심리학에서는 여기서 좀 더 발전하여 아버지로 인해 발생하는 심리적 갈등을 아버지 콤플렉스(father complex)로 불렀고, 어머니와의 관계에서 온 갈등은 어머니 콤플렉스(mother complex)라고 불렀다. 예를 든다면, 쉽게 마마보이와 파파걸을 생각해 볼 수 있겠지만 이런 밀착된 의존 관계뿐 아니라 반대로 어린 시절 아버지와의 관계가 늘 불편했고 거리감이 느껴졌는데, 그 후 성장하면서도 학교나 직장에서 권위적인 나이 많은 남성과 거리를 두고 멀리 피하면서 살아가므로 사회생활의 불이익을 크게 겪는 30대 남성의 경우는 아버지 콤플렉스로 인한 내면아이의 심리적 갈등으로 볼 수 있다.

아들러의 초기 기억 회상 속에서의 내면아이

사진 3-5 알프레드 아들러

역시 초기 정신분석학의 영향을 받은 알프레드 아들러(Alfred Adler, 1870~1937)도 치료 기법의 일환으로 프로이트의 자유 연상 기법을 더 발전시켜 초기 기억 회상을 내놓게 된다. 이 기법은 지금까지도 상담 현장에서 자주 사용되는데, 내담자에게 고통을 주는 현재 문제와 연결되어 있는 과거 어린 시절 경험을 탐색해 내는 매우 유용한 방법이다.

기억을 통한 현재와 과거의 시간 융합 속에서 과거는 단지 지나가 버린 것이 아니라 현재 속에서 되살려진 과거가 된다. 잃어버린 시간을 되찾는 것은 잃어버린 나를 되찾는 것이 되고, 현재와 과거의 연결 속에서 자신의 문제를 통합적인 관점에서 확인할 수 있게 해 준다(박유정, 유제분, 2006, pp. 5-6).

상담에서 초기 기억 회상의 기법을 효과적으로 구사할 수 있는 방안을 구체적으로 제시하면, 먼저 과거 이야기 중에서 3~5세 정도의 유아기 경험이 가장 좋은 자료이고, 그 내용이 불확실하거나 충분치 않을 때는 초등학교 시절의 경험까지로 제한시켜 놓는다. 그 이후의 경험은 진정한 내면아이의 심리나 정서 상태로 이해하고 해석하는 데 부적합할 수 있기 때문이다.

어린 시절을 자유롭게 연상해 보되, 가장 어린 시절의 기억을 되살려 볼 수 있도록 한다. 이 기법의 원래 취지는 원시적이고 근원적인 형태의 어린 시절 자료를 찾는 것인데, 때로는 내담자의 강한 저항이나 심리적 억압에 의해 그것이 어려울 수도 있다. 그런 경우는 역순서로 가까운 과거로부터 먼 과거로 가는 반대 방향으로 진행해 보는 것도 어려움을 타개하는 방법이 된다.

초기 기억의 내용을 떠오르는 순서대로 적어 보고 충분히 여러 장면, 가능하면 열 개 이상을 적어보도록 한다. 매우 선명한 이야기가 확고한 모습으로 빨리 떠오르고 내담자의 문제가 명확해지는 경우가 있지만, 그렇지 않은 경우는 되도록 충분한 자료를 확보하여 객관적이고 신중한 평가를 할 수 있도록 준비한다. 상담 현장에서 이런 연상이 잘 되지 않는 경우는 일단 과제물로 내주고 한 주간 지내면서 조용하고 편안한 시간에 혼자서 해 보도록 한다. 그리고 하루에 열 개를 다 하지 않고, 일주일 동안 곰곰이 생각하면서 계속 내용을 찾고 추가해서 적어 보도록 한다. 상담이 충분히 진전되고 나면 과거의 기억들이 새록새록 계속 떠오르기도 한다.

필요하다면 다른 특별한 방법을 동원해 볼 수도 있다. 상담 상황에서 짧은 내용의 유아기 환상을 연출하고 그런 분위기 속으로 들어가 몰입할 수 있는 문학 작품이나 그림동화책을 선정하여 활용해 보는 것이 매우 도움이 된다. 그래서 마치 어린 시절 유아적 환상에 가득 찬 원형적인 동화 이야기로 시작해 보는 방법이 있다. 이때 동원되는 매체는 내면아이의 주제, 그와 연결된 심리 상태와 분위기를 재현시킬 수 있는 자료를 써야 하고, 이런 방식은 주로 문학치료나 독서치료에서 자주 사용된다. 과거 이야기 속에서 어린 시절 부모와의 관계경험, 내면아이의 심리적 특성, 아동기 정체성의 형성, 마음의 상처와 회복 경험, 어린 시절 살던 동네의 추억[2)]을 주제로 잘 쓸 수 있는 그림동화책으로 모리스 샌닥의 『괴물들이 사는 나라』, 버지니아 리 버튼의 『작은 집 이야기』, 줄스 파이퍼의 『짖어봐 조지야』, 앤서니 브라운의 『나와 너』, 『숲 속으로』를 추천하고 싶다.

유사한 문학적 방식으로 때로는 시 치료가 독특하면서 강력한 치료 반응과 결과를 가져오기도 한다. 시는 음악(운율 또는 리듬, 음색과 음조), 미술(상징과

2) 시를 치료 매체로 쓸 경우에는 시인 정지용의 「향수」, 아일랜드의 시인 윌리엄 예이츠의 「이니스프리의 호수섬」이 도움이 될 수 있다.

은유, 시각적 이미지), 언어(문학적 표현과 상상력) 예술이 합쳐진 종합적인 치유 매체이다.

자주 사용되는 구체적인 방법은 자신의 내면아이를 주제로 창작 시를 써보거나 어린 시절 내면아이의 상처 경험이나 부모와의 관계 경험을 주제와 배경으로 발표된 시인들의 시를 읽고 떠오르는 이미지가 있다면 먼저 그림으로 그려보고, 시의 형식과 운율에 얽매이지 않고 자신의 생각과 느낌을 적어보면서 모방 시를 작성해 보고, 완성된 시의 제목을 붙여 보는 것이다. 또 다른 방식은 내담자에게 눈을 감도록 하고 상담자가 읽어 주는 시를 듣고 떠오르는 이미지를 그린 후 그린 내용을 이야기해 보도록 한다. 내면아이의 상처와 치유를 위해 쓸 수 있는 좋은 작품으로 김기림의 「길」,[3] 김재진의 「풀」, 정호승의 「풀잎에도 상처가 있다」, 윤동주의 「길」[4]과 「자화상」을 들 수 있다.

사진 3-6 제주도의 숲길[5]

3) 시인은 어린 시절 어머니를 잃고, 여자 친구와 헤어진 상실 경험으로 인한 깊은 슬픔과 그리움을 서정적으로 표현하였다.

4) 잃어버린 나 자신과 삶의 의미를 찾도록 과거를 회상하면서 시간과 공간을 탐색해 볼 수 있도록 도와준다.

사진 3-7 아기 코끼리와 엄마 코끼리

그런 후 상담이 충분히 진행되어 치유의 경험을 느낀 후에는 빈 문장을 채우는 방식으로 짧은 시의 내용을 완성해 본다. 예를 들면, "예전에 나는 (   ), 그러나 지금은 (   )." 이것은 단순하지만 짧게 과거와 현재를 연결시켜 내담자의 심리 상태를 분석할 수 있는 좋은 방법이다. 한 40대 중년 여성은 "과거의 나는 힘없이 쫓겨 다니는 사슴이었지만, 지금의 나는 무리를 이끌고 가는 크고 강한 코끼리[6]이길 원한다."고 표현했다.

때로는 밤에 자면서 꿈을 꾼 이야기처럼, 내면아이를 탐색해 본다. 잠들기 전에 내 안의 어린아이를 만나기를 간절히 바라면서 자신의 내면아이 문제에 골몰해 보고, 깨어나서 꿈 꾼 내용이 있다면 그 줄거리와 등장인물의 모습과 특징, 시간적이거나 공간적인 배경, 내용 속의 특이한 장면, 꿈속에서 들은 소리나 말, 보게 된 행동의 태도나 반응, 꿈의 주제, 꿈이 내담자에게 전달해 주는 메시지의 의미 등을 서술해 보도록 내담자에게 제안해 본다. 이런 시도를 해 보는 이유는 내면아이는 주로 무의식의 세계에 숨어서 암약하는 존재이고,

5) 저자 DSLR 촬영, 2014년 6월 26일, 돌문화공원
6) 최광현은 동물 인형들의 상징적 의미를 해석하면서 코끼리를 사교적인 동물이며, 모계중심으로 무리를 형성하여 강한 결속력과 연대감을 형성하는 존재로 보았다(최광현, 2013, p. 111).

꿈이 무의식의 세계를 잘 드러내고 그 내용을 해석할 수 있는 자료로 본다면 서로 잘 통하고 연결되는 부분이 있기 때문이다. 이때 정신분석의 꿈 분석 이론과 방법이 큰 도움이 되고, 여기서 무엇보다 이야기 내용 속의 감정 분위기를 파악하면서 꿈의 상징적이거나 원형적인 부분을 잘 다루는 것이 어렵지만 중요한 작업이다.

또 다른 방법들은 글쓰기 치료에서 자주 동원되는 창의적 글쓰기를 해 보는 것이다. 자신의 어린 시절을 배경으로 영화를 찍거나 드라마를 제작한다고 생각하고 그중에서 특별히 인상적인 사건의 한 장면을 떠올리는 것이다. 그 외에도 어떤 사건에 대해 방송국에서 뉴스가 보도되었거나 신문에 기사로 작성되었다고 상상해 보면서, 자신의 과거 경험을 구체적으로 기술해 보는 것이다.

여기서 때로는 예상치 않게 전혀 의외의 방법이 큰 도움이 되는 경우도 있다. 한 가지는 음악치료에서 쓰는 방법이 될 수 있는데, 가장 어린 시절 기억 속에 떠오르는 어떤 노래의 일부 가사 내용이나 곡조를 찾아내고 추적해 보는 것이다. 어린 시절 일찍 어머니를 여의어 크면서 자주 우울한 분위기에 빠져들던 어떤 젊은 여성 내담자는 마음속에 늘 어떤 노래 가락이 한구석에 맴돌고 있었는데, 나중에 우연히 그 노래가 어린 시절 엄마의 장례식에서 부른 찬송가였다는 것을 알게 되었다.

필자의 경우에는 유아기 경험 속에서 마음속 깊이 스며들었던 외국 대중가요가 오랫동안 마음에 자리 잡고 있었는데, 중년의 나이까지 어떤 젊은 여성의 나지막하지만 굵은 톤의 구슬픈 노래의 한 부분을 가끔 반복해서 웅얼거리고 있었다. 결국 가사의 일부 내용(아모레 아모레 미오)을 갖고 인터넷을 뒤져 찾아냈고, 그 노래가 1961년 국내 공연되었던 이태리 영화 〈형사〉의 주제곡[7]인 것

7) 이탈리아 칸초네, 〈죽도록 사랑해서-Sino Me More〉, 알리다 켈리(Allida Keli)가 16세 어린 나이에 성숙한 어른 목소리로 이 노래를 불러 세계적인 인기를 얻었다.

을 알아냈다. 필자는 어린 시절 극장가로 둘러싸인 서울 시내 한복판에서 태어났고, 덩달아 부모나 친지의 손에 이끌려 극장을 자주 갈 수 있었다. 유난히 그 영화와 거기서 흘러나오는 노래에 사로잡혀 있었던 것은 비극적 결말로 끝나는 영화의 슬픈 이야기가 유아기부터 나를 지배했고, 내 인생의 운명을 예고하는 전주곡이었기 때문이다.

음악적 접근의 다른 방법으로는 내면아이의 문제, 부성애나 모성애를 주제로 하는 대중가요나 동요를 듣고 떠오르는 생각과 느낌을 이야기해 보는 것이다. 또는 노래를 듣고 떠오르는 이미지나 어떤 장면을 글로 적어볼 수도 있다.

먼저 내면아이의 탐색을 위해 조성모나 임형주가 부른 〈가시나무〉란 노래를 들어볼 수 있다. 아름답지만 슬픈 분위기를 자아내면서 "내 속엔 내가 너무 많아"로 시작되는 가사 내용은 상처받고 파편화되어 있는 자아를 연상시키고, 슬픔과 고통 속에서 안식을 찾는 나무와 새의 관계를 표현해 낸다. 또는 장사익, 임형주, 김호중이 부른 〈찔레꽃〉은 어린아이가 일하러 나간 엄마를 기다리고 그리워하는 내용으로 어린 시절 어머니와의 관계 경험을 연상케 할 수 있는 노래이다.[8] 여기서 어머니는 어떤 분이셨는지, 어머니와 관계가 어떠했는지, 어머니와 가장 행복했던 경험은 무엇인지, 어머니에게 상처 받은 경험은 무엇인지 질문해 볼 수 있다. 그 외의 방법으로 어린 시절 아버지나 어머니가 즐겨 부르던 애창곡을 다시 들어보면서 아버지나 어머니에 대해 떠오르는 생각과 느낌을 정리해 보는 것이다. 이렇게 부모와의 관계 경험을 벗어나 과거 경험을 폭넓게 회상해 보는 데 도움이 되는 노래는 1970년대 대중가요인 윤연선의 〈얼굴〉, 슬픈 사연이 담긴 미국 노래 〈매기의 추억〉, 브라더스 포(The

8) 기형도 시인이 쓴 「엄마 걱정」이란 시를 대신 써볼 수도 있다. 시장에 열무를 팔러 간 엄마를 날이 어두워지도록 긴 시간 걱정하며 기다리는 아이의 고통스럽고 외로운 심정을 잘 표현했다. 박목월 시인도 「산비둘기」, 「모자(母子)」, 「어머니의 손」 등, 모성을 주제로 여러 편의 시를 썼다.

Brothers Four)가 성인이 되면서 잃어버린 순수했던 시절의 기억을 떠올리며 감미롭게 부른 〈기억해 봐요(Try to remember)〉, 뮤지컬 캣츠에서 가장 유명하고 가장 사랑받는 노래인 〈메모리(Memory)〉를 꼽을 수 있다.

내면아이의 출현을 대다수 내담자들은 시각적인 이미지로 접근하여 연상해 내지만, 드물게 어떤 경우는 청각적인 소리로 표현되기도 한다. 이런 유사한 방식으로 한 30대 남성은 가끔씩 깊은 한숨을 "휴우!" 하면서 길게 내쉬는 버릇이 있었지만 왜 그런지를 모르고 있었는데, 내면아이를 탐색하는 과정에서 그것이 어린 시절 경제적 빈곤으로 인한 절망감에서 엄마가 자주 그랬던 것을 시간이 흘러 성인이 되고 난 후 자신도 모르게 반복하고 있었다.

필자의 경험에서 느끼고 자각한 바로는 원초적 내면아이는 무의식 가장 깊은 곳에 거주하고 있기에 자신에게 친숙한 감각보다는 기억에서 일찍 분리되어 무의식의 세계와 더 가까운 열등한 감각을 자극해 보는 것이 훨씬 강력한 경험을 해 볼 수 있다. 필자는 어린 시절 역기능 가정에서 긴장과 불안에 떨고 감정적으로 억눌리고 메마른 상태에서 컸다. 성격적으로 내성적이고 과묵했고, 유치원을 다닐 때부터 노래 부르고 춤추는 것을 부끄러워하고 몹시 싫어했기 때문에 가장 서투르고 어색하고 겁나는 상황은 대중 앞에서 춤을 추고 노래를 해야 하거나 학교나 교회 행사에서 연극 발표를 하는데 잘못 뽑혀 맡겨진 배역을 연기해야 하는 경우였다. 그렇지만 나 자신을 대상으로 내 밑바닥에 무엇이 있고 진짜 내 모습이 무엇인지 궁금해서 과거 40대 초반 용기를 내서 뛰어 들어가 보았다. 늘 내게 편하고 친숙했던 방식보다 너무 낯설고 어색했고, 자신감도 전혀 없었지만 사이코드라마 연수 워크숍에 과감하게 참여해 보았고, 그 결과 상처 받은 내면아이의 신음과 탄식 소리, 고통스럽게 울부짖는 소리를 표출해 낼 수 있는 가장 강력한 경험을 해 볼 수 있었다.

필자가 초기 기억 회상 기법을 상담에 적용해 본 사례 중에서 기억에 남는 몇 가지를 소개한다. 먼저 첫 사례의 주인공과 내용의 줄거리는 40대 여성이었고, 초등학교 시절 농촌 시골 마을에서 컸는데, 동네 친구들과 모여서 놀려고 저녁시간 부모님 몰래 나가서 신나게 놀고 들어온 일을 떠올렸다. 이 장면을 상담에서 어떻게 해석해야 할지 정리해 보면, 일단 초기 기억 회상의 내용과 주제는 내담자에게 심리적 갈등을 불러일으키거나 고통을 주는 현재 문제와 연결되어 있다는 사실을 기억해 둘 필요가 있다. 여기서는 무엇보다 내면아이의 심리적 욕구가 강하게 표출되고 있다. 그것은 자유와 놀이의 욕구이고, 그동안 생존을 위해 많은 힘든 일을 하면서 지쳐 있는 상태에서 어린아이처럼 가족에 대한 책임감에서 벗어나 자유롭게 살고 싶고, 이제는 삶이 어느 정도 안정되었지만 어떤 강한 자극과 흥분감이 없이 지루하게 반복되는 단조로운 삶에서 벗어나 신나게 한바탕 놀고 싶은 마음이 표현되고 있다. 이때 초기 기억의 장면은 교류분석의 '자유로운 아이(Free Child)'[9]가 출현한 것이고, 이런 회상 작업은 마치 꿈의 소원 충족 기능처럼 현실 속에서 결핍된 욕구를 충족시키고 달래주는 것이다.

두 번째 사례는 위와 유사한 내용인데 40대 남성은 여러 개의 초기 기억 장면 중에 어느 한 장면이 유난히 생생하게 떠올랐다. 이렇게 여러 개 중에서 어떤 장면에 강한 초점이 맞춰지는 경우에는 그 내용을 집중적으로 깊이 다루어 보는 것이 좋다. 내담자의 과거 이야기는 어렸을 때 살던 동네에서 가까운 곳에 기찻길이 있었는데, 동네 친구들과 철로 위에 큰 못을 몰래 올려놓으면 기차가 지나간 뒤 못이 납작하게 펴지는 위험한 장난을 치면서 신기해하고 즐거워했다는 내용이었다. 이것을 내담자의 현재 문제와 연결해 보니 위와 같이 신나게 놀고 짜릿한 흥분을 즐기고 싶은 천진난만한 아이가 아니었고, 현재 직장에서 상사로부터 받는 다양한 형태의 인권 침해로 인해 극도로 억눌려 있는 상태에서 그런 악질적인 상사가 기관차처럼 강력한 힘을 가진 어떤 대상에 의해 납작하게 깔려 뭉개지고 마는 그런 의미의 보복과 처벌을 원하는 분노와 적개

9) 순수하고 본능적인 어린아이의 심리 성향을 의미한다.

심에 가득 찬 내면아이가 숨겨져 있었다.

세 번째 사례는 아내가 외도를 하여 상당한 정신적 충격을 받게 된 40대 남편이 상담을 요청했던 경우이다. 초기 기억 회상을 열 개 이상 써오는 것을 과제로 내주었고, 다음 주 써온 것을 내게 보여 주었다. 주된 내용은 과거 어린 시절 방과 후 집에 오니 엄마가 심하게 신음하면서 고통스럽게 아프셨거나 여동생이 사고가 나서 크게 다치고 피 흘린 내용, 살았던 시골 동네에서 외출했을 때 죽은 동물의 사체를 보았던 경험이었다. 여기서 부각되는 상징적 이미지와 연관된 주제는 질병과 사고로 인한 죽음이고, 더 들어가면 누군가를 죽이고 싶은 살해 충동으로 볼 수 있다. 결국 이것을 내담자의 현재 문제와 연결시키면, "나의 결혼 생활이 크게 병들어 심하게 고통스러운 상태이고, 그래서 결혼 생활이 파탄 났고 모든 것이 끝나고 말았다. 그래서 이런 어리석고 끔찍한 일을 저지른 배우자가 너무 싫고 죽이고 싶다!"는 내용으로 다시 이야기할 수 있다. 이런 내용처럼 상담 초기에는 아내와 이혼 의사가 확고하고 완강한 태도였으나, 수개월 동안 상담이 진행되면서 자신과 내면아이 문제를 깊이 탐색하면서 상태가 차츰차츰 완화되었고, 결국 아내를 용서하고 다시 결합할 수 있게 되었다.

네 번째 사례는 의부증이 심했던 40대 여성의 사례인데, 남편이 상담을 의뢰하여 부부가 필자를 찾아오게 되었다. 부부는 싸움이 갈수록 격해져 몇 차례나 동네에서 신고가 들어가 경찰차가 출동한 적이 있을 정도였다. 그렇게 심하게 싸우게 된 발단은 남편이 직장에서 여자 직원과 불륜을 저지르고 있다고 아내가 의심하면서부터이다. 아내는 매일 남편이 출근하면 집안일을 서둘러 해 놓고 남편 직장 근처를 어슬렁거리며 배회한다. 남편이 여직원과 밀회하는 별별 상상을 해가면서 멀리서 지켜보고 관찰한다. 그러다가 남편의 직장 동료들에게 들키기가 일쑤이고, 직장에서 소문이 퍼져 남편은 아내 때문에 망신스럽다고 집에 와서 대판 싸우게 된다. 그래서 남편과 아내를 만나 자초지종 이야기를 다 들어보고, 심지어 직장 동료들의 이야기도 들어본 결과 남편에 대한 혐의는 대부분 사실 무근이었고, 아내의 진술은 매우 주관적이고 일방적인 이야기였다. 그래서 시시비비를 가리고 확인시키면서, 아내의 의심이 잘못되었음을 지적하고 직면시켜 보았으나 심한 반발에 부딪힐 뿐이었다. 그래서 그런 작업을 다 중단하고 일단 내면아이의 탐색부터 시작해 보았다. 긴장을 풀고 조용히 눈을 감고 타임머신을 탄 것처럼 과거 어린 시절로 돌아갔다고 상상해 보라고 했으며, 거기서 가장 먼저 어떤 장면이 보이냐고 물었다. 그러자 얼마 지나지 않아 대번에 너무 선명하게 보이는 것이 있다고 했다. 그러면서 어린 아이처럼 엉엉 울기 시작했다. 슬픔과 고통을 표출할 수 있도록 충분히 시간을 주었고, 어느 정도 진정이 되었을 때 그것이 어떤 장면이고 무슨 내용인지 물었다.

내담자는 어린 시절 내면아이의 이야기를 들려주었는데, 내담자가 여섯 살 때였고, 심한 알코올 중독자였던 아버지는 밖에서 술을 마시고 들어오면 고래고래 소리를 지르면서 집안 살림살이를 죄다 때려 부수곤 했다. 이런 일은 점점 빈번해졌고, 말리는 내담자의 엄마도 두들겨 패곤 했다. 견디다 못한 엄마는 결국 집을 나가게 되었고, 엄마가 보따리를 싸고 집을 떠났던 날, 내담자는 자신을 두고 가지 말라고 울고 불며 엄마의 치마 가랑이를 붙잡고 늘어졌다. 그러나 엄마는 냉정하게 뿌리치고 떠나고 말았다. 가출한 엄마는 영영 돌아오지 않았고, 아버지도 일찍 돌아가신 후 자신과 몇 살 위의 언니는 부모 없이 크면서 극심한 고통을 겪었다고 한다.

그렇다면 내담자의 내면아이는 어떤 아이인가? 그것은 어린 시절 믿고 의지하던 부모로부터 배신당하고 버림받은 아이이다. 이런 양상을 결혼생활에 옮겨다 논다면 배우자가 외도를 하여 나를 속이고, 그로 인해 배신당하고 버림받게 되는 이야기 플롯과 동일하다. 어쩌면 어느 정도 커서 나를 버리고 떠난 엄마가 다른 남자와 산다는 소식을 들었을 수 있고, 그렇다면 더욱 분통 터지는 일이다. 이런 심리적 배경 속에서 오랫동안 마음속에 억눌린 분노가 남편에게 투사되어 강하게 폭발하고 있는 모습이다. 어린 시절 역기능 가정에서 큰 아이들이 겪는 대표적인 외상 경험은 학대와 유기 경험이다. 어린아이에게는 학대보다 부모가 나를 버린 유기 경험이 더 심한 상처와 고통이 된다. 그런데 이 내담자는 어린 시절 학대와 유기를 한꺼번에 다 겪게 되어 심리적 고통이 훨씬 가중되었고, 그로 인해 마음속 깊이 박혀 있는 부모의 폭력적이고 비정하고 파괴적인 잔상들이 부부 싸움을 격화시키는 계속적인 갈등의 불씨가 되었던 것이다.

대상관계이론과 자기심리학에서의 내면아이

프로이트의 고전적 정신분석학은 오스트리아의 수도 빈을 중심으로 한 독일어 문화권에서 시작되어 크게 번성했다. 그러나 프로이트의 생애 말년에 이르러 독일에 히틀러 정권이 들어서고 유럽 전역에서 나치의 유대인 탄압이 날로 거세지면서 유대인 의사였던 프로이트는 막내딸 안나와 함께 영국으로 망명을 하여 런던에 정착하였지만, 오랜 암 투병 끝에 이듬 해 서거하였다. 이로 인해 현대 정신분석학의 학문적 중심지는 영국과 미국의 영어 문화권으로 옮겨져 새로운 국면으로 발전해 나간다.

사진 3-8 프로이트와 막내딸 안나

사진 3-9 멜라니 클라인

프로이트의 이론이 인간 발달과 가족관계에 있어 아버지의 영향력에 대한 남성적 관점이 우세했다면, 그의 이론이 막내딸 안나(Anna Freud, 1895~1982)에게 계승되고, 멜라니 클라인(Melanie Klein, 1882~1960)이 학문적으로 가세하여 서로 경합하면서 여성 분석가들이 주도적인 역할을 하였다. 이들은 고전적 정신분석학을 여성적 관점에서 크게 보완해 나간다. 인간은 누구나 여성의 몸에서 태어난다. 여성인 엄마가 아이를 낳고 키우기 때문에 거의 모든 사회에서 엄마는 아기를 돌보는 기본적 임무를 맡는다.

초기 발달의 실질적 양육자인 엄마의 영향력에 초점을 두고 연구가 진행됨으로써 남성과 여성, 그리고 부성과 모성의 양성의 국면에서 인간을 통합적으로 이해하고 분석할 수 있는 학문적 성과를 이루었다. 이렇게 과거보다 여성성이 추가되고 모성이 강조되면서 초기 발달 과정의 아이가 심리적 애착이나 갈등을 느끼는 신체적 표상도 남근에서 엄마의 젖가슴으로 바뀌게 된다.

인간의 초기 발달 과정에서 아버지와의 관계에서 벗어나 어머니와의 관계

사진 3-10 엄마 품에 안겨 곤히 잠 든 아기

에 연구의 초점이 맞춰진 것은 학문적으로 큰 의미를 갖게 된다. 하나는 프로이트의 핵심 이론인 오이디푸스 갈등의 삼각관계를 떠나 아이와 엄마의 양자관계에 집중하게 된 것이고,[10] 또 다른 의미는 오이디푸스 시기 이전의 아이의 심리 상태를 본격적으로 연구할 수 있는 학문적 분위기가 형성되어 아동 정신분석 분야가 과거보다 크게 확장된 것이다.

대상관계이론의 또 다른 큰 공헌은 프로이트는 히스테리와 같은 신경증 연구에, 융은 조현병과 같은 정신질환 연구에 몰두하여 큰 성과를 냈지만, 대상관계이론을 중심으로 한 현대정신분석에 이르러서는 가속화되는 물질주의와 인간소외, 가족 해체 현상 등으로 과거보다 심리적으로 취약해진 사회환경 속에서 증가하는 성격장애의 다양한 증상에 대한 연구를 크게 진전시킨 점이다. 전문상담의 현장에서 이런 내담자들을 자주 만나지만, 치료적 접근에 크게 어려움을 경험하는 경우가 많아서 대상관계이론을 의존하는 경향이 점차 커지고 있다.

프로이트의 고전적 정신분석학이나 융의 분석심리학은 학문적 창시자가 강력한 조직과 통제적인 지도력을 갖고 독보적인 위치에서 전체적인 이론을 고안해 내고 개진시켜 나갔기에 구조적으로 일관성이 있고 체계적이어서 이해하고 적용하기가 쉽다. 하지만 현대정신분석학의 대상관계이론부터는 상당히 다양하고 이질적인 수많은 지역 분파로 갈라지고 확대되면서 기본 용어나 개념부터 서로 다르게 이해하고 사용하는 경우도 많이 생겨, 전체적인 양상을 이해하고 상담에 적용하기가 복잡하고 혼란스러울 수가 있고, 이런 모든 문제를 정리해 나가는 것은 매우 방대한 작업이므로 상당한 시간이 걸릴 수 있다. 여기서는 내면아이 주제와 연결되는 주요 이론가의 대표적인 학설을 중심으로 살펴보도록 하겠다.

대상관계이론은 학파의 공식 명칭에서 암시하듯이 관계성에 학문적 초점을

10) 훗날 교류분석과 가족치료에서 다시 삼각관계에 대한 연구가 진행된다.

두고 있다. 대상관계이론가들은 인간을 관계 속에서 태어나 관계를 맺고 유지하려는 욕구가 주된 동기인 존재로 생각한다(Hamilton, 2008, p. 17). 때때로 사람들은 다른 사람들을 실제 있는 모습 그대로 지각하지 않고, 오히려 그들이 이럴 것이라고 상상을 하는데, 이 현상을 표현할 때 대상이라는 용어가 쓰이고 있다.

여기서 관계는 오래전부터 철학적 토론을 벌였던 인류의 큰 관심사인 주체와 객체, 또는 자기와 타자[11]의 문제에서 시작된다. 그런데 다양한 모습의 자기 자신과 자신이 바라보고 있는 대상은 실제와 다른 모습으로 변형되어 내면세계에 인식되곤 하는데, 그런 자기와 대상은 실제로 존재하는 것이 아니라 단지 내적인 이미지나 환상인 정신적 표상일 뿐이다. 또한 정신적 기능을 하는 주체로서 자아는 실체를 갖지만 자기는 표상이므로 이미지이고 허상이다. 즉, '나'라고 말할 수 있는 고유하고 불변하는 실체가 없다는 의미이다.

이런 관점을 내면아이 문제에 연결시켜 보면, 내 속의 내면아이는 단순한 형태가 아니다. 과거 이야기 속의 내면아이를 탐색할 때, 찾아낸 모습들은 마치 양파 껍질을 벗기면서 계속 다른 모습이 등장하듯이 다원적이고 분열된 양상을 띨 수 있다. 여기서 자신과 다른 사람들의 모습, 즉 자기표상과 대상표상의 실체와 허상의 진위 여부를 쉽게 단정하기는 어려운 일이다.

내담자의 과거 경험 속에서 떠오르는 내면아이의 기억은 단편적이고 부분적이거나 임시적일 수 있기 때문에 상담자는 이런 모든 정신적 표상을 통합하면서 전체적이고 온전한 자기 형성을 해 나갈 수 있도록 내담자를 도와줘야 한다. 이 문제는 무엇보

11) 여기서 타자는 외적인 실제의 타자(외부 대상)뿐 아니라 내적인 상상적 타자(내부 대상)도 포함한다. 내부 대상의 경우는 개인이 성장 초기 자신을 돌봐준 중요한 의미 있는 사람들과의 경험으로부터 형성된 심리 구조의 한 부분을 주로 의미한다. 이수진은 외적 대상은 실제 존재하는 사람, 장소, 사물인 데 비해, 내적 대상은 마음속에 존재하는 사람, 장소, 사물뿐 아니라 개념, 환상, 기억을 포함한다고 주장한다(이수진, 2020, p. 197).

다 내담자의 자발적이고 적극적인 참여 없이는 불가능한 일이다. 따라서 만성적이고 심각한 증상을 보이는 내담자의 경우는 장기간의 상담이 불가피하고, 상담자의 능력을 과신하면서 직관적 추론에 의존하고, 조급하고 경솔한 평가와 결론을 내리기보다는 내담자 본인이 자신의 내면세계를 탐색하고 직면하면서 자신의 문제를 지혜롭고 성숙하게 통찰할 수 있는 독자적인 힘을 키울 수 있도록 돕는 것이 고되고 벅찬 일이지만 장기적인 면에서 안정적인 상담을 해 나가고 치료 성과를 촉진시킬 수 있는 길이라고 본다.

인간 발달에 관한 대상관계이론 중에서는 마가렛 말러(Margaret Mahler, 1897~1985)의 견해가 단계별로 매우 세분되어 있고 자세한 설명을 해 주고 있다. 말러는 출생 후부터 36개월까지의 유아와 엄마의 관찰을 통해 초기 발달에 대한 단계를 크게 자폐, 공생, 분리-개별화, 대상 항상성 발달의 네 단계로 나누었고, 분리-개별화 단계를 다시 3단계로 나누어 설명하였다.

먼저 말러는 생후 2개월을 자폐 단계로, 그 후 6개월 정도까지를 공생 관계로 가정하였다. 자폐와 공생의 차이는 자폐는 대상의 실재 자체를 경험하지 못한다는 뜻이고, 공생은 자기와 타자가 분리되지 않은 상태로 대상 경험을 한다는 뜻이다. 자폐 단계는 수면 상태와 같은 폐쇄적인 심리 상태로서 이 단계의 유아는 자신을 돌보는 사람을 자각하지 못하며 마치 엄마의 태내에 있을 때와 비슷한 환각 상태에 있다고 보았다. 유아가 생존을 위해 젖가슴을 찾는 것은

표 3-2 마가렛 말러의 영유아 발달단계

단계	발달 연령		발달 상태	
1단계	0~2개월		자폐	
2단계	2~6개월		공생	
3단계	6~24개월	6~10개월	분리-개별화	부화 단계
		10~16개월		연습 단계
		16~24개월		재접근 단계
4단계	24개월 이후		대상 항상성의 발달	

사실이지만 이런 행동의 대부분은 자신의 욕구를 책임져 주는 또 다른 인간이 외부에 존재한다는 것을 인식해서라기보다 본능적인 반사운동에 의해 이루어진다(Cashdan, 2005, p. 35). 그 이후 유아는 자신의 욕구를 충족시켜 주는 대상을 희미하게 의식하게 되는데 이를 공생 단계라고 한다. 이때 유아는 자신과 엄마가 마치 하나의 공통 경계 속의 이중적 단일체인 것처럼 행동한다(Mahler, 1997, p. 67). 즉, 최초의 타자인 엄마의 존재를 희미하게 의식하긴 하지만 엄마와 자신을 분리된 각각의 개체로 인식하지 못하는 것이다.

생후 6개월경 유아는 분리-개별화 단계로 들어가는데, 세부적으로 6개월에서 10개월까지 부화 단계, 10개월에서 16개월까지 연습 단계, 16개월부터 24개월까지는 재접근 단계이다. 공생 관계에서 유아가 경험하는 세계가 엄마와 자신의 이중적 단일체이고, 그것은 마치 알과 같은 폐쇄적인 세상으로 볼 수 있다. 부화 단계에서 유아는 그 알을 깨고 나와 발달된 신체 감각을 이용해 주변을 탐색하기 시작한다. 유아는 자신과 엄마의 몸을 구별하기 시작하고 모험을 즐기기 시작한다. 연습 단계에서 유아의 신체는 더욱 발달하여 서는 자세가 가능하고, 이때 세상에 대해 새롭게 볼 수 있고, 자신에 대한 전능감이 최고조에 이르게 된다. 이 시기에 유아는 엄마에게 가까이 갔다가 멀리 떨어지기를 반복한다. 말러는 엄마와 신체적으로 거리를 둘 수 있는 아이의 능력이 '심리적 탄생'의 진정한 시작을 의미한다고 주장한다(Mahler, 1997, p. 108). 이것이 아이가 정서적으로 완전히 기능할 수 있다는 것을 의미하는 것은 아니다. 아이는 정서적 재충전을 위해 여전히 엄마를 찾고 일정한 간격으로 재차 확인한다. 재접근 단계에 이른 유아는 직립 자세와 더불어 언어적 발달이 이루어진다. 이 시기 동안 아이는 엄마와 자신을 분리해서 한 개인으로서 자기를 확립하는 데 큰 진전을 보이지만, 여전히 도움과 확인을 받으려는 강한 욕구가 남아 있다.

마지막 단계인 개별성과 대상 항상성의 발달은 24개월에서 36개월 이후를 말하며 이 단계의 발달은 평생 지속된다. 이 시기의 중요한 발달 과제는 엄마에 대한 안정적인 내적 표상을 발달시키는 것이다. 이것이 성취되지 않는다면, 아이는 계속적으로 심리적 안정을 위해 엄마의 신체적 현존에 의존하게 되고 자율적인 자기감을 발달시킬 수 없게 된다.

말러의 분리-개별화 이론을 통해 살펴본 인간은 잠자는 것과 같은 자폐 상태로 태어나 양육자와 자신이 이 세상의 전부인 것과 같은 이중적 단일체의 공생 단계를 거쳐 자신의 신체 경계를 자각하면서 자신을 분리된 개체로 인식하기 시작한다. 이와 동시에 양육자인 엄마도 다양하고 넓은 세상에 속한 한 개체이고 자신의 모든 욕구를 충족시켜 줄 수 없는 독립된 대상임을 깨닫기 시작한다. 아이의 성장 과정에 맞춰 엄마는 엄마대로 아기가 처음 자신을 바라보며 미소 지었던 순간, 아기가 낯가림을 시작했을 때, 처음으로 걷기 시작했을 때, 엄마를 소리 내어 불렀을 때를 오랫동안 기억 속에 간직한다.

유아는 신체 감각이 발달하면서 자신의 신체 경계를 자각하고 대상과 세상을 보고, 듣고, 맛보고, 느끼며 탐색할 수 있게 된다. 정서 발달은 자신의 경험에 대해 좋거나 싫은 감정을 내면화할 수 있고, 언어의 발달로 인해 자신과 대상에 대해 개념화하고 표상을 형성할 수 있게 된다.

더 나아가 유아는 대상에 대한 경험이 쌓여가면서 부분적으로 자신과 대상에 대해 좋거나 나쁜 표상을 유지했던 단계에서 발달하여 통합된 표상을 형성할 수 있게 된다. 대상관계의 발달은 부분적 표상을 형성하는 것에서 통합된 표상을 형성하는 것으로 나아가는 것이며, 이러한 발달은 생의 초기 3년으로 끝나는 것이 아니라 전 생애 동안 발달하는 것이다. 이렇게 초기 3년간의 대상관계 발달의 경험은 이후 다른 사람들과의 관계를 형성하는 데 매우 중요한 밑거름이 되고 초기의 관계 방식이 이후의 대인관계 방식에 지대한 영향을 끼친다. 그러나 이러한 정상적인 대상관계 발달과 달리, 유아가 성장하면서 적절한 대상관계 발달을 저해하는 외상이나 결핍을 경험하게 되면 자신에 대한 개별성을 성취하지 못하고 대상 항상성[12]을 획득하지 못하게 되어, 자신과 대상에 대한 통합적 표상을 형성하지 못한다.

도널드 위니컷(Donald Winnicott, 1896~1971)은 아동 발달의 초기 단계에서 심리적으로 건강한 성격 발달을 위해 '충분히 좋은' 엄마의 역할을 하는 것이 중요하다고 강조했다. 이런 엄마의 역할은 처음에는 엄마를 전능하게 느끼도록 허용한 후 아이가 자기의 욕구 좌절과 엄마로부터의 분리 경험을 참을 수 있게 되면서 유아적 환상을 점차 포기하게 되는 상태를 뜻한다. 분리가 일어나면서 아이는 자기의 욕구와 주도성을 표현하게 되며, 이것은 자기상(self-image)이 출현하는 기초가 된다. 이때 간섭을 너무 많이 하는 엄마는 자녀의 주도성을 방해하고 자기상의 발달을 저해하며, 거리감이 심한 엄마는 아이의 마음속에 엄마에 대한 내적 표상을 사라지게 하여, 외적 환경의 요구에 순응 혹은 공격을 일삼는 사람이 되어 버릴 수 있다고 보았다.

충분히 좋은 엄마의 안아주는 품과 같은 환경에서 아이가 자라면 자기 내면에 이런 환경을 내재화하여 갖게 됨으로써 아이는 자기를 주장할 수 있고 혼자 있을 수 있는 능력이 자란다. 자기를 주장해도 보복 받지 않기 때문에 진정한 자기 자신 또는 참 자기(true self)로 살아갈 수 있다. 그러나 엄마가 아이의 능력을 무시하고 엄마의 요구대로 따르도록 강요하면 아이는 부모의 눈치를 보고 비위를 맞추는 거짓 자기(false self)를 갖게 된다. 진정한 내가 사는 것이 아니라 엄마가 요구하는 나로서 사는 것이기에 대인관계에 많은 어려움을 만들어 낸다(이무석, 2000, p. 35).

성장하면서 적응을 강요당한 내면아이는 거짓 자기와 동일시되어 진정한 내면아이의 긍정적 측면은 마음의 깊은 벽장 속에 굳게 숨겨진다. 참 자기는 드러내지 않는 삶을 살지만 거짓 자기는 사회적 태도를 취한다(Winnicott, 2000, p. 191). 때로 참 자기는 무의식적이고 내면적인 자아, 거짓 자기는 의식적이고 외부적인 자아를 의미하기도 한다.

12) 대상 항상성의 발달로 인해 아이들은 영아기에는 까꿍 놀이, 유아기에는 숨바꼭질 놀이를 매우 재미있게 몰두한다.

참 자기와 거짓 자기의 상호작용을 좀 더 깊이 살펴보면, 내적 중심인 참 자기와 대조적으로, 거짓 자기는 그런 내적 중심을 보호하고 다른 사람의 욕구에 순응할 수 있게 하면서 스스로를 돌보는 역할을 떠맡기도 한다.[13] 거짓 자기는 환경 속에서 순응해 나가는 역할을 하면서 참 자기를 보호하는 방어 기능을 맡는다. 때때로 그것은 가짜나 믿을 수 없는 것이라는 의미에서 거짓 자기가 아니라 참 자기를 보호하는 보호막이라는 의미에서 거짓 자기이다.

유아를 양육하는 과정에서 자기를 희생하면서까지 다른 사람의 욕구에 맞추도록 부모가 아이를 부추긴다면, 거기서 참 자기와 거짓 자기 사이의 부조화가 발생한다. 참 자기에 대한 부인이 발생하고, 거짓 자기는 참 자기에 의해 거짓된 것으로 보이게 된다. 거짓 자기의 방어가 심해지는 경우 정신적 해리 현상이 발생하기도 한다(Winnicott, 2000, p. 193).

병리적 상태에서 이 거짓 자기는 정말 가짜라는 의미에서의 거짓 자기가 된다. 상담 과정에서 거짓 인격이 내면세계를 지배하는 내담자의 경우는 지능적인 속임수를 자주 쓰므로 경험이 많은 상담자가 치료를 도와야 한다(Winnicott, 2000, p. 209). 이와 달리, 건강한 상태에서는 거짓 자기와 참 자기가 그처럼 분열되지는 않는다. 건강한 거짓 자기는 우리가 다른 사람들과 타협하면서도 우리의 자기됨을 성공적으로 보호할 수 있게 해 준다(Scharff & Scharff, 2008, pp. 62-64).

이렇게 아이가 성장해 가는 과정 중 중요한 단계가 있는데, 바로 '임시 대상(transitional object)'[14]을 갖는 단계이다. 임시 대상은 어린애들이 어릴 때 덮던

13) 이런 개념은 융의 분석심리학에 나오는 페르소나(persona)의 기능과 유사하다. 페르소나는 가면이란 뜻이고, 사회적 적응을 위한 외부 인격의 다양한 모습을 보여 준다.
14) 일부 학자들은 중간 대상 또는 과도기적 대상으로 번역하여 사용하기도 한다. 위니컷은 중간 대상을 구강기에서는 젖가슴, 항문기에서는 대변을 의미하는 것으로도 설명한다(Winnicott, 2011, p. 463).

담요나, 곰인형과 같은 장난감을 마치 엄마처럼 생각하고 집착하는 데서 볼 수 있는데, 이들이 아이가 엄마와 떨어져 있는 동안 엄마와 상상적 유대를 유지하도록 도와주는 임시 엄마의 역할을 해 주는 것이다. 다시 말해서, 임시 대상이란 그것이 자기 자신도 아니고 대상도 아니지만, 마치 사랑하는 부모인 동시에 자기 자신처럼 생각되는 대상이다. 이 임시 대상을 통해 아이는 안심하고 다음 성장 단계로 넘어간다(이무석, 2000, p. 36).

멜라니 클라인은 아이가 태어난 뒤 몇 달 동안 '편집-분열적 자리'에 머물다가 한 살이 되기 몇 달 전부터 한 살이 될 때까지 어느 시기에 이르면 '우울적 자리'로 이동한다는 이론을 정립했다.[15] 발달 단계보다 자리(position)라는 용어를 쓴 것은 새로운 변화가 일어날 때 전과 다른 대상관계 경험을 하기 때문이며, 편집-분열적 자리로 명명한 것은 엄마의 자궁 속에서의 안전함의 상실과 더불어 탄생의 고통은 아이가 학대받고 공격받는다고 느끼게 할 수 있기 때문이다.

편집-분열 자리에서 아이는 엄마의 젖가슴에서 끊임없이 젖이 나오기를 기대하는 한편, 엄마의 젖가슴을 시기하고 질투하는 양가감정을 갖는다. 프로이트가 남근 선망으로 시기심의 심리적 갈등을 다루었다면, 클라인은 그 시기심의 기원을 아버지보다는 어머니, 아버지의 남근보다는 본질적으로 엄마의 젖가슴이 갖는 상징성을 부각시키면서 시기심은 젖을 주는 엄마와의 관계에서 더 일찍 촉발된다고 보았다. 유아에게 최초의 대상으로서 엄마의 젖가슴은 삶을 지탱하는 충족과 끊일 줄 모르는 생명력의 원천인 까닭에 유아에게 절대적 힘을 행사하는 위압적 대상이다.

아이는 자신에게 만족감을 주는 원천이 자신의 내부에 있는 것이 아니라 외

15) 클라인의 '자리' 개념은 자아가 한쪽 방향으로 성장하는 발달 개념이 아니고, 평생 두 자리를 오가며 살아가는 방식을 취한다(이준호, 홍미예, 2017, p. 170).

부에 있다는 것에 질투심을 느끼며 시기하게 된다(Segal, 1999, p. 159). 시기심은 대상의 전체를 보지 못하고 그 부분만을 보며, 원하는 부분에 집착하고, 대상을 그 부분으로 환원시킨다(Ulanov & Ulanov, 1999, p. 39). 이 시기심에 사로잡혀 있으면 대상의 실제 모습이 아니라 혼자 이상화시켜 놓은 모습을 바라보면서 그것에 지배받고 의존하고 있기 때문에 힘들어질 수밖에 없다. 그러면서 시기심에 사로잡힐 때 대상에게만 있고 자신에게는 없는 것에 초점을 맞추고, 대상 안에 있는 것을 공격하거나 파괴하려 한다.

아이는 인색하거나 자신을 외면함으로써 고통의 원인이 되는 나쁜 젖가슴이 자신을 박해하는 것으로 여겨 공격성을 투사하고 외부로 축출하고자 하는데, 이를 '박해 불안'이라고 부른다(이해진, 2011, p. 144). 또한 편집의 의미는 외부세계로부터의 박해 또는 공격이라고 지각된 것에서 생긴 불안과 공포를 말한다. 분열의 의미는 중립지대가 존재하지 않고, 전부 좋거나 전부 나쁜 것으로 경험하는 분할된 상태를 의미한다.

그러다가 아이가 우울적 자리에 도달하면서 환상과 외적 현실을 구분할 수 있게 되므로 편집-분열적 위치에서 경험한 의식의 분열을 봉합하게 된다(이해진, 2011, p. 145). 이 시기는 긍정적인 발달 단계로, 이때 아이는 눈앞에서 사라져 버려 좌절감을 안겨준 엄마가, 먹여 주고 사랑으로 돌봐준 바로 그 사람이라는 것을 깨닫는다. 아이는 좋기도 하고 나쁘기도 하며, 사랑하기도 하고 거절하기도 하는 자신의 고유한 성격을 가진, 전체 인격으로서의 엄마 이미지를 갖게 된다.

아이는 현존하는 좋은 엄마와 부재하는 나쁜 엄마를 마음속에 동시에 간직할 수 있는 새로운 능력을 갖게 되는데, 이것은 분열이 고통을 다루는 유일한 대안이 아니라는 사실을 깨닫게 되었음을 의미한다. 고통은 이제 내재화된 좋은 대상 덕택에 견딜 만한 것이 된다. 일단 좋은 대상이 자기 안에 든든하게 자리 잡으면 아이는 양가감정을 견뎌낼 수 있고, 자신이 엄마에게 행한 것에 대해 책임을 질 수 있게 된다.

이런 감정은 사랑하는 사람을 미워해 온 것에 대한 잘못을 인정하는 것으로

이어진다. 아이는 죄책감을 느낄 수 있고, 입힌 손해를 복구하고자 노력하게 된다. 아이는 자기가 가장 사랑하는 바로 그 사람에게 입힌 손상에 대해 걱정하기 시작한다. 편집-분열적 자리에서 현저하게 드러나는 초기 시기심의 요소는 여기서 변화를 거치는데, 이는 대상(엄마)에 대한 죄책감, 대상에 대한 감사의 마음, 대상을 위해 보상하거나 상처 난 부분을 고쳐주고 싶은 소망에 의해서 이루어진다(Scharff & Scharff, 2008, pp. 67-68). 클라인은 공격성을 지나치게 강조한다는 비판을 받았지만, 사랑이 생애 초기부터 존재하며, 정신적 성장과 통합을 이룩하는 과정에서 핵심 역할을 하는 것으로 보았다(Segal, 1999, p. 170).[16)]

영국 스코틀랜드 출신으로 대상관계이론의 초기 발전에 크게 기여한 로날드 페어베언(Ronald Fairbairn, 1889~1964)에 따르면, 아동이 엄마와 갖는 관계는 만족스럽거나 불만스러운 두 가지 특징을 갖는다. 엄마가 단순히 거절할 때보다, 엄마가 어떤 희망이나 기대감을 준 뒤 거절했을 때 아동은 더 심각하게 분열되고 엄마와의 관계는 더 불만스러운 것이 된다. 아동은 엄마와의 관계에서 만족을 주는 엄마, 유혹하는 엄마, 박탈하는 엄마라는 서로 다른 대상들을 경험한다. 현실에서 엄마와의 관계가 만족스럽지 못하면, 그 만족스럽지 못한 관계는 내면화된다. 그 결과 엄마와의 외적 관계가 갖는 세 가지 특징들과 상응하는 내적 관계가 형성된다. 페어베언은 세 가지 내적 대상들을 이상적인 대상(엄마의 만족스러운 측면), 흥분시키는 대상(약속을 남발하는 엄마의 유혹적인 측면), 거절하는 대상(엄마의 박탈하고 주지 않는 측면)이라고 불렀다(Fairbairn, 2003, pp. 148-149).

불만스럽거나 나쁜 대상은 둘 중 하나의 형태를 띠게 될 수 있다. 하나는 '홍

16) 이런 심리적 배경 속에서 생명 충동과 죽음 충동, 발달 충동과 퇴행 충동, 리비도 욕구와 반리비도 욕구가 서로 긴장과 갈등을 만들어 낸다.

분시키는 대상'이다. 이것은 감질나게 하고 괴롭히고 아이를 유혹하는 엄마와의 상호작용에 의해 생겨난다. 그 결과 아이는 만성적으로 좌절감과 공허감을 느낀다. 동시에 흥분시키는 대상과 동일시된 자아의 일부는 흥분시키는 대상이 약속하는 만족을 계속해서 갈망한다. 이것은 항상 목말라하지만 결코 만족될 수 없는 정신의 한 부분이 된다.

다른 나쁜 대상인 '거절하는 대상'은 적대적이거나 철수되어 있는 엄마와의 상호작용으로 인해 만들어진다. 아이는 자신이 사랑받지 못하고 원치 않는 아이라고 느껴 굴욕과 수치를 경험하면서 무가치감과 결핍감을 느낀다(Fairbairn, 2003, p. 151). 아이는 이런 거절당한 경험으로 인해 만성적으로 화가 나 있고, 거절하는 대상과 동일시된 자아는 어떤 접촉에 대해서도 적대적이며 냉소적이다. 이것은 미워하고 복수심에 불타는 자아의 한 부분이다(Cashdan, 2005, pp. 31-32).

흥분시키는 대상관계는 종종 거절하는 대상관계보다 더 힘든 경험으로 드러난다. 거절하는 대상관계는 고통스럽기는 하지만, 거기에는 거절에 대한 명료성과 궁극적인 예측성이 있다. 흥분시키는 대상관계에서는 고통은 실망이 점점 커짐으로써 극심해진다. 기대와 희망은 쌓아올려졌다가 무너져 내린다(Stadter, 2006, p. 90).

여기서 흥분시키는 대상과 거절하는 대상과의 관계 경험의 심리적 역동은 마치 프로이트 이론의 원본능과 초자아의 구조적 기능으로 구축되는 심리적 배경과 유사한 면을 띠고 있다. 이런 점에서 페어베언이나 다른 대상관계 이론가들은 심리적 기능들이 발달 단계에 맞춰 순차적으로 형성된다고 보는 프로이트보다 훨씬 이른 시기에 여러 기능이 동시에 발달한다고 본다.

자기애성 성격장애 환자들을 대상으로 한 치료 모델로 자기심리학(Self Psychology)[17]을 창시한 하인즈 코헛(Heinz Kohut, 1913~1981)은 자기애로부터 대상애로 이행된다고 말한 프로이트의 모델은 틀렸다고 보았고, 사람은 성

사진 3-11 하인즈 코헛

장하면서 자기애의 열망을 버리고 오히려 다른 사람들의 요구에 더 많은 관심을 가져야 한다는 프로이트의 견해와 반대로 자기애의 욕구는 평생을 통해 지속되며 애정의 대상이 넓어짐에 따라 병행하여 발달하는 것으로 보았다.

이처럼 코헛은 자기애를 인격 발달의 필수적인 요소로 보고, 미숙하고 비도덕적인 인간에게서만 나타나는 열등한 것이 아니라 참다운 인간을 이루어 가는 중요한 요소로 본다. 즉, 인간의 이기적인 성향을 드러내는 나르시시즘의 문제를 부정적이고 병리적인 관점에서만 보는 편향적 시각에서 벗어나 건강한 자존감의 기초가 될 수 있다고 보는 것이다.

아동은 자기애 욕구에 따라 자기대상[18]과의 관계에서 두 가지를 요구한다. 첫째로 유아는 자신의 발달 능력을 드러내고, 그것에 대해 칭찬받고자 한다. 코헛은 두 개의 축으로 이루어진 발달 과정의 이런 한쪽을 '과대적-과시적(grandiose-exhibitionistic)' 자기의 축으로 불렀고, 이것을 유아의 건강한 전능감과 자신을 세상의 중심으로 인식하는 과대주의의 표현으로 보았다. 또 다른 한 축은 '이상화된 부모의 원상(idealized parent-imago)'의 축으로 유아는 그의 부모 중 적어도 한 사람을 이상화하고 그 이상화된 자기대상과 융합되길 원한다. 이것은 유아의 건강한 이상과 가치관을 추구하는 성숙한 자기애로 변형된

17) 대상관계에서 자기와 타자의 상호작용에서 자기보다 타자를 잘 이해하는 것이 중요하다. 영유아 시절 아이는 부모인 타자의 영향을 더 크게 받기 때문이다. 그래서 다른 대상관계 이론가들은 주로 대상에 초점을 맞추고 있는데, 이에 반해 코헛은 대상과 관계를 맺는 주체로서의 자기의 형성과 기능에 초점을 맞추고 있다.

18) 자기와 대상이 엄밀히 구분되지 않은 미분화된 상태를 의미한다(이수진, 2020, p. 197). 유아는 부모를 타자로서가 아니라 자신의 일부분 또는 자신의 확장으로서 경험한다.

다(김준, 2013, pp. 18-19).

자기를 존중하고 사랑하는 능력은 다른 사람을 존중하고 사랑하는 능력의 전제조건이 된다. 문제는 이 자기애가 정상적으로 발달하지 못하고 상처를 입음으로써 건강한 자존감을 형성하지 못하고 깊은 열등감을 형성한 경우이다. 이러한 자기애적 외상은 유아의 과대적 자기와 이상화된 부모 원상이 건강하게 발달하지 못한 채 원초적 자기에 고착된 것을 의미한다(김준, 2013, p. 21).

아이들은 출생 이후 건강한 자기구조를 지니기 위해 끊임없이 심리적 산소로서의 부모의 충분한 공감과 반영적 응답을 요구하는데 부모의 무관심이나 공감의 실패로 인해, 이 시기에 이런 발달적 욕구를 충족시키지 못한 아이는 건강한 자기를 구축하는 데 실패하고 만다. 먼저 과대적 자기가 억압되면 열등감, 우울, 무기력, 주도성 결여 등의 자기애적 결핍 증상이 나타난다(김준, 2013, p. 22). 또한 이상화된 부모 원상이 잘 발달할 수 있는 기회를 놓치게 되면 유아는 원초적 자기대상에 고착된 채 파편화된 자기의 취약한 상태로 결핍된 욕구를 충족시켜 줄 자기대상을 계속 찾아다니게 된다는 것이다.

자기대상을 대체할 만한 다른 대상들을 찾고 의존하려는 시도 중 하나로 약물 남용과 중독 현상을 들 수 있다. 내적으로 결핍된 달램과 진정의 효과를 알코올이나 약물에서 찾는데, 끊임없이 외부의 이상적인 대상들을 갈급해 하는 것은 스스로 부여하지 못하는 인정과 권력을 얻고 싶어 하기 때문이다(김준, 2013, p. 22).

추가적으로 코헛은 아이가 자라면서 유아적 자기애를 교정할 수 있는 좌절을 적절하게 경험하지 못할 경우에도 자기애성 성격장애로 발달할 수 있다고 보았다. 좌절 경험이 결여된 경우, 예컨대 아이가 유아적 자기애 상태에서 제멋대로 행동하는 것에 대해 부모가 적절하게 제지하고 훈육하지 않으면, 아이는 성장하여 여전히 자기중심적인 행동을 하게 될 것이다. 이와 반대로, 자기상과 부모상에 대한 좌절 경험이 지나치게 충격적인 경우에도 자기애적 성격으로 발전될 수 있다.

애착이론에서의 내면아이

정신분석 운동의 초창기부터 프로이트는 인간을 심리적으로 결속시키는 본능적 에너지로 리비도(libido)의 강력한 영향력을 역설하였다. 그 당시는 리비도를 성적 의미로 제한시켜 큰 반발이 있었지만, 리비도는 단순한 성적 충동이나 욕망이라기보다는 인간의 사랑과 성을 포괄적으로 다룬 개념으로 평가해야 한다. 그래서 프로이트는 만년에 리비도 이론을 생명, 결합, 보존을 의미하는 에로스와 죽음, 파괴, 분리, 해체를 의미하는 타나토스의 이분법적 개념으로 확장시킨다.

나중에 현대 정신분석에 들어와 리비도 이론을 재해석하여 새로운 국면으로 발전시킨 것이 애착이론이라고 볼 수 있다. 애착은 인간이 특정 대상에게 강한 애정을 느끼거나 그런 대상과 형성된 깊고 지속적인 유대감을 의미한다.

애착이론의 창시자인 존 볼비(John Bowlby, 1907~1990)에 의하면 유아기를 통해 세 가지 유형의 애착 형성이 나타난다. 첫 번째는 안정적인 애착 관계로 유아는 엄마가 보이지 않아도 안정되어 있고, 엄마가 자신을 돌보고 지켜준다는 신뢰감을 지니고 있다. 두 번째는 불안하거나 불확실한 애착 관계로 엄마가 아이를 떠날 때 분리 불안을 나타내며, 엄마가 없으면 아이는 불안감을 느낀다. 세 번째는 거부적이거나 회피적인 애착 관계로 아이는 신체적인 접촉을 원할 때 엄마가 거부하는 것을 경험한다. 아이는 방어적인 수단으로서 엄마를 회피하는 행위를 취한다.

메리 에인스워스(Mary Ainsworth, 1913~1999)는 볼비의 이론을 바탕으로 실험을 실시했다. 아이들이 장난감을 살펴보며 놀고 있는 동안 엄마는 뒤에 앉아 있는 놀이방 안에, 여러 쌍의 엄마와 아이를 함께 있게 했다. 얼마 뒤 낯선 사람이 들어오고 엄마가 방을 나가는데, 그 낯선 사람은 아이가 장난감을 가지고 놀도록 구슬린다. 엄마가 다시 돌아와 뒤에 가만히 앉아 있다 나가고, 낯선 사람은 들어와서 구슬리기를 몇 차례 반복한다. 이 실험을 통해 유아의 반응을 자세히 살펴본 결과 세 가지 애착 유형이 나타난다는 사실을 발견했다.

'안정된 유아'는 엄마가 마치 자신의 안전을 확실히 지켜주는 '안전 기지(secure base)[19]'라도 되는 듯 놀이방을 탐색하며 잘 논다. 엄마가 방을 나가면 유아는 하던 행동을 멈춘다. 그러나 낯선 사람과 친해지면 다시 놀기도 한다. 다시 엄마가 방으로 들어오면, 한동안 엄마에게 꼭 매달려 있다가도 쉽게 떨어져 다시 놀기 시작한다.

'회피적인 유아'는 엄마가 함께 있을 때는 놀지만, 안정된 유아와는 달리 잘 웃지도 않고 엄마에게 장난감을 보여 주며 재롱을 부리지도 않는다. 엄마가 방을 나가도 크게 위축되지 않고 낯선 사람을 자기 엄마인 양 대하는데, 이따금 엄마보다 더 잘 따를 때도 있다. 다시 엄마가 방으로 들어오면, 유아는 엄마를 무시하거나 아예 눈조차 마주치지 않는다. 엄마가 안아주면, 유아는 안기기는 하지만 스스로 매달리지는 않는다.

'불안한 유아'는 엄마를 안전 기지 삼아 놀이방을 탐색하면서 노는 행동을 전혀 하지 않는다. 격리되기 전까지 엄마에게 꼭 매달려 있으며, 엄마가 방을 나가면 어쩔 줄 몰라 한다. 낯선 사람에게도 편안함을 느끼지 못하고 엄마가 다시 돌아오면 부리나케 뛰어가 안겼다가도 화를 내고 돌아선다.

애착이론에서 인간의 원초적 불안은 아기가 엄마로부터 분리되는 경험에서 발생한다는 것을 확인하게 된다. 인간은 엄마의 출산을 통해 편안하고 안전했던 엄마의 자궁을 떠나 탯줄이 끊어지고 모체로부터 분리되면서 인생의 가장 크고 놀라운 변화를 겪는다. 이런 경험이 신생아에게는 굉장한 스트레스 경험

19) 아이가 외부 세계로 나가는 발판이 되면서 동시에 외부 탐색을 마치고 돌아왔을 때 신체적이거나 정서적인 재충전을 제공해 준다(Bowlby, 2014, p. 30). 아이에게 안전 기지가 있다는 것은 무슨 일이 생겨도 의지할 수 있는 대상, 어떤 경우에도 자신을 지켜주는 누군가가 있다는 뜻이다(오카다 다카시, 2018, p. 137).

일 수 있다. 이렇게 아이는 세상에 태어나는 순간 가장 먼저 분리 경험으로 인한 고통을 겪는다. 이런 분리 불안과 대척점에 있는 것이 대상 항상성의 개념이고, 유아는 이 기능을 획득함으로써 분리 불안을 점차 극복해 나간다.

'대상 항상성'은 엄마가 눈에 보이지 않는 곳에 있어도, 지금 눈앞에 안 보여도 이 세상에서 사라진 게 아니라는 것을 아이가 알고 느끼는 것을 의미한다. 말하자면 대상에 대한 신뢰감을 갖고, 눈앞에 없어도 연결감을 갖는 것이다. 이런 대상 항상성이 없으면 아이는 엄마와 같이 소중한 대상에 대한 신뢰감이 없기 때문에 타인과 세상을 믿고 안정적 관계를 유지해 나가기가 어려워진다. 그래서 건강한 대상 항상성을 획득하는 것은 아이가 성인으로 성장하여 사랑하는 사람과 관계를 형성해 나가는 데 중요한 역할을 한다.

성인이 된 인간은 항상 연인이나 배우자와 모든 것을 함께 하지는 못한다. 사랑하는 사람이 눈에 보이지 않아도, 물리적으로 신체적으로 떨어져 있어도, 이 세상에서 사라진 것이 아니라 어딘가에 있다는 것을 알고 있다. 건강한 대상 항상성을 가진 사람은 눈에 보이지 않아도 상대가 여전히 나를 사랑하고 있다는 연결감을 느낀다. 반면, 약한 대상 항상성을 가진 사람들은 사랑하는 사람과 떨어져 지내면서 연락을 못하거나 자주 못 만나게 되면 과도한 불안감에 시달린다. 이들은 상대방이 눈앞에 보이지 않으면 파트너가 여전히 나를 사랑하고 소중하게 생각해 준다는 사실을 자꾸만 의심한다. 보이지 않아도, 말하지 않아도 서로의 존재와 사랑을 믿을 수 있을 때, 우리는 비로소 성숙한 사랑을 할 수 있다(선안남, 2010, pp. 189-191).

볼비와 에인스워스의 연구 내용을 바탕으로 아동기의 애착 관계경험에서 비롯된 성인의 애착 관계방식은 세 가지 유형으로 나누어진다.

첫 번째는 심리적으로 안정되어 있는 자신만만한 유형이다. 이들은 부모를 유능하고 따뜻하며 애정이 넘치는 사람으로 기억한다. 그들은 자존감이 높으며 다른 사람들에게 사랑을 받는다. 사람들과 쉽게 친해지며, 서로 의지하는 것에 편안함을 느낀다. 버림받을지도 모른다는 생각은 하지 않고, 내게 가까이 다가오는 사람에 대한 거부감도 없다. 안정된 유형은 자신이 사랑하는 사람들과 친밀한 관계를 맺으려 노력하며, 그들을 의존하면서도 독립성을 유지하기 위해 애쓴다.

두 번째는 회피하거나 거부하는 유형이다. 이들은 엄마가 냉정하고 거리감을 느끼게 했다고 기억한다. 다른 사람들을 부정직하거나 믿을 수 없다고 생각한다. 이런 사람은 자신감이 결여되어 있는데 특히 사회생활에서 그렇다. 사람들과 거리를 두며 감정을 드러내지 않는다. 사랑하는 연인 관계에서 자주 등장하는 플롯은 한쪽은 계속 달아나고, 한쪽은 달아나는 상대를 잡으려고 쫓아가는 형태이다. 여기서 달아나는 배역을 맡은 사람들을 거리를 두는 자들(distancers)이라고 부른다. 이들은 자기 자신을 자율적인 존재로 바라보기를 좋아하고, 자신의 부족하고 약하고 의존적인 면을 보여 주기를 매우 어려워한다. 그들은 파트너의 행동을 불신 속에서 바라보면서, 강하고 격렬해지면 가까워지고자 하는 그런 시도를 의도적으로 방해하거나, 그런 관계를 끊어버리고 만다.

세 번째는 불안해하고 걱정하는 유형이다. 이들은 자신의 삶에 대한 주도권이 없다고 느끼며, 다른 사람들의 행동을 이해하거나 예상하지 못하기 때문에 어쩔 줄 몰라 한다. 애착 불안으로 인해 지나치게 매달리면서 상대에게 집착하거나 상대로부터 거부당할까 봐 두려워하며 자신이 사랑하는 사람들에 대해 적절한 거리를 두지 못한다. 걱정과 분노를 드러내다가도 상대가 화를 내거나 참지 못하면 심하게 저자세를 취한다. 앞의 달아나는 배역과 반대로 쫓아가는 배역을 맡은 사람들을 끈질기게 요구하고 집착하는 자들(pursuers)이라고 부른다. 이들은 관계 속에서 높은 정도의 함께 있어 줄 것과 의존성을 요구하면서 애착의 두려움으로 반응한다. 그들의 파트너가 함께 있어 줄 것과 의존적인 필요에 맞추어 주지 못할 때, 더 강하게 요구하는 경향을 보이다가, 차갑게 물러설지도 모른다. 추구하는 자들은 파트너의 분리적인 시도를 의심스럽게 바라보다가, 마침내 깊은 배신감을 경험한다(Block, 2001, p. 88).

볼비와 에인스워스가 애착 유형을 크게 세 가지로 분류한 것과 달리 일부 학자들은 자신과 타인에 대한 생각 및 태도를 기준으로 다음 네 가지 유형으로 분류하기도 한다(노경선, 2008, p. 69; 박성덕, 이우경, 2008, pp. 107-108; Scharff & Scharff, 2008, p. 207).

- 안정형: 다른 사람과 안정된 애착 관계를 맺고 있는 사람으로 자기와 타자를 긍정적으로 바라본다. 다른 사람과 친밀한 관계를 즐기고, 혼자 있을 때 편안하고 안정감을 느낀다. 볼비와 에인스워스의 세 가지 유형 중 안정형과 동일하다.
- 집착형: 애착 대상과의 관계에 집착하며 지나치게 의존하는 사람으로 타자를 긍정적으로 보지만 자기에 대해서는 부정적으로 본다. 혼자 있을 때는 긴장과 불안으로 분노를 느낀다. 볼비와 에인스워스의 세 가지 유형 중 불안형과 유사한 면이 있다.
- 회피 또는 거부형: 거절하는 사람은 자기를 긍정적으로 보면서 타자를 부정적으로 본다. 친밀한 관계를 부담스러워하며, 자신의 감정을 드러내지 않거나 외면한다. 볼비와 에인스워스의 세 가지 유형 중 회피형과 유사한 형태이다.
- 공포 또는 혼란형: 자기와 타자 모두를 부정적으로 본다. 자신을 못마땅하게 여기고, 다른 사람은 무서워한다. 수동적인 태도를 취하면서 친밀한 관계를 두려워한다. 볼비와 에인스워스의 세 가지 유형 중에 없는 형태인데, 다른 사람들과 애착 형성과 유지에 있어 가장 취약한 상태에 있다고 볼 수 있다.

애착 관계가 형성되는 출발 단계에서 남아든 여아든 첫 번째 애정의 대상은 엄마이고, 태어나서 처음 애착을 갖고 자기와 타자가 혼연일체가 된 공생 관계를 형성한다. 성장의 첫 단계에서 엄마에게 느끼는 사랑은 정서적이면서 성적이다. 이런 발달 과정은 남녀에게 매우 다르게 나타난다.

남아는 남성적 성정체성을 찾기 위해 엄마에 대한 정서적 애착을 억누르고 자신의 정체성을 아버지에게서 찾아야 한다. 남자 아이들은 엄마와의 공생에 대한 그리움과 이러한 공생으로 자기정체성을 잃어버릴지 모른다는 두려움 사이에서 혼란을 겪는다. 반면, 여아는 여성적인 성정체성을 획득하기 위해 엄마로부터 분리될 필요가 없다. 그 결과, 여성은 대부분 성정체성을 쉽게 획득하고 친밀한 관계도 쉽게 맺는다. 하지만 이 시기에 엄마와 분리를 크게 겪지 않고 공생과 애착 관계를 유지함으로써 성인이 되면서 독립적인 자아를 개발하고 굳건한 자아의 경계를 세우는 데 곤란을 겪기도 한다.

라캉 이론에서의 내면아이

사진 3-12 자크 라캉

프랑스의 정신분석학자 자크 라캉(Jacques Lacan, 1901~1981)은 '프로이트로 돌아가자'고 외치며 프로이트의 이론적 성과를 계승하면서도 구조주의 철학, 언어학과 기호학의 업적을 수용하여 정신분석학을 새롭게 재해석했다. 라캉은 정신분석학을 언어학적 체계 속에 정립하거나 이론들을 수학적 도식화를 통해 객관화시켜 보려 했다(안승범, 2009, p. 169). 프로이트의 고전적 정신분석은 오스트리아 빈을 본거지로 한 독일문화권에서 시작되었고, 대상관계이론은 영국과 미국의 영미문화권으로 이동했다면, 라캉의 정신분석 운동은 프랑스문화권을 중심으로 발전되었다.

라캉은 인간의 의식 발달 과정을 주체와 세계의 관계형성 방식에 따라 상상계, 상징계, 실재계로 구분했다. 그는 인간의 주체와 욕망이 형성되면서 인간 존재의 세 가지 차원이 만들어진다고 주장한다. 여기서 상상계는 이미지 차원(시각, 청각, 후각과 같은 모든 종류의 감각과 환상의 영역), 상징계는 언어 차원, 실재계는 현실 차원을 의미한다.[20)]

상상계는 생후 6개월에서 18개월 사이의 시기인데, 거울 단계를 통해 자신과 타자를 구분하며 주체가 된다. 거울 단계란 유아가 생후 6개월이 되면 거울에 비친 자기의 모습에 홍미를 느끼고 강한 희열을 경험하게 되는 현상을 가리킨다.

생후 6개월~1년 된 아이는 운동신경의 발달이 미숙해 자신의 몸을 제대로 통제하지 못하며 몸이 전달하는 감각도 파편화된 형태로 느낀다. 그러나 거울

사진 3-13 거울 단계의 아기

20) 상상계와 상징계는 프로이트가 제시한 이드, 자아, 초자아 사이의 심리적 갈등이 벌어지는 상황에서 쾌락 원칙에 따르는 1차 사고과정과 현실 원칙이 적용되는 2차 사고과정의 작동 방식과 유사한 면이 있다. 이드가 주도하는 1차 과정에서는 압축과 전치, 구체화와 형상화가 동원되고, 주관적인 내면세계를 표현한다. 자아가 주도하는 2차 과정에서는 합리성과 논리성이 동원되고, 언어적 상징을 사용하면서 현실에 적응하는 데 주력한다(Tyson & Tyson, 2020, p. 233).

에 비친 모습은 이상화된 전체로 보이기 때문에 아이는 자신의 몸이 보여 주는 완벽한 조화에 환호하면서 끌리게 된다. 그렇지만 실제 몸의 불완전성과 이미지의 완벽함이 최초의 분열과 불안을 낳으면서 자아의 일체감을 위협하는 게 거울 단계의 현실이기도 하다. 이때 파편화된 몸과 통일된 이미지의 대립을 위태롭게 봉합하는 것이 나르시시즘이다. 나르시시즘은 언젠가 실현될 완벽한 자아를 환상적으로 기대하게 만든다. 거울단계 이론의 핵심은 상상적 이미지를 자아의 실체처럼 착각하면서 그것을 중심으로 주체의 정체성을 형성하는 것이다(김헌성, 2013, p. 124).

상징계는 아이가 언어를 습득하면서 시작된다. 상징계에서 언어로 인해 주체화된다는 것은 언어로 인해 야기된 분열된 자아를 갖는다는 것이고, 언어에 의해 사회적으로 금지된 원초적 쾌락을 포기하고 사회에 종속된다는 것을 의미한다. 이때부터 원초적 합일 대상이고 쾌락의 원천인 엄마와 자신의 이자관계[21] 사이에 아버지의 금지가 개입된다(김영철, 2005, pp. 4-5). 이와 같이 상징계는 언어를 통한 질서와 가부장제의 금기를 의미하는 '아버지의 법'과 갈등하거나 대립하는 플롯을 지니고 있다(이병민, 2012, p. 260).

상징계는 존재에 선행하여 미리 구성된 긍정적이고 협약적인 대타자(아버지)의 장소이다. 여기서는 성과 폭력 등의 실재적인 것들을 배척하는데, 그런 자양분을 실재계에서 취한다. 상징계의 구조적 본질은 결여이고, 이 결여로 인해 상징계가 존속된다. 상징계로 진입한 주체는 이 결여를 무언가로 채우려고 한다. 주체(아이)는 존재하지 않는 것을 욕망하거나 환상으로 퇴행하는데, 바로 이런 퇴행이 상징계로 진입한 이후에도 상상계와 관계가 계속 유지되는 심리적 배경이 된다(김영철, 2005, p. 5).

실재계는 라캉의 욕망 이론과 깊이 연결되어 있다. 라캉은 욕망(desire)을 욕

21) 상상계에서는 엄마와 아이의 애착관계가 매우 견고하여 아버지의 존재가 아이에게 미치는 영향력은 미미하다(이해진, 2011, p. 135).

구(need)와 요구(demand)로 구별한다. 욕구는 식욕과 같은 일차적인 충동을 말하며, 이를 다른 이에게 충족시켜 달라고 말로 표현된 것이 요구이다. 요구는 한편으로는 생물학적 결핍의 표출이고, 다른 한편으로는 상징적 결핍(사랑)의 표현이다. 전자는 충족될 수 있지만 후자는 그렇지 않은데, 이 충족되지 않는 잔여가 욕망을 구성한다. 욕망은 결국 사랑과 인정을 받고자 하는 욕망이며, 타자(엄마)의 욕망의 대상이 되고자 하는 욕망이다(김영철, 2005, p. 7).

실재계에서 요구는 윤리적으로 들어줄 수 있는 한계가 상정되므로 욕구와 요구 사이에는 항상 간격이 생기게 되고 이런 틈을 결핍으로 보았고, 이 결핍은 욕망을 일으키는 동력 요인으로 작용하게 된다. 주체는 대상에 욕망을 느끼며 자신의 결핍을 채워 줄 것이라고 믿지만 그 대상을 얻어도 욕망은 여전히 남게 된다. 다시 말하면 주체가 원했던 대상은 실재처럼 보이지만 욕구와 요구의 차이로 인한 결핍 때문에 대상은 충족되지 못하는 허구가 된다. 이때 실재라고 믿었던 대상은 대타자가 되고 허구화된 대상은 소타자가 되어 여전히 욕망은 남게 된다. 결국 주체는 대상에 욕망을 느끼며 자신의 결핍을 채워 줄 것이라고 믿지만 그 대상을 얻어도 욕망은 여전히 남게 되는데 이곳을 실재계라 한다. 이와 같이 주체의 분열과정은 대상을 실재라고 믿고 다가가는 단계인 상상계와, 그 대상을 얻는 순간인 상징계, 그리고 여전히 욕망이 남아 그다음 대상을 찾아 나서는 실재계로 설명된다. 상상계, 상징계 그리고 실재계는 각기 상이한 기능을 갖지만 서로 상호작용을 하면서 다른 세계와 연결된다(신혜선, 2013, p. 76).

교류분석에서의 내면아이

정신분석에서 심리치료로 넘어오게 되면서 내면아이의 주제는 현대적으로 재해석되어 교류분석 학파의 창시자인 에릭 번(Eric Berne, 1910~1970)은 부모

자아,[22] 성인 자아,[23] 아동 자아의 삼각관계 심리 구도로 프로이트의 구조 이론을 대중적으로 쉽게 표현하였다. 또한 이를 바탕으로 이고그램(egogram)이라는 인성 검사 방식까지 만들어 심리분석을 쉽게 할 수 있도록 해 주었다. 이러한 세 개의 분리된 자아가 다른 사람들과 의사소통을 할 때 서로 무엇을 어떤 방식으로 주고받는지를 탐색하는 대화 분석도 매우 흥미로운 발상이다. 가까운 인간관계에서 반복하여 사용하는 심리적 연극의 유형과 특성에 관한 각본 분석과 겉과 속이 다른 상호작용으로 인해 발생하는 역기능적 결과를 찾아내는 게임 분석도 이야기 구조로 이해하고 접근할 수 있는 충분한 문학적 자원을 갖추었다.

내면아이와 유사한 개념인 교류분석의 아동 자아는 크게 세 가지 유형으로 설명되는데, 첫 번째는 '자유로운 아이(Free Child)'이다. 이는 내면아이의 긍정적이고 본능적인 성향으로 순박하고 천진난만한 모습, 활기차고 명랑한 분위기, 때로는 엉뚱하고 기상천외의 생각과 행동을 하고, 자유분방하고 놀기 좋아하는 어린 아이의 성향을 띠고 있다. 한편 부정적인 측면에서는 자기중심적이고, 충동적이고, 버릇없는 태도를 보이는 성향도 동시에 취하고 있다.

인간은 놀이를 좋아하는 유희적 본성을 지니고 있는데, 이런 심리적 배경은 프로이트가 제시한 대로 원초아(id)의 작동 원리는 쾌락 원칙을 따른다는 주장과 연결된다. 일상생활에서 중요한 것은 삶을 즐기는 것이고, 그러기 위해서는 몰입할 수 있는 재미를 경험해야 한다.

상담에서는 내면아이의 부정적 측면이 크게 부각되지만, 전체적인 양상에

22) 부모가 지닌 부성과 모성의 양가성에 따라 권위적이고 지배적인 성향의 비판적 자아와 돌보며 보호하는 성향의 양육적 자아로 나누어진다. 부모 자아는 프로이트의 구조 이론에 나오는 초자아(superego)의 특성과 유사한 성향을 띠고 있다.

23) 합리적 이성을 앞세워 심리적 갈등을 해결해 나가는 성향이 프로이트의 자아(ego)의 성격과 유사하다.

사진 3-14 넓은 들판 위에 떠 있는 무지개

서 긍정적인 면도 동시에 살펴보면, 어린아이의 본래 모습 중에는 순진하고 자연스럽게 모든 것을 있는 그대로 표현하는 면도 있고, 자기 주변의 가까운 어떤 대상을 쉽게 믿고 의지하는 경향도 있을 수 있다. 어른과 달리 자신이 생계를 걱정하거나 가정을 책임져야 하는 일도 없다. 어린 시절 일찍 외국어를 배우든 자신에게 맞는 운동이나 악기 연주를 시작하면 다 큰 성인보다 무한한 성장의 가능성을 갖고 있다.

영국의 낭만파 시인 윌리엄 워즈워스(William Wordsworth, 1770~1850)는 「내 가슴은 설레고(My Heart Leaps Up)」라는 시에서 "어린이는 어른의 아버지"로 지칭하면서 아동을 인간적 순수성의 원형으로 해석하였다. 시인은 어린 시절 하늘에 뜬 무지개를 보며 가슴이 뛰었듯이 성인이 되어서도 그런 정서적 감수성이 사라지지 않기를 기원한다. 미국의 여류 시인 앤 머로 린드버그(Anne Morrow Lindbergh)도 「어른과 아이」에서 가면을 쓰고 갑옷을 입고 불안하게 행동하는 어른과 달리 기쁨으로 노래하고, 단순하고 가식 없이 사랑하는 우리 속의 어린아이를 예찬한다(장영희, 2007, pp. 24-25).

교류분석의 아동 자아 중 자유로운 아이에 이어 두 번째는 '순응적 아이(Adaptive Child)'인데, 순종적이고 온순하다는 긍정적 의미보다는 부모나 주변의 눈치를 살피고 상대방의 비위를 맞추면서 사랑과 인정을 받기 위해 애쓰는 부정적이고 병리적인 의미가 강하게 깔려 있다. 이로 인한 삶의 소극적이고 의존적인 태도는 자신의 진정한 자아를 숨기고 거짓된 자아의 모습으로 살아가면서, 자신의 삶을 희생하거나 포기하는 태도로 이어질 수 있다. 이런 시간이 오래 지나면 부모에 대한 원망과 반항이 커지며, 나이가 들수록 피해의식에 의한 원한과 분노가 거칠게 표현될 수 있다. 또한 다른 사람들과의 관계에서도 줏대 없이 비굴한 모습을 보이거나 다른 사람들에게 늘 휘둘리고 끌려 다니는 모습으로 비춰지기도 한다.

세 번째는 '어린 교수(Little Professor)'인데, 이것은 영악한 아이 또는 철이 일찍 들어 너무 어른스럽고 의젓한 아이를 의미한다기보다 가족치료의 역기능 가정에서 자주 등장하는 위기에 빠진 가정을 구하는 역할을 맡은 구원자나 그 가정의 대들보인 영웅의 역할을 맡은 아이를 의미할 수 있다. 또는 부모와 아이의 역할이 서로 뒤바뀐 상태로 부모가 된 아이의 모습과 매우 가깝다. 부모가 무능하고 의존적이어서 자녀 중 대개 장남이나 장녀가 대신 가장의 역할을 떠맡게 되고, 부모를 돌보고 책임지는 가족 형태를 의미한다. 이 또한 자녀들이 초인적인 노력으로 사회적 신분 상승을 확보하기도 하지만 너무 어려서부터 가족을 책임져야 했기에 가족을 위해 자신이 희생됐거나 이용당했다는 상처와 고통, 부모를 혼자 맡아 돌봐야 했던 것에 대한 마음의 부담과 중압감 등으로 다른 사람들로부터는 효자나 효녀 소리를 듣지만 본인의 마음속에는 부모로 인해 생긴 피해의식으로 원망과 상처가 클 수 있다.

대부분 상담 이론에서 제시된 인물들은 역기능 가족의 구성원들로서 전형적인 병리적 증후군을 형성하고 있는 모습으로 등장하는데, 교류분석에서는 상담 현장에 자주 등장하는 자유롭고 천진난만한 아이, 순응적 아이, 어린 교수로 명명된 세 가지 유형을 찾아내 소개하였다. 여기서 상당히 역설적인 현상으로 발생하는 문제는 부모로부터 눈치꾸러기나 못난이로 또는 태어나지 말았어야 할 아이로 무시당한 아이뿐 아니라, 반대로 부모의 편애나 과잉보호로 우대받은 자유로운 아이나 어린 교수의 경우에도 둘 다 훗날 후환거리가 될 수 있다는 것이다. 결국 부모는 자녀에게 연령에 맞춰 기대 수준과 책임의 분량을 적절하고 균형 있게 부여하면서, 청소년기로 발달 과정이 진행될 때 자녀가 자율성과 독립심을 잘 확보하여 유능한 성인으로 사회에 진출할 수 있도록 도와야 한다.

가족치료에서의 내면아이

가족치료에서는 초창기 머레이 보웬(Murray Bowen, 1913~1990)에 의해 이런 내면아이 주제가 제기되었다. 자녀의 문제 증상이 부모에 의한 정서적 융합(emotional fusion)에 의해 발생하는 것을 찾게 되었고, 이런 문제는 부모로부터 자녀의 분화(differentiation)를 촉진시켜 줌으로써 치료가 될 수 있다고 주장했다. 이런 경우는 부모가 투사적 동일시(projective identification)[24]에 의해 자녀를 자신의 분신이나 아바타로 여기거나, 인형을 실로 묶어 위에서 조정하는 마리오네트(marionnette)처럼 다루기 때문이다. 그래서 자신이 과거 어린 시절 못 이룬 꿈과 포부를 자녀에게 암묵적으로 또는 은연중에 기대하고 요구하므로 서로의 관계에서 심리적 갈등이 증폭된다.[25] 그럴 때 자녀는 중압감을 느끼고 스트레스를 크게 받는다. 그래서 그런 부모의 기대를 일찍 꺾어버리고 무산

24) 투사적 동일시는 투사하는 사람이 무의식적 환상 속에서 원하지 않거나 견디기 어려운 자기의 일부를 자신에게서 제거하고 떼어내, 그런 원치 않는 부분을 다른 사람 안에 집어넣고, 그 결과 자기의 일부를 상대방에게서 다시 찾으려고 하는 3단계의 과정을 거친다(Ogden, 2015, p. 31).

25) 이것은 부모가 자녀를 통해 자기애적인 상처를 치유하려는 무의식적 시도로 볼 수 있다. 부모는 자녀의 마음속에 자신의 욕망을 이식시켜 놓고 자녀를 통제하려 하며, 그로 인해 자녀는 부모의 유아적 환상 속에서 어떤 역할을 하도록 조종당하고 있다는 느낌이 들게 된다.

시키기 위해 기가 센 아이는 청소년 비행을 저지르기도 하고, 그렇지 않고 기가 약한 아이는 그런 부모의 이상에 부합할 수 없기에 의욕 상실, 무기력 등의 우울 상태에 빠지거나 불안이나 강박 성향이 심해져 좌절하고 학업을 포기하는 경우가 생긴다.

대표적인 역기능 가정의 사례로 흔히 제시되는 알코올 환자를 치료하는 중독 상담에서는 이런 내면아이 문제를 성인아이라는 용어로 주로 표현하는데, 역기능 가족 체계 속의 가족 투사와 다세대 전수 과정[26]에 의해 문제가 발생하는 것으로 본다. 그래서 어린 시절 알코올 중독 아버지와 살았던 딸이 성인이 되어서 알코올 중독 남성을 배우자로 선택하고 결혼하는 이해하기 어려운 사례를 종종 보게 된다. 아버지로 인해 어린 시절 너무 고통스러웠기 때문에 당연히 알코올 중독에 빠진 남성을 피할 텐데 그런 남성을 또다시 운명적인 가족의 일원으로 선택하고 마는 것이다. 이런 문제의 장본인은 주로 장녀가 될 가능성이 높은데, 착한 딸 콤플렉스에 빠져 있던 딸이 어린 시절 아버지를 잘 돌

사진 3-15 마리오네트 연기를 하는 커플

26) 다세대 전수 과정이란 원가족의 미숙한 가족관계 패턴을 다음 세대로 전달하는 현상을 의미한다.

보지 못했고 자신이 아버지를 그런 중독에서 건져내지 못했다는 실패감과 죄책감에 시달리게 된다. 그래서 성숙한 사랑이 아닌 내면아이의 미숙하고 잘못된 동기로 아버지와 동일하게 느껴지는 남성을 선택하고 만다.[27] 이는 속죄와 실패를 만회하려는 재도전의 의미로 과거 미해결 과제에 다시 빠져드는 역기능 가족 이야기의 플롯으로 볼 수 있다.[28]

역기능 가족체계에서 가족구성원의 집단 투사에 의해 자주 소개되는 가족 이야기의 대표적인 플롯은 희생양 삼기(scapegoating)이다. 가족의 분쟁이나 불행한 사태를 수습하고 처리하기 위해 특정한 자녀를 희생 제물로 삼는 경우가 흔하게 발생한다. 여기서 말썽꾸러기나 사고뭉치인 문제 자녀가 자연스럽게 희생양의 역할을 떠맡게 되는데, 이를 테면 부부 싸움이 극단으로 치달아 이혼이 임박하고 가족이 해체될 위기에 처할 때, 자녀 중 한 명이 학교에서 큰 사고를 저지름으로써 부부가 일단 그 아이를 살리기 위해 임시 휴전을 하는 경우이다. 이럴 때 자녀 중에 원래 기가 세고 반항적인 아이뿐 아니라 부모의 관심과 주목을 받지 못하던 아이가 그런 일을 저질러서 모든 가족의 관심을 끌기도 하는데, 이 아이가 전적으로 못된 자식이거나 무능한 아이가 아닌 경우가 흔하다. 문제아로 지목된 이 아이는 가족을 심리적으로 안정시키는 역할을 암묵적으로 자원하여 떠맡게 된 것이고, 다른 가족구성원들은 이 일에 동참하여 각기 자신이 맡은 배역에 충실하면서 가족의 분위기를 그렇게 몰고 간 것이다. 이런 일련의 과정은 가족 체계의 항상성을 유지시키는 전형적인 방식을 잘 보여 준다.

27) 프로이트는 이런 심리적 현상을 반복 강박이라고 부르기도 하였다.

28) 이런 문제가 발생하는 또 다른 심리적 배경은 알코올 중독 가정의 심리적 공생("너는 내가 없으면 안 돼!")과 동질감 형성("우리는 서로 잘 통하고 잘 맞아")에 의해 진정한 사랑이 아닌 연민과 동정심에 빠지기 때문이기도 하고, 상대방에 대해 도움을 베풀면서 심리적 우월감("그래도 내가 너보다 낫지!")을 취할 수 있기 때문이다. 그러나 이와 달리 건강한 관계는 두 사람 모두 성장하고 자기 역할을 다하고 역량을 최대한 발휘할 수 있도록 서로 도와주는 방식을 따른다.

때로는 어린 나이에 가족을 위해 큰 짐을 지면서 장남 또는 장녀 콤플렉스 속에서 살고 있는 경우도 심각한 희생양이 될 수 있다. 가족 상담이 장기간 진행되면 역기능 속의 모든 자녀가 자신이 유독 피해를 더 심각하게 입었다고 생각하는 경우를 흔히 볼 수 있다. 역기능 가정에서는 부모의 무능과 무책임으로 인한 고통스러운 결과가 전체 가족에 확산되므로 결국 모든 가족 구성원이 각기 개인적인 피해를 하소연하는 경우가 생기기 마련이다.

가족치료에서 역기능 가족의 구성원으로 등장하는 인물들 중 특히 자녀들이 맡게 되는 배역에 대해 추가적인 내용을 살펴보면, 가족 중에 문제의 장본인(Identified Patient: IP)으로 지목되면서 가족들을 늘 곤경에 빠뜨리고 비난의 대상이 되는 문제인물이 있고, 앞서 설명한 것처럼 가족의 우상이면서 희망과 용기를 불러일으키는 가족의 영웅(Hero/Heroine)이 있는데, 이 아이는 자녀들 중에 특출해서 부모는 그 자녀가 출세하고 성공하기를 간절히 염원하면서 극진히 떠받들며 키운다. 또 흔히 어린 왕자나 공주(Little Prince/Princess)로 불리는 가족 중에 귀염둥이로 크는 아이가 있는데, 부모는 이 아이가 애교를 부리고 아양을 떠는 데 혼이 빠져 이 아이가 원하면 요구 사항을 다 들어주는 경우이고, 주로 막내가 이런 역할을 맡게 된다.

그 밖에 역기능 가족에서 큰 자녀들이 맡게 되는 배역을 살펴보면, 가정 내 긴장이 고조되는 경우가 많기 때문에 분위기가 냉랭하고 살벌하거나 험악해지면 웃기는 말이나 엉뚱한 짓을 해서 불편하고 경직된 분위기를 풀어주는 역할을 하는 어릿광대(Mascot/Comedian/Pierrot)의 역할을 하는 아이가 있다. 이런 역할의 발전된 또 다른 변형은 가족 간의 갈등이나 분쟁이 일어났을 때 평화주의자(Pacifist)를 자처하며 분쟁을 수습하거나 봉합하는 역할을 떠맡거나 협상을 중재해 주는 외교관(Diplomat)의 역할을 맡는 경우이다.

반대로 가족 내에서 투명인간처럼 있는 둥 마는 둥 존재감이 없는 아이로 잊혀진 아이(Lost Child)가 있는데, 가족관계에서 어리고 영향력이 없는 막내의 경우가 많고, 겁이 많거나, 가족들과 감정적 교류 없이 외롭게 혼자 크는 아이

사진 3-16 베네치아의 광대 가면[29)]

로 볼 수 있다. 또는 가족의 문제에 거리를 두면서 다른 가족들의 눈에 띄지 않지만 혼자 실속을 차리는 아이의 모습으로 표현되기도 한다.

가족치료에서 가족의 구조적인 문제, 구성원들의 기능과 역할, 심리적 특성과 역동성을 탐색해 보기 위해 가계도를 그려 보고 연관된 문제들을 확인해 보는 작업을 자주 하는데, 내면아이 문제도 가계도를 활용해 보는 것이 도움이 될 수 있다. 이런 기본적인 방식 외에 사진을 치료적 매체로 써보는 것도 효과적인 방법이 된다.

사진은 삶의 소중한 기억을 보관해 둘 수 있는 저장장치가 될 뿐 아니라, 역사적 기록물로 미래의 후손들에게 남길 수 있는 과거의 유산이 된다. 또한 상징적이거나 은유적인 이미지로부터 삶의 어떤 주제나 메시지를 전달해 주면서 내담자의 회상 능력이나 스토리텔링 구성 능력을 촉진시켜 줄 수 있는 독자적인 자원을 지닌 유용한 시각 매체이다. 특히 과거의 기억을 불러일으킬 수 있는 가족사진은 내면아이를 탐색할 수 있는 좋은 자료가 될 수 있다. 상담에서 내담자에게 마음에 드는 사진을 몇 장 골라오도록 하고, 상담자는 사진 속

29) 저자 DSLR 촬영, 2017년 7월 23일

사진 3-17 가족여행[30)]

에 있는 인물과 장소에 대해, 그 당시의 기분과 가족 분위기에 대해, 그리고 가족구성원들 간의 관계가 어떠했는지 질문을 해 본다.

또 다른 시각 매체로서 가족관계 속에서의 내면아이를 탐색할 수 있는 좋은 방안은 과거 원가족과 살았던 집을 그려 보는 것이다. 집은 가족구성원들의 개인적이고 집단적인 정체성과 관계형성이 이루어지는 공간이며, 어린 시절 경험한 중요한 기억의 많은 부분이 연결되어 남아 있는 장소이다. 여기서 어린 시절 살았던 집의 외부 모습과 내부 평면도를 그려 보고, 그 당시 함께 살았던 가족들과 집안 분위기, 가족관계의 특성, 중요한 사건, 생각나는 대화 내용, 편하거나 불편했던 공간이나 장소의 특별한 의미,[31)] 살았던 동네의 환경적 특성에 대해 이야기해 본다. 그 밖에 어렸을 때 친구들과 집에서 또는 집 근처에서

30) 저자 DSLR 촬영, 2018년 6월 21일, 아산 피나클랜드

31) 상징적이고 기능적인 면에서 창문과 대문은 소통이나 외부와의 상호작용, 벽과 지붕은 집의 내부를 보호하거나 방어하는 기능, 다락방이나 지하실은 은밀하게 숨을 수 있는 공간이나 비밀스러운 경험의 장소, 굴뚝과 벽난로는 난방이나 식사와 연결된 기능, 집 밖의 울타리는 삶의 경계를 의미할 수 있다.

무엇을 하고 놀았는지 회상해 보고, 어린 시절 내게 즐겁고 친숙했던 추억의 장소로서 문학적 상상력을 동원하여 치유와 회복의 공간을 만들어 본다.[32)]

자녀 양육 방식과 내면아이

내면아이 문제의 배후에는 사회적 양극화가 심화되면서 벌어지는 문제가 서로 크게 대비된다. 한쪽은 경제적이고 사회적으로 열악한 취약 계층의 문제이다. 대표적으로 이혼 가정이나 재혼 가정의 문제, 한부모 가정이나 조손 가정의 문제, 알코올이나 도박 등 중독의 문제를 지닌 가정, 그리고 가정폭력이 빈번하게 발생하는 가정을 생각해 볼 수 있다. 때로는 부모가 어린 시절 발달 장애나 성장하면서 정신장애를 겪어 자녀에게 심리적으로 부정적인 영향을 주는 경우도 있고, 과로와 생활고로 늘 지쳐 있어 자녀를 따뜻하게 보살필 여력이 없었던 부모도 있다. 각기 그 나름의 독특한 가족 구조와 그들의 고유한 문제가 있으므로 그런 특성과 문제점을 파악하여 거기 맞춰 상담을 진행해 나가는 수밖에 없다.

그런데 이런 취약 계층이나 역기능 가정 부모의 저하된 기능 수행과 달리 부모가 자녀의 삶의 문제에 너무 많이 개입하여 독립된 주체로서의 자신의 삶을 선택할 수 있는 자녀의 자유 의지를 무시하고, 부모가 자녀의 문제를 대신 해결하고 처리함으로써 자녀는 무기력해지고 의존적인 삶을 살게 되는 모습도 많이 발생한다. 과거 자녀들을 많이 낳아 모든 아이를 제대로 돌볼 능력이 없던 대가족 시대의 부모와 달리, 오늘날 저출산 사회의 경우는 부모가 자녀의 모든 것을 대신 떠맡고 책임지려는 과도한 기능 수행 때문에 자녀를 유약하고 의존

32) 음악 매체로는 〈즐거운 나의 집: Home! Sweet Home!〉이란 유명한 노래가 있다.

적인 심리 상태에 빠뜨리는 심각한 결과를 초래하는 경우가 훨씬 많아졌다.

과거 세대가 결핍으로 인해 고통과 상처를 주로 경험했다면, 요즘 세대는 과잉의 덫에 빠져 심각한 사태가 벌어지는 경우가 많다. 여기서 파생되는 또 다른 문제는 부모가 자녀에게 과도한 힘과 자원을 쏟아붓기 때문에 자녀에게 더 큰 기대를 하고 훗날 부모가 큰 수고와 희생을 치른 것에 대한 보상을 받기를 내심 바라게 되는 것이다. 이런 분위기를 일찍 감지한 자녀는 부모의 높은 기대에 부응할 자신이 없기에 열등감이나 죄책감을 느끼고, 우울한 심리 상태에 빠지고 만다.

문제의 해결책은 자녀에 대한 부모의 과도한 기대는 자녀의 삶을 파괴할 수 있기 때문에 자녀의 연령에 맞춰 현실적이고 적합한 기대를 가져야 한다. 부모는 자녀가 자율적이고 주도적으로 자신의 뜻과 기대, 그리고 의지를 실천해 나갈 수 있는 능력, 자신의 삶의 과제를 책임감 있고, 유능하게 실행할 수 있는 능력을 개발하도록 끊임없이 격려하고 지지해 주어야 한다.

부모가 자녀를 사랑하는 방식은 자상하면서도 엄격함을 잃지 않는 균형감각과 일관성 있는 태도가 필요하다. 자녀를 부모의 소유물이나 분신이 아닌 독립된 다른 인격으로 바라보면서 자녀가 스스로 감당해야 할 삶의 몫을 성장한 자녀에게 믿고 맡기고, 인내하고 기다리면서, 자녀가 선택하고 때로는 실패할 수 있는 자유를 허락해 주어야 한다.

어린 자녀들이 청소년 시기로 접어들면서 벌어지는 부모와 자녀 사이의 또 다른 갈등 양상은 자녀들이 급성장하고 반대로 부모는 중년기로 접어들어 기력이 급속히 쇠퇴하는데, 자녀가 어린 시절에는 훈육을 방임하고 방치하고 있다가 뒤늦게 부모가 자신의 불안정했던 청소년기를 떠올리면서 과도한 기능수행에 들어가 자녀의 격렬한 반발과 저항으로 자녀의 청소년기를 망치는 경우가 종종 있다. 올바른 자녀 양육의 시간적 흐름은 자녀가 어린 시절에는 충분히 따뜻하게 느껴질 수 있고 공감적 반응으로 아이에게 환호해 주는 사랑과 돌봄의 개입과 동시에 엄격하고 강인한 훈육과 지도가 필요하지만, 자녀가 청소년기로 접어들수록 그런 방식에서 점차 후퇴하면서 자녀에게 선택과 책임의 분량을 더 많이 부여해 주고 서서히 손을 떼고 거리를 두면서 자녀의 삶의 무대에서 부모의 임무를 마치고 편안한 마음으로 물러나고 떠나는 것이다. 그것이 부모는 늙고 병들어 무력해지고 말지만, 자녀가 강하고 유능해지고, 그래서 어쩌면 부모를 돌볼 수 있는 마음과 능력이 생길 수 있는 자연의 순리인데, 그것을 어리석게 역행하는 불행한 부모들이 많은 것이 비극적인 현실이다.

부모는 자녀가 어린 시절에는 삶의 좋은 습성과 습관을 키워주기 위해 운동선수를 훈련시키는 트레이너나 인생을 살아가는 기본 규칙과 지침을 알려주는 보육 교사의 역할을 맡지만, 자녀가 클수록 인생의 지혜를 함께 나누고 자녀를 조언해 줄 수 있는 정신적 지주나 그들의 고충과 갈등을 잘 들어줄 수 있는 상담자의 역할을 충실히 수행해야 한다. 그러나 많은 부모는 자녀 양육의 실패와 죄책감으로 자신이 만들어 놓은 감옥 속에 갇힌 죄인처럼 살아가는 경우가 생긴다.

더욱이 부모는 결혼 초기부터 가정을 경제적으로 안정시키는 것을 삶의 최우선 목표로 삼기 때문에 자녀 양육이 크고 중요한 일인 것을 알지만, 본의 아니게 자녀 문제는 뒷전으로 내몰리고 돈으로 모든 문제를 해결하려고 한다. 그러나 자녀 문제는 매우 민감한 발달 과제이기 때문에 그 시기에 판단을 잘못하고 때를 놓치면 훗날 그로 인한 훨씬 큰 손실과 피해를 감수해야 한다.

심지어 부모가 젊은 시절부터 평생 갖은 고생을 하며 큰돈을 모았다고 해도, 노후에 유약하고 무능한 자녀가 큰 사고를 내면 벌어 놓은 재산을 순식간에 없애고 집안이 몰락하는 경우도 생긴다. 어찌 보면 이런 문제는 자녀는 매우 빠른 속도로 크고 있는데, 오히려 부모가 자신의 내면아이 문제로 지배적인 과거 이야기를 붙잡고 놓지 않는 심리적 고착 상태에 빠져 있기 때문이다. 그런 부모의 심리적 퇴행으로 인해 부모의 문제가 자녀에게 전이되어, 자녀는 정신적으로 그리고 정서적으로 성장하지 못하는 아이로 남게 된다.

이런 문제를 방지하기 위해서는 부모는 자신의 양육 방식을 자녀의 발달 단계에 맞춰 부단히 점검하고 확인해 봐야 하며, 자녀를 있는 그대로 인정하고 수용해야 한다. 동시에 드러난 문제점을 직면하고 해결하기 위해 필요한 교육과 훈련, 그리고 전문적인 상담을 받는 것이 큰 도움이 된다.

자녀 양육에 있어 부부의 적절한 역할 분담이 필요하다. 훈육에 있어서도 일치된 태도를 취하면서 상호보완적인 역할을 잘 해야 한다. 부부가 서로 부모의 권위를 세워주어야 자녀도 부모를 존경할 수 있게 된다.

자녀교육 방식은 시대에 따라 관심을 끄는 강조점이 달라지기도 한다. 부모들은 언제나 머리 좋고 공부 잘하는 똑똑한 아이를 원하지만,[33] 전문가들은 감수성이나 공감 능력이 높은 아이, 자율적이고 자기주도적인 아이, 의사소통이나 대인관계를 능숙하게 잘하는 아이, 원대한 꿈과 비전을 가진 아이로 키우라고 권하기도 한다. 전문가들도 제가끔 의견이 엇갈리는 가운데 필자는 자녀교육에 관해 협소하고 제한된 시각보다는 전체적인 국면에서 바라보는 것이 좋고, 무엇보다 건강하고 성숙한 정체성을 형성하도록 도와주는 것이 중요하다고 생각한다.[34]

33) 미국 행정부의 소수민족 자녀교육의 모범 사례로 선정되어 연구된 바 있고, 교포사회에서도 성공 사례로 가장 유명한 고광림, 전혜성 부부의 경험은 유심히 살펴볼 가치가 있다. 아들 네 명과 딸 두 명이 모두 하버드와 예일 대학교를 간 비결은 여러 가지 많지만, 그중 한 가지 특별한 것은 크지 않은 집에 책상이 18개나 있었다고 한다(전혜정, 2006, pp. 195-197). 집 안 어디를 가든 책을 읽을 수 있는 공간이 마련되어 있었고, 친구들이 여러 명 놀러 와도 함께 공부할 수 있는 적절한 환경이 마련되어 있었다.

34) 개인적으로 필자가 자녀(아들 하나)를 키우면서 중요하게 가르친 것 중에 공부를 열심히 하고 돈을 많이 벌라고 이야기한 적은 전혀 없다. 아들의 아동기에는 필자 자신이 근면하고 성실한 생활방식의 우월성을 일찍 체득했기에 규칙적인 생활을 해야 한다고 강조했고, 맡은 일을 책임감 있게 하고, 숙제나 힘든 일을 먼저 하고 나서 자유 시간을 갖고 놀도록 했다. 청소년기부터는 정말로 하고 싶은 일을 찾고, 그것이 다른 사람에게 고통이나 피해를 주는 것이 아니라면 어떤 일이든 나는 동의하고 지지할 것이고, 신나서 즐겁게 하는 일이면 좋겠고, 고통스럽고 스트레스 받는 일은 되도록 하지 말고, 오랫동안 행복하게 할 수 있는 일을 잘 찾아서 하라고 부탁했다.

일반적으로 부모는 자신의 삶을 회고하면서 긍정적인 면으로 인식되는 부분은 자녀도 그대로 살기를 바라고, 부정적으로 인식되는 것은 반대로 살기를 바란다. 필자는 장남으로 크면서 늘 중압감을 느꼈지만 아들은 자유롭고 편한 삶을 살기를 원했고, 어린 시절 여러 차례 꿈을 포기하고 말았지만 아들은 자기가 하고 싶은 꿈을 성취하기를 원했다.

자녀가 성장하면서 가족과 사회 집단의 긍정적이고 자랑스러운 유산과 자원을 잘 이어받고 취약한 면이나 한계를 극복하면서 올바른 세계관과 가치관을 확립하도록 도와야 한다. 이런 삶의 주제들의 중요성을 인식하게 되면 삶의 의미가 분명해지고, 성취하고자 하는 목표와 가는 방향이 정해지며, 삶의 열정도 생기고, 삶의 태도나 방식도 확고해지고, 이를 달성하기 위한 규칙적인 생활습관 형성도 가능해진다. 이런 문제가 먼저 정리되고 나서 사회와 집단 속에서 존재 의미와 가치, 역할과 책임을 깨닫게 하고, 다른 사람들을 돕고 베푸는 지도자의 삶을 배우고 실천하도록 강조해 주어야 한다.

동시에 심리적인 면에서 부모는 투사적 동일시에 의해 과도하게 자녀에게 집착하고 희생하는 것으로 자신과 자녀의 인생을 망치지 말고, 개인적인 삶과 결혼생활의 만족도와 행복감을 증진시키기 위해 모든 방안을 강구하며 노력해야 한다. 또한 인생의 전체적인 영역에 걸쳐 기능적으로 균형 잡힌 삶의 질적 가치를 추구해 나가야 한다. 이렇게 될 때 모든 가족 구성원은 부적절하거나 해로운 융합과 분리에서 벗어나 자유롭고 성숙한 삶을 구가할 수 있게 된다.

내면아이의 심리 특성과 유형 분석

우리는 과거 이야기 속에서 마음 속 깊숙한 곳에 자리 잡고 있는 어린아이를 만난다. 어린 시절을 그리워하는 것은 마음의 고향이기 때문이고, 퇴행이 일어나는 것도 과거에 안주하고자 하는 심리이면서 내면아이에 대한 연민과 집착으로 볼 수 있다. 이런 내면아이는 알게 모르게 우리를 강력하게 끌고 나가는 본능적인 자아와 깊이 연결되어 있고, 그런 뿌리 깊은 내면아이의 힘은 자신과 다른 사람들과의 관계에서 잘못된 반응을 반복하게끔 한다. 무의식은 이렇게 반복해서 회귀하는 속성을 지니고 있다(이창재, 2003, p. 122). 이런 이유로 내면아이 문제는 인간의 정신세계에 대한 본격적인 탐구가 시작된 정신분석 운동의 초창기부터 관심의 초점이 되었다.

정신분석학적 관점에서 아동기에 가장 가까운 타인(흔히 부모나 조부모)과의 관계에서 가졌던 욕구, 감정, 기대 등을 성인이 된 현재 상황에서 반복해서 경험하는 현상을 전이(transference)라고 부른다. 과거 중요한 인물로부터 결핍됐던 욕구로 인해 갈등을 일으킨 관계방식이 현재 상황에 다시 활성화된 것이다. 전이 증상은 상담실뿐 아니라 일상생활에서도 발생하며, 모든 사람이 전이 증상의 가해자가 되기도 하고 피해자가 되기도 한다(문장수, 2015, p. 199).

정신분석의 치료 과정에서 발생하는 전이 현상은 내면아이의 억압된 감정이 흔히 양가감정의 형태로 표출되는 것을 의미한다. 내담자의 전이신경증은 내면아이의 핵심 갈등이 현재 상황에 재연된 것으로 볼 수 있다. 이런 전이 현상을 해석하고 전이 감정이 해소되면 치료 효과를 거둔 것이고, 그것은 내담자가 과거의 영향력에서 벗어난 것을 의미한다.

인간의 초기 경험은 매우 강력하고 비교적 깨끗한 백지에 기록되기 때문에 오랫동안 남아 있는 경향이 있다.[35] 외부의 충격에 취약한 아동기의 여리고 예민한 심성에 강한 영향을 끼쳐 그것이 잠복 상태로 오랜 시간 머무르며 상태가

35) 영국의 철학자 존 로크(John Locke, 1632~1704)는 인간은 백지 상태(tabula rasa)로 태어나고, 후천적 감각 경험에 의해 내면세계와 지적 능력이 형성된다고 주장했다. 오스트리아의 동물학자였던 콘라드 로렌츠(Konrad Lorenz, 1903~1989)는 거위와 같은 동물이 태어난 직후 처음 보게 된 대상에 대해 갖는 강한 애착과 특정한 행동양식을 관찰하면서 인간도 어린 시절 주어진 자극이 기억에 오랫동안 강하게 인식된다는 각인 효과를 발견하였다.

사진 3-18 엄마 오리를 쫓아다니는 새끼 오리들[36]

나빠지기도 하고, 삶의 미해결 과제로 남게 되어 반복적인 악순환을 일으키기도 한다. 그래서 아동기의 고착이 매우 강하다면 성인기에 성숙한 대인관계를 맺기가 어렵고, 또 성인기에 관계를 맺는 사람들을 어릴 때의 중요한 인물의 대역 이상으로 생각하는 것이 어렵게 된다.

상담 과정에서 내면아이의 심리적 배경과 특성을 탐색하는 것은 중차대한 과제이다. 상담에서 내면아이의 모습은 다양한 병리적 현상으로 나타나는데, 먼저 사기 자신의 삶 속에서 자주 등장하면서 심리적 갈등을 불러일으킬 수 있고, 다른 사람과의 관계 속에서도 문제를 만들어 낼 수가 있다. 그뿐 아니라 가족관계에서 분쟁과 불상사가 발생하는 불행한 사태의 배경 속에 내면아이가 문제의 장본인으로 자리 잡고 있는 경우를 종종 보게 된다.

이와 같은 내면아이의 문제에 대해 이번 장의 앞부분에서 원인적 배경이나 발생 경로에 관한 학파별로 각기 다른 견해를 살펴보았다. 여기서는 다양한 방식으로 발견되는 내면아이의 특정 유형을 분석할 수 있는 다섯 가지 방식을 제

36) 저자 DSLR 촬영, 2021년 7월 20일, 부여 궁남지

안해 보고자 한다.

첫 번째로 임상 현장뿐 아니라 어린 시절 경험 속에서 쉽게 만나게 되는 내면아이의 모습은 상처 입은 내면아이이다. 인간은 누구나 성장하는 과정 속에서 크든지 작든지 상처를 받기도 하고 주기도 하면서 살아간다. 그런데 내담자들의 경우에는 일반적인 경우보다 마음속에 더 깊은 상흔을 가진 모습으로 찾아오는 경우가 많다. 대개 어린 시절 너무 고통스러운 큰일을 당한 경우이고, 이런 경우는 주로 심한 스트레스나 외상(trauma) 경험을 생각해 볼 수 있다. 대표적인 예를 든다면 어린 시절 학교폭력이나 집단 따돌림을 당한 피해 경험, 교통사고와 같은 불의의 사고로 크게 다쳤던 경험, 어렸을 때 중병치레를 하면서 많이 아팠던 경험, 친한 친구나 반려 동물의 죽음으로 인한 상실 경험 등이다. 또는 어린 시절 너무 놀라고 당황했던 경험, 너무 무섭고 겁에 질렸던 경험, 자칫하면 죽을 뻔 했던 경험, 너무나 수치스러웠던 경험 등도 이런 항목에 들어갈 수가 있다. 이를 테면 뱀이나 맹견에 물린 적이 있다든지, 물에 빠져 죽을 뻔했다든지, 혼잡한 장터나 놀이공원에서 엄마를 잃어버려 미아가 됐던 경험 등을 의미한다. 그래서 상처 입은 내면아이를 탐색할 때 내담자에게 어린 시절 가장 고통스러웠거나 힘들었던 어떤 사건이나 장면을 떠올려보도록 하고, 그때 상황에 관한 구체적인 질문과 함께 과거의 경험이 성인이 되면서 어떤 영향을 주었는지 그 내용을 잘 들어보아야 한다. 그리고 그런 과거 경험에 대한 내담자의 주관적인 해석과 반응을 토대로 내담자가 불행했고, 고통스러웠다고 느끼는 감정의 강도와 빈도가 어떠했는지, 그것이 얼마나 오래 지속되었는지, 다른 어려운 문제들이 한꺼번에 발생하지는 않았는지, 자신의 문제를 어떻게 받아들이고 해결해 보려고 했는지, 그런 결과로 인해 자신의 앞날과 미래 이야기를 어떻게 내다보았는지를 살펴보아야 한다.

내면아이에 관한 두 번째 접근 방식은 발달적 측면에서 성장 과정을 살펴보는 것이다. 이 방법은 발달심리학이나 정신분석학의 관점에서 검토해 보는 것이 쉽게 정리가 되고 충분히 깊이 분석할 수가 있다. 신생아, 영아기, 유아기,

학동기 등 시간적인 흐름을 따라가 보면서 발달 단계에서 발생하는 심리적 갈등을 에릭슨, 프로이트, 대상관계이론과 연결시키면서 살펴보는 것이다. 그러다 보면 내담자의 내면세계 속에서 의심과 불신에 사로잡힌 아이, 위축되고 겁먹은 아이, 너무 의존적인 아이, 욕심이 많은 아이, 고집이 센 아이, 경쟁심이 지나쳐 꼭 이겨야만 하는 아이, 유난히 호기심이 많은 아이, 충동적이고 조급한 아이, 지나치게 예민하거나 신경질적인 아이, 거칠고 공격적인 아이, 너무 자신만만한 아이 등 다양한 모습의 내면아이들이 튀어나오는 것을 볼 수 있다. 여기서 발견되는 내담자의 심리 성향이나 행동 습관이 발달 과정에서 과거 어떤 단계로 퇴행하여 어떤 방식으로 고착된 것인지를 밝혀보고 분석해 볼 수 있다. 이와 동시에 그 당시의 가정환경과 분위기, 가족관계에서의 심리적 갈등도 함께 탐색해 보는 것이 도움이 된다.

세 번째 방법은 어린 시절 내면아이가 자주 겪었던 부정적 감정을 찾아보는 것이다. 이를 테면 화가 나서 울부짖는 아이, 슬픔과 낙심에 잠긴 아이, 외로움에 시달리는 아이, 시기심에 빠져 괴로워하는 아이, 지나치게 수줍어하는 아이 등이다. 이런 경우는 각기 감정을 불러일으키는 심리적 배경을 생각해 보아야 한다. 이를 테면, 분노의 경우 제각기 다른 배경에서 튀어 나올 수 있는데, 거절이나 무시당했을 때 모멸감을 느끼면서 표출되기도 하고, 신뢰가 깨지고 무너지면서 발생하기도 하며, 때로는 부당함에 맞서는 강한 의지의 표명일 수도 있으므로, 정확하게 어떤 경우에 속하는지를 구별해야 한다. 그런 후에 과거 그런 감정을 불러일으킨 어떤 사건이 있었는지, 감정적 느낌이 구체적으로 표현된 정확한 언어나 대화 내용과 그 의미가 무엇인지, 신체적인 스트레스 반응이 있었는지, 그런 감정으로 인해 어떤 생각을 하고 행동 반응을 하였는지, 그 감정이 내담자에게 어떤 이득을 주었는지, 아니면 어떤 피해를 주었는지, 그런 결과로 삶의 여러 영역에서 어떤 영향을 받게 되었는지 등을 살펴보도록 한다.

이런 감정의 흐름과 표출은 주변 상황에 의해 계속 변할 수 있지만, 여기서는 일시적 감정 상태가 아니라 내면아이의 장기적이고 주도적인 핵심 감정을 파악해야 한다. 또 어떤 경우는 1차 감정과 2차 감정으로 연결되어, 1차 감정이 초기 원인을 제공하고, 2차 감정으로 행동화될 수도 있다. 이를 테면, 시기심이나 수치심으로 인해 분노를 터뜨리는 경우이다. 이런 경우 1차 감정과 2차 감정 사이에서 어떤 심리적 역동이 일어나고 있는지를 잘 파악해야 한다. 그 밖에도 단일 형태의 감정이 아닌 밖으로 표출되는 감정과 속에 억압되어 있는 감정이 서로 다른 양가감정의 형태를 띨 수도 있다. 이를 테면 외부에서 볼 때 상실 경험으로 인해 우울한 상태에 빠져 있는 것처럼 보이지만, 억압되어 있는 내면세계에서는 자신을 자책하고 비난하면서 또는 상실한 대상을 원망하면서 분노의 감정이 숨겨져 있을 수가 있다. 때로는 이렇게 서로 불일치하거나 모순된 양가감정이 하나의 감정처럼 융합되어 있을 수 있다.

내면아이의 특성과 유형을 분석할 수 있는 네 번째 방식은 부모와 자녀의 심리적 역동을 살펴보는 것이다. 내면아이의 다양한 모습은 불가피하게 부모와의 관계 속에 깊이 얽혀 있는 것을 찾아보게 된다. 그런데 서로의 관계에서 처음부터 어긋나거나 틀어진 경우가 있다. 그런 배경은 임신과 출산 과정에 숨겨진 이야기에서 비롯되는데, 흔히 원치 않는 임신을 하게 된 경우이다. 부모가 둘 다 또는 어느 한쪽이 원치 않았고 그래서 인생의 시작부터 환영받지 못했던 아이의 경우에는 자신의 존재가 부적절하다는 생각을 갖게 되고, 이런 감정은 엄마의 뱃속에서 태아로 존재했을 때부터 거절당했다는 느낌을 갖게 한다. 어떤 경우는 아들 혹은 딸을 기다리고 있던 가정에 반대 성의 아이가 태어나면서, 부모와 자녀의 심리적 갈등이 고조되는 경우도 있다. 때로는 부모가 싫어하는 어떤 사람, 특히 조부모를 자녀가 많이 닮았다고 의심하고 불안해하면서 자녀와의 관계가 힘들어진 경우도 생긴다. 이런 문제들은 자녀의 출생과 영아기에 발생하면서 자녀와의 관계형성과 성장 과정에 큰 어려움을 준다.

부모와 관계에서 어린 시절 겪게 된 가장 큰 고통이나 상처 경험은 크게 두 가지로 나누어진다. 하나는 학대를 당한 경험으로, 여기에는 신체적이거나 물리적인 폭력을 당한 경험뿐 아니라 정신적이거나 심리적인 폭력, 성폭력, 폭언과 욕설에 의한 언어폭력도 다 들어갈 수 있으며, 아이가 직접 폭력을 당하지 않았어도 엄마가 아버지에게 구타를 당하는 모습을 목격했거나 아버지가 술을 먹고 들어와 집안 기물을 때려 부수는 장면을 목격한 것도 간접적인 폭력 경험을 한 것으로 봐야 한다. 이런 모든 장면은 아이에게 매우 위협적이고 두렵고 겁에 질리게 하는 공포 경험이 될 수 있다.

또 다른 하나는 부모로부터 버림을 받은 유기 경험이다. 부모가 아이를 버리는 경우는 부모의 가출이나 이혼으로 발생하기도 하고, 자식이 많은 부모가 자녀 중 하나를 친척집에 입양시키거나, 부모가 장기간 병원에 입원을 하거나 이민을 가면서 친척집에 맡기면서 아이는 부모가 나를 버렸다는 슬픔과 배신감을 갖기도 한다. 어떤 심한 경우는 입양되었다가 다시 파양되기도 하고 여러 차례 부모가 바뀌는 이중 또는 삼중의 유기 경험을 겪기도 한다. 어린 시절 형성된 유기 불안은 성장한 후 사랑하는 남녀관계에서도 파트너를 의심하면서 나를 얼마나 사랑할지 시험을 자주 해 보고, "저쪽이 나를 버리기 전에 내가 먼저 차버리자!"는 보복 심리를 불러일으키기도 한다.

학대와 유기 둘 다 상담 상황에서 자주 보게 되고, 아동기에 겪게 되는 대표적인 불행한 경험으로 심한 스트레스나 외상 경험으로 간주된다. 두 가지 다 경미한 사례에서부터 매우 심각한 사례까지 정도 차이가 다를 수 있다. 둘 다 고통스럽고 불행했던 기억으로 마음속에 장기간 남게 되지만, 아동의 입장에서는 학대보다 유기가 더 아픈 상처 경험이 될 수 있다. 학대를 당했더라도 아이는 가족의 상황을 합리화시키면서 부모와 더 결속되기도 하고, 그래도 자기를 버리지 않고 키워준 부모를 고마워하기도 한다. 그러나 자신을 버린 부모는 어린 시절 사무치게 그리워하지만, 시간이 지나 성장하고 나면 인간의 본능조차 저버린 어쩌면 동물보다 못한 비정하고 잔인한 존재로 여기게 된다. 이런 상처는 마음속에 억압된 슬픔과 분노로 남게 되고, 여러 형태의 심리적이거나 성격적인 장애를 초래할 수 있으며, 대인관계에 여러 가지 어려움을 주기도 한다.

부모와의 관계 경험으로 형성된 내면아이의 모습을 파악하는 데 또 다른 변수는 부모와의 애착 관계나 부모의 양육 방식으로 인한 심리적 영향을 받는 국면이다. 앞서 애착 이론에서도 제시되었지만, 이로 인해 여러 가지 다른 모습의 부모[37]와 자녀 관계가 형성될 수 있다. 이를 테면, 변함없는 애정으로 반응한 엄마에게서 자란 아이는 친밀한 애정관계에서 안정적이고 만족한 태도를 지닌다. 기분에 따라 변덕스럽게 반응하는 엄마에게서 자란 아이는 친밀한 애정관계에서 불안정하고 확신이 없이 의심하는 태도를 지닌다. 애정을 주지 않고 냉정한 엄마에게서 자란 아이는 감정적인 표현을 하지 못하거나, 사랑을 받지 못하고 피하기가 쉽다.

이와 같이 부모의 애정 표현이나 애착 형성의 문제가 아닌 부모가 힘과 권위로 지나치게 통제함으로 인해 문제가 생기기도 한다. 강압적인 원칙을 아이에게 강요하면서 협박하는 부모나 심하게 간섭하고 잔소리를 퍼붓는 부모가 있다. 이런 경우 아이는 매우 불안정한 심리 상태 속에서 자기 보호의 일환으로 부모를 피하게 된다. 과잉보호적인 엄마 밑에서 큰 자녀는 엄마에게 자신이 소유되거나 소모될 것 같은 두려움에 시달린다.

역설적으로 반대의 경우에도 때로 문제가 생길 수 있다. 앞서 나온 엄격하고 권위주의적인 부모나 지배적이고 통제적인 부모와 달리, 가정에서 올바른 질서와 기강을 확립하고 유지할 수 있는 강한 힘과 권위가 상실됐기 때문에 문제가 일어나는 경우도 생긴다. 부모의 역할 모델의 부재로, 특히 아버지의 역할이 너무 위축되어 성역할의 혼란이 오거나 자녀의 무기력한 면이 심해지기

37) 모성성의 측면에서 볼 때 모성성이 차고 넘치는 희생적이고 헌신적인 엄마, 반대로 모성성이 너무 부족한 차갑고 무서운 엄마, 모성성 자체를 거부하면서 자신의 역할을 어색하고 불편하게 느끼는 엄마 등 다양한 유형이 존재한다(김공숙, 2022, p. 158). 또 아버지의 유형도 권력을 휘두르는 독재자 같은 아버지가 있는가 하면, 어디에 있는지 보이지도 않는 작고 힘없는 아버지도 있다.

도 한다. 임상 사례 중에는 가정에서 정상적이고 필요한 권위의 실종으로 인해 불안장애가 심하게 온 이십대 초반의 남자 청년이 있었다. 그는 아버지처럼 무척 소극적이고 의존적이었는데 자신이 경멸하고 무시하던 무능한 아버지가 갑자기 죽고 말자, 지금까지 경제적으로 가정을 꾸려온 엄마마저 죽으면 자신은 어찌되나 심한 공포에 휩싸였다. 결국 부모가 자녀를 키우고 가정을 꾸려나가는 데는 따뜻하고 세심한 사랑과 엄격하지만 절제된 힘이 겸비된 강인한 사랑이 필요하고, 자녀가 자발적으로 부모를 존경할 수 있는 마음이 생겨야 진정한 권위가 세워진 건강하고 행복한 가정이라고 볼 수 있다. 그러기 위해서는 부모는 자녀를 키우고 훈육할 때 무엇이 자녀에게 필요한 진실하고 성숙한 사랑인지, 부모의 권위를 어떻게 올바른 방식으로 이해하고 적절하게 사용할 수 있는지를 늘 고민해 보아야 한다.

이런 내면아이의 정체를 탐색하여 찾아낸 후 그 내용을 해석하거나 설명할 때, 각기 상담자들은 그동안 배웠고 연마해 온 상담학이나 심리학의 이론을 일차적으로 동원하게 된다. 그런데 여기서 마지막 다섯 번째 방법으로 문학적 사고와 접근방식을 추가적으로 동원해 보는 것도 흥미롭고 유익한 방법이 될 수 있다. 이를테면, 줄거리 내용을 놓고 문학 장르와 유형이 어떠한지, 구성 요소로서 인물과 배경, 톤과 플롯은 각기 어떻게 구성되어 어떤 의미를 지니고 있는지, 과거 이야기의 큰 주제는 무엇이고, 과거 경험 속에서 내면아이는 어떤 배역을 맡고 있고, 다른 사람들과 어떤 관계인지, 내담자에게 어떤 메시지를 전달하려고 하는지, 과거 이야기 속에 어떤 특이한 장면이 있는지, 상징적이고 은유적인 언어나 시각적인 이미지가 표현되고 있는지 등을 살펴보는 것이다. 그러면서 거기서 얻은 문학적 영감과 통찰을 내담자의 문제를 이해하고 분석하는 데 연결시켜 보고 창의적인 글쓰기나 실험적인 방식으로 치료적 접근을 시도해 보는 것이다.

내면아이의 치유

우리 속의 내면아이는 건강하고 성숙한 삶의 국면으로 나가는 것을 때때로 방해하곤 한다. 이런 내면아이의 모습은 성인이 된 후에도 가까운 관계에서 심리적 갈등을 불러일으키기도 하고, 우리가 내면아이를 바라보고 대하듯이 어린 자녀들을 양육하기도 한다. 먼저 내면세계 속 깊이 숨어 있는 이런 아이들을 찾아내야 한다. 그것은 내가 원하는 진정한 인격이 아니고 외부로부터 다른 인격이 침투해 내면세계를 잠식하므로 상처입고 빼앗긴 자아이다. 내가 원치 않고, 혐오스럽거나 열등하다고 느끼는 나의 모습이다. 이런 내면아이가 심층적으로 어떤 모습인지 그 정체가 밝혀지면 그 후부터 내면아이의 위력은 급격히 떨어질 수 있다.

내면아이가 어떻게 나를 교묘하게 조종하고 내 삶을 휘둘렀는지 깨닫고, 어두움의 사슬 속에서 해방되어야 한다. 자각과 통찰을 통해 내면아이에게 지배되었던 지난 과거에 대한 철저한 반성이 필요하다. 내면아이의 모습이 수치스럽거나 역겹게 느껴져도 그것을 있는 그대로 인정하고 받아들여야 한다.

내면아이에 대한 분노와 슬픔의 양가감정을 느끼면서, 과거의 어둡고 아픈 모습과 결별할 마음의 결심과 강한 의지가 있어야 한다. 이것은 현재 경험하고 있는 삶의 문제 속에서 건강한 삶의 방식을 방해하는 어리석고 미숙한 삶의 방식을 버리고 중단하는 것을 의미한다. 여기서 내면아이 역시 인간의 양면성을 지니고 있기에 그런 내면아이의 모든 특성을 다 거부하라는 뜻이 아니고 부정적이고 병리적인 면과 작별하되 내면아이의 순수하고 긍정적인 면은 오히려 보존되어야 한다는 의미이다.

이런 치료 과정에서 심리극(psychodrama), 역할극(role play), 빈 의자 기법, 또는 놀이치료 방식을 동원해 보는 것이 치료적 성과를 잘 낼 수 있는 유력한 방법이다. 치료 작업을 위해 시간적으로 상담이 충분히 진행되고 나서 사전 준비를 잘 해놓고 문학적 상상력을 동원하여 과거 회상 작업을 한 후 내면아이를 불러내 그 아이가 과거 상황에서 무엇을 느끼고 있고, 무엇을 원하고 있는지 물어본다. 내담자 스스로 그 아이와 충분히 대화를 해 보게 한다. 그런 후 성인 자아인 내담자가 상처 입은 아이를 위로해 주고 새로운 모습으로 살아갈 수 있도록 용기를 주고 격려해 준다.

또는 다른 관점에서 문제를 직면시키고, 도전을 시켜보기도 한다. 이 부분은 의식과 무의식, 성인 자아와 아동 자아, 기능적 자아와 역기능적 자아 또는 건강하고 성숙해진 자아와 아팠고 미숙했던 자아 사이의 심리적 대화와 새로운 관계형성을 시도해 보는 상담 활동이다. 때로는 이렇게 이분법적인 분류방식이 아니라 세 가지 이상의 서로 다른 캐릭터가 혼재되어 영향을 주는 경우도 있다. 예를 들면, 우울한 아이, 죄책감에 시달리는 아이, 분노하는 아이가 동시에 튀어나올 수도 있다. 이렇게 다양한 캐릭터가 등장할 경우, 서로 인사를 나누면서 관계형성을 시도하고, 대화를 해 보면서 각 캐릭터의 나이와 심리적 특성이나 욕구를 파악하며, 서로 어떤 영향을 주는지를 관찰해 보면서 각기 다른 캐릭터를 도와줄 수 있도록 한다.

또 다른 경우는 가해자로서 부모나 다른 사람들과 피해자로서 자신의 내면아이 사이의 대면 방식을 쓰기도 한다. 대개 가해자는 참석하기 어려우므로 상담자가 대역을 맡거나 내담자가 양쪽 역할을 번갈아 가면서 해 본다. 그래서 그들이 내면아이에게 어떤 존재였는지뿐만 아니라, 내면아이는 그들에게 어떤 존재이기를 원했는지도 초점을 맞춰본다. 그래서 과거 이야기 속의 현장으로 들어가 그때는 어리고 무력했기에 그렇게 말할 수 없었고, 당시에는 하지 못했지만 지금 하고 싶은 말과 상대방으로부터 듣고 싶었던 말을 충분히 쏟아내도록 한다.

그런 과정이 충분히 진행된 후, 필요하다면 자신의 내면아이로 인해 피해를 입은 주변 사람들에게 진심으로 뉘우치는 고백과 사과를 하면서 진지하게 용서를 구하는 작업도 시도해 볼 수 있다. 만약 이런 행동적 접근이 어려울 경우에는 편지 쓰기 기법을 동원하여 자신에게 그리고 다른 사람들에게 하고 싶은 말을 충분히 쓰고 난 뒤 그 내용을 감정을 실어 소리 내어 읽고 충분히 자신의 감정을 표현한 후 편지를 불에 태워 버리는 방법을 쓰기도 한다. 이런 치료의 모든 과정을 거치면서 내담자는 슬프고 불행했던 과거의 내면아이와 헤어지는 애도 반응을 경험하며, 자신의 과거 이야기를 상담자와 함께 새롭게 바뀐 이야기로 구성하고 그 이야기에 특별한 의미를 부여함으로써 과거와 화해하는 작업을 해 나간다.

이런 치유의 과정을 혼자서 해 나가기는 매우 어려운 일이다. 따라서 충분히 안전한 환경이라고 신뢰할 수 있는 전문적 상담을 통해 도움을 받아야 한다. 그 과정은 과거 부모로부터 겪은 역기능적이거나 병리적인 양육 방식이나 관계 경험을 다시 교정 받고 유아적 환상, 기분과 충동이 아닌 성숙한 성인으로 현실 세계를 바라보고 기능적이고 건강한 방식으로 반응해 나가는 것을 새롭게 배우고 연습하면서, 삶에 적용하고 그 결과를 평가하는 작업을 계속 해 나가는 것이다.

이런 과정이 무척 고통스럽고 때로는 긴 시간이 걸리지만, 포기하지 않고 잘 견뎌낸다면 내면아이의 깊은 상처는 차차 아물고, 그 흉터도 희미하게 지워져 마침내 사라질 것이다. 그런 치유의 과정을 거쳐 우리는 다른 사람들과의 관계 속에서 장성한 성인이 되어 지혜롭고 유능하게 살아가며, 더 이상 어린 시절의 무거운 멍에에 얽매이지 않고 자유롭고 편안한 삶을 구가할 수 있게 된다.

제4장

미래 이야기의 양면성

성장 과정에서 우리는 심리적 갈등을 겪으면서 인생을 바라보고 살아가는 삶의 방식이 크게 바뀌는 변화를 겪기도 한다. 삶의 초기 단계의 낙관적 분위기가 중년기나 노년기에 이르러 비관적이거나 초월적인 분위기로 바뀌기도 하고, 젊은 시절 순수하거나 이상적인 세계를 꿈꾸다가 나이가 들면서 현실적이거나 실용적인 삶을 추구하는 방식으로 바뀌곤 한다.

우리 주변에서 현재의 시간 속에 살지만 과거에 의해 조종당하고 지배받는 사람들을 종종 보게 된다. 과거 그렇게 했어야 할 일을 하지 못한 것을 후회하고, 과거 저지른 잘못에 대한 죄책감에서 벗어나지 못하며, 과거 당한 일로 인해 아직도 복수심을 품고 고통스러워한다면, 현재가 아니라 과거의 감옥 속에 살고 있는 것이다. 그래서 과거 친밀한 관계 속에서 발생한 상실감에 사로잡혀 환상적 사랑을 좇아가기도 하고, 과거에 겪은 수치심이나 죄책감으로 다른 사람들을 두려워하며 자신을 사회적으로 격리시키기도 한다. 우리는 현실을 혼란스럽게 하거나 왜곡시키는 과거의 고통스러운 기억을 새로운 이야기로 다시 구성해야 한다. 우리에게 주어진 시간은 본질적으로 앞을 향해 가고 있지, 정지 상태에 있거나 뒤로 가고 있는 것은 아니다.

우리는 시간의 연속적 흐름 속에서 자신이 누구인지, 어디에 있고, 어디로 가고 있는지 자신의 존재와 위치를 확인하곤 한다. 현재 속의 나 자신은 과거 기억 속에 숨겨진 나의 유아적 자아와 미래의 나의 모습이라고 상상하는 자아와 분리시켜 생각할 수 없는 것이다. 과거 이야기 속의 내면아이가 현재의 나를 지배하기도 하고, 미래 이야기 속의 내가 되고 싶어 하는 이상적 자아가 현재의 나를 만들어 가기도 한다.

미래 이야기의 영향력

우리는 과거와 현재와 미래의 시간 영역에서 삶을 전개시키고 결정짓는다. 그런데 때로는 현재만이 우리가 경험하는 시간 개념의 전부이고, 우리 인생의 결정적인 부분으로 받아들인다.

과거는 이미 지나가 버렸으니까 다 사라지고 말았다고 생각한다. 또 미래는 아직 눈앞에 찾아오지 않았기 때문에, 단지 가상적 세계일 뿐이라고 생각한다. 과거는 다 끝나서 없어진 일로 치고, 미래는 전망이나 예측일 뿐 현실은 아니라고 부인한다. 그러면서 현재만 붙잡고 과거나 미래를 도외시하는 태도를 취한다. 그러나 인간은 자신이 기억하고 회상하는 과거에 의해서 영향을 받을 뿐 아니라, 마음속에 기대하고 꿈꾸는 미래에 의해서도 영향을 받는다(Lester, 1997, p. 69). 정현종은 「방문객」이란 시에서 한 사람이 나를 찾아온다는 것은 사실 어마어마한 일인데, 그 이유는 그가 그의 과거와 현재, 그리고 그의 미래와 함께 오기 때문이라고 이야기한다.

미래는 며칠 뒤, 몇 개월이나 몇 년 후 우리에게 찾아올 막연하고 희미한 어떤 사건이나, 지금 이 순간의 나와 아무 관계없는 환영(幻影)이 아니다. 미래는 이미 우리의 꿈과 계획, 기대와 불안 속에 살아 숨 쉬고 있다. 우리는 꿈과 희망을 품고 무엇을 바라거나 어떤 사람이 되기를 원한다. 이런 부분이 오늘의 나를 계속 끌고 밀어주며 성장시켜 나간다.

언제나 과거 이야기가 현재 경험하는 문제의 원인적 배경이 되는 것은 아니다. 상상하는 미래 이야기가 문제의 원인이 되기도 한다. 그래서 과거를 어떻게 돌이켜 보는지에 따라 현재가 행복하거나 불행해지기도 하듯이 미래를 어떻게 내다보는지에 의해서도 현재의 삶이 의욕적일 수도 있고 반대로 무기력해질 수도 있다. 어떤 사람이 미래를 바라보기를 힘들어한다면, 그래서 행복한 미래 이야기를 쓸 수가 없다면, 그는 절망감에 사로잡혀 있을 수 있다.

나의 내면세계에는 과거의 나, 현재의 나, 미래의 나가 공존하고 있다. 현실 속의 나는 과거, 현재, 미래가 서로 단절된 정적(靜的) 상태에 놓여 있는 것이 아니고, 서로 수시로 왕래하는 역동적인 상태 속에 있다. 또한 현재가 과거나 미래와 왕래하는 것은 단선적이 아니고 복선적이고, 동시다발적으로 상호작용을 할 수도 있다(김재희, 2006, p. 46).

흔히 우울은 과거의 상실 경험으로 인해 발병하고, 불안은 가까운 미래에 발생할 수 있는 실패 경험을 상상하므로 겪게 된다고 생각한다. 상담 현장에서 보면 과거나 미래의 어느 한쪽에 과도하게 심리적 에너지가 쏠리는 경우가 간혹 있지만 대다수의 경우는 과거와 미래로부터 동시에 영향을 받는다. 시간이 지나면서, 주변 상황이 바뀌면서 과거나 미래에 몰려 있던 심리적 관심사가 때로는 반대 방향으로 이동하기도 한다. 때문에 우울증도 매우 다양한 유형과 증상이 생기는 것도 심리적 문제 외에 신체적 요인이 동시에 영향을 주기 때문이지만, 또 다른 중요한 변수는 내담자가 시간 속에서 존재하고 활동하는 시간성의 요인 때문이기도 하다. 우울증은 대개 불안 증상을 동반하는 경우가 많은데, 우울증의 대표 증상인 절망감도 미래 이야기의 영향을 크게 받기 때문이다.

인지치료의 창시자인 아론 벡(Aaron T. Beck, 1921~2021)은 우울증 환자들은 부정적 사고방식에 잘 빠지고 세 가지 삶의 큰 주제에 대해 부정적 사고가 몰려 있다고 주장했는데, 그것을 인지 삼제라고 불렀다(Beck, 2008, pp. 26-27). 그것은 먼저 자기 자신과 주변 세계의 다른 사람들이고 마지막 한 가지는 바로 미래에 대한 부정적 사고이다. 그래서 우울증 환자들에게서 과거의 실패와 현재의 고통이 미래에도 계속 반복될 것이라고 예측하는 증상을 자주 접하게 된다.

과거 못지않게 미래 이야기에 우리는 크게 겁을 집어먹기도 한다. 그래서 자신의 미래 이야기가 상실되거나 왜곡될 때 절망에 빠지고 정신적 고통을 겪기 쉽다. 영국의 소설가 찰스 디킨스(Charles Dickens, 1812~1870)의 『크리스마스 캐럴』[1]을 보면 청년 시절 사랑 대신 돈을 선택하면서 포악한 수전노가 되고 만 스크루지 영감은 크리스마스 전날 밤 꿈에 찾아온 과거, 현재, 미래의 유령을 만나 시간 여행을 함께 다니면서 과거 이야기 속의 외로웠던 내면아이와 공감하고, 현재 이야기 속의 혐오스러운 자신의 모습과 직면하게 된다. 그러나 극적인 변화는 과거나 현재의 유령보다 미래의 유령이 보여 주는 자신의 미래 모습을 보면서 더욱 놀라고 무서워하면서 벌어진다. 미래의 유령이 자신의 죽음을 슬퍼해 주는 이는 아무도 없고 모든 사람이 욕설과 저주를 퍼부으며 그가 아끼던 물건을 모두 훔쳐가는 장례식 장면과 아무도 찾지 않는 춥고 황량한 무덤을 그에게 보여 주었기 때문이다. 그곳에서 자신의 쓸쓸하고 비참한 최후를 본 스크루지는 마침내 잘못을 크게 뉘우친다. 환상에서 깨어난 후 그동안 탐욕스럽게 살아온 부끄러운 삶을 청산하고, 이웃에게 사랑과 자비를 베풀고 함께 어울려 지내는 과거와 전혀 다른 인생을 살게 된다.

필자도 미래 이야기에 압도되고 함몰되어 날마다 악몽을 꾼 적이 있었다. 삼십대 중반 미국 유학 시절 박사 과정을 끝내고 마지막 학위 논문을 남겨 놓고 있을 때였다. 꿈 내용은 주로 두 가지였다. 하나는 학교 강의실에서 시험을 치르고 있는데, 시간이 얼마 남지 않았고 답안지를 제대로 쓰지 못해 쩔쩔 매는 모습과 또 하나는 미국에 오기 전 살던 동네를 다시 찾아가는데, 오래전 살던 집을 찾지 못해 길을 잃고 힘들게 헤매는 모습이었다. 이런 꿈을 꾸게 된 배경은 졸업 논문을 쓰는 도중 지도교수가 정년퇴임하였고 새로 바뀐 지도교수도 안식년을 떠나 논문 작업이 2년이나 지체되었고, 거기다 생활고로 학업을 중단한 채 다른 일을 하게 되었는데, 직무 스트레스가 너무 컸던 그 당시 삶의 형편과 깊이 맞물려 있었다. 여기서 발생했던 심리적 문제는 성취하고자 하는 소

1) 상담 상황에서는 내담자에게 원전(중편 소설)을 읽어 보길 권하기보다는 2009년 디즈니 애니메이션으로 나온 영화를 보거나 로베르트 인노첸티가 그림을 그린 동화책(작가정신, 2010)을 보는 것을 추천한다.

망의 실현이 계속 지연될 때 겪는 심한 좌절감이었다. 그러다 보니 마음속에서 이러다 학업을 끝내지 못하는 게 아닐까 하는 불안감이 커졌고, 영영 고국에 돌아가지 못하고 불안정한 상태가 계속될 것으로 미래를 상상했기 때문이었다. 이렇게 파괴적인 지배력을 지닌 미래 이야기로 인해 꿈속에서도 심한 불안에 시달렸고, 길을 잃고 방황하다 지쳐 식은땀을 흘리며 잠에서 깰 때가 많았다.

의미요법의 창시자인 빅터 프랭클(Viktor E. Frankl, 1905~1997)은 나치 정권에 의해 유대인 강제수용소로 끌려가 극한 상황 속에서 미래에 대한 희망과 절망에 크게 영향을 받는 인간의 심리적 특성을 알게 되었다. 1944년 연합군의 노르망디 상륙 작전이 성공하고 동부 전선에서는 소련과의 전쟁에서 전세가 역전되어 독일군이 사방에서 밀리고 있다는 소식이 수용소 안에서 입소문으로 퍼져나갔다. 사람들은 그해 말인 1944년 크리스마스까지는 해방이 되어 집으로 돌아가리라는 막연한 희망을 가졌다가 이것이 거의 확신에 가까운 기대로 굳어졌다. 그러나 크리스마스가 왔어도 전쟁은 계속됐고 독일군의 저항이 심했기 때문에 연합군의 진격 속도가 늦어졌다. 조만간 해방될 것으로 믿었던 그들의 희망은 결국 빗나가고 말았다. 그해 크리스마스 때부터 정초에 이르는 일주일 동안 수용소 안의 사망률이 전례 없이 크게 늘었다. 수용소 내의 노동조건이나 식품 공급, 날씨나 특별한 질병의 발생으로 인한 어떤 변동이 있었던 것도 아니었는데도, 그들의 절망적인 미래 이야기는 많은 생명을 빼앗아 갔다(Frankl, 2002, p. 128).

이와 유사하게 나치에 의해 자행된 대규모 유대인 학살을 뜻하는 홀로코스트를 소재로 한 〈제이콥의 거짓말〉[2]이란 영화에서도 거짓 뉴스였지만 희망이 얼마나 사람들의 마음을 강하게 지배하고 크게 움직일 수 있는지를 잘 볼 수 있다. 1944년 겨울 나치의 점령으로 폴란드 유대인들은 강제 격리 구역에

2) 로빈 윌리암스 주연, 1999년 제작

사진 4-1 아우슈비츠 수용소

서 누구도 외부로 나갈 수 없고 외부 소식이 일체 들어올 수도 없는 심한 통제를 받는다. 어느 날 제이콥은 통금 시간을 어겨 주민들을 감시하는 독일군 사령부로 불려간다. 거기서 독일 장교의 라디오를 통해 소련군이 독일군을 물리치고 폴란드 외곽 지역까지 진격했다는 소식을 무심코 엿듣게 된다. 마을에 온 제이콥은 이 소식을 사람들에게 전했는데, 그 말이 와전되어 제이콥이 라디오를 갖고 있다는 엉뚱한 헛소문이 돌기 시작한다. 이들이 거주하는 게토 내에서 조금만 기다리면 자유를 얻고 해방될 수 있다는 기쁜 소식이 퍼지자 전에는 자살하는 사람들이 매일 여러 명 있었지만, 그 소식이 전해진 이후부터는 자살하는 사람이 없어지고, 삶을 포기했던 사람들이 잠시나마 삶의 의욕을 되찾게 된다. 어쩔 수 없이 제이콥은 사람들에게 희망을 주기 위해 거짓으로 새로운 뉴스를 계속 만들어 낸다. 나치는 소문의 진원지를 찾기 위해 혈안이 되고, 제이콥은 붙잡혀 심한 고문을 당하고 결국 처형되고 만다.

이렇게 모든 희망이 다 끊어진 상황에서 영화가 끝나는 결말에 예기치 못한 극적인 반전이 찾아오는데, 제이콥이 거짓 뉴스로 만들어 낸 허구적 미래 이야기가 놀랍게도 마법사의 신기한 예언처럼 마지막 순간 그대로 다 이루어지고 만다. 여기서 우리는 희망이 인간에게 삶의 진정한 의미를 찾도록 돕고, 살아갈 힘을 얼마나 강하게 불어넣는지 그 대단한 위력을 실감하게 된다.

여기서 한 가지 논란의 여지가 생길 수 있는 부분은 거짓 희망의 실체를 어떻게 평가하느냐 하는 문제이다. 인간의 긍정적 감정으로 종교 영역뿐 아니라 상담 영역에서도 높이 평가하고 존중하는 희망도 양면성을 띠고 있고, 희망이란 단어조차도 부정적 뉘앙스를 띠고 사용될 때가 종종 있다. 이를 테면, 사업 실적이 떨어지고 적자가 늘면서 기업에서 구조조정으로 정리 해고를 하면서도 분쟁을 줄이려고 원래 의미를 왜곡시켜 희망 퇴직이란 말을 쓴다.

또 희망 고문이란 전혀 어울리지 않는 것처럼 보이는 두 단어를 합쳐 놓은 합성어가 있는데, 거짓 희망으로 인해 시간이 갈수록 고문을 당하듯이 고통만 가중되는 상황을 의미한다. 희망이 전혀 없었다면 일찍 포기하고 말았을 텐데, 가능성이 희미하게 조금씩 보이니 모든 걸 걸고 위험한 도박을 하는 경우이다. 이와 유사하게 절망적인 상황에서 기적 같은 행운을 바라며 사행심으로 날마다 복권을 사는 사람들도 있다. 이렇게 제각기 희망을 품고 각자 다른 반응을 하는 혼란스러운 상황에서 거짓 희망은 말 그대로 위험한 사기극인지 아니면 경우에 따라 조건부로 받아들일 수 있는 것인지, 그렇다면 그때 판단 기준은 무엇인지, 여러 의문점이 뒤따르게 된다.

시집 『나는 희망을 거절한다』에서 희망은 절망보다 더 무섭다고 시인은 이야기해 준다(정호승, 2017, p. 46). 그것은 간절한 마음으로 큰 기대를 했지만 이루어지지 않았을 때의 고통이, 일찍 체념하고 포기했지만 그래도 살짝 미련을 둔 상태보다 인간에게 훨씬 더 아프게 느껴지기 때문이다. 그래서 시적 자아는 절망의 희망은 용서해 주어도 희망의 절망은 용서해 주기 어렵다는 고백으로 시를 마무리 짓는다.

상담에서도 절망에 빠진 내담자에게 상태가 호전되거나 문제가 해결될 수 있다는 강한 확신을 불러일으키고, 전문성이 확보된 상담 구조화를 통해 내담자가 상담에 적극적으로 참여할 수 있도록 기민하게 독려해 나가는 것이 매우 중요하다. 그러나 상담자가 그런 준비가 되어 있지 않은 상태에서 내담자의 문제를 제대로 파악하지 못한 채 과도한 기대감을 갖도록 하는 것은 거짓 희망을 불러일으키는 것이다. 마찬가지로 자신의 상담 방식이 내담자와 잘 맞지 않거나 치료 효과를 거두기 어려운 상황에서 상담을 시작하거나 계속 진행하는 것은 무책임하고 상담 윤리에 위배되는 행위이다.

진정한 희망은 눈앞에 보이는 어떤 불리한 신호나 정보를 외면하거나 무시하지 않는다. 현실의 가능성을 있는 그대로 보면서, 그래도 우리에게는 선택할 수 있는 자유가 있고, 용기 있게 반응할 수 있는 능력이 숨겨져 있거나 아직 남아 있다고 믿는 것이다.

거짓된 희망은 자신에게 불리한 진실을 숨기거나 은폐하는 것이고, 잘못된 동기에서 사실적 의미를 유리하게끔 축소시키거나 교묘하게 왜곡시켜 버리는 것이다. 다만 거짓 희망을 사람들이 수긍하거나 납득하는 예외적인 경우는 그것이 의로운 동기에서 인간의 생명을 살리고 구하는 경우이며, 이런 일은 앞서 〈제이콥의 거짓말〉과 같은 전쟁이나 재난 현장과 같은 삶의 심각한 위기 상황에서 종종 발생한다.[3] 또 이와 달리 평상시 고려해야 할 부분은 열악한 환경에서 이미 큰 상처를 입은 가련한 자에게 냉혹한 진실을 거칠고 무감각하게 직언하기보다는 거짓말이더라도 따뜻한 사랑이 담긴 말로 완곡하게 고쳐 절망적인 상황에서도 희망과 용기를 선사해 주는 것이 필요한 경우도 있다는 것이다.

기능적 미래 이야기와 역기능적 미래 이야기

기능적 미래 이야기는 새로운 삶의 이야기를 추구하고 경험하게 해 주며, 변

3) 유사한 방식의 도덕적 딜레마로 전쟁 중 적군이 점령한 마을에서 전투 중에 부상을 당한 후 마을 주민의 집에 몰래 들어온 아군 병사를 집 주인이 숨겨주고 상처를 치료해 주고 있는데, 집집마다 수색하는 적군 병사에게는 거짓말로 둘러대면서 부상병을 구해 준 경우를 들 수 있다.

화를 상상하고, 성장을 예측할 수 있도록 해 준다. 반면에, 역기능적 미래 이야기는 미래를 쉽게 단정적으로 고정시켜 놓고, 개인이나 집단의 미래를 부정적으로 제한시켜 버린다. 우리는 이처럼 잘못된 기능을 불러일으키는 미래 이야기에 직면하여 그 파괴적인 영향력을 확인한 후 희망 찬 미래 이야기를 다시 구성해 나가야 한다.

희망은 삶의 고통스러운 위기 경험 속에서 긍정적으로 미래를 바라보는 삶의 태도나 방식이다. 이것은 성격이나 기질의 영향도 있겠지만, 현실을 직면하고 용기를 갖고 도전할 수 있는 능력, 그리고 고통과 시련을 극복해 낼 수 있는 인내와 회복탄력성에 크게 좌우될 수 있다.

절망에 빠진 사람은 새롭게 해석하고 구성할 수 있는 과거와 미래 이야기를 받아들이기를 거부한다. 과거 경험에 대한 부정적 기억과 실패에 대한 두려움으로 인해 역기능적 미래 이야기에 지배받고 불안과 절망에 빠져 있는 경우를 상담 현장에서 종종 볼 수 있다. 오랜 기간 후회스러운 과거의 상처와 실패 경험에 사로잡혀 있다 보면 인생을 바라보는 안목에 결함이 생길 수 있다. 시인

사진 4-2 무창포 신비의 바닷길[4)]

4) 저자 스마트폰 촬영, 2021년 12월 8일, 보령 무창포 해수욕장. 주로 겨울에 발생하는 신기한 현상으로 물이 빠지면서 바다 한복판에 길이 생겨 육지에서 1.5km 떨어진 섬(석대도)까지 걸어갈 수가 있다.

정호승은 "닫힌 문을 너무 오랫동안 쳐다보고 있으면 열려 있는 등 뒤의 문을 보지 못한다."고 우리를 깨우쳐 준다(정호승, 2006, p. 298).

많은 사람은 오늘도 내일도 어제와 똑같을 것이라고 여기는 악순환의 반복 논리를 따르는 비합리적 신념 속에서 살아간다. 이런 사고방식은 과거 특정 사건의 한 부분을 자신의 인생 전체로 확대시키면서 일반화하거나, 그 결과를 극단적으로 과장시키는 인지 왜곡에 해당한다.

여기서 실패 경험의 역설적 의미를 살펴보면, 실패로 인한 부정적 기억 때문에 과거 경험을 외면해 버리므로 우리는 실패로부터 교훈을 얻지 못하는 경우가 많다. 실패를 다시 이야기하고 실패로부터 배울 때 소중한 정보를 얻을 수 있다. 때로는 부정적 결과가 성공에 매우 특별한 정보를 제공한다는 사실을 깨닫고 실패가 알려주는 성공의 숨겨진 단서를 찾아내 삶의 귀한 교훈으로 삼아야 한다(Fishbach, 2022, p. 184).

마찬가지로 절망도 때로는 우리에게 필요하고 유익할 수 있다. 덴마크 철학자 쇠렌 키르케고르(Soren Kierkegaard, 1813~1855)는 절망에는 두 가지 형태가 있다고 했다. 하나는 진정한 나 자신이 되고 싶으나 되지 못해 느끼는 절망이고, 또 하나는 지금의 내 모습에서 벗어나고 싶어서 느끼는 절망이다(Kierkegaard, 2007, pp. 23-24). 거짓되고 위선적인 자아에서 벗어나기 위해서, 내게 불필요하고 해로운 것들과 분리되기 위해, 잘못된 욕심과 집착을 버리고 내려놓기 위해 먼저 절망적인 현실을 직면하고 극복하려는 의지가 필요하다. 그래서 정호승은 그의 시에서 절망을 통해 희망을 가져봤기에 절망이 없는 희망을 거절한다고 부르짖는다(정호승, 2017, p. 45).

어느 날 아침 눈을 떠보니 벌레로 변해 버린 남자가 주인공으로 등장하는 『변신』이란 유명한 소설을 쓴 프란츠 카프카(Franz Kafka, 1883~1924)는 평생 실패를 반복했고, 생전에 작가로서 인정도 받지 못한 채 그저 평범한 월급쟁이로 생을 마쳤다. 카프카는 직장생활을 너무 싫어했지만, 생계유지를 위해 그만둘 수가 없었다. 그토록 결혼하기를 원했지만 죽을 때까지 독신으로 살았다. 체질이 허약해서 특히 위가 안 좋았고, 심한 불면증에 시달렸다. 가족과 사이가 나빴고, 아버지 때문에 자기 성격이 비뚤어진 거라며 평생 원망하며 살았다(Kafka, 2012, p. 9). 그는 부정성을 대표하는 작가로서 역설적으로 부정적 경험에서 창조적 에너지를 창출해 냈다(Kafka, 2012, p. 225).

여기서 우리는 실패와 절망 속에서 경험하는 고통의 의미를 되짚어 볼 필요가 있다. 인간은 프로이트가 일찍이 쾌락원칙을 지적한 것처럼 본성적으로 고통을 피해 보려고 하고 쾌락이나 행복을 추구한다. 그런데 이 세상은 완벽한 유토피아 같은 곳이 아니고 고통이나 슬픔이 없는 지상낙원은 아니다. 인간의 욕망은 크고 많은 것을 원하고 붙잡으려 애쓰지만 그것을 성취하기는 어렵고, 관심을 끄는 것이 여러 갈래로 분산되면서 갈등은 더 심해진다. 결국 어둡고 병든 내면세계로 변해 가면서 인간은 운명적으로 고통을 피해 갈 수 없는 존재가 되고 만다.

고통이 이 세상에 존재하는 또 다른 배경은 프로이트 관점에서 본다면 인간의 본능인 죽음 충동이나 통제할 수 없는 인간의 욕망 때문일 것이고, 종교적이거나 도덕적인 면에서 본다면 인간 내면에 숨겨진 본질적인 악의 문제이거나 개인적이거나 집단적인 이기주의 때문일 것이다. 그로 인해 인간인 나 자신이 불완전한 상태이고, 다른 사람들도 그렇고, 세상도 그렇다. 이런 불완전한 환경 속에서 서로 불완전한 상호작용을 하므로 실수나 잘못을 계속 저지르기 마련이고, 고통이 필연적으로 발생할 수밖에 없는 삶의 구조이다.

상담을 받고자 하는 내담자도 자신의 삶이 너무 고통스럽기 때문에 오는 것이다. 상담이 내담자의 고통을 대신 떠맡아 처리해 주는 일은 아니다. 다만 상담자는 그 고통의 숨겨진 다른 어떤 의미를 내담자와 함께 새롭게 구성해 가는 작업을 하는 것이다. 의미요법의 창시자인 빅터 프랭클도 인간이 고통 속에 있을 때 삶의 의미를 찾으려는 심리적 욕구가 더 커진다고 보았다(Frankl, 2002, p. 184).

고통의 의미 또는 고난의 문제는 인생의 가장 크고 어려운 주제 중의 하나이다. 이것을 어떻게 이해하고 대처하느냐에 따라 삶의 방식이나 살아가는 자세가 달라질 수 있고, 자기 자신이나 다른 사람들을 대하는 반응이나 태도도 달라질 수가 있다. 현실에서는 삶의 시련과 역경에서 용기 있게 맞서기보다는 무섭고 겁이 나 도망치는 경우가 많기에 김선희는 현대인들이 삶에 자연스럽게 수반되는 고통을 과도하게 두려워하고 기피하는 증상에 시달리고 있다고 보면서, 고통 기피는 고통스러운 현상이 나타나기 전에 고통을 피하게 하는 안전장치 역할을 할 수 있지만 과도한 고통 기피는 고통의 발생 못지않은 고통을 초래한다고 지적한다(김선희, 361, p. 2008).

인생에서 때로는 고통을 거부하거나 회피하면서 얻는 손실이 고통을 직면하면서 수용하고 치르는 손실보다 더 클 수가 있다. 역설적으로 고통을 통해서 인간은 내면세계를 성찰할 수 있는 능력이 커지면서 정신적으로 강해지고 성숙해질 수 있기 때문이다. 물리적이고 생물학적으로 힘이 강한지 약한지에 따라 결과가 달라지기도 하지만, 많은 경우는 정신력에 따라 판도가 크게 바뀐다. 인생의 많은 문제는 고난과 시련을 헤쳐 나가는 인간의 심리적 에너지인 기백과 기세에 의해 승패가 결정되기도 한다. 스캇 펙도 고통을 피하려는 태도가 정신건강을 해치는 원인이 된다고 주장한다(Peck, 2005, p. 18). 절망적이고 고통스러운 상황을 회피하지 않고 내재되어 있는 의미를 발견하고자 태도를 변경한다면 고통은 더 나은 삶을 위한 기회가 될 수도 있다(신경희, 강기수, 2020, p. 86).

우리는 어렸을 때, 꿈과 기대가 무산되면서 그것이 마음속 깊은 상처가 되고, 그런 부정적 경험이 내 인생에서 반복될 것이라고 믿기도 한다. 그러나 미래가 그런 부정적 예감과 항상 일치하는 것은 아니다.

상담에서 어느 30대 남성 내담자는 자신에게는 좋은 일이 일어나지 않는다는 부정적 기대와 함께 어떤 좋은 일이 일어나길 일체 기대하지 않는 무망감(無望感)을 마음에 품고 있었다. 이것은 약속을 미리 취소시켜 없던 일로 치면서 미래 이야기를 무효화시키는 행위였는데, 발생할 가능성을 일찍 포기함으로써 자신이 받게 될 상처 경험을 모면하는 일종의 방어기제였다.

어린 시절 사업에 실패한 그의 아버지는 아들의 생일에 원하는 것을 사주겠다고 약속했지만, 번번이 그 약속은 지켜지지 않았다. 그런 일이 계속 거듭된 후 그는 아예 아무것도 기대하거나 바라지 않는 마음을 품게 되었다. 그런 실망하고 상처 입은 내면아이로 인해 자신이 큰 기대를 하면 어떤 일도 이루어지지 않을 것이라고 믿기 때문에 어디서 경품권 뽑기를 할 때도 늘 부정적 기대를 먼저 하였고, 종교적 신앙에서도 어린 시절 그가 믿는 신을 아버지와 동일시하여 정말 원하는 큰 선물을 달라고 신께 기도하는 것 자체가 매우 어려웠다. 어린 시절 겪은 고통으로 의심이 많은 내면아이가 마음속 깊이 자리 잡게 된 것이다.

상담에서 내담자들은 미래에 대해 자신이 바라는 모습으로 이미지를 형성하지 않고, 기억하는 과거 경험에 의존하여 미래를 예측하는 경우가 많다. 특히 불안장애를 겪는 내담자들은 과거의 부정적 경험을 다시 떠올리면서 미래를 비관적으로 예단하므로 불안을 가중시키는 악순환을 반복하곤 한다. 어제의 실패와 상처에만 집중하고 있다면 오늘과 내일의 축복을 바라보지 못한다. 희망에 거하는 자는 현실적으로 가능한 그러나 아직 보이지 않는 아름답게 빛나는 미래를 용기 있게 바라보며 끈질기게 추구해 나간다.

오래전 젊은 부부가 이혼을 확정하기 전 상담을 먼저 받아보겠다고 필자를 찾아 왔다. 초등학교에 다니는 예쁘게 생긴 어린 딸을 데리고 왔고, 아내 편에서 이혼을 강력히 원하고 있었다. 사연을 들어보니 남편이 다니던 직장에서 실직하고, 시장에서 조그만 사업을 시작했지만, 자신이 떠맡은 일이 너무 고되고 사업도 부진하여 도무지 살아갈 아무런 의욕이 없다는 것이었다. 보기에도 얼굴 표정이 어둡고, 너무 힘이 없어 보이고 축 처져 있는 모습이었다. 그 후 여러 차례 상담해 주면서 어린 시절 성장 과정이며 자세한 이야기를 듣게 되었는데, 마지막 마음속 깊은 데서 나온 이야기가 현재 상태의 결정적 동기를 제공해 주고 있었다.

그 내용을 짧게 정리하면, 내담자는 여성으로 어린 시절 꿈과 포부가 대단히

켰다. 어려운 가정 형편 속에서도 일류 성악가가 되겠다는 당찬 꿈을 열성적으로 키워가고 있었다. 그러던 중 사귀던 남성이 자신의 꿈을 적극적으로 지지해 주고 꼭 이루어 주겠다고 약속하는 바람에 결혼하게 되었는데, 이제는 자신의 꿈이 산산조각 나서 물거품이 되고 말았다는 애처로운 이야기였다. 그 결과 삶의 의미도 사라졌고, 살아갈 힘과 의욕마저 잃고 말았다. 결국 내담자는 단순히 현재의 경제적 고통 때문이 아니라 낙심하고 상처 받은 내면아이에 기반을 둔 미래 이야기로 인해 현재의 삶이 너무 힘겹고 고통스러웠고, 미래 이야기도 중단된 채 더 이상 이어 나갈 수 없었던 것이다.

절망은 앞길이 막혀 있고, 자신의 상황은 변할 수 없을 것이라고 확신하는 인지 구조이지만, 희망을 갖기로 선택하면 다른 가능성이 생긴다. 희망의 느낌은 미래를 내 앞에 열려 있는 세계로 바라보며, 극복해 나갈 방법이 있다고 믿게 한다. 그러나 절망감을 가진 사람들은 인생의 막다른 골목을 바라보면서 빠져나갈 길이 전혀 없다고 믿는다. 희망을 품는다면 다른 방법으로는 일어날 수 없을 크고 작은 변화가 생긴다.

희망은 현재는 볼 수 없는 숨겨진 자원을 미래가 소유하고 있다고 믿는다. 희망은 가능성이 있음을 느끼는 힘을 의지하는 반면, 절망은 가능성이 없다고

사진 4-3 눈부시게 밝은 빛이 들어오는 오솔길

느끼는 힘에 지배를 당하는 것이다(Lester, 1997, p. 158).

때때로 너무 일찍 포기했거나, 노력이 부족했거나, 단지 게으르기 때문에 문제가 생기기도 한다. 그러면서 다른 사람들에게는 특별한 행운이 찾아오기도 하는데 왜 나에게는 그런 일이 일어나지 않을까 하는 원망과 한탄 속에서 살아간다. 동시에 일어날 수 있는 경우보다는 일어날 수 없는 쪽에 더 많은 생각을 쏟고, 가능한 것보다는 불가능한 쪽에 생각을 더 집중하곤 한다.

심지어 어떤 사람은 성공적으로 문제를 처리하려고 시도하기보다는 어떻게 하면 여기서 속히 빠져나올 수 있을지만 생각하곤 한다. 이런 예를 들면, 직장이나 학교에서 골치 아픈 일을 맡아 심한 스트레스를 받을 때 현실 도피로 이런저런 여행 계획을 세우면서 갈 수 있는 형편도 아닌데, 쓸데없는 잡념에 빠져 많은 시간을 쓰는 경우가 있다.

한 상담 사례에서 우울증을 겪고 있는 중년 남성에게 상담자는 미래에 관해 이야기해 보라고 요청하면서, 혹시 날마다 꿈꾸는 백일몽이 있냐고 물었다. 그러자 내담자는 몹시 당황해 했고 상담을 제대로 마치지도 못한 채 집으로 돌아가고 말았다. 그 후 얼마 뒤 내담자는 상담자에게 다시 찾아와 자신의 속마음을 털어놓았다. 그에게는 암으로 시한부 인생을 사는 아내가 있었고, 아내가 죽으면 아내 앞으로 들어놓은 보험금을 타내 새로운 인생을 사는 꿈을 꾸고 있었는데, 그 사실이 너무 수치스럽기 때문에 늘 고통 속에 있었다고 고백을 하였다. 이 내담자는 오랜 시간 아내를 간병하느라 너무 지쳐서 우울증이 온 것이 아니었다. 이기적인 환상을 꿈꾸는 역기능적 미래 이야기에 붙잡혀 있었기에 우울증을 겪게 된 것이다. 이처럼 미숙하고 잘못된 동기에서 꿈꾸는 미래 환상은 마음을 어지럽히고 병들게 할 수 있다. 그래서 희망이 단순히 이기적인 욕망이 아니라 진실하고 정당한 것을 목적으로 삼는 마음으로 변해야 한다. 그럴 때 내담자는 마음의 순전한 치유뿐 아니라 진정한 행복도 경험할 수 있다.

희망을 거절하는 사람들은 "도대체 사는 게 왜 이 모양이지?" "인생은 도대체 무슨 낙으로 사는 걸까?" 부정적인 혼잣말을 되뇌며 신세한탄을 하면서, 소극적이고 무기력하게 살아간다. 또 어떤 경우는 "그때 만일 내가 어떻게 했더라면" 과거를 후회하면서 계속 붙잡고 놓아 주지를 않기도 하고, "그래, 그게 문제야, 그러나 이제 어떻게 하지?" 하면서 계속 시간만 끌고 문제에 가까이 다가가지 않는 경우도 있다. 그러고는 "나는 못해, 더 이상 어떻게 할 수가 없어!"라고 말하면서 쉽게 포기하고 만다. 그러나 상담에서 이런 역기능적인 자기와의 대화를 버리고 새로운 의미와 가능성을 부여하는 자기와의 대화로 전환시켜 나가야 한다.

역기능적 미래 이야기를 기능적 미래 이야기로 고쳐 나가기 위해 내담자는 먼저 자신을 비난하고 비하하는 자기 패배적인 대화를 끊고, 자신을 격려하며 존중해 주는 대화를 시작해야 한다. 자신에 대한 연민에 빠진 자기 동정이나 자신을 싫어하고 거부하는 자기 증오를 버리고, 순수하고 강인한 나의 숨겨진 모습을 그리워하며 다시 찾는 자기 존중과 동경의 자세가 필요하다. 동시에 부정적이고 파괴적인 생각을 버리고, 희망을 품고 미래를 바라보며, 닫힌 문을 열고 새로운 세계로 나가야 한다.

역기능적 미래 이야기는 부모가 자녀에게 저주하며 퍼붓는 대화 내용에서 시작되는 경우가 종종 있다. 한 30대 초반의 여성 내담자는 청소년기에 친엄마가 사고로 일찍 돌아가셨고, 아버지가 얼마 후 재혼하였는데, 이중적인 태도를 보이는 새엄마와 관계가 극도로 나빠지면서 아버지와도 적대적인 관계가 되었다. 서로 대립과 충돌이 잦아지고 심해지면서, 어느 날 너무 화가 난 아버지는 딸에게 "너같이 못된 년은 똑같이 못된 놈하고나 서로 잘 맞을 테니까, 나중에 못된 깡패 같은 놈하고 한번 살아봐!"라고 악담과 저주를 퍼부었다. 처음에는 그 말을 무시했지만, 시간이 지날수록 아버지의 예언대로 보기에 괜찮은 남성이 자기에게 다가오면 다 쫓아내고, 정말 못된 남성은 자기도 모르게 연민과 동질감을 느끼면서 쉽게 받아주었다. 부모가 홧김에 던진 한마디 폭언이 자녀의 심장에 비수같이 깊이 박혀 버린 것이다. 그러면서 여러 명의 남성에게 폭력과 학대를 당하고 심한 마음의 상처를 입고 상담을 요청하게 되었다. 이런 내담자들의 상담 과정은 마녀의 저주로 인해 흉측한 괴물이 되었다가 착한 천사의 도움으로 마법에서 풀려나는 동화 속 이야기와도 같다.

희망은 아직 현실이 아닌 것을 꿈꾸고 있는 것이다. 인생의 새로운 변화는 희망에 그 근거를 둔다. 그렇다고 단순하게 시간이 지나고 내일이 되면 모든 상황이 오늘보다 나아질 것이라고 상상하거나 예측하는 것이 희망은 아니다. 그것은 진정한 희망이 아니고 낙천적 기질의 한 단면일 뿐이다.

이미 지나간 과거는 바꿀 수가 없다. 지금 눈앞의 현재도 인간의 힘으로 바꿀 수가 없다. 그러나 미래는 아직 모든 것이 결정되지 않은 열린 세계이고, 내가 무엇을, 어떻게 준비하느냐에 따라 크게 달라질 수가 있다. 눈부시게 빛나는 미래를 꿈꾸며 인생을 다시 세워나갈 때, 그것이 현실로 우리 앞에 다가오고 시간이 지나면서 그 꿈이 점점 구체화되며, 때로는 어느 순간 갑자기 실현되기도 한다.

미국의 작가 오 헨리의 『마지막 잎새』라는 유명한 단편 소설이 있다. 소설의 줄거리를 요약하면 뉴욕시 맨해튼 남부에 있는 그리니치 빌리지의 예술가 마을에 살고 있는 젊은 여성 화가 존시는 11월 늦가을 갑자기 추워지면서 폐렴에 걸렸고, 갈수록 병세가 심해져 죽음을 눈앞에 두고 있다. 의사는 회복될 가능성이 10%라고 룸메이트인 친구 수에게 말해 준다. 존시는 담장 벽에 붙어 있는 담쟁이덩굴 잎들을 날마다 세어보면서 그 잎들이 다 떨어지면 자기도 죽을 것이라고 상상하는 괴상한 망상[5]에 빠져 있다. 의사가 다녀가고 그날 밤 심한

5) 외로운 투병생활로 인한 심리적 퇴행이 일어났고, 이런 증상은 아동기 인지 특성인 물활론에 배경을 두고 있다. 문학적으로는 사물을 의인화시키면서 담쟁이가 사람이 되는 존재론적 전환 속에서 인간과 자연, 주체와 객체가 융화되는 물아일체(物我一體)의 세계에 빠져 있다(김현자, 2007, p. 258). 대상관계 이론에서 보면, 심리적 내사로 인해 대상에게 침윤되어 대상이 고통스럽고 아플 때 자신도 고통스럽고 아프게 느끼는 내사적 동일시(introjective identification) 현상에 해당된다(이창재, 2008, p. 43). 라캉의 용어로 표현하면 주인공 존시는 언어 차원의 상징계에서 이미지 차원의 상상계로 진입하고 있다.

비바람이 불면서 아침에 담쟁이 잎은 마지막 한 장만 남고 말았다. 그런데 그 다음 날 밤도 비바람은 더욱 세차게 몰아쳤지만 마지막 잎은 꿋꿋하게 그대로 붙어 있는 것을 본 존시는 자신의 부정적 기대를 버리고 삶을 포기하려던 자신의 잘못을 뉘우치면서 기력을 되찾기 시작한다.

이런 극적인 기사회생의 배경에는 아래층에 사는 늙은 화가 베어먼의 숨은 노력이 있었다. 마지막 남은 잎은 그가 담장에 붓으로 매우 정밀하게 그린 가짜 나뭇잎이었다. 사다리를 타고 차가운 비바람을 맞으면서 밤 새워 벽에 담쟁이 잎을 그린 베어먼은 급성 폐렴을 앓다 이틀 만에 급히 세상을 떠나고 만다.

젊은 동료를 향한 늙은 화가의 희생적 사랑으로 죽음의 위기를 모면한 아름다운 이야기인데, 문학적 전개와 해석을 벗어나 이 내용을 상담학적 관점에서 다시 정리하고 분석해 보면 신체적 질병이나 자연 재해와 같은 삶의 위기 경험에서 인간이 품는 희망과 절망의 심리 상태를 엿보게 된다.[6)]

인간에게 미래는 알 수 없는 세계이다. 누구도 시간을 빠르게 앞질러 미리 가볼 수 없기 때문에 앞으로 내 운명이 어떻게 될지 아무도 알 수가 없다. 이런 불확실한 미래에 관한 불안이 고조될수록 행운이 찾아올지 불운이 닥칠지 서둘러 결정되기를 원한다. 이럴 때 쉽게 동반되는 것이 제비뽑기처럼 결과를 미리 점쳐볼 수 있는 마술적 사고이고, 때로는 헛된 희망에 기반을 둔 위험한 발상이기도 하지만 자신이 처한 상황이 심각해질수록 기적과 같은 일이 연출되

6) 『마지막 잎새』의 주인공이 강한 비바람에도 떨어지지 않고 붙어 있던 담쟁이 잎을 보고 용기를 얻었던 것처럼 비슷한 일이 일본에서 있었다. 1991년 일본 최대 사과 생산지인 아오모리현에 강력한 태풍이 지나가면서 수확을 앞둔 사과들이 나무에서 다 떨어지고 만다. 떨어진 사과들을 바라보며 농부들은 망연자실하며 한숨만 내쉬고 있었다. 그러던 중 한 농부가 거센 태풍에도 떨어지지 않은 10% 정도의 남은 사과들을 바라보면서 기발한 생각을 하게 되었다. 떨어지지 않고 붙어 있는 사과를 '합격 사과'라고 이름을 붙여 전국 수험생들에게 판매를 시작했다. 10배나 비싼 가격을 붙였는데도 입시를 앞두고 '합격 사과'는 날개 돋친 듯이 팔려나갔다 (EBS, 2011, pp. 253-254).

사진 4-4 창문 밖의 담쟁이덩굴

기를 바라며 주술적 행위에 집착하기도 한다.

침대에 누워 있는 주인공 존시는 창문 밖에 보이는 담쟁이와 자신을 동일시한다. 담쟁이는 땅 밑에서 벽을 타고 점점 위로 기어 올라가는 덩굴나무이다. 가난한 무명 화가인 존시는 작고 볼품없이 잎만 무성한 식물이지만 담쟁이처럼 자기도 높은 데까지 올라가보고 싶은 강한 성장 욕구를 지니고 있다. 그런 꿈과 희망은 심한 폐렴을 오래 앓으면서 점점 밑으로 가라앉고 만다. 그렇지만 절망에 빠진 우울한 상태에서도 인간은 본능적으로 살고 싶은 욕구도 반작용으로 요동친다. 존시가 마지막 기대를 거는 것은 높은 벽을 타고 올라가는 담쟁이의 대단한 근성과 강인한 기운을 자신도 물려받고 싶은 것이다. 담쟁이는 빨판처럼 벽에 딱 붙어 있어 쉽게 떨어지지도 않는다. 강한 긍정적 동일시로 그런 강인한 끈기와 생존력을 자신도 받아들여 잘 써보고 싶다. 더구나 추워지면서 빨갛게 물든 담쟁이 나뭇잎은 강렬한 색감으로 변해 마지막 생명력을 불태우며 존시를 응원해 주고 있다.

그렇지만 존시는 병세가 깊어지면서 부정적이고 비관적인 기대가 점점 커지고 만다. 이럴 때 자주 나타나는 심리 양상은 어떤 조건을 내걸면서 거래를 하는 태도이다. 만약 마지막 잎이 떨어지지 않는다면 나도 분명히 나을 수 있다고 자신의 운명과 조건부 거래를 한다. 그러면서 심지어 저런 하찮은 나뭇잎도 살려고 발버둥을 치는데, 인간인 내가 그보다 못하다면 너무 수치스러운 일이라는 생각도 든다. 여기서 강한 저항력을 가진 오기가 마음속에서 발동하게 되면서 마침내 죽음의 강하고 무서운 위협과 싸워 극적으로 승리의 기쁨을 얻는다. 이런 모든 과정은 무의식의 환상 세계 속에서 상징적 외부 대상과 심리적 역동이 일어나면서 복잡하고 특이한 반응이 발생하는 모습을 필자가 문학적 상상력을 동원하여 정리하고 심리적으로 묘사해 본 것이다.

『마지막 잎새』의 내용과 유사하게 「위로」라는 시에서 시인 윤동주는 깊은 병이 든 채 죽어가는 한 남성을 요양원으로 찾아간다. 뭐라고 위로할 말이 없던 차에 꽃밭에 날던 노란 나비가 거미줄에 걸려 날개를 파득거리며 버둥거리다 거미가 쳐 놓은 그물에 칭칭 감겨 죽어간다. 죽어가는 작은 나비를 바라보며 환자는 그저 무기력하게 한숨만 내리쉰다. 그때 시인은 재빨리 거미줄을 헝클어 뜨려 죽을 뻔한 나비를 구해 주고 나비는 자유롭게 하늘로 다시 날아간다. 시인은 나비를 구해 주면서 환자에게 위로 대신 작은 희망이라도 전해 주고자 한다(윤동주, 2013, p. 43).

우리에게서 아주 먼 곳에 있는 듯 여기지만 실상 가까운 데 있는 것이 죽음이란 인간의 종말적 사건이다. 죽음의 무섭고 파괴적인 세력에 의해 나이 드신 분이 오랜 지병을 앓다 돌아가시기도 하고, 젊은 환자가 갑작스러운 돌연사로 제대로 꽃피지 못한 채 애통하게 세상을 일찍 떠나기도 한다. 교통사고로 사망하기도 하고, 물에 빠져 또는 높은 데서 떨어져 죽기도 한다. 과도한 알코올이나 약물 중독으로 죽기도 하고, 폭행 사건으로 죽기도 하고, 집이나 건물에 화재가 나서 죽기도 한다. 때로는 개인이나 가족이 생활고로 인해 자살을 했다는 슬픈 소식을 듣기도 한다.

이렇게 현실적이고 신체적인 죽음 외에도 많은 사람의 정신적 고통의 밑바닥에 죽음의 공포가 흐르는 경우가 의외로 많다.[7] 오래전 상담 사례에서 어떤 젊은 부인이 결혼하고서 여러 해 동안 임신을 못하고 아기가 없었다. 그로 인해 알게 모르게 시집 식구들로부터 멸시를 받게 되었다. 남편도 점점 자기에게서 멀어져 가는 것을 느끼고 있었다. "아! 이제 주변 모두의 사랑을 잃고 내 인생은 끝이구나!" 그런 순간 하루는 치과에 가서 이를 뽑으면서 피가 나는 것을 보고, 기겁을 하고 놀라고 당황했다. 그 후부터 빨간 색만 보면 몹시 무서워하게 되었다.[8] 특이한 사례지만, 가까운 관계에서 살아가는 의미를 잃고 나서, 상징적인 면으로 음산하고 불길한 죽음의 그림자와 부닥치게 된 것이다.

죽음은 색채로 표현할 때 흰색이나 검정색 같은 무채색으로 흔히 표현된다. 무채색은 단순하지만 엄숙하고 절제된 느낌을 주기 때문에 장례식 때 상복은 두 가지 색으로 통일된다. 흰색과 검정색이 서로 대비되면서 보완하는 심리적 배경에는 죽음을 경험하면서 동시에 영원한 세계를 동경하는 마음과 더불어 절망과 공허의 어둠에서 벗어나 밝고 환한 빛의 세계로 이동하길 원하는 무의식의 욕구 때문이 아닐까 생각한다. 인생의 말년에 사랑하는 가족의 죽음으로 인한 비통한 심정에서 이어령은「죽음 앞에서는 수사학이 없다」에서 "오직 검은 색만이 있고 말은 없다."고 죽음 앞에서 인간의 무력함을 고백하면서 자신의 시를 마무리한다.

죽음의 공포는 죽음 자체에 대한 공포이기보다는 죽음에 대한 개인적이거나 사회적인 관념과 표상, 그리고 죽음과 맞물려 있거나 뒤따르는 문제들로 인해 발생한다. 이런 문제들은 죽는 과정에서 겪게 될 신체적 고통과 자아통제력의 상실, 가까운 관계로부터 분리되거나 고립되는 고독감, 가족에게 고통과 부담을 주게 될 가능성, 불확실하고 절망적인 미래 전망, 자신이 해 왔던 소중한

7) 심리학에서 죽음의 공포가 불안장애, 우울증, 섭식장애, 중독, 조현병 등 다양한 심리장애를 일으키거나 악화시킬 수 있다고 본다(Solomon et al., 2016, p. 315).

8) DSM-5의 진단 기준으로는 특정 공포증의 한 유형인 혈액에 대한 공포로 볼 수 있다 (American Psychiatric Association, 2015, p. 209).

일이 미완성 상태로 남게 되는 것, 자신의 존재가 소멸되어 지상에서 없어지고 마는 것, 그리고 사후 세계에서의 심판과 형벌에 대한 두려움으로 정리된다(EBS 제작팀, 2014, p. 260).

아일랜드의 국민시인 윌리엄 예이츠(William B. Yeats, 1865~1939)는 「유령들」에서 죽음을 무(無)와 부재(不在)로, 「인간과 메아리」에서는 영원한 미지(未地)로 묘사한다(윤일환, 2020, pp. 140-141). 「유령들」이란 시에서 나이 들고 길어지는 밤 시간, 꿈에서 본 열다섯 가지 유령 중에서 옷걸이에 걸린 코트가 최악이라며, 옷걸이 유령을 가장 무서워한다(Yeats, 2011, pp. 110-111). 옷걸이 유령은 친숙해 보이지만, 얼굴도 없고 표정을 읽을 수 없는 존재이다. 죽음은 이처럼 우리 주변에 가까이 머물러 있지만 진짜 모습은 알 수 없기에 더욱 두려운 것이다.

우리는 날마다 신체적이든 정신적이든 죽음의 어둡고 무서운 그림자를 접하고 느끼지만, 대다수 사람들에게 이 모든 소식은 남의 일이지 결코 나의 일은 아니다. 죽음을 TV나 영화에서 볼 뿐이지 현실로 목격하는 경우는 매우 드물기 때문에 실제로는 존재하지 않는 것처럼 느끼면서 산다. 그래서 죽음을 편안하게 잠든 것처럼 미화시키기도 하고, 잠시 멀리 여행을 다녀오는 정도로 고통을 가볍게 해 주고, 죽음의 의미를 축소시키거나 왜곡시켜 놓는다.

그만큼 죽음은 인간이 직면하기 너무 어려운 불편한 주제이고, 겁나고 끔찍스러운 장면을 떠오르게 하므로 죽음을 부인하거나 회피하는 방어기제가 강하게 작동하기 때문이다. 그래서 의식적으로 "나는 죽음과 무관한 존재이다!"라고 자기 주문을 걸어놓고 있지만, 무의식의 밑바닥에는 죽음의 공포가 흉측한 괴물처럼 숨어 있고, 언제든 불러주기를 기다리고 있을 뿐이다. 죽음을 피해 숨어버릴 때 우리는 그 어두운 그림자에 휘말려 두려움과 불안에 빠져 살지만, 죽음을 진지하고 용기 있게 직면할 때 역설적으로 삶의 의미가 명확해진다.

이런 죽음의 주제와 연결된 미래 이야기의 중요한 관심사가 인간의 기대 수

명이다. 모든 인간은 자신이 살고 있는 시대 상황에서 평균 수명 이상 살 수 있기를 기대한다. 그렇다면 대다수 한국 남성은 팔십 중반, 여성은 팔십 후반까지를 예상할 것이다. 그렇지만 모든 사람이 기대하거나 예상하는 미래 이야기는 일률적이지 않고, 개인적인 많은 변수가 작용한다. 자신의 건강 상태와 질병 경험, 가족 배경이나 유전적 문제, 성격적으로 낙관적이고 긍정적인 성향인지, 비관적인 성향인지의 문제, 심리적 동기나 욕구의 하나로 생존 욕구가 강한지 약한지의 문제와 더불어 다른 많은 개인적 성향과 환경적 요인을 고려해야 한다.

기대 수명에 관해 우리 주변에서 쉽게 발견되는 구체적인 예를 제시하면, 몇 살까지 얼마나 오래 살고 싶다든지 또는 살아야 한다는 개인의 운명적인 문제는 본인이 쉽게 예단할 수 있는 문제가 아니다. 다만 그것을 쉽게 짐작해 볼 수 있는 길은 부모가 먼저 살아본 인생이다.[9)] 그래서 부모와 나이 차이를 계산하면 죽음에 대한 진지한 생각도 대부분 중년기부터 본격적으로 떠오르기 시작한다. 한쪽 부모가 먼저 세상을 떠났을 때, 나도 그 나이만큼 살 수 있을 것으로 생각한다. 그러다가 남은 한쪽 부모가 돌아가시면 그만큼 더 오래 살기를 바라는데, 이를 테면 한 분이 70까지 사셨고 또 한 분은 90까지 사셨다면 두 분의 중간쯤에서 타협하여 80까지는 살 수 있기를 바란다. 그다음 기준은 자녀를 염두에 두고, 자녀가 학업을 마치거나 결혼할 때까지 살아야 한다고 생각한다. 그러다가 손자나 손녀가 생기면 그들도 대학에 가고 결혼할 때까지 살 수 있기를 바란다. 이런 방식으로 인간은 운명과 타협하면서 자신의 수명을 연장시키고 싶어 한다.

이렇게 영속적으로 지상에 남고 싶어 하지만, 시간은 빠르게 지나고 언젠가는 아침 안개나 모닥불 연기처럼 사라지는 제한된 시간 속에서 우리는 살고 있

9) 멜라니 클라인도 내담자들의 보편적인 환상도 자신을 부모와 동일시해서 부모가 죽은 나이에 죽을 것이라고 믿는다고 지적했다(Segal, 2018, p. 75).

다.「햇살에게」란 시에서 이른 아침 먼지를 본 시인은 먼지에 불과한 자신을 찬란하게 비춰 준 햇살에게 감사하다고 고백한다(정호승, 2021, p. 192). 죽음은 인간이 시간을 초월할 수 있는 영생불멸의 존재가 아니고 유한한 피조물인 것을 자각시켜 자신의 운명 앞에 진지하고 겸손해지도록 도와주며, 세상에 대한 과도한 미련과 집착을 내려놓고 줄여나가도록 일깨워준다.

죽음이 존재하는 이유도 반대로 뒤집어 생각해 보면 그 의미가 분명해진다. 만약 인간이 대부분 백 년 이내의 한정된 기간이 아니고, 오백 년이나 천 년쯤 살 수 있다면 어떤 결과가 올까? 지금도 고령화 문제는 갈수록 심각해지고, 불과 십 년, 이십 년 평균 수명이 느는 것에 대해 미래 세대가 져야 할 사회적 큰 부담을 해결하기가 어렵다. 더 큰 문제는 인간의 본성을 놓고 볼 때 그렇게 오래 살게 되면 계속 후일을 기약하면서 정작 해야 할 많은 일들을 뒤로 미룰 것이고, 그러면서 도덕적 해이에 빠지게 될 가능성이 높아진다. 거기다가 그렇게 긴 시간이 우리에게 주어진다면 시간을 제대로 관리하기가 어려워지면서 지루하거나 무의미한 삶에 빠지기 쉬워진다. 우리에게 주어진 시간이 다소 짧다고 느껴져야 긴장하면서 시간을 아끼고 한정된 시간에 할 일을 계획을 잘 세워 부지런히 실행하게 된다. 인생이 짧다고 느껴지는 순간 우리는 삶의 진정한 의미를 찾게 되고, 그렇게 깨닫게 된 삶의 목적을 향해 열심히 노력하며 앞으로 나아가게 된다.

이렇게 보면 죽음은 우리에게 저주가 아니고 축복인 셈이다. 시인 천상병은 「귀천(歸天)」에서 순수했던 젊은 시절을 새벽이슬처럼 살았고, 노을 지는 황혼기에 이르러 구름이 어서 오라고 손짓하면, 그래서 하늘로 올라갈 때 이 세상에서의 삶은 잠시 소풍을 나왔던 것처럼 아름다웠다고 고백하고 싶어 한다(신경림, 2010, p. 359). 시인 박목월은「산이 날 에워싸고」란 시에서 자신을 에워싼 "산이 그믐달처럼 살라"고 권유하는데, 이것은 인생은 달처럼 사위어 가면서 조금씩 죽어가고 있는 것이니 죽음을 인간답게 수용하고 날마다 자신의 삶을 소중하게 여기라는 의미로 본다(김종태, 2018, p. 13).

죽음도 이렇게 양면적인 모습을 띠고 있기 때문에 있는 그대로 그 실체를 자연스럽게 이해하고 의연하게 받아들여야 한다. 다만 죽음은 그동안 정들었던 세상과 이별하고 분리되는 슬프고 고통스러운 경험이기 때문에 우리는 일상생활에서 날마다 누군가를 만나고 헤어지는 작지만 상징적인 죽음을 통해, 마지막 이별을 심리적으로 덜 아프게 견딜 수 있는 연습을 계속 하면서 죽음을 성숙하게 대비하고 삶에 대한 초연한 마음을 키워나가야 한다. 미국의 여류 시인 메리 프라이(Mary Frye)는 「내 무덤가에 서서 울지 마세요」에서 사랑하는 사람의 죽음을 슬퍼하는 사람들에게 신체적 죽음은 인생의 끝이 아니라고 위로하면서, 우리의 몸은 사라져도 자연으로 돌아가 더 아름답게 태어난다고 이야기한다(장영희, 2007, pp. 165-166).

모든 일이 시작을 잘하는 것이 중요하지만, 끝을 잘 마무리하는 것은 더욱 중요하다. 때로는 시작은 별것 없었어도 마지막이 멋있게 끝나면 더 큰 박수를 받을 수 있기 때문이다. 출생은 부모로부터 받은 것이고, 이 세상에 태어나 존엄한 존재로 살도록 큰 축복을 받은 것이지만, 죽음은 전적으로 내가 그런 인간답게 잘 마무리해야 하는 개인적인 삶의 마지막 큰 과제이다.

상담학에서의 미래 이야기

상담과 심리치료에서 미래는 좋게 보면 알 수 없거나 예측할 수 없는 것으로, 나쁘게는 무익한 환상이나 종교적 관념으로 자주 무시되거나 배제되어 왔다. 그래서 미래가 내담자의 문제에 미치는 영향은 대체로 부정적으로 평가되었다.

오래전부터 상담 분야에서는 현재에만 집중하고 충실할 것을 요구해 왔다. 이렇게 '지금-여기(here-and-now)'의 경험을 강조하는 이론은 현상학과 실존주의의 영향을 받았고,[10] 철학자들은 인간이 현재의 삶에 충실하다면 불안이

들어올 틈과 여지가 없을 것이라고 믿었다(김순배, 2020, p. 10). 합당한 이야기 같지만 현실을 벗어난 지나치게 단순하고 이상적인 입장이다.

이렇게 시간의 범주에서 과거나 미래를 생각하지 말자는 입장은 고대 로마의 시인 호라티우스의 시에 나오는 카르페 디엠(carpe diem, "현재를 잡아라!" 또는 "오늘을 즐겨라!"는 라틴어 구절)을 떠올리게 한다. 이 말의 원래 뜻은 한해 농사를 끝내고 땀 흘린 대가를 충분히 누리라는 뜻이지만(조윤제, 2022, p. 186), 인생은 한 번뿐이니 젊음을 만끽하라는 삶의 구호로 "우리에게 내일은 없다!"는 쾌락지향 삶의 방식을 초래하기도 했다.

인간은 현재를 존재의 중심이고 삶의 거점으로 생각하고 행동한다고 보는 것은 정확한 관점이지만, 인간의 시간의식은 현재만으로 제한되어 있지 않다. 현실적으로 인간은 현재를 중심으로 과거와 미래를 수시로 넘나들면서 살고 있다.

시간이 고정된 상태라면 인간은 현재에서만 살 수 있을 것이다. 시간이 빠른 속도로 이동하고 있기 때문에 인간은 과거와 미래를 더욱 생각해 보게 된다.

과거와 미래에 대해 떠오르는 생각을 막을 수는 없다. 과거와 미래를 거부하거나 회피한다고 해서 현실세계에서 없어지는 것도 아니다. 과거와 미래에서 자유로워지기 위해서는 과거와 미래의 의미를 충분히 이해하면서 용기 있게 직면하여 그 실체를 파악하고 심리적 갈등을 해소하는 것이 필요하다.

현재에 사로잡혀 살다 보면 눈앞의 이득만 탐하거나 발등에 떨어진 불을 끄는 데 급급해 하면서 세월을 보내기가 쉽다. 이보다 과거는 과거대로 정리해서 풀고 가고, 미래도 신중하게 예측하여 다가올 변화에 대비해야 한다.

과거-현재-미래의 시간을 관리할 때 균형 잡힌 태도가 필요하다. 과거의 미해결

10) 지금-여기서의 생각과 느낌을 자각하는 것뿐 아니라 몸이 반응하는 것에 더 집중해 볼 필요도 있다.

과제를 해결하고, 미래 이야기를 만족스럽게 재구성하고 나면, 부정적으로만 바라보았던 과거나 미래를 새로운 시각으로 바라볼 수 있고, 역설적으로 현재에 더욱 충실해질 수 있다.

대다수 상담에서 과거나 미래를 배제시키고 상담 과제를 현재 문제로만 제한시키는 것은 여러 가지 의도가 숨어 있다. 첫 번째는 문제를 어렵고 복잡하게 만들기보다는 단순화시키려는 의도이고, 두 번째는 상담을 단기간의 성과로 끝내려는 의도이다. 긍정적으로 보면 최소 비용으로 최대 효과를 얻어 집중력과 효율성을 높이려는 동기이지만, 필자의 경험으로 보면 과거-현재-미래의 시간적 펴즐이 전체적으로 의미 있고, 질서 있게 통합될 때 내담자의 정체성의 갈등뿐 아니라 현재의 문제도 쉽게 풀리게 된다.

상담 상황에서 지금-여기의 의미는 현재 상황에 초점을 맞추고 집중한다는 의미보다 오히려 과거의 고통스러운 경험을 지금 여기서 재현시켜 본다는 의미에 가깝다(김영근, 2015, p. 50). 사실상 현재보다 과거를 새롭게 부각시키고 있고, 이런 방식은 행동치료의 둔감화 기법과도 논리적으로 잘 연결된다. 또 합리정서요법에서의 ABC이론도 상담 과정의 출발이 문제를 불러일으킨 선행사건(activating event)의 과거 이야기의 탐색부터 시작된다는 것을 알려준다.

다양한 상담 학파 중에서 시간에 대한 입장을 살펴보면, 정신분석학에 기반을 둔 치료 방식은 과거를 탐색하면서 삶을 변화시키는 일에 주력한다. 그 목표는 과거 이야기로부터 사람들에게 현재의 삶에 대한 새로운 결정을 불러일으킬 만한 통찰력을 얻도록 하는 것이다. 이렇게 과거 이야기를 수집하고 해석하는 데 치료적 초점을 두는 정신분석과 달리, 가족치료의 한 분파인 해결중심치료는 상담 학파 중에서 매우 드물게 미래를 강조하며 과거 경험에 큰 의미를 부여하지 않는다.

특히 기적 질문(miracle question)은 내담자가 원하는 미래와 동시에 그것을 어떻게 실행할 수 있을지에 대한 계획에 초점을 둠으로써 내담자가 새로운 미래 이야기를 구성할 수 있도록 돕는 상담 기법이다. 이러한 미래지향적 관점을

사진 4-5 하늘의 별을 손에 들고 찾아온 천사 소녀

갖게 되면서 내담자는 자신이 원하는 것과 그것을 어떻게 얻을 수 있는가에 상담의 초점을 맞추게 된다. 이러한 접근방식은 문제가 해결된 상황을 상상해 봄으로써 자신이 해결하길 원하는 것을 구체화하는 데 도움을 준다. 질문 과정을 통해 해결 상황에 대한 장면을 작은 것에서부터 점차 확대해 나간다.

기적에 관한 질문은 "오늘밤 당신이 잠자는 동안 기적이 일어나서 당신이 오늘 가지고 온 문제가 완전히 해결되었다고 상상해 보십시오. 당신은 잠을 자고 있기 때문에 기적이 일어나 당신의 문제가 모두 해결되었다는 것을 모릅니다. 아침에 일어났을 때 지난밤 기적이 일어나 모든 문제가 해결되었다는 것을 어떻게 알 수 있을까요? 당신이 처음 무엇을 보면 기적이 일어났는지 알 수 있을까요?"라는 질문으로 시작된다.

그 후 내담자가 실제로 할 수 있는 일에 관해 계속 질문한다. "그런 일이 일어나도록 당신이 가장 먼저 할 일은 무엇이라고 생각합니까?"라고 묻거나 "이 기적이 더 자주 일어나려면 어떻게 해야 할까요?" 등의 질문을 한다. 또 목표와 관련된 예외 상황을 파악하기 위해 "이런 기적이 조금이라도 일어난 적이 언제 있었습니까? 그럴 때 무엇이 달랐습니까?" 등의 후속 질문을 한다.

기적 질문은 문제가 해결된 상황을 상상해 보고, 해결하기 원하는 것을 명확하게 확인함으로써 치료 목표를 정하는 데 도움이 된다. 그리고 기적 질문에 응답하는 과정에서 내담자는 문제와 분리되어 해결 상황에 대한 자세하고 구체적인 묘사를 해 본다. 이로써 성공적인 결과를 반복해서 언어로 표현하고, 그럴수록 현실화될 수 있다고 믿는 자기언어화의 효과를 얻게 되면서, 상담이 성공적으로 종결될 수 있다는 희망을 갖는다. 즉, 말이 씨가 되어 내담자는 자신의 기대에 부응하기 시작한다.

알프레드 아들러는 인간의 행동이 과거의 경험보다는 미래에 대한 기대에 의해 더욱 좌우된다고 하였고, 우리가 지향하는 것과 성취하려는 것을 살펴보면 자신을 가장 잘 이해할 수 있다고 주장한다(Adler, 2007, pp. 28-29). 그는 인간의 성격에 대해 목적론적 접근을 취해 왔기 때문에 미래의 목표를 설정하는 것이 매우 중요하다고 평가했다. 이처럼 사람들은 삶의 목표를 정해 놓고, 미래를 바라보면서 거기 맞춰 행동하고 진정한 삶의 의미를 창출해 나간다.

인생의 목표가 무엇인지 알려고 하는 것은 현실치료에서도 강조된다. 만일 내담자가 현재의 행동으로 자신이 원하는 것을 얻지 못한다는 것을 알게 되면 자신의 포부를 실현하기 위해 할 수 있는 것이 무엇인지 깊이 생각해 보게 된다(Corey, 2001, pp. 155-156).

내담자에게 구체적인 행동 계획을 세우게 하려면 현재의 행동을 미래의 계획과 연계시키는 것이 효과적이다. 상담 과정에서 내담자에게 희망을 갖도록 막연하고 피상적으로 권고하므로 억지로 부담스러운 희망을 품기보다는 내담자에게 삶의 긍정적 변화가 가능하다는 것을 상담자가 구체적으로 제시해 주므로 내담자는 자신의 미래에 관해 진지하고 확고한 기대를 할 수 있게 된다. 내담자는 이런 방식으로 자신의 미래를 조금씩 단계적으로 실현해 나갈 수 있다. 결국 과거-현재-미래의 시간적 흐름 속에서 내담자는 과거의 경험과 현재의 상태, 그리고 미래로 향한 방향을 모두 생각하면서 자신의 삶을 통합적 국면에서 의미 있게 다시 구성해 나간다.

상담에서 내담자가 어떤 결정을 내리길 어려워하는 경우 시점을 미래로 바꿔 주는 방법이 있다. 이를 테면, 내담자가 이혼을 해야 할지, 말아야 할지 결정을 못 내리고 망설이고 있는 경우에 상담자는 이혼하고 3년의 시간이 지났다고 가정하고 지금의 삶이 어떤지 물어본다. 만족스러운지 그렇지 못한지, 그래서 3년 전에 이혼을 한 것이 잘한 결정인지 그렇지 않은지를 진지하게 생각해 보도록 한다. 상담자는 내담자로 하여금 미래 이야기를 구체적으로 그려 보게 함으로써 그 결과를 예측하고 올바른 결정을 내리도록 도와준다.

앞의 개인이나 가족 상담과 달리 집단 상담에서도 미래 이야기를 흥미로운 방식으로 다루는 장면을 간혹 보게 된다. 대표적인 상담 기법 중 하나는 글쓰기 치료 접근으로 볼 수 있는 유언장 작성하기와 자신의 묘비명을 써보는 것이다. 유언장 작성하기는 자신의 삶에 관한 주관적 평가와 인간관계에, 묘비명 작성하기는 객관적 평가와 가치관 분석에 초점을 맞춰 본다.

또 다른 하나는 장례 과정에서 사망한 분을 염하듯이 다른 참여자들의 도움을 받아 화장지로 온 몸을 두르고 감은 후 나무로 만든 관 속에 들어가 자신의 삶을 진지하게 회고해 보는 것으로 일종의 가상 임종 체험을 해 보는 것이다. 요람에서 무덤까지로 부르는 인간의 발달 과정에서 미래 이야기의 끝은 개인의 종말인 죽음인데, 조용하고 차분한 분위기 속에서 이런 활동을 해 보면서 프로그램 참여자들은 미래 이야기의 마지막 절정인 죽음의 진정한 의미를 충분히 깊이 탐색해 보게 된다.

일반적인 영역에서의 상담방식 외에 문학치료에서도 미래 이야기를 충분히 다양하고 창의적인 방식으로 다룰 수가 있다. 먼저 미래 이야기를 주제로 잡을 수 있는 문학 작품이나 그림동화책을 선정하여 활용해 보는 것을 권할 수 있다. 여기서는 독서치료의 접근 방식을 적용하여, 단계적인 진행 절차를 따를 수 있고, 치료적 발문 기법에 의존하여 미래 이야기의 다양한 주제들을 깊이 다루어 볼 수가 있다. 미래 이야기의 주제나 분위기와 잘 맞는 작품들은 너새니얼 호손의 『큰 바위 얼굴』이나 리처드 바크의 『갈매기의 꿈』과 같은 단편

사진 4-6 어두운 밤하늘을 아름답게 밝히는 신기한 오로라

소설이나, 트리나 폴러스의 『꽃들에게 희망을』, 다시마 세이조의 『뛰어라 메뚜기』, 숀 탠의 『빨간 나무』, 미하일 엔데의 『오필리아의 그림자 극장』, 레오 리오니의 『프레드릭』과 같은 그림동화책을 들 수 있다. 이런 문학 작품들은 미래 이야기에 자주 등장하는 삶의 새로운 변화를 꿈꾸는 변형과 변신의 플롯이나 낮은 데서 높은 곳으로 이동하는 상승의 플롯을 쓰면서 절망적인 상황에서 심리적인 힘을 강하게 불어넣고 희망을 붙잡게 해 준다.

유사한 문학적 상담 기법으로 시치료를 도입해 보는 것도 고려해 볼 수 있다. 여기서는 고통스럽고 절망적인 상황에서 다시 용기를 내고 희망을 품게 하는 고정희 시인의 「상한 영혼을 위하여」, 도종환 시인의 「담쟁이」, 정호승 시인의 「희망을 만드는 사람이 되라」,[11] 새벽이 도래하여 새롭고 밝은 미래가 열리기를 바랐던 정한모 시인의 「새벽」을 치료적 매체로 써볼 수 있다.

또 다른 방식으로 노래의 가사를 시처럼 사용하는 방법도 있다. 클래식 음악으로는 먼저 베르디의 오페라 〈나부코〉에 나오는 '히브리 노예들의 합창'을 떠올릴 수 있다. 바빌로니아로 끌려간 유대인들이 쇠사슬에 묶여 노역을 하면

11) 정호승(2021), 내가 사랑하는 사람(서울: 비채), pp. 86-87.

서 잃어버린 조국 땅을 그리워하며 부른 노래이다. 시편 137편을 배경으로 하여 고난과 절망 속에서 부른 희망의 노래이다. 어둡고 쓸쓸한 분위기이지만 슈베르트의 연가곡집 〈겨울 나그네〉의 다섯 번째 곡인 '보리수'도 치료적 매체로 고려해 볼 수 있는 노래이다. 리처드 용재 오닐의 바이올린 연주곡도 감정적 느낌을 매우 잘 표현해 준다. 이렇게 슬픈 느낌이지만 마음을 정화시켜 주는 또 다른 클래식 곡으로 헨델의 오페라 〈세르세〉 중 '라르고'와 〈리날도〉 중 '울게 하소서'를 들 수 있다. 성악가이고 팝페라 테너인 임형주, 영국의 팝페라 가수 사라 브라이트만 등이 이 노래를 불렀다.

대중가요 중에는 미래 이야기를 주제로 한 가사 내용과 희망과 용기를 주는 곡으로 일제강점기부터 크게 유행했던 〈희망가〉를 먼저 꼽을 수 있고, 후대 나훈아, 이선희 등 많은 가수들이 이 노래를 불렀다. 그 후 역시 일제강점기에 현제명이 작사와 작곡을 했고, 엄정행, 조수미가 부른 〈희망의 나라로〉란 경쾌하고 힘찬 노래가 있다. 이렇게 너무 오래된 노래 외에 70, 80년대 이후 유행했던 노래 중에는 스웨덴의 혼성 4인조 아바가 부른 〈I have a dream〉, 미국의 전설적인 남성 2인조 사이먼과 가펑클의 대표곡 〈험한 세상 다리가 되어〉, 가수 인순이가 부른 〈거위의 꿈〉, 폴 포츠와 그 밖의 많은 가수가 부른 〈You raise me up〉, 원래 영화 〈미션〉에서 오보에로 연주된 주제곡이었지만 사라 브라이트만이 노래로 다시 부른 〈넬라 판타지아〉, 뮤지컬 고전 영화 〈오즈의 마법사〉에서 주인공 도로시로 출연한 주디 갈랜드가 부른 주제곡 〈무지개 너머 어딘가에(Somewhere over the rainbow)〉, 뮤지컬과 영화 〈레미제라블〉에 나오는 깨어진 꿈을 처절하게 노래하는 〈I dreamed a dream〉과 자유, 평등, 박애를 추구하는 새 시대의 시작을 우렁차게 외치는 〈민중의 노래〉 등 많은 곡이 고통과 슬픔을 이겨내고 희망찬 미래를 노래하고 있다. 상담자는 이런 곡들 중에 어떤 곡을 써볼지 내담자와 의논하여 적합한 곡을 결정하도록 한다.

노랫말로 시치료를 해 보는 구체적인 방법은 가사 내용을 감정이 실린 어조로 낭독하여 읽고, 노래를 듣고 난 후 떠오르는 생각과 느낌을 적어 보면서 모방 시를 작성해 보고, 완성된 시에 제목을 새로 붙여 보는 것이다. 또 다른 방식은 빈 문장을 채우는 방식으로 짧은 시의 내용을 완성해 본다. 예를 들면, 일제강점기 심훈이 조국의 독립을 염원하며 쓴 시의 제목인 「그 날이 오면」을 앞에 쓰고 나머지 내용을 뒤에 채우는 방식으로 내담자가 꿈꾸며 기다리는 그날이 오면 무슨 일이 생길지 여러 행을 반복해서 써보도록 한다.

다양한 상담 학파의 학문 집단에서 바라보는 미래 이야기와 달리 상담의 실제 과정에서 다루는 미래 이야기는 무엇보다 상담의 목표를 정하는 문제와 깊이 맞물려 있다. 멀리 자동차를 타고 가족 여행을 떠날 때 모르는 길을 잘 찾기 위해 내비를 켜고 목적지를 입력하고 경로를 정하고, 가면서 과속 카메라를 신경 쓰고, 도중에 휴게소를 어디서 들를지를 미리 생각한다. 어떤 관광지를 갈지, 식사로 무엇을 먹을지, 어디서 숙박을 할지를 계획한다. 이번 여행에서 목적지가 어디냐에 따라 뒤따르는 문제들이 거기 맞춰 결정되듯이 상담도 목표 설정에 따라 크고 작은 많은 문제가 조율된다.

상담의 전체 과정에서 진단과 평가는 과거 이야기를 통해 정리가 되고, 목표 설정은 미래 이야기에 맞춰 결정하게 된다. 목표를 정하는 데 있어 중요한 원칙은 첫째로 추상적이거나 막연하거나 애매모호한 목표가 아닌 알기 쉽고 실제적인 목표이어야 하고, 둘째는 실행 가능한 현실적인 목표이어야 하며, 셋째는 기한과 결과를 구체적으로 정해놓은 측정 가능한 목표이어야 한다.

목표의 유형에는 내면적 동기와 연결시켜 흥미와 열정을 불러일으키는 지향 목표와 고통이나 불편한 상황을 벗어나기 위한 회피 목표가 있다. 진행 과정에서 회피 목표가 더 급해 보이지만, 적극적인 지향 목표가 내담자에게 더 큰 동기를 부여해 줄 수 있다.

또 다른 유형은 목표를 정하는 주체에 따라 달라질 수 있다. 타율적 목표는 상담자나 내담자의 가족과 같이 다른 사람이 정해 준 목표이고, 자율적 목표는 내담자 본인이 자발적으로 정한 목표이다. 이 부분은 상담자는 상담자대로 사례개념화를 토대로 임상적 목표를 수립하기 때문에 상담자와 내담자가 서로 합의하여 목표를 수립하는 것이 일반적이다.

다만 상담자가 염두에 두어야 할 점은 인간은 스스로 결정하고 책임질 때 동기부여가 잘 되고, 깊이 몰입하게 되며, 성취감도 커지기 때문에 열심히 노력하게 된다는 사실이다. 일방적이거나 강압적 권유에 의해 억지로 하거나 의무적으로 하는 일과 적극적 관심과 참여 의지에 의해 본인이 의욕적으로 하는 일의 진행과 결과는 크게 달라질 수밖에 없다.

상담의 목표를 정하는 데 있어 고려해야 할 또 다른 중요한 문제는 내담자가 고치거나 바꾸고자 하는 것이 실제로 내담자 자신에게 달려 있느냐 그렇지 않으냐를 먼저 구분하는 일이다. 내담자는 고통 속에서 자신이 해야 할 일을 생각하는데, 자신이 할 수 있는 일과 그렇지 않은 일을 먼저 분별해야 한다. 고대 그리스의 노예철학자 에픽테토스에 의하면 우리가 삶에서 추구하는 것들 중에는 우리에게 달려 있는 것과 우리에게 달려 있지 않은 것이 한꺼번에 뒤섞여 있다(서영식, 2012, pp. 10-11).

우리에게 달려 있는 것은 마음의 욕구와 충동에 의해 선택하는 모든 일, 나의 의지와 능력대로 행하는 모든 일이다. 우리에게 달려 있지 않은 일은 신체나 건강, 가족, 조국, 사회적 지위나 평판, 소유물이나 재산 등으로 우리의 의지대로 바꿀 수가 없는 것들이다. 내가 예뻐지려고 피부 관리를 할 수 있지만, 얼굴 전체를 특정 영화배우의 모습으로 바꿀 수는 없는 것이다. 친구를 사귀고 바꿀 수 있지만, 부모나 형제를 바꿀 수는 없다. 내가 직장이나 일터에서 열심히 일할 수 있지만, 내가 원하는 대로 직책이나 직위를 바꿀 수는 없다.[12] 이렇게 우리에게 달려 있는 것이 무엇인지 정확하게 이해하고, 그것을 추구하는 경우에만

12) 20세기 대중문화의 전설적 아이콘인 비틀즈(The Beatles)의 대표곡 중 하나로 수많은 사람들이 즐겨 듣는 〈Let it be〉의 가사 내용은 자신에게 달려 있지 않은 고통스러운 현실을 있는 그대로 수용하면서도 희망을 품고 미래를 바라보는 인생의 한순간을 아름다운 멜로디로 잘 표현해 주었다.

외부로부터의 고통에서 벗어나 자유와 행복에 도달할 수 있다.

우리는 우리에게 달려 있는 것에 대해 만족하고, 우리에게 달려 있지 않은 것에 대해서는 초연한 태도를 취하는 것이 필요하다(서영식, 2012, p. 16). 미국 신학자 라인홀드 니버(Reinhold Niebuhr, 1892~1971)는 그의 기도문에서 신에게 "바뀔 수 없는 것들을 받아들이는 평온함(serenity: 마음의 평화)을, 바꿀 수 있는 것들(또는 바뀌어져야 하는 것들)을 변화시킬 수 있는 용기를, 그리고 그 차이를 분별하는 지혜"를 달라고 구했다.

미래 이야기의 탐색과 치유

미래 이야기에 상담의 초점을 둔 경우에 상담자는 내담자에게 미래에 관한 전반적인 계획과 자신의 꿈에 대해 이야기해 보도록 한다. 꿈은 미래지향적이어서 삶의 목표를 정해 주고, 부단히 그 목표를 추구해 나가도록 자극하며, 삶의 활력과 의미를 불어넣어 준다. 대부분의 사람들은 자신의 삶에서 성취하기를 바라거나, 미래에 실현하기를 바라는 꿈과 계획을 지니고 있다. 미래 이야기 속 어딘가 숨겨진 인생의 목적과 관심사, 희망과 욕구를 탐색하는 것은 상담의 중대한 과제이다.

상담자는 내담자의 그런 꿈과 계획이 어떤 식으로 자신에게 생산적인 힘을 주는지, 다른 사람들을 위해 살아가게 하는지를 이야기해 보도록 한다. 때때로 이런 꿈은 자신이 소속되어 있는 작고 협소한 공간에서 더 크고 넓은 세계를 지향해 나가는 진취적이고 도전적인 미래 이야기이다. 상담자는 삶의 어떤 새로운 분기점이 시작되는지 주목해 보고, 내담자에게 자신의 이야기가 어디로 가고 있는지, 어떻게 그 곳에 도달하고자 하는지를 이야기해 보도록 격려한다.

삶의 시간적 주제를 놓고 상담자는 상담 과정에서 다음 질문들을 내담자와 함께 생각해 보고 탐색해 본다. 삶의 이야기는 앞으로 무슨 일이 있기를 기대하고 계획하는지를 살펴보면서, 미래로 점차 확장되어 나간다.

일반적이고 전체적인 미래 이야기

내면아이에게 미래의 나는 어떤 이야기를 해 주고 싶어 할까요?

현재의 나에게 미래의 나는 어떤 이야기를 할까요?

현재의 나는 미래의 나에게 어떤 이야기를 할까요?

어린 시절 어떤 꿈과 포부를 가졌습니까?

그런 꿈을 갖게 된 이유는 무엇입니까?

그런 꿈을 이루기 위해 어떤 노력을 했습니까?

성취된 꿈으로 인해 어떤 경험을 했습니까?

그런 꿈을 포기했다면 그 이유는 무엇입니까?

깨어진 꿈으로 인해 어떤 경험을 했습니까?

나의 꿈은 어떤 방식으로 바뀌었습니까?

세 가지 소망이 있다면 무엇입니까?

현재 가장 간절히 바라는 꿈은 무엇입니까?

미래의 목표와 포부에 대해 얼마나 많이 생각합니까?

미래에 관한 환상, 잡념, 백일몽은 주로 어떤 내용입니까?

미래를 내다보면서 가장 두려워하는 것은 무엇입니까?

미래에 대한 전망이 나의 생각, 기분, 행동에 어떤 영향을 줍니까?

지금부터 5년 후 또는 10년 후에는 어떤 삶을 살고 싶습니까?

이런 목표를 달성하려면 어떤 단계를 거쳐야 합니까?

나의 아름답고 행복한 미래 이야기를 떠올리게 해 주는 장소는 어디입니까?

내가 기대하고 원하는 미래 이야기를 이끌어 줄 역할 모델은 누구입니까?

내가 기대하는 미래 이야기를 도와줄 내적 자원과 지지 세력은 무엇입니까?

내가 기대하고 바라는 미래 이야기를 방해하는 사람들이나 조직은 무엇입니까?

나의 미래 이야기는 어떤 주제와 플롯을 지니고 있습니까?

나의 미래 이야기에 제목을 붙인다면 어떤 제목을 붙이고 싶습니까?

중년기와 노년기에 관한 미래 이야기

시간이 빠르게 흘러 나이가 들고 늙어간다는 것은 무엇을 의미합니까?

나의 중년기나 노년기는 어떨 것이라고 기대합니까?

나는 언제까지 일을 하고 그만 두고 싶습니까?

은퇴 후 노년기에 어디서, 무엇을 하며 시간을 보내고자 합니까?

중년기나 노년기의 행복한 삶을 위해 무엇을 준비하고 있습니까?

주변 세계에 관한 미래 이야기

내 가족의 미래는 어떻게 될 것으로 기대합니까?

내가 다니는 직장은 앞으로 어떻게 될 것으로 기대합니까?

내가 살고 있는 지역과 동네는 앞으로 어떻게 될 것으로 기대합니까?

10년 후, 20년 후 대한민국의 미래는 어떻게 될 것으로 기대합니까?

10년 후, 20년 후 지구의 운명은 어떻게 될 것으로 예상합니까?

인생과 죽음에 관한 미래 이야기

인간은 어디서 와서 어디로 가는 것일까요?

나는 몇 살까지 살 것으로 예상합니까? 그렇게 기대하는 이유는 무엇입니까?

죽음은 나에게 어떤 의미가 있습니까?

죽음을 생각할 때 떠오르는 생각, 이미지, 감정적 느낌은 무엇입니까?

죽음은 언제, 어떻게 내게 찾아올 것이라고 상상합니까?

죽음을 앞두고 있을 때, 어떤 유언을 남기고 싶습니까?

나의 묘비명에는 어떤 내용이 적혀 있을 것이라고 기대합니까?

다양한 주제를 놓고 질문을 만들 때, 발달적인 측면에서 미래 이야기를 들어보고 탐색하는 것도 흥미로운 접근이 될 수 있다. 이 경우는 아동기와 청소년기의 삶의 주제, 발달 과제, 주요 관심사에 초점을 맞춰 질문 내용을 만들어 본다. 이를 테면, 나는 이다음에 커서 어떤 사람이 되어 무슨 일을 하고 싶었는지, 또는 구체적으로 어떤 학교를 가고 어떤 직장에 들어가고자 했는지, 그런 후에 어떤 파트너를 만나고 싶어 했는지 등의 큰 주제를 정하고 주제별로 추가적인 질문을 해 나가는 방식을 취한다.

발달적 측면에서 미래 이야기를 탐색하는 또 다른 좋은 방법은 어린 시절 성장하면서 꿈과 비전이 무엇이었는지 발달 단계별로 하나씩 찾아보는 것이다. 그래서 그런 각각의 꿈을 언제, 어떻게 갖게 되었는지, 그러다가 무엇 때문에 바뀌게 되었는지, 그런 꿈이 어떻게 이루어지기도 했고 포기하거나 깨어지기도 했는지, 그런 후 그 결과로 인해 어떤 일이 있었는지를 이야기해 보는 것이다.

여기서 꿈은 내면적 힘을 불러일으키는 강한 추진력이 있고, 그런 꿈속에 숨겨진 심리적 동기는 미래 이야기의 중요한 동력원이 된다. 꿈은 인생의 목표를 향해 과감하게 도전할 수 있는 용기를 주고, 아름답고 성숙한 꿈은 미래를 창조하고 변화시키는 원동력이 된다.

어린 시절 우리가 꿈꾸는 장래 희망은 개인의 순수한 꿈도 있고, 부모의 꿈이 투사되어 자녀가 그 꿈을 대신 이어받는 경우도 있다. 그래서 과거 이야기뿐 아니라 미래 이야기도 부모의 영향을 크게 받는다. 과거 이야기는 자녀의 초기 양육에 더 많은 시간을 쏟는 엄마로부터 정서적 영향을 크게 받는 반면, 미래 이야기는 사회적 관계나 직업적 기능 면에서 아버지로부터 영향을 더 크게 받을 수가 있다. 자녀가 "나는 커서 어떻게 살 거야!"라고 미래의 자기 모습을 그릴 때, 긍정적이든 부정적이든 부모가 일차적인 표준이 된다. 부모의 존경스럽고 자랑스러운 면은 긍정적 동일시가 되어 그런 모습을 닮아가고, 부모의 취약하거나 열등한 모습은 부정적 동일시가 되어 그런 모습을 혐오하고 "나는 결코 그렇게 살지는 않을 거야!"라고 반발하면서 부모와 전혀 다른 길로 나가게 된다.

대부분 많은 사람은 어린 시절 다채롭고 화려한 꿈을 꾸지만 지나치게 경쟁적이고 때로는 불공정한 사회에서 우리의 꿈은 중단되기도 하고, 산산조각이 나도록 깨지고 말아 이루어지지 않기가 일쑤이다. 이런 불행한 사태는 다른 사람들의 잘못된 의지나 나의 잘못된 선택으로, 너무 열악한 환경이나 불가항력적으로 닥친 사고나 재난으로 인해 발생하곤 한다. 우리는 깨어진 꿈을 슬퍼하면서 부모를 원망하기도 하고, 주변 사람들을 비난하고 탓하기도 한다.

상담자는 내담자의 이런 상실의 아픔을 공감해 주면서 충분히 애도 반응을 해 주는 것이 필요한데, 심한 고통에 빠진 사람에게 아무리 긍정적이고 좋은 말을 들려줘도 마음에 와 닿지 않는 경우가 많다. 오히려 내담자가 슬픔에 충분히 잠겨보도록 기회를 주는 것이 필요할 때도 있다.

이런 상황에서 상담자로서 결정하기가 어려운 부분이 강약과 완급조절이다. 그래도 내담자를 격려하고 강한 자극을 주면서 세게 밀어붙일 것인지, 아니면 위로하며 지지해 주는 데 주력할 것인지, 치료 목표를 향해 속도를 낮추고 천천히 갈 것인지, 그래도 서둘러 급하게 갈 것인지를 잘 결정해야 한다. 동시에 고통스러워하는 내담자에게 얼마나 충분히 슬픔을 애도해 줄 것인지, 언제쯤 어떤 식으로 밝고 활기 찬 분위기로 바꿔 줄 것인지를 잘 판단해야 한다. 전체적인 진행 과정에서 상담 초기에는 내담자에게 위로와 지지를 해 주는 것이 도움이 되겠지만, 후반부로 갈수록 심리적인 힘을 불어넣어 주는 것이 더욱 필요하다.

이와 같은 상담관계의 기술은 우선적으로 상담자의 공감적 이해와 반응에 크게 달려 있다. 공감은 자기중심적 사고에서 잠시 벗어나 타인중심적 사고로 이동해 보는 것이다. 그것은 상담자가 일방적으로 추측해서 알 수 있는 것이라기보다는 내담자의 말과 행동 속에 표현된 내용을 상담자가 정확하고 깊이 있게 관찰하고 경청하므로 알 수 있는 것이다. 공감적으로 수준 높게 반응하기 위해서는 인지적 순발력, 정서적 감수성, 언어적 표현력, 임상적 숙련도가 동시에 필요하다. 기본적인 방식은 상담자가 인지적이고 정서적으로 이해하거나 느낀 것을 내담자에게 말과 행동 속에 왜곡시키거나 과장하지 않고, 거울로 반사하듯이 있는 그대로 표현해 주는 것이다. 그렇다고 공감이 단순히 대화의 기술을 의미하는 것은 아니고, 상담자의 내면적 인격의 진정성과 일치성이 내담자에게 미치는 심리적 영향력을 의미할 수 있다. 결국 공감의 성과 여부는 무엇보다 상담자가 내담자와 만들어 나가는 관계경험의 내용과 질에 크게 좌우되는 특성이 있다.

생각이나 감정은 항상 고정불변의 상태에 머무르고 있는 것은 아니다. 꽉 막힌 상태로 오래 있다가도 어느 순간 신체적이거나 환경적인 조건이 바뀌면 샘이 터지듯이 한꺼번에 새로운 생각이 튀어나오면서 깊이 가라앉아 있던 감정이 홍분되어 올라오기도 하므로 상담자는 진지하고 기민하게 정서적 반응을 해 주되, 인내하며 기다려 주는 자세도 필요하다.

이런 심리적 반응을 적절하고 충분하게 해 주고 난 후 인간의 성장 욕구를 자극하는 상담을 지향한다면 후속 과제는 새롭게 꿈꾸는 미래 이야기를 다시 구성해 보는 것이다. 기능적인 미래 이야기가 중요한 것은 과거 이야기에 사로잡힌 결핍 욕구에서 벗어나 성장 욕구로 전환시켜 줄 수가 있고, 자신이 꿈꾸는 미래를 위해 현재의 고통을 감내하며 극복하도록 도와주기 때문이다. 여기서 중요한 것은 무엇을 얼마나 소유했고, 어떤 위치에 있느냐보다 어떤 꿈을 꾸느냐 이다. 그 꿈은 삶의 실재와 허상 사이에서 이기적 욕망을 달성하는 공허한 꿈이 아닌 진실하고 성숙한 꿈이어야 한다.

상담에서 내담자에게 희망찬 미래 이야기를 상상하며 구축해 보도록 요청하는 방식은 매우 다양하고 창의적으로 제시될 수 있다(Lester, 1997, p. 249).

"만일 당신의 삶이 해피엔딩으로 끝나는 멋진 영화라고 한다면, 그 영화의 마지막 장면이 어떻게 될지 한번 이야기해 보십시오."

"몇 년 뒤 당신이 나에게 편지를 보냈는데, 그 편지 속에 당신의 삶에 관한 기쁜 소식들이 가득 차 있다면, 그 편지에는 무슨 내용이 쓰여 있을까요?"

사진 4-7 솟대[13)] 조형물

"만일 제가 어떤 뉴스나 보도 자료에서 당신에게 일어난 놀랍고 신나는 소식을 보게 된다면 과연 그 일은 어떤 내용일까요?"

내담자가 질문에 대한 자신의 미래 이야기를 하고 난 후 상담자는 좀 더 구체적인 이야기를 만들 수 있도록 그 이야기를 확대시켜 보도록 한다. 그렇게 되면 내담자의 미래 이야기는 창조적 발상을 돕고, 현실적 가능성을 확인하면서 미래를 향해 적극적 태도를 취할 수 있는 중요한 기반을 닦을 수 있다. 미래 이야기로 현재의 시간을 채우고 아직 오지 않은 미래를 통해 현재를 바꾼다.

현재가 삶의 전부는 아니다. 우리에게는 아직 미래가 기다리고 있다. 꿈꾸며 도전하는 미래는 처음 생각보다 더디고 시간이 걸려도 고통을 인내하며 기다리는 마음속에 존재하며, 아름답고 멋있게 세워진다. 김영랑 시인은 「모란이 피기 까지는」에서 희망의 상징인 봄을 기다리는 마음을 잘 표현해 주었다.

꿈은 인간에게 가정이나 환경을 뛰어넘을 수 있는 능력을 주고, 어려움을 잘

13) 주로 오리와 같은 새들을 나무로 조각하여 긴 장대 꼭대기에 올려놓은 민속신앙의 마을 수호신으로, 마을의 경사를 기념하거나 안녕과 풍년을 기원하기 위해 세워 놓는다. 저자 스마트폰 촬영, 2023년 7월 12일, 보령 무궁화수목원

견디고 이기게 해 준다. 꿈을 꾸는 것은 사람이지만, 그 사람을 만들어 가는 것은 그가 꾸고 있는 꿈이다. 처음에는 내가 꿈을 꾸는 것 같지만, 결국 그 꿈이 나를 만들어 나간다.

희망은 우연히 찾아온 행운이나 막연한 기다림의 결과가 아니다. 목표를 향해 열심히 달려가고, 때로는 피땀 흘려 싸워 쟁취한 값진 노력의 성과이다.

제5장

마음을 치유하는 은유

은유 또는 메타포(metaphor)[1]는 이야기와 마찬가지로 인류 문명과 함께 시작된 근원적이고 보편적인 표현방식으로 오늘날도 삶의 다양한 영역에 시도되었고, 오랫동안 수사학뿐만 아니라 철학, 시학, 언어학, 해석학, 정신분석학 등과 같은 여러 학문의 공통 관심사였다(오형엽, 2008, p. 485). 이렇게 학문적 영역 외에도 일상생활에서 어떤 특별한 직업이나 연령층에 소속된 구성원들이 은밀하게 사용하는 은어(隱語)[2]도 은유적 발상과 표현방식을 쓰고 있는 것이고, 상담 영역에서 집단 상담을 시작할 때 구성원들이 본명 대신 별명을 지어 쓰면서 상담을 진행하는 것도 은유적 접근을 하고 있는 것이다.

인간의 마음을 이해하고 치유하는 상담의 영역에서 미지의 세계를 탐색하는 접근방식을 선택해야 할 때가 있다. 이때 은유적 사고방식은 이미 알고 있는 경험 세계를 바탕으로 관심의 대상인 타자의 영역에 쉽게 접근할 수 있는 유용한 수단이 될 수 있다. 이렇게 은유는 잘 모르는 다른 어떤 세계에 접근할 때 자주 사용되는데, 우리가 아는 것을 통해 모르는 것과 접촉하고 대화해 볼 수 있는 통로를 만들어 준다.

상담 진행은 주로 의사소통에 의존하는데, 우리가 누군가에게 어떤 것이 다른 어떤 것과 비슷하다고 표현할 수 있는 능력이 의사소통의 기본 틀이나 도구가 될 수 있다. 이때 이야기만으로 충분치 않고 은유가 상담에서 보조적인 의사소통 수단으로 사용될 수 있다. 은유는 이렇게 이야기와 맞물려 치료 효과를 신속하고 강력하게 끌어낼 수 있는 촉매 역할을 한다. 은유는 이야기를 끌어

1) 이야기를 스토리나 내러티브로 쓰듯이 은유도 메타포로 영어를 한글로 표기하는 경우가 많다.
2) 집단구성원 이외의 사람들에게는 이해하기 힘들게 만들어 놓은 말로서 폐쇄적 집단의 비밀을 보호하고 은어를 사용하면서 집단의식을 강화시키고, 소속감을 확인시켜 준다(양용준, 2016, pp. 111, 114).

낼 수 있는 기초 자원을 공급해 주며, 이야기를 생성해 낼 수 있는 밑그림을 효과적으로 그려볼 수 있도록 하고, 내담자의 깊은 감정과 심층부 이야기를 변화시킬 수 있는 특별한 힘을 발휘하기도 한다. 이렇게 이야기와 은유는 지향하는 목적과 접근 방식이 서로 잘 부합하여 부족한 부분을 보완해 주면서 치료 효과를 극대화시켜 준다.

은유는 동화, 신화, 영화 등의 이야기 형식 속에서 자주 발견되는 표현방식이지만, 인간 행위의 역동적인 면을 알리기 위해서 은유를 썼던 것은 상담과 심리치료 분야에서 새로운 것은 아니다. 오래전 프로이트가 나르시시즘과 오이디푸스 콤플렉스를 제시했을 때, 사람들에게 이미 잘 알려져 있기 때문에 자신이 고안한 학설을 쉽게 이해시킬 수 있다고 믿었던 그리스 신화에 나오는 이야기를 은유적으로 사용했다. 융도 마찬가지로 페르소나, 그림자, 만다라 등 은유와 상징을 통해 인간의 무의식 세계를 이해해 보려고 노력했다.[3)]

은유의 개념

은유는 가장 오래되었고, 우리의 의식 속에 가장 깊이 흐르며, 어떤 것을 아는 데 있어서 필수불가결한 방법으로 쓰인다. 은유는 우리가 잘 알고 있는 것을 통해서 잘 모르는 어떤 것을 이해하고 분별하는 인식의 과정이면서 문제를

3) 상징과 은유를 비교해 보면, 상징은 언어가 형성되기 전에 생성되지만, 은유는 상징에 대한 언어적 적용이다. 은유와 상징은 원래의 대상을 다른 어떤 대상으로 제시하는 공통점이 있지만, 은유가 보다 명확한 두 대상의 비교에서 출발한다면 상징은 원래의 대상에 해당하는 것이 주로 추상적인 관념이다. 상징은 불가시적이고 관념적인 것을 표현하기 위해 사용하는 가시적이고 물질적인 세계의 사물들을 지칭한다. 상징은 원관념이 생략된 은유로 정의되기도 하는데, 상징이 구조와 표현방식에 있어 은유와 동일한 원리를 지니고 있기 때문이다. 은유는 서로 다른 두 언어를 연결시키는 데 반해, 상징은 하나를 버리고 나중의 것으로 처음의 것을 대체하거나 포함하려 한다(이현승, 2015, pp. 271-283).

해결하기 위해 사용되는 방법이다.

은유의 본질은 한 종류의 사물을 다른 종류의 사물의 관점에서 이해하고 경험하는 것이다. 실제로 두 가지가 서로 닮은 점이 별로 없더라도 우리가 한 가지에 익숙하다면 다른 것도 쉽게 이해할 수 있다.

은유는 수사학적 비유법의 다양한 표현방식 중 하나이고, 통칭으로 많은 방식의 비유 안에는 은유와 서로 가까운 직유도 있다. 비유법에서 두 사물 사이의 유사성과 차이성을 확인하는데, 유사성을 묶는 방법에 따라 직유와 은유로 분류한다. 직유가 '얼음처럼 차가운 말투'에서 '~처럼'이나 '~같이'를 붙여 줌으로써 유사성을 직접적으로 드러내는 방법이라면, 은유는 유사성을 전제로 한 사물이 다른 사물을 대신해 버리는 방법이다.

직유는 형식적이고 진부한 느낌을 주는 경우가 많고, 의미를 한 가지 속성에 고정시키고, 구체적으로 제한시켜 사용하므로 고지식하고 답답하게 여겨지기 때문에 상담에서는 치료 효과를 떨어뜨릴 수가 있다. 반면, 은유는 알쏭달쏭한 수수께끼 같이 의미를 형성하면서 그 의미를 부여하는 결정권조차도 상대편에게 넘겨줄 수 있기 때문에 신비로운 매력을 지니고 있다. 거기다가 은유가 가진 또 하나의 장점은 직유는 공통점에만 주목하는 반면, 은유는 공통점과 차이점을 둘 다 그 속에 집어넣고 쓸 수 있는 풍부한 변형의 가능성이다.

은유는 직유보다 참신하고 과감한 표현으로 처음에는 A와 B의 유사성을 인식하기가 어렵다. 은유의 효과는 차별성이 큰 두 개념을 참신한 유사성으로 연결하여 표현할 때 가장 커진다. 때문에 은유적 언어는 내용을 이해하는 데 축자적 언어보다 더 많은 노력이 필요하다(박혜숙, 2011, p. 136). 예를 들면, 한 젊은 여성이 "내 남자 친구는 곰이다."라고 말했을 때, 곰이 단순히 사나운 맹수를 말하는 것이 아니고, 신체적 이미지가 곰처럼 체구가 크다는 것인지, 성격이 우직하다는 것인지, 아니면 과거 어린 시절 갖고 놀던 곰 인형처럼 귀엽고 포근한 느낌을 준다는 것인지, 앞뒤 이야기를 더 들어보거나 그 곰이 어떤 곰인지 질문을 해 보아야 정확한 판단을 할 수가 있다.

사진 5-1 장대한 곰 조형물[4)]

은유는 어떤 하나의 단어가 본래 속한 자리에서 이동하여 다른 단어의 자리로 옮겨 들어간 것을 의미한다. 그로 인해 이전의 의미가 다른 의미로 바뀌면서 어떤 특성은 부각되고 다른 특성은 은폐되기도 한다. 정정승은 은유를 쓰는 세 가지 의도가 있다고 주장하는데, 그것은 언어적 표현이 풍부해지도록, 일부 사실을 감추거나 흐려지도록, 그리고 복잡한 현상을 단순하게 묘사하기 위해서이다(정정승, 2002, p. 222).

우리가 어떤 새로운 것을 알게 될 때 알게 된 새로운 어떤 것을 과거부터 이미 알고 있는 어떤 것과 연결시킨다. 은유는 한 개념을 설명할 때 무언가 다른 것에 비교해서 설명하는 것인데, 어떤 것을 다른 것에 연결시켜 주므로 새로운 의미를 창출하거나 원래의 의미를 확장시킨다.

무엇보다도 은유는 상이성 속에서 동일성을 보게끔 하면서 이루어진다. 아리스토텔레스는 『시학』에서 좋은 은유는 다른 것들 사이에서 유사성을 직관적

4) 저자 스마트폰 촬영, 2022년 11월 18일, 공주 연미산 자연미술공원

으로 인식하는 능력과 관계있다고 믿었다(Aristoteles, 2002, p. 70). 은유는 우리가 A에 대해 어떻게 생각하거나 말해야 할지 모를 때, A를 다른 어떤 B로 보는 것이다. 그래서 B를 A에 관한 어떤 것을 말하기 위한 방편으로 쓰는 것이다. 은유적으로 생각한다는 말은 두 가지 다른 대상에서 서로 비슷한 단편적인 단서를 찾아내는 것을 말한다. 여기서 한 가지는 우리가 다른 쪽보다 더 잘 알기 때문에, 보다 더 잘 알고 있는 쪽을 우리가 잘 모르는 쪽을 말하기 위한 도구로 사용하는 것이다.

은유의 본질은 한 종류의 일을 다른 종류의 일의 관점에서 이해하고 경험하는 것이다. 다른 말로 어떤 생각을 표현함으로써 그렇지 않으면 쉽게 정의되거나 설명하기가 쉽지 않은 문자적 의미를 확장시킨다. 이런 은유의 특징은 개념 언어가 추상적인 것과 구체적인 것 사이를 연결시켜 주기에 부적절할 때 잘 나타난다. 우리는 어떤 추상적인 개념이나 새로운 경험을 표현할 경우에 비유적 표현인 은유를 잘 쓴다. 은유를 사용하여 추상적 경험을 구체적 경험의 관점에서 이해하고 표현하며, 그에 따라 행동한다(정희자, 1999, p. 226). 백문이 불여일견이란 말이 있다. 우리는 보는 것을 통해 알게 된다. 은유는 무엇보다 관념적인 세계를 시각화하는 것이다.

앞서 2장의 '3차원 공간의 이해와 접근'에서 시간성의 문제를 설명했는데, 시간도 추상적 개념이라 그 속성을 이해하기가 쉽지 않다. 대부분 철학적이거나 물리학적 설명이고 비전공자들은 이해하기가 어렵지만, 은유적 접근을 시도하면 이야기가 달라진다. 시간관의 문제에 있어 시간은 어떤 방식으로 작동하는지 생각해 보면, 사람들은 흔히 강물처럼 흘러간다고 이야기한다. 가까운 데 있는 자연 현상과 연결시킨다. 시간의 진행을 위해 온 우주를 가동시켜야 하고 무한한 힘이 소모되므로 운동 이미지와 쉽게 결부시킨다. 시간의 운동 방식을 확인하기 위해 일상생활의 다양한 물체를 대입시켜 본다. 자동차라면 직선 구간을 일직선으로 달리기도 하고, 회전 구간을 돌면서 나가기도 한다.

시간도 직선뿐 아니라 곡선으로 나가기도 하고, 경우에 따라서는 앞으로만

사진 5-2 산길 회전 구간을 빠르게 통과하는 스포츠카

가지 않고 후진을 할 수도 있다. 거기다가 한 가지 방식이 아니라 두세 가지 방식이 결합하여 작동될 수도 있다. 이를 테면, 전동 드릴로 나사못을 돌려서 채워 넣듯이 나선형 구조로 돌면서 정해진 한 방향으로 들어갈 수도 있고, 토네이도처럼 회오리치면서 종횡무진으로 자유롭게 움직이기도 하고, 때로는 방해물이나 급경사로 인해 지그재그 형태로 나가기도 한다. 어떤 경우는 시계추처럼 진자 운동을 하고, 어떤 경우는 농구공처럼 포물선 운동을 한다. 이처럼 은유는 어려운 추상적 개념을 시각적 이미지로 변형시켜 경험과 이해의 범주를 확장시켜 새로운 의미를 창조하고, 삶 전반에 풍성한 의미를 전달해 준다.

은유는 열려져 있고, 수용적이다. 아직 존재하지 않거나, 설명하고 표현하기 어렵기 때문에, 상상하거나 가정하고 시작하므로 좀 다르거나 틀릴 수도 있다는 전제가 붙기 때문에 심리적 부담을 줄여주며, 그 속에서 의미를 풍성하게 생산할 수 있는 가능성과 여지를 남겨두게 된다. 그래서 사고가 절대화되거나 잘못된 편견 속에 빠지는 것을 막게 된다. 은유는 열려진 상태로 평범한 의미를 확장시켜 새로운 의미를 불러일으킨다. 은유는 우리가 전체적으로 모든 것을 이해할 수 없을 때, 어떤 것을 부분적으로라도 쉽고 신속하게 이해할 수 있도록 도와준다.

은유는 임시적이고 유동적이다. 은유나 상징은 개인과 집단의 시대 상황, 사회적 분위기, 문화적 배경에 따라 의미가 달라질 수 있다. 주변 이미지와 연결되면서 다른 모습과 의미로 바뀌기도 한다. 또한 심리적이고 사회적인 인간상과 내면세계도 과거와 지금의 이미지가 다르고, 미래의 모습과 분위기도 달라지듯이 은유도 상황과 분위기 속에서 그 의미와 기능이 달라진다.

은유는 낯설고 생소한 상황에서 새로운 식견을 가져다주는 언어이다. 우리에게 새로운 안목을 주고, 새로운 방향을 지시할 뿐 아니라, 새로운 경험을 해 보게 한다. 좋은 은유는 우리에게 평범한 세계를 특별한 방법으로 볼 수 있도록 인도해 준다. 은유적 이야기는 우리가 어떤 영감을 얻고 새로운 방향으로 나가게끔, 그 길을 열어 주고 준비시켜 준다.

은유는 단순한 문학적 표현수단이라기보다는 새롭고 창의적인 사고방식의 틀과 수단으로 보아야 하며, 더 나아가 상담에서 내담자의 닫힌 세계관을 깨뜨리는 치료 수단으로 쓰일 수 있다. 은유는 언어 표현을 풍부하게 확장하여 고정관념을 해체시키도록 도와준다. 이처럼 은유는 근원적이면서도 여전히 우리 시대에도 폭넓게 사용되면서 인간과 그 내면세계를 탐색하고 그들의 문제를 효과적으로 해결해 주는 강력한 도구이다.

은유의 심리적 배경

은유는 자신에 대해 내면적 성찰을 추구해 나가는 능력을 향상시킨다. 상담에서 내담자가 갖고 있는 무의식의 내용물을 활성화시켜 주고 그것들이 의식층으로 떠오르게 하는 작업을 해 나가는 데 은유가 그 안내 역할을 해 준다. 이야기는 의식층에 주로 머무르는 편이지만 은유는 무의식층에 쉽게 침투하여 내면세계의 심리역동을 활성화시켜 준다.

이윤주와 양정국은 내담자의 의식, 무의식과 동시에 대화하기 위한 도구로서 두 세계를 연결시키는 상징을 이야기하는 것이 은유라고 보았다(이윤주, 양정국, 2007, p. 103). 엘렌 시겔만은 모든 은유는 연결시키는 기능을 갖고 있기 때문에, 은유는 의식과 무의식, 정서와 인지의 상호작용을 구체화시키는 이상적 도구라고 규정한다(Siegelman, 1990, p. xi). 이민용도 은유를 통해 무의식에 쉽게 접근할 수 있기 때문에, 은유가 무의식과 관련되어 있다고 주장한다(이민용, 2010, p. 300). 무의식의 배경을 지닌 꿈도 은유와 유사한 면이 있고, 꿈이 만들어지는 과정도 은유의 형성 과정과 유사점이 있다고 보았다.[5] 그래서 무의식의 심리적 배경을 지닌 내담자를 상담할 경우 은유를 매개로 하여 내담자의 무의식 세계에 접근하는 것이 효과적일 수 있다고 제안한다. 은유적 언어는 의식적 마음에 혼란을 주기도 하지만, 무의식적 마음은 은유 속에 담긴 메시지를 이해하고 상황을 다르게 볼 수 있다는 암시를 쉽게 받아들인다(고기홍, 김경복, 양정국, 2010, p. 189). 은유는 이렇게 무의식의 영역 속에 있다가 돌연 행동적 변화를 주도할 수 있다.

상담을 하면서 내담자의 문제에 어떤 의미를 붙이고, 언어화시켜 주면서 심층 작업으로 들어가는데, 은유는 유아기 언어 발달 과정에서 상징적 그림언어를 통해 모든 사물을 이해했듯이, 언어적 사고의 초기 모드로 돌아가 그런 과정을 다시 거쳐 갈 수 있도록 안내해 준다. 내담자가 자신의 심리적 기능을 잘 발휘하지 못하는 이유도 자신의 문제를 은유로 표현하지 못하기 때문인데, 문제에 대한 은유적 접근은 언어화 작업을 증폭시킬 수 있는 통로를 열어 준다. 앞서 이 책의 3장에서 내담자의 과거 이야기를 다룰 때 내면아이가 자주 등장하는 것을 살펴보았는데, 무엇보다 은유는 내면아이에게 친숙하고 편안한 언어 구조이며 의사소통방식이다. 그래서 내담자로 하여금 열린 마음으로 문제

5) 라캉은 프로이트가 제시한 꿈 작업에서 사용되는 압축(또는 응축)을 은유로, 전치(또는 치환)를 환유로 재해석하였다.

를 다양하고 풍부한 관점에서 바라보고, 창의적이고 재미있게 표현해 보면서 곤경에서 탈출하고 자유로워질 수 있도록 돕는다.

더구나 삶의 고통과 충격으로 자신의 문제에 대한 충분한 언어화 능력을 상실한 내담자들은 과거 유아기 모드로 돌아가 은유적 접근방식을 쓰는 것이 필요하고 치료적 성과를 촉진시켜 줄 수 있다. 상담에서 내담자는 자신의 내면세계를 안전하고 편하게 표현할 수 있어야 한다. 상담 현장에서 은유는 보다 안전한 심리적 퇴행을 유도하면서 내면아이의 심층적 문제를 탐색할 수 있도록 도와준다.

대다수 내담자는 생각이 너무 많고, 그로 인해 복잡하고 혼란스러운 상태이므로 이런 은유 작업을 통해 사고과정을 단순화시켜 줄 수 있다. 동시에 탈사고지향적으로 이끌고 가므로 사고에 편중된 마음의 에너지를 치료를 촉진시킬 수 있는 정서 영역으로 전환시켜 줄 수 있게 된다. 은유는 내담자의 경험을 이해하고 다루는 데 있어서 인지적인 영역에서 정서적인 영역으로 옮겨주는 역할을 한다. 그러면서 은유는 상징적 표현이기 때문에 일상적인 말보다 훨씬 빠르게 감정의 강도를 높여줄 수 있다.

은유는 상담관계에서 직면시키기 어려운 상황에서 상처를 주지 않고 의사소통을 할 수 있는 방식이기도 하다. 그래서 아직 자신의 생각을 어떤 행위로 변형시킬 준비가 되지 않은 내담자로 하여금 강요받거나 상처받지 않고 자신의 문제 영역에 접근할 수 있게끔 한다. 서로 존중하면서 상담자는 내담자에게 자율적 선택권을 주게 되고, 완곡하게 우회해 나가므로 직접적이고 지시적인 방식을 쓰므로 생길 수 있는 거칠고 투박한 의사소통보다, 그래서 저항하는 내담자를 더 자극하기보다는 시간적 여유를 갖고 문제에 대한 직면과 해석 반응을 내담자에게 재량껏 맡기는 간접적이고 비지시적인 의사소통방식이라고 볼 수 있다.[6] 즉각적인 결과를 기대하는 소통 방식보다는 내담자의 마음속에 의미 있는 여운을 남기고 조금씩 반향이 커지도록 돕는 방식인데, 어렵지만 잘 쓰면 고급 치료기술이 될 수 있다.

은유를 치료도구로 활용하는 배경에는 은유가 지닌 간접성에 기인하는 면이 크다. 은유가 지닌 간접성은 내담자의 문제를 직접적으로 다루지 않고 다른 비슷한 상황에 적용해서 다룸으로써 내담자가 의식하지 못하는 상태에서 자신의 문제를 간접적으로 표현하게 된다. 정성미는 은유가 과학적이고 논리적인 표현이 아니라, 간접적이고 우회적인 표현으로 문제를 지닌 사람들에게 적합하여, 표현할 수 없었던 것을 표현할 수 있도록 돕는다고 주장한다(정성미, 2009, p. 123). 이처럼 은유의 간접성은 내담자에게 심리적 안정감을 주면서 자신의 문제를 관조하게 하고, 그 과정에서 내담자 스스로 문제의 해결을 모색하게 한다(정성미, 2010, p. 211).

은유가 주는 또 다른 심리적 안정감은 은유의 다의성에서 오는 느슨함으로 볼 수 있다(정성미, 2010, p. 212). 느슨함이란 고정된 의미를 강요하지 않고, 언제든지 피할 수 있는 기회와 선택권을 내담자에게 주는 것이다.

은유의 두 속성, 유사성과 차별성 중에서 유사성 때문에 자신의 심리적 문제를 직면할 수 있지만, 은유의 차별성 덕분에 적절한 거리 두기를 하면서 불편함 없이 편하게 직면할 수 있다(이민용, 2010, p. 304). 은유의 유사성은 친숙하고 낯익게 하는 것이고, 차별성은 낯설게 하는 것이다. 일단 A와 B를 연결시키고 유대감을 형성하기 위해 서로의 공통점을 찾게 되지만, 다시 새로운 이야기로 다가가기 위해서는 차이점을 보게 된다. 둘 사이의 차이점을 보면서 주관적 경험과 해석에서 벗어나 객관적 시각을 확보하게 되고, 문제의 본질을 구체적으로 검토하면서 과거 개념보다 확장된 통합에 이르게 된다.

은유는 신축성과 유연성이 뛰어나고 변형과 변신이 자유롭다. 인간의 이성과 언어의 한계에 직면할 때, 모든 것이 명확해지기 전까지 잠정적으로 은유적 접근

6) 칼 로저스는 상담에서 비지시적 접근이 내담자가 자신의 태도와 감정을 더 의식하게 해 주고, 통찰과 자기이해를 증진시킨다고 주장했다(Rogers, 1998, p. 158).

이 좋은 대안이 된다. 그것은 은유가 개념적 언어이면서도 함축적 언어일 수 있는 중간 지대에 존재하면서 의미의 확장성이나 문제해결의 기민성을 촉진시켜 주기 때문이다.

이야기와 은유의 중요성을 깊이 인식하여 치료에서 효과적으로 쓸 수 있도록 혁신적인 방법들을 개발했던 밀턴 에릭슨(Milton H. Erickson, 1901~1980)은 그의 환자들에게 명백하거나 기대된 어떤 방식이 아니고, 문제해결에 대한 간접적 방식을 소개함으로써 환자 자신의 생각으로 문제해결을 해 나가도록 이끄는 상담전략을 좋아했다. 에릭슨은 심한 정신 질병이나 고통을 겪는 환자들은 그들의 의사소통이 간접적이고, 다른 사람들로부터 직접적인 의사소통에는 저항한다고 믿었고, 그래서 치료도 간접적이어야 한다고 생각했다(Pearce, 1996, p. 35). 환자가 자신의 문제를 다루는 데 저항적일수록, 에릭슨은 더욱 은유를 적용해 보려고 애썼다.

인간은 누구나 직면에 대한 두려움을 갖고 있는데, 은유는 이 두려움에서 벗어날 수 있는 안전망 역할을 한다(이선형, 2012, p. 155). 마곳 선더랜드도 은유로 반응하는 간접적 의사소통 방식이 아동심리치료에서도 상담자가 아동의 방어를 존중한다는 것을 확인시켜 주는 가장 안전한 방법으로 보았다(Sunderland, 2007, p. 71).

상담이 전인적 변화의 좋은 도구가 되기 위해서는 좌뇌적 방법보다는 우뇌적 방법이 더 적극적으로 활용되어야 한다. 인간에게 우뇌의 영역은 좌뇌보다 더 일찍 개발되고, 생애 초기 3년 동안 활동이 매우 뛰어난 것으로 평가된다(정갑선, 김영근, 2021, p. 9).

인간의 두뇌는 크기와 모양이 거의 같은 좌뇌와 우뇌로 나뉜다. 좌뇌와 우뇌는 완전히 같지 않으며 각기 다른 임무를 수행한다. 좌뇌는 분석적이고 논리적이며, 언어기능을 담당하는 반면, 우뇌는 정보를 전체적으로 종합하면서 예술적인 기능을 담당한다. 하나의 뇌 안에는 서로 다른 두 개의 정신이 존재할 수 있다. 좌뇌와 우뇌는 그 자체로 의식을 가진 독립적 시스템으로, 인지하고, 기억하고, 감정을 느끼고, 의지를 발휘한다. 좌뇌와 우뇌는 하나의 대상을 각기 다르게 인식할 수 있으며 심하면 서로 충돌을 일으키기도 한다(한승희, 2016, p. 91).

은유는 우회적 정신작용이기 때문에 정보전달과 분석기능과 같은 좌뇌의 활동을 보완해 주게 된다. 좌뇌적 방법은 과거지향적인 것으로 분석적이고 합리적이며, 의도적이고 문제해결 위주의 접근인 데 반해서, 우뇌적 방법은 정서적, 관계적, 수용적으로 반응하도록 구조화되어 있고, 비언어적 의사전달을 해독하도록 조율되어 있어 치유와 성장을 일으킬 수 있는 유력한 접근방식이다(정갑선, 김영근, 2021, p. 9).

인간의 왼쪽 뇌는 사유, 분석, 평가, 수학적이고 추상적 사고를 지배하는 경향이 있다. 반면에, 오른쪽 뇌는 지각, 인식, 상상, 통합을 이끄는 경향이 있다. 이 부분은 직관적이고 형태적이며 비분석적인 것을 하나로 엮는 기능을 맡고 있다.

구미향은 은유가 정서적이고 상상적인 과정을 매개하는 오른쪽 뇌와 관련되어 있다고 보았는데, 은유가 문자적 의미보다 함축적 의미를 갖고 있어 그런 의미를 다루는 우뇌의 기능과 연결된다고 보았다(구미향, 1998, p. 3). 정성미도 은유를 기존의 개념적 이해에 직관을 부여해 주고, 복잡한 사태에 대한 단순하고 통합적인 이해를 가져다주는 독특한 인지구조로 보면서, 은유가 정확성과 객관성의 언어로 표현하기 어려운 것을 단순하고 통합적이며 감각적으로 환기시킬 수 있어 감성을 표현하는 데 적합한 특성을 지닌 언어로 보았다(정성미, 2010, p. 208).

은유의 치료적 활용

은유는 평상시 우리가 보고 있는 시야를 한순간에 쉽게 바꿔주는 효과가 있고, 인간의 인식체계의 전환을 불러일으키는 유용한 수단이 된다. 이뿐 아니라 은유를 운용하는 방식에 있어 기존 다양한 상담 이론들이 충분히 연계될 수가 있다. 상담에서 무의식의 세계를 중시하는 정신분석뿐만 아니라 인지행동치료나 예술치료에서까지 폭넓게 도입되어 치료적 수단으로 활용되고 있다.

일부 상담자들은 치료적 은유를 사용하는 것이 문제해결을 너무 단순화시키거나 상담을 의도치 않게 조기 종결시킬 것을 우려하기도 한다(Malkomsen et al., 2022, p. 7). 그러나 상담에서 은유를 사용하는 방식은 보조적이고 단편적인 수단일 뿐이지 중심적인 치료방식은 아니다.[7] 일부 정신분석 계통의 치료과정에서는 내담자의 방어기제나 유아적 환상을 탐색하는 데 은유를 활용하는 것이 도움이 된다는 의견을 제시했다(Malkomsen et al., 2022, p. 8).

은유적 언어표현의 단위는 단지 단어의 수준에 머무는 것은 아니고, 문장과 이야기의 범주까지 폭넓게 확대시킬 수 있다.[8] 동시에 문학 장르를 놓고 보면 시, 소설, 신화나 전설, 동화 등 다양한 분야에 사용되는 것을 볼 수 있다.

의사소통의 범주에 언어적 의사소통뿐 아니라 비언어적 의사소통을 포함시키듯이, 은유도 언어적으로 표현되지만, 동작과 행위 등 비언어적으로도 표현될 수 있다. 은유는 언어적으로 표현하기 어려운 것을 의사소통이 가능하도록 도와주는 측면도 있어, 언어적 의사소통에 기반을 둔 심리상담은 물론이고 비언어적 표현을 보다 적극적으로 포함시키는 미술치료나 연극치료 등에서 중요한 치료 수단으로 다루어지고 있다.

7) 상담 전체 과정 중에서 어떤 시점에 은유를 도입하는 것이 효과적인지가 중요한 관건인데, 이야기치료의 초기 단계인 문제의 외재화를 시도할 때, 은유적 접근을 동시에 사용하는 것도 좋은 방안이 될 수 있다.

8) 때로는 은유와 알레고리(allegory)를 구분하는데, 은유가 단어나 문장에 사용되는 개념으로 본다면, 알레고리는 이야기 전체로 확대되면서 은유보다 큰 범위를 지정하고 다룬다. 알레고리는 여러 개의 은유가 합쳐져 상호작용하는 확장된 은유의 형태를 띠며, 문학뿐 아니라 철학과 종교, 회화와 조각과 같은 조형예술에서도 자주 사용된다. 대표적인 예는 단테의 『신곡』, 톨킨의 『반지의 제왕』, 존 번연의 『천로역정』, 이데아론을 설명하기 위해 플라톤이 사용한 동굴의 우화 등을 들 수 있다.

정성미는 은유가 언어적 표현뿐 아니라 예술 활동이나 놀이 등의 다양한 형태로 표현될 수 있다고 강조한다(정성미, 2010, p. 213). 내담자의 증상도 때로는 은유적 형태의 놀이로 표출되는데, 위니컷의 사례를 보면 심한 우울증에 빠져 있던 엄마로 인해 생긴 분리 불안 때문에 여러 종류의 끈을 여기저기 묶어 놓는 놀이에 집착하는 7세 남자 아이가 나온다(Winnicott, 1997, p. 37; 2000, pp. 222-224).

은유의 사용은 상담 목적과 방식에 부합해야 한다. 공감적 이해를 동반해야 효과적이므로 먼저 내담자의 언어패턴이나 상징체계를 이해해야 하고, 내담자에 관한 전반적인 탐색과 촉진적 관계형성이 선행되어야 하며, 내담자의 내면세계와 관심사를 잘 이해해야 적절한 은유를 찾아내고 제대로 활용할 수가 있다. 상담자 편에서 친숙한 은유가 아니라, 오히려 내담자 편에서 가깝고 친숙한 은유가 상담에서 더 좋은 결과를 가져오는 경우가 많다.

은유는 추상적이고 덜 친숙한 목표 영역(target domain)과 구체적이고 친숙한 근원 영역(source domain) 사이를 연결시키는 다리 역할을 한다. 목표 영역은 내담자의 상황과 연관되어 있고, 문제해결을 해야 하는 질문과 과제의 영역

사진 5-3 사막을 홀로 걷는 여행자

이고, 근원 영역은 목표 영역을 이해하는 내담자의 생각과 느낌이 표현되는 일상생활과 과제수행의 영역이다(Lakoff & Johnson, 2006, p. 338). 이를 테면 "나의 삶은 메마른 사막을 여행하는 것이다."에서 '나의 삶'이 목표 영역이고, '사막 여행'이 근원 영역이다.

상담에서 이런 방식으로 심리적 탐색을 해 볼 수 있는 중요한 주제는 다음과 같다.

나는 ______________________________ 이다.
나의 삶은 __________________________ 이다.
나의 문제는 ________________________ 이다.
나의 마음은 ________________________ 이다.[9]
나의 건강(또는 신체)은 _______________ 이다.
나의 시간(또는 계절)은 _______________ 이다.
나의 가족(부모, 형제, 자녀)은 __________ 이다.
나의 결혼은 ________________________ 이다.
나의 배우자(또는 친구나 연인)는 ________ 이다.[10]
나의 집(또는 고향)은 _________________ 이다.
나의 직장(또는 직장상사나 동료)은 ______ 이다.
상담(또는 상담자/내담자)은 ____________ 이다.
나의 과거(또는 내면아이)는 ____________ 이다.
나의 미래(또는 꿈이나 소원)는 __________ 이다.

9) 예술 매체로 김동명의 「내 마음은」이란 시와 김희경이 글을 쓰고 이보나 흐미엘레프스카가 그림을 그린 『마음의 집』이란 그림동화책을 활용해 볼 수 있다.
10) 이보나 흐미엘레프스카의 『두 사람』이란 그림동화책을 함께 써볼 수 있다. 세상에서 가장 가까운 두 사람의 매우 다양한 모습을 은유적 그림으로 표현했다.

희망은 ______________________ 이다.

절망은 ______________________ 이다.

사랑(또는 성관계)은 ______________________ 이다.

행복(또는 성공)은 ______________________ 이다.

돈이나 재화(또는 쇼핑)는 ______________________ 이다.

권력은 ______________________ 이다.

고통(또는 실패, 상실, 중독)은 ______________________ 이다.

질병은 ______________________ 이다.

죽음은 ______________________ 이다.

앞에 제시된 다양한 주제 중에서 누구나 쉽게 먼저 해 보는 것은 각자 인생을 바라보고 이해하는 인생관의 문제이다. 인생에 대한 은유는 일반적인 큰 틀에서 접근해 보는 것이고, 나의 삶에 대한 은유는 개인적인 삶의 상황을 구체적으로 묘사하는 것으로 구분한다. 흔히 인생에 대한 은유로 여행이나 등산을 자주 언급하고, 때로는 마라톤과 같은 운동 경기, 사계절의 시간적 변화, 씨를 뿌리고 가꾸고 거두는 농사일과 같은 노동, 나 혼자 사는 세상이 아니기 때문에 무엇을 주고 그 대가로 무엇을 받을지 고민해야 하는 사업이나 협상을 연상하기도 한다.

이런 은유의 심리적 배경에는 현재 심리 상태가 투사된 모습을 볼 수 있지만, 어떤 은유에 이상하게 마음이 더 쏠리는 것은 마음속 욕망이나 심리적 욕구가 숨어 있기 때문이다. 이를 테면, 삶의 현실이 너무 빡빡하고 냉정하고 가혹해서 현실에서는 계층 이동의 소망이 도저히 불가능하다면 등산의 은유를 끌어들여 높은 산을 올라가고 정상에 도전하는 상상적 느낌을 불어넣어 신분 상승의 사다리를 올라갈 수 있다는 힘을 느끼도록 한다.

임상적으로 표현된 실제 내용을 몇 가지 제시해 보면, "인생은 자동차를 타고 일직선으로 쭉 뻗은 넓은 고속도로를 달리는 것이 아니라 오르막과 내리막

길이 자주 바뀌는 산악 도로를 달리는 것이다."라고 자신의 삶에 대한 은유를 자동차 여행으로 표현했다. 또는 인생을 등산에 연결시켜 긍정적인 면과 부정적인 면을 동시에 생각한다. "인생은 무거운 배낭을 짊어지고 산을 오르는 것이다. 힘들지만 가는 도중 아름답고 놀라운 모습도 많이 보게 된다."

한 중년 여성은 삶의 새로운 은유 찾기를 시도하면서 "지하 세계의 얼음 동굴 속에 홀로 갇혀 있다가 바깥세상으로 간신히 빠져 나와 하늘 높이 뻗어 올라가는 멋진 메타세쿼이아 가로수 길로 걸어가기"로 묘사하면서 치료적 변화를 표현했다. 이 내용을 요약하면 삶의 이야기가 공간적으로 춥고 어두운 지하 동굴에서 초록빛 메타세쿼이아 가로수 길로 옮겨졌는데, 과거의 침체 경험에서 자아실현의 미래 이야기로 나가는 상승 플롯이 잘 표현되었다.

희망과 절망에 대한 은유도 자주 표현되는 내용이 있다. 먼저 절망부터 보면, "하늘이 노랗고 앞이 깜깜했다." "하늘이 무너지고 땅이 꺼졌다." "앞길이 꽉 막혔다." "도저히 넘을 수 없는 높은 장벽이 내 앞을 가로 막고 있었다." "높은 벼랑 끝에 서 있었다." "혼자 얼음 나라에 갇혀 버렸다." 또는 심한 악천후로 경비행기가 파손된 채 무인도에 고립되었는데, 아무리 기다려도 구조대가 오지 않는 상황으로 표현했다.

사진 5-4 메타세쿼이아 가로수길로 걸어가기

절망과 달리 희망의 은유는 "눈이 떠졌고 귀가 열렸다." "막혔던 앞길이 뚫렸다." "어둠이 사라졌다." "사막에 물이 흐른다." "바위틈에 풀이 자란다." "어둠이 짙을수록 별은 더 환하게 빛난다."고 표현했다. 조금 길게 표현된 내용은 "어둠 속에서 길을 잃고 애태우는데, 갑자기 한줄기 불빛이 비춰지고, 주변이 환해지면서 어디로 가야할지 알게 되었다."이다.

시인 정호승은 희망과 절망을 인생의 큰 관심사로 삼고 매우 많은 시를 발표했다. 대자연의 풍경 속에서 절망의 은유는 "눈보라 치는 겨울 강 언덕의 갈대"[11]로, "폭풍이 휘몰아치는 밤, 머리를 풀고 하늘을 뒤흔드는 한 그루 나무"[12]로, 희망의 은유는 "꽃씨를 심은 내 가슴에 내리는 봄비"[13]로 표현해 주었다.

일상생활에서 은유적 언어에 의해 삶이 크게 바뀐 사례들도 있다. 한 소설가가 초등학교 시절 백일장에 나가 계속 떨어지기만 했다. 어깨가 축 늘어지고 풀이 죽어 낙심하고 있을 때, 학교 선생님이 일찍 피었다가 지는 꽃보다 조

사진 5-5 폭풍이 휘몰아치던 날

11) 「겨울 강에서」, 내가 사랑하는 사람(서울: 비채, 2021), pp. 84-85.
12) 「폭풍」, 위의 책, pp. 100-101.
13) 「봄비」, 위의 책, p. 290.

금 늦게 피는 꽃에 열매가 달린다고 하면서 "너는 훗날 크고 멋있는 열매를 맺을 꽃"이라고 불러 준다. 그때부터 어린 학생은 다양하고 많은 책을 읽기 시작했고, 훌륭한 작가가 되기 위한 튼튼한 기틀을 마련하는 삶의 전환점을 만들게 된다(김홍신 외, 2004, pp. 19-20).

여기서는 선생님이 어린 학생에게 포기하지 말고 끝까지 열심히 하라는 격려로서 한 소년의 정체성을 "금세 시들고 떨어지는 꽃"에서 "늦게 피지만 열매가 달리는 꽃"으로 바꿔준 것이다. 이렇게 이름을 짓고 부르는 것도 은유적 접근으로 볼 수 있는데, 박종덕은 호명하는 행위가 대상의 본질을 찾고 불러내 대상의 숨겨진 의미를 외부 세계에 알려주는 기능을 수행한다고 주장한다(박종덕, 2020, p. 193).

한 30대 여성은 어려서부터 외모 콤플렉스에 시달리고 있었는데, 자신의 입언저리가 앞으로 좀 튀어나왔다고 생각했기 때문이었다. 그런데 결혼을 하고서 남편과 수박을 먹고 있는데, 남편이 "당신이 수박을 먹는 모습을 보니까 토끼가 수박을 파먹는 것 같다. 다른 사람들은 수박 먹을 때 입에 다 묻히고 보기 흉한데, 당신은 참 예쁘고 보기가 좋다!"고 말해 주었고, 그녀는 남편의 칭찬으로 오랜 외모 콤플렉스로부터 한순간에 벗어날 수가 있었다. 여기서도 은유적 표현에 의해 보기 흉한 입이 토끼처럼 귀엽고 예쁜 입으로 바뀌면서 한 여성의 삶에 전격적인 치유가 일어난 것이다.

영화 속에서도 은유를 통해 어려운 문제를 해결하거나 환자의 증상을 치료해 준 장면을 찾아볼 수 있다. 〈패치 아담스〉[14]란 영화에서 주인공 헌터 아담스는 사랑하는 사람들의 죽음을 비롯해 수차례 인생의 큰 고통을 겪은 후 우울증과 여러 차례 자살 시도로 정신병원 신세를 지게 된다. 정신병원에서 그는 아픈 사람들을 돕겠다는 삶의 목표를 정하고, 퇴원 후 늦은 나이에 의과대학에

14) 1998년 제작된 미국 영화로 미국 의사 헌터 아담스의 생애를 다룬 전기 영화이다. 로빈 윌리암스가 주연을 맡았다.

입학하게 된다.

영화의 앞부분에서 아담스는 정신병원에서 다람쥐 공포증 환자인 루디와 한 방을 쓰게 된다. 루디는 망상 속의 괴물인 다람쥐가 화장실 근처에 자주 출몰하여 무서워서 화장실을 가질 못한다. 아담스는 이런 조현병 증상을 루디의 주관적 경험으로 받아들이고, 공감적으로 반응해 준다. 그러면서 환자의 극심한 고통을 해결하기 위해 다람쥐 소탕작전을 대대적으로 벌인다. 처음에는 권총으로 한방씩 쏘다가 다람쥐가 점점 많아지니까 기관총으로 쏘고 급기야 침대를 뒤집어 방어벽을 쳐놓고 멀리 있는 강한 적들을 향해 바주카포까지 발사한다. 마침내 다람쥐들은 한꺼번에 전멸하고 만다. 그때 아담스는 루디의 등을 세게 밀면서 "우리가 이겼다! 다람쥐들은 다 죽었다! 이제 화장실에 갈 수 있다!"고 외치니까 루디는 더 이상 무서워하지 않고 당당하게 화장실로 달려간다.

환자의 다람쥐 공포증으로 인한 고통스러운 상황은 기민한 은유적 발상에 의한 괴물들과의 전쟁놀이로 순식간 바뀌면서, 담당 의사도 속수무책이었던 어려운 문제가 너무나 쉽게 해결되고 만다. 화장실을 가지 못해 참다가 대소변을 옷에 싸고 마는 절망적인 상황에서 현실을 벗어난 환상의 세계에서 펼쳐지는 한 편의 감동적인 드라마를 연출해 낸 것이다.

여기서 다람쥐 공포증 환자인 루디는 프로이트의 발달 이론으로 보면 항문기형 문제를 갖고 있고 공포증도 거기서 비롯됐을 수 있다. 문제를 해결해 준 아담스는 다람쥐 괴물을 무서워 어쩔 줄 모르는 루디에게 공포의 대상을 물리치기 위해 어린 시절 많이 놀았던 전쟁놀이 은유를 제안했고, 이 은유가 어려운 문제를 해결하는 데 기막히게 적중했다.

또 다른 영화 〈인생은 아름다워〉[15]에서도 참혹한 수용소 생활을 숨바꼭질

15) 1997년 제작된 이탈리아 영화로 로베르토 베니니가 감독과 주연을 맡았고, 나치수용소에서 2년의 시간을 보낸 아버지의 경험을 작품 소재로 썼다.

놀이로 재해석한 은유적 착상에 의해 어린 아들의 생명을 살려낸 한 아버지의 아름답고 눈물겨운 이야기를 전해 준다. 1945년 제2차 세계대전이 끝나갈 무렵 남편 귀도와 아내 도라는 다섯 살 난 아들 조수아를 데리고 산다. 전쟁 말기 귀도와 같은 유대인 가족들은 나치의 마지막 박해에 시달린다.

어느 날 경찰이 귀도의 집에 들이닥치고 그들을 강제수용소로 끌고 간다. 귀도는 아들을 안심시키고 잔인하고 끔찍한 현실로부터 보호하기 위해 임기응변의 교묘한 계책을 쓴다. 기발하고 그럴듯한 이야기를 지어내 조수아에게 눈앞에 벌어지는 일은 현실이 아니고, 신나는 놀이이고 게임이라고 속인다. 게임의 목적은 1,000점을 먼저 따는 사람이 1등 상을 받게 되는데, 그러기 위해서는 규정을 잘 따라야 한다고 일러준다. 귀도는 알아듣지 못하는 독일어를 거짓으로 통역하면서 즉흥적인 규칙을 만들어 낸다. 울거나, 엄마가 보고 싶다거나, 배고프다고 하는 등 떼를 쓰거나 말을 듣지 않고 소리를 지르거나 하면 점수가 깎이고, 조용히 숨어 지내면서 독일 병사에게 들키거나 잡히지 않으면 1,000점을 얻어 탱크를 받을 수 있다고 이야기해 준다. 귀도의 궁극적인 목적은 조수아가 순진한 마음으로 게임에 빠져 무시무시한 수용소의 공포를 느끼지 않게 하려는 것이다.

누구든지 먼저 점수를 다 따는 사람이 커다란 탱크를 상으로 받게 될 것이라는 부푼 기대 속에 조수아는 혹독한 시련을 재미있는 게임으로 받아들인다. 조수아는 몇 차례 어려운 고비를 넘기고, 마침내 전쟁이 끝나 패배한 독일군은 다 퇴각하고, 승리한 연합군의 진짜 탱크를 타보게 된다. 이탈리아의 영화감독이면서 희극 배우인 로베르토 베니니는 영화 〈인생은 아름다워〉에서 "삶은 지옥에서 노예생활을 하는 것이다."는 절박한 극한 상황의 비극적 은유를 "삶은 최고 점수를 따는 사람이 가장 큰 상을 받는 것이다."라는 신나고 도전적인 희극적 은유로 바꿔 놓음으로써 관객들의 마음을 사로잡은 것이다.

여기서 역기능적 은유의 내용을 긍정적으로 고친 것도 그렇지만, 은유를 이해하고 다루는 방식을 아이들에게 친숙한 게임의 형태로 고쳐 어린 아들이 상

사진 5-6 탱크를 탄 소년[16]

황에 몰입할 수 있도록 도와준 것이 더 큰 효과를 거두게 한다. 이 은유가 성공한 비결은 적용한 대상의 성별, 나이, 성격과 관심사를 고려하여 경쟁적인 남자 아이에게 가장 친숙하여 심리적으로 집중시킬 수 있는 게임 은유를 사용하여 강한 승부욕을 끌어낸 데 있다.

한번은 심한 알코올 중독에 빠진 중년 남성이 밀턴 에릭슨[17]에게 찾아와서 "조부모님 모두 알코올 중독이었고, 부모님도 알코올 중독이었고, 아내의 부모님도 알코올 중독이었고, 아내도 알코올 중독이며, 11번이나 병원에 입원할 정도로 매우 심한 금단 증상을 겪었습니다. 알코올 중독이라면 이젠 지긋지긋합니다. 이런 지독한 문제를 갖고 왔는데, 저를 어떻게 도와주실 수 있을까요?"라고 물었다. 사실상 자포자기 상태에 빠져 있는 그에게 에릭슨은 그의 직업이 무엇인지 먼저 물었다. "술에 취해 있지 않을 때는 신문사에서 일합니다. 그쪽에서는 알코올 중독이 산업재해이지요."라고 답했다. 에릭슨은 "좋습니다. 당신은 그런 과거를 갖고 있는 알코올 문제에 관해 뭔가 해 주기를 바라는군요. 그렇다면 제가 당신에게 제안하는 방법이 그럴듯해 보이지 않을 겁니

16) 저자 스마트폰 촬영, 2022년 11월 2일, 군산 진포 해양테마공원

17) 미국의 정신과 의사로 최면치료와 가족치료의 발전에 크게 공헌하였다. 치료과정 중에 스토리텔링과 은유를 자주 사용하였다.

다. 그래도 일단 식물원으로 가세요. 거기서 살고 있는 선인장들을 바라보면서 물도 없고 비도 오지 않는 곳에서 3년이나 버틸 수 있는 능력에 감탄해 보세요. 그러면서 깊은 사색에 잠겨 보시길 바랍니다."고 특이한 해결책을 제시해 주었다.

그 후 여러 해가 지나 한 젊은 여성이 에릭슨을 찾아와서 말하기를 "에릭슨 박사님, 제가 어렸을 때 캘리포니아에서 살다가 지금은 피닉스에 살고 있지요. 저는 박사님이 어떤 분인지 한번 뵙고 싶어 찾아왔습니다." 에릭슨은 "그래요? 당신이 왜 저를 만나고 싶어 하는지 궁금합니다."라고 말했다. 그녀는 "알코올 중독인 아버지에게 식물원에 가서 선인장들을 둘러보고 어떻게 살고 있는지 배워보라고 식물원으로 보낸 분이 도대체 어떤 분인지 한번 만나보고 싶었어요! 저의 아버지는 박사님이 그곳에 보내신 이후 지금까지 술을 끊고 지내셨어요." 에릭슨은 "아버지는 지금 어떻게 지내십니까?"라고 물었다. 그녀는 "아버지는 신문사를 그만두고 잡지사에서 일하고 계세요. 신문사에서 일하는 것이 직업적으로 술을 가까이 하기 쉽다고 하셨어요."라고 말했다(Erikson, 2015, pp. 80-81).

에릭슨이 알코올 중독 환자에게 비가 오지 않아도 3년이나 견디는 선인장들

사진 5-7 식물원에서 크고 있는 가지각색의 선인장

과 만나서 깊이 대화해 보도록 종용한 것이 알코올을 끊도록 만든 최종적인 해결방법이 되었다. 여기서 중요한 핵심은 선인장이 해 주는 이야기를 잘 들어보고 비밀스러운 해답을 가져오라는 주문이다. 에릭슨이 환자에게 매우 엉뚱하게 보이는 이 일을 왜 시켰는지 말해 주진 않지만 그 의중은 분명하다. 환자는 매우 심한 만성 중증 상태이고, 어지간한 방법으로는 해결될 리 만무하다. 특단의 비상조치가 필요한데, 이럴 때 자주 등장하는 것이 강한 자극을 주는 충격요법이다.

의사의 처방책을 듣고 환자는 어처구니가 없고 화가 나기도 했겠지만, 무슨 일이든 시키는 대로 해 보겠다고 약속을 했으니 어쩔 수 없이 식물원을 갔고, 선인장들을 바라보면서 처음에는 자존심이 구겨지고, 자신이 미친 사람 같기도 하고, 신세가 처량하게 느껴졌을 것이다. 울퉁불퉁 못생겼고, 거칠고 볼품없고, 사납게 가시 돋친 모습이 어쩐지 자신과 닮았다는 생각이 갑자기 불쑥 든다. 큰 가시가 위험하고 무섭게 삐쭉삐쭉 나온 모습을 보니 흉한 괴물처럼 변해가면서 가족과 주변 사람들에게 무시무시한 가시로 아프고 잔인하게 찔러대며 큰 고통을 주었다는 죄책감도 마음 한구석에서 슬그머니 올라온다.

사진 5-8 날카로운 가시가 많이 달린 선인장

환자는 은유적 접근방식으로 선인장들을 바라보며 동질성과 이질성의 원리를 자신의 문제에 대입시킨다. 동질성의 측면에서는 자신의 정체성과 문제 증상이 선인장과 동일시되면서 부정적인 요소들이 크게 부각된 것이다. 반면 이질성에서 가장 중요한 큰 차이는 선인장은 물이 없어도 3년을 버티는데, 그 물은 환자에게 술과 동일한 상징적 의미를 띠고 있다. 식물에게는 물이 생존의 필수조건이듯이 환자에게는 술이 삶을 유지시키는 활력소이다. 그런데 자신은 필사적으로 노력해도 끊지를 못하는데, 선인장은 자신의 생명과 직결되는 물이 끊어져도 그 오랜 시간 고통을 견디는 능력이 너무나 대단하고 신기하다. 거기다가 선인장은 그 와중에도 대단히 화려하고 멋있는 꽃을 피우기도 한다. 선인장이 애처롭게 보이면서도 경이롭게 느껴진다.

사진 5-9 예쁘고 매력적인 꽃이 핀 선인장

여기서 양가감정이 생긴다. 자신의 모습이 너무 부끄럽고 한심스럽다는 자기 부정의 감정과 선인장이 너무 부럽고 닮고 싶은 타자 긍정과 숭배의 감정이다. 이 지점에서 환자는 부정적 모습으로 일관했던 과거와 현재의 나를 강하게 뿌리치면서 더 이상 이렇게 살지는 말자고 알코올에 지배받고 있는 자아를 단호하게 거부하고, 새롭고 멋진 미래 이야기를 선인장과 함께 다시 구성하고 전개시켜 보기로 굳세게 결단한다. 결과적으로 에릭슨은 목표 영역의 문제를 해

사진 5-10 황량한 들판에 우뚝 서 있는 선인장

결하기 위해 근원 영역인 식물원의 선인장을 기지가 넘치는 탁월한 방식으로 내담자의 문제와 연결시켜 기대 이상의 큰 성공을 거두게 된 것이다.

상담에서 내담자의 문제 증상을 불러일으키는 역기능적 은유를 찾아내서 건강하고 성숙한 기능을 회복시켜 줄 대안적 은유로 고쳐주는 작업을 할 때, 먼저 고려해야 할 점검사항들이 있다. 첫 번째는 새로운 은유를 누가 찾고 정하느냐 하는 문제이다. 일반적으로는 내담자에게 친숙한 은유가 공감적 반응을 이끌어 내고 치료를 촉진시켜 준다고 보고되지만, 일부 사례에서는 상담자가 대안적 은유를 찾아내서 내담자에게 제시해 주는 경우도 있다. 앞에서 나온 다섯 개의 사례들(늦게 피는 꽃, 토끼, 전쟁놀이, 숨바꼭질, 선인장)에서는 치료자뿐 아니라 학교 선생님, 동료 환자, 아버지나 배우자와 같이 가족 구성원도 대안적 은유를 매우 적절하게 찾아내어 문제를 해결하는 큰 성공을 거두었다.

고통과 위기에 빠진 자가 아닌 주변의 다른 사람들이 대안적 은유를 찾은 배경을 살펴보면, 그들이 권위가 있고 인생 경험이 풍부하거나, 임기응변의 기지와 위기를 타개하는 순발력이 뛰어나거나, 어려움에 처해 있는 상대방의 문제를 충분히 파악하여 그를 돕고자 하는 절실한 동기가 있었던 경우이다. 그러니까 이미 문제를 정확하게 파악하고 있고, 서로 신뢰할 수 있는 관계가 형성되고 나서 가능했던 것이다. 따라서 일반적인 상담에서는 상담 초기가 아니고 충분한 시간이 경과되고 나서 은유적 접근을 시도하는 것이 적절하다.

대안적 은유를 찾는 과정에서도 상담자나 내담자 중 어느 한쪽이 일방적으로 전체 과정을 주도하기보다는 이야기의 치료적 접근과 마찬가지로 상담자와 내담자가 함께 만들어 나가는 것이 훨씬 좋은 결과를 얻을 수 있다. 내담자의 자서전적 진술을 바탕으로 문제 이야기를 찾아내고 새로운 대안적 이야기를 구성하는 이야기치료 과정에서도 대안적 이야기를 상담자와 내담자의 공동 저술로 보고 서로 협력하여 치료 과정을 진행하는 것처럼 은유 치료도 마찬가지 원리로 접근하는 것이 특수한 상황이 아닌 이상 타당하다고 볼 수 있다.

누가 대안적 은유를 찾고 정하느냐 하는 문제 외에 또 다른 중요한 문제는 새로운 은유를 찾는다면 문제 은유를 완전 폐기하고 새로운 은유로 전면 교체를 할 것인지, 아니면 문제 은유를 부분적으로 변경하여 대안적 은유를 구성할 것인지의 문제이다. 이것은 내담자의 문제의 특성에 따라 둘 다 가능할 수 있다고 본다. 이 문제는 은유의 치료 접근과 진행 절차에서 내담자의 문제 증상에 대한 상담자의 관점과 질문 내용, 내담자의 심리 상태와 반응에 따라 달라질 수 있다.

본격적으로 은유 치료의 단계적 과정을 어떻게 전개시킬지를 정리해 본다. 큰 틀에서 전체적인 과정은 문제 은유를 대안적 은유로 재구성하는 작업을 진행해 나가는 것이다. 이런 과정을 통해 내담자의 정신적 내면세계 속에서 해로운 표상들을 내보내고 유익한 표상들로 채우게 되며, 인지, 정서, 행동의 긍정적 변화가 찾아오게 된다.

첫 번째는 문제 은유를 탐색하고 찾아내는 단계이다. 내담자의 이야기를 경청하면서 사용하는 단어, 표현방식, 감정적 분위기 등을 잘 관찰하면서 상담자는 내담자가 사용하는 은유적 이미지를 충분히 탐색하면서 내담자에게 은유를 확장시켜 보도록 요청한다. 내담자의 인생 전반에 걸쳐 은유로 표현해 보고, 관심의 초점이 되거나 심각한 문제가 있다고 여겨지는 부분을 집중적으로 작업한다. 목표 영역 중에서 우선적으로 시도해야 하는 영역은 내담자의 문제 영역이며, 가장 고통스러운 증상을 자신의 은유로 표현해 보고, 이때 떠오르는 내용을 그림으로 그려볼 수도 있다.

오래전 필자에게 30대 젊은 부부가 상담을 요청했다. 핵심 내용은 남편이 대학원을 다니면서 원우회 활동을 한다는 핑계로 동기 여학생을 자주 만나면서 부적절한 관계로 발전되어 부부 갈등이 심해지고 있다고 아내가 불만을 제기한 문제였다. 두 사람의 이야기를 다 듣고 나서 다음 회기에 아내를 먼저 내보내고 남편에게 본인의 문제를 자신의 언어로 쉽게 떠오르는 친숙한 표현이 있다면 무엇인지 물어보았다. 그랬더니 대뜸 "문제는 제가 잘 나가다 갑자기 딴 데로 샌다는 것이지요!"라고 대답했다. 남편이 쓴 은유적 표현은 문자적으로 탈선을 의미하면서 자신의 현재 행위를 일종의 비행(非行)으로 인식하고 있다는 뜻이었다. 그때 필자는 "그러면 그것을 일상생활에서 자주 일어나는 모습으로 좀 더 구체적으로 표현하면 어떻게 될까요?"라고 물었고, 그러자 남편은 "집으로 돌아가야 할 때 유혹을 뿌리치지 못하고 함께 식사를 하거나 술을 마시기 때문입니다."라고 답했다. 그래서 필자는 은유적 접근을 통해 그렇게 딴 데로 새고 싶은 유혹을 받는 상황이 어떤 것인지, 그런 상황을 막기 위해서 무엇을 해야 할지를 계속 논의할 수 있었다.

필자는 내담자가 자신의 행위를 뉘우치거나 반성하는 분위기여서 상담을 쉽게 진행해 나갈 수 있었지만, 그렇지 않은 경우에는 딴 데로 빠지는 상황을 좀 더 우회적으로 확장시켜 볼 수도 있다. 이를 테면, 달리는 기차가 궤도에서 이탈하고 말았다면, 고속도로로 운전하고 가다가 다른 출구로 잘못 나갔다면, 일방통행도로로 잘못 들어가 위험한 역주행을 하고 있다면, 외국여행을 갔다가 단체행동에서 빠져나와 혼자 길을 잃고 말았다면 어떤 상황이 되는지를 은유적으로 연결시켜 거기서 발생하는 여러 인상적인 장면들을 이야기 방식으로 전개시켜 볼 수도 있다.

이런 일반적인 사례보다 좀 더 나아가 필요하다면 은유적 이미지와 연관된 다양한 감각적 경험을 탐색해 본다. 상담자는 내담자에게 확장된 은유가 의미하는 것들에 대한 내담자의 생각과 느낌을 묻는다. 내담자에게 질문할 수 있는 내용은 다음과 같다.

> 가장 고통스러운 문제가 무엇입니까? 그 문제는 어떤 방식으로 당신을 힘들게 합니까?
> 당신의 문제를 생각할 때 어떤 모습이 떠오릅니까? 그것은 무엇처럼 보입니까?
> 그때 무엇이 보이고 어떤 소리가 들립니까? (내담자의 감각 성향에 따라 냄새 맡고 맛보듯이 또는 만져보거나 감촉을 느끼듯이 표현할 수도 있다.)
> 문제 증상에 대해 이름을 붙이거나 별명을 지어준다면 무엇이라고 할 수 있습니까?
> 문제 증상을 의인화시키거나 동물이나 식물로 표현한다면 어떤 모습과 특성을 갖고 있습니까? 그런 심상은 내게 뭐라고 말을 걸거나 어떤 행동을 합니까?
> 문제 증상을 날씨나 온도로 표현한다면 구체적으로 어떤 모습입니까?
> 문제 증상을 색상, 크기나 모양으로 표현한다면 구체적으로 어떤 모습입니까?
> 문제 증상은 내 몸의 어디에 머무르며 어떤 방식으로 고통을 줍니까?[18)]
> 문제 증상은 다른 사람들과의 관계에 어떤 영향을 줍니까?
> 문제 증상은 현재 내가 하고 있는 일(직장 업무나 학업 등)에 어떤 영향을 줍니까?

두 번째는 문제 은유의 역기능성을 분석하는 단계이다. 문제 은유와 연결된 부정적 감정과 경험을 살펴보는 단계이다. 문제 은유가 언제 그리고 어떻게 시작되었고 그동안 어떤 방식으로 고통을 주었는지 탐색해 본다. 문제 은유가 내담자를 엄습하고 지배할 때 나타나는 신체적이거나 심리적 반응은 무엇인지, 그때 어떤 기분이 들고, 어떤 생각이 나고, 어떤 행동을 하는지 알아본다. 그러

18) 시겔만은 많은 경우 은유의 생성은 내담자의 신체적 경험에서 유래한다고 보았다(Siegelman, 1990, p. 34).

고는 이런 은유가 내담자의 삶에 어떻게 연결이 되고, 어떤 해로운 영향을 주는지 확인해 본다. 이때 또 다른 좋은 방법은 내러티브 탐구의 3차원적 공간을 염두에 두고 살펴보는 것이다. 시간성으로는 과거-현재-미래의 삶에 미친 영향, 공간성은 내담자의 학교나 직장과 같은 삶의 다양한 영역, 관계성은 자신의 정체성, 다른 사람들의 삶과 그들과의 관계에 끼친 영향과 결과를 놓고 탐색해 볼 수 있다.

세 번째는 문제 은유를 제거하는 단계이다. 내담자를 억누르고 압박하면서 힘들게 하는 은유를 제거해서 뿌리 뽑는 해체 작업을 시도해 나간다. 이를 위해 문제 은유의 부정적 영향력으로 인한 파급 효과나 심각한 결과를 찾아본다. 동시에 문제 은유로 어떤 이득이 생기는지도 알아보면서 문제 은유를 포기함으로써 생기는 이해득실을 따져본다. 현재의 상황에서 문제 은유는 내담자의 삶에 어떤 의미가 있는지, 어떤 메시지를 전달하는지 살펴본다.

네 번째는 대안적 은유를 찾는 단계이다. 잘못된 은유적 이미지를 새로운 은유적 이미지로 바꿀 수 있도록 도와주는 단계이다. 여기서는 먼저 문제 은유를 한꺼번에 교체할 것인지 아니면 부분적으로 변경하고 개선시킬 것인지를 정한다. 예를 든다면, 내담자의 은유가 전쟁터에서 지뢰밭을 통과해야 하는 것처럼 너무 고통스러운 은유라면 계속 고통을 받기보다 그런 은유를 그대로 버리고 완전히 다른 은유로 바꾸는 편이 나을 수 있다.

대안적 은유를 찾기 위해 생각나는 은유를 모두 적어 보는데, 마음을 치유해 주거나 문제를 해결해 주는 은유는 대부분 일상생활 속의 친숙한 어떤 활동(또는 구체적인 어떤 행위)이나 자연 속의 어떤 대상 중에서 발견되는 경우가 많다. 때로는 일상생활에서 자주 사용하는 물건이 되기도 하고, 동물, 식물, 곤충, 해와 달(별), 물과 불(빛), 바위나 바람이 될 수도 있다. 이를 위해 자연에 대한 정감 어린 관심을 갖고 시적 상상력을 발휘해 보거나 유아적 환상과 연결된 동화적 상상력을 동원해 보는 것도 큰 도움이 된다.[19)]

여기서 찾아낸 은유가 지닌 새로운 의미와 특성을 생각해 본다. 모든 은유는 어떤 맥락에서는 이익을 주기도 하지만 다른 맥락에서는 한계를 지니기도 하므로 각각의 은유가 지닌 강점과 한계를 생각해 본다. 싸우기나 겨루기의 은유를 도입하는 것은 내담자가 자신의 취약함을 경험하면서 부정적 결과를 초래할 수 있다(White, 2012, p. 63). 문학적인 면에서도 대안적 은유는 어떤 치료적 플롯, 자원과 가능성, 활용 가치가 있는지 검토해 본다. 마지막으로 고려해야 할 부분은 대안적 은유가 내담자의 삶의 상황과 맞아야 하고, 문제의 맥락과 연결되어야 하며, 상담자 편에서가 아니라 내담자 편에서 선호하는 은유이어야 하고, 내담자의 강점과 자원을 고려하면서 문제해결에 실제적인 도움이 되어야 한다.

다섯 번째는 대안적 은유를 구성하고 삶에 적용하는 단계이다. 대안적 은유를 처음 찾아냈을 때는 주로 명사 형태로 떠오르기 때문에 이것을 동사 형태로 바꾸는 작업이 필요하다(Rucinska & Fondelli, 2022, p. 11). 이를 테면, "인생은 여행이다."라고 한다면, 어떤 여행인지 구체적이고 단계적인 행동양식(이를 테면, 걷기, 운전하기, 비행하기, 항해하기 등)으로 표현해 보는 것이다. 그러면서 상담자는 치료의 목적을 촉진시키는 확장된 의미를 선택하여 집중한다. 은유를 상담에서 적극적으로 활용하려고 한다면, 상담자는 내담자에게 긍정적 영향을 주는 삶의 은유를 찾아내야 하고, 그것을 내담자에게 힘을 북돋아주는 은유로 만들어야 한다. 최적의 은유를 잘 찾아내는 것도 중요하지만, 은유 자체보다 선택한 은유를 어떻게 사용하느냐에 따라 치료 효과가 크게 달라지기도 한다(Rucinska & Fondelli, 2022, p. 11).

여섯 번째는 대안적 은유의 긍정적 기능과 영향력을 확인하는 단계이다. 대

19) 또 다른 특이한 방식은 아들러 학파의 경우에는 상담자가 내담자의 문제 이야기를 듣고 난 후 초기 기억 회상을 시켜보고 거기서 현재의 상황과 연결되는 장면을 치료적 은유로 추출해 낸다. 먼저 과거의 장면을 새롭게 변형시키면서 동시에 현재의 문제도 순차적으로 풀어나간다(Kopp, 1998, pp. 482-483).

안적 은유가 미치는 긍정적인 영향력과 기대되는 효과를 검토해 본다. 내담자 자신에서부터 시작하여 가까운 관계로 확장해 가면서 어떤 영향을 주는지 알아보고, 삶의 공간적 영역에서는 어떤 변화가 생기는지 살펴본다.

마지막 단계는 대안적 은유를 강화하는 단계이다. 내담자가 경험한 치료적 변화를 강화해 주는 단계이며, 긍정적 변화에 대해 격려하며 지지해 준다. 대안적 은유를 내담자의 현재의 삶에서 더 나아가 내담자의 미래 이야기와 연결시켜 주는 작업도 시도해 본다.

전체적인 내용 중 중요한 부분을 다시 정리하면 은유를 찾고 다루는 문제이므로 시각화하는 작업이 큰 의미가 있고, 그런 다음 그림이나 사진에서 영화로 이동하듯이 정적인 표현을 동적인 장면으로 바꿔 나간다. 시각적 작업이 끝나면 다른 감각기관을 동원하면서 심층적 의미를 좀 더 탐색해 본다. 이런 작업을 해 나갈 때 무엇보다 정서적 반응을 주시하면서 스토리텔링 방식으로 표현해 보도록 요청한다. 마지막으로 전체적인 줄거리 중에서 핵심 메시지를 요약해 보고, 그것을 삶에 문제 영역에 연결시키고 문제 해결에 적용해 보도록 한다.

다음의 사례는 대학원 수업 중 한 학생(40대 남성)이 공개 발표한 내용이고, 필자가 전체 분량을 줄이고 일부 수정하였다. 자신의 삶에 심각한 고통은 없는 상태이므로 문제 은유를 부분적으로 변경하여 창의적으로 대안적 은유를 마련하였다.

① 문제 은유의 탐색과 발견

나의 삶의 문제는 '쳇바퀴 돌리기'이다. 뭔가 나아지려고 부단히 노력하지만, 항상 제자리에서 쳇바퀴 돌듯이 앞으로 나가지 못하는 상황이다.

② 문제 은유의 역기능성

삶이라는 것이 꼭 나아지는 것만 있는 것은 아니고, 잘 진전되지 않는 것도 있고, 오히려 반대로 나가는 경우도 있다. '쳇바퀴' 은유를 마음에 품고 있으면, 무언가를 해 보려고 노력하다가도 일시적으로 잘 안 되는 상황이 왔을 때, 계속 좌절하게 되었다.

③ 문제 은유의 해체

과연 나의 삶이 나아지고 있지 않고 제자리걸음 하고 있는 것이 맞는지 생각하게 되었다. 도는 행위 자체가 긍정적 의미를 지니고 있는, 쳇바퀴가 아닌 다른 은유의 대상을 찾아봐야겠다.

④ 대안적 은유의 탐색과 선택

뭔가 쳇바퀴 돌듯이 계속 돌고 있지만, 대안적 은유가 될 수 있는 것이 어떤 것이 있을까 고민하였다. 내 마음을 깊이 건드린 은유의 대상이 있었는데, 바로 '물레방아'였다. 거북이처럼 느리지만 나와 닮은 느낌이 들었고, 무엇보다 묵직하고 진지한 분위기가 내 마음을 움직였다.

⑤ 대안적 은유의 구성과 적용

물레방아는 일견 제자리에서 돌기만 하면서 하는 일이 없는 것처럼 생각될 수 있지만, 보이지 않는 곳에서 곡식을 찧는 일을 한다. 다른 사람들에게 양식을 제공해 주는 중요한 일을 하고 있다. 나아지는 것 없이 제자리에서 돌고 있는 행위 자체가, 사실은 보이지 않는 데서 생산적인 일을 하고 있었다.

⑥ 대안적 은유의 긍정적 기능과 영향력

물레방아처럼 느리고 눈에 띄게 멋있지는 않지만 성실하게 자신의 일을 묵묵히 해 옴으로써 삶에서 감사할 일들이 많았던 것을 떠올릴 수 있었다. 반복을 통해 나의 직업 숙련의 전문성이나 예술성도 높아질 것이다. 일관성 있게 내 자리를 지키는 것이 내 삶을 안정시키고 나와 내 가족을 행복하게 해 줄 것이다.

⑦ 대안적 은유의 강화

비록 삶이 나의 기대처럼 나아지지 않는 것처럼 느껴질지라도, 삶의 궤적을 걸어갈 수 있는 힘이 공급됨에 감사한 마음을 갖는다. 물레방아로서의 반복은 쳇바퀴와는 다른 존재로서의 반복이므로 더 이상 과거와 동일한 의미와 방식의 반복이 아니다. 앞으로 이런 다른 차원의 반복을 묵묵히 감당해 낼 때, 세상을 이롭게 하는 물레방아의 삶을 건강하고 즐겁게 해 나갈 수 있을 것이다.

이 사례에서 은유의 핵심 주제는 '반복'의 플롯이다. 삶에서 계속되는 반복은 산꼭대기에 도달하기 전 굴러 떨어지는 돌을 다시 정상에 올려놓아야 하는 영원한 형벌을 받은 시시포스의 신화를 연상케 한다. 프로이트는 반복을 삶을

사진 5-11 물레방아를 돌리는 피노키오 인형[20)]

20) 저자 DSLR 촬영, 2020년 10월 20일, 보령 계화예술공원

고갈시키는 타나토스의 속성을 지닌 죽음 충동으로 보거나 강박 신경증을 유발하는 병리적인 면으로 본다. 중년기에 발달적 위기로 찾아오는 권태감은 지루하고 단순하게 느껴지는 삶의 반복적 이야기에 지쳐가면서 발생한다. 그러나 일상생활의 반복성을 삶의 과업을 책임감 있게 수행하는 도덕적 신념과 의지로 이해한다면 반복적 행위를 통해 필요한 생활 습관이 형성되고, 좋은 습관이 쌓여 내면세계가 성숙해지므로 미래의 운명도 새롭게 바뀌게 된다.

상담에서 은유는 의식과 무의식 사이의 상호작용을 활성화시키는 심리적 언어로서 내담자의 내면세계의 모호함을 좀 더 선명하게 시각화시킬 수 있는 장점이 있다. 또한 정서와 인지를 동시에 가동시켜 인식의 확장을 가져다주고, 새로운 의미와 실재를 창출해 낸다. 내담자가 새로운 은유를 진지하게 받아들이면, 내담자의 준거와 이 준거에 영향을 미치는 지각과 행동에 크고 작은 변화가 일어난다. 내담자가 새로운 은유를 수용했다는 것은 오래된 틀을 버리고 새로운 자각의 세계에 들어섰음을 의미한다. 더 나아가 새로운 은유의 수용은 자각의 수준에 머물지 않고 실제 행동 변화까지 촉구하게 된다(이선형, 2012, p. 156).

내담자가 지금까지 사용하던 역기능적 은유가 기능적 은유로 바뀌면, 내담자의 삶에 치료적 변화가 다양하고 폭넓게 나타난다. 상담자는 내담자에게 새로운 대안적 은유를 제공함으로써 내담자의 내면에 있는 건강한 자아를 자극하고, 자존감과 자기 효능감에 관한 확신을 갖게 하여 자연스럽게 변화와 성장을 추구하도록 돕게 된다. 고기홍과 그의 동료들도 은유를 내담자가 자신과 세상에 관해 오랜 기간 갖고 있던 묵시적 믿음으로 보면서 그런 은유를 적절하게 변화시키면 내담자의 감정과 사고뿐 아니라 더 나아가 그들의 정체성도 변화될 수 있다고 보았다(고기홍, 김경복, 양정국, 2010, p. 179).

제6장

자서전 쓰기를 통한 성찰과 치유

삶 속에 펼쳐지는 경험적이거나 상상적 이야기는 과거–현재–미래의 시간 속에서 존재하며 각기 여러 방향으로 흩어져 이동하면서 여기저기 다양한 삶의 공간과 관계 영역에 어떤 흔적을 남겨 놓는다. 이렇게 사방에 흩어진 수많은 이야기 속에서 내게 일어난 모든 일을 전부 이야기하는 것은 불가능하므로 자서전 속의 이야기는 시간 속에서 경험한 중요한 사건들을 의미 있게 선택하고 질서 있게 배열한 것이다. 자서전적인 삶의 이야기는 시간적 순서에 따라 엮어 나가기도 하지만, 주제나 관점에 따라 다르게 구성하기도 하므로, 우리에게 벌어지는 불연속적이고 이질적인 사건들이 개인의 독특한 플롯에 따라 어떤 일관성을 띠게 된다.

자서전적 진술을 통한 전기적 접근을 통해 우리는 삶의 다양한 분야에서 발생하는 풍부한 주제의 이야기를 끌어낼 수 있다. 이런 접근은 개인의 심리적 내면세계의 독특한 측면을 탐색하는 유력하고 효과적인 수단이 된다. 여기서는 자서전에서 나타나는 심리적이고 사회적인 삶의 경험을 주로 살펴보고자 한다. 특히 이 책의 앞부분에서 중요하게 다룬 과거 회상 속에서의 내면아이의 심리적 갈등, 미래 이야기의 형성과 영향력, 개인적 은유와 상징체계 등을 전체적으로 연결시켜 탐색하고 종합적으로 분석할 수 있을 것이다. 이런 삶의 경험적 자료들은 우리의 삶이 어떻게 구성되고 전개됐는지에 관한 심리적 통찰을 제공해 주며, 이와 같은 접근은 한 개인의 가족 배경이나 시대정신과 대중문화가 성장 과정에 어떻게 반영되었는지도 알게 해 줄 것이다.

자서전 쓰기의 의미와 기능

자서전은 삶의 행적을 기록하면서 자신의 성장 과정에 초점을 둔 경험적 이야기이며, 과거 이야기를 추적해서 자신의 어조로 회고하고 고백하면서 자신의 삶을 재구성해 놓은 글이다(이정미, 2021, p. 42). 이런 방식으로 단순히 자기 자신에 관한 이야기를 써보면서 성장과 치유의 특별한 순간을 경험할 수 있다. 자신의 삶의 이야기를 있는 그대로 이야기하고 써볼 때, 새로운 변화를 위해서 다른 틀에서 자신의 삶의 이야기를 시작하는 계기가 될 수 있다.

자서전은 그 내용에 따라 개인의 삶을 연대기적으로 기술하는 자서전, 문학적 글쓰기를 통해 개인의 삶을 예술적으로 표현하는 자서전, 그리고 사회적이거나 교육적인 목적으로 개인의 경험을 활용하는 실용적 자서전까지 그 기능과 형태가 각기 다르다(최경도, 2008, p. 136). 또한 고전적인 남성 자서전은 죄와 수치를 고백하여 갈등의 원만한 해결을 추구한다면, 홀로코스트 피해자처럼 소수자의 자서전은 죽음과 다름없는 고통과 싸우며 생존한 삶의 증언이다(윤민우, 2013, p. 125).

일부 상담자들 중에는 자서전적 글쓰기가 실제 경험이 아니라 허구적인 이야기가 되지 않을까 걱정하기도 한다. 자서전을 쓸 때 자기 모습이나 자신의 삶을 미화한다든지 자신의 실책을 합리화하려는 유혹에 빠지기 쉽다. 과거를 회상하면서 과거 경험과 관련된 기억이나 자신의 해석을 이런 의도로 왜곡시킬 수도 있다. 그러나 자서전 쓰기는 일종의 글쓰기 치료의 일환으로 실행하는 상담 전체 과정의 중요한 한 부분이므로 궁극적으로 출판을 목적으로 하는 문학적 자서전 쓰기와는 저술 목적과 의도가 전혀 다르다. 다른 사람들에게 보여 주기 위한 자서전이 아니고, 나의 내면세계의 진실한 고백이며, 마음속에서 벌어지는 심리적 갈등을 탐색하기 위한 방편으로 자서전 쓰기를 하는 것이다. 다른 사람들에게 내가 살아온 것을 자랑하거나 인정받기 위해서 자서전을 쓰는 것은 아니다. 순전히 나의 마음의 치유와 성장을 위해 써보는 것이다. 내가 나를 위로하고 응원해 주기 위해 내게 보내는 편지이기도 하다. 이와 같은 특수한 상황을 고려하여 내담자가 자서전의 내용을 상담자에게도 공개하길 원치 않는 경우에는 자서전을 쓰는 저자와 읽는 독자를 내담자 한 사람으로 제한시킬 수도 있다.

상담 과정에서의 자서전 쓰기는 일반적인 자서전 쓰기와 달리 역사적 이야기가 아닌 심리적 이야기를 중심 주제로 한다. 상담 프로그램이나 활동으로서의 자서전 쓰기는 문학적 자서전 쓰기와 달리 치료 목적으로 시도하는 것이고 심리적 내면세계의 탐색과 성찰에 주안점을 둔다.

시간성에 있어서도 회상을 위주로 한 과거편향의 자서전이 아닌 미래 이야기도 포함시킨 성장지향의 자서전이다. 이런 관점에서 중요한 구성요소는 발달적 측면에서의 성장 과정, 발달 과제와 심리적 갈등, 정체성 형성, 심리적 동기와 욕구, 삶의 목적과 의미의 변화 등이다.

치료적 자서전 쓰기는 과거와 미래를 포함하는 인간의 시간 경험 속에서의 삶의 이야기를 구성하면서 현재 상황에 비추어 과거 경험을 재해석하고 미래를 새롭게 조망하는 작업이다. 그런 면에서 잘 완성된 자서전은 과거 경험에 대한 회상과 성찰을 바탕으로 다가올 미래를 계획하기 위한 올바른 길잡이가 될 수 있다.

이런 과정 속에서 내담자는 비로소 자신의 삶의 이야기가 막연한 시간의 흐

사진 6-1 지하 동굴로 내려가는 계단

름 속에 모여 있는 기억의 조각난 파편이 아니라 조직적인 이야기 체계로 인식하게 된다. 자서전적 이야기의 진술은 그 이야기를 서술하는 자로 하여금 자신의 과거와 다시 연결시켜 준다. 무의식의 어두운 동굴 속에 깊이 파묻어 두었던 자신의 오랜 과거와 가까워지고 화해할 수 있는 길을 찾아준다. 무의미하고 무기력한 현실 속 자아에게 새로운 통찰을 얻게 해 주며, 큰 희망을 품고 밝은 미래로 나갈 수 있는 성장과 행복의 길을 열어 준다.

일반적으로 자서전의 기본 구성요소에는 저자의 관점, 성격 특성, 줄거리와 플롯 등이 포함된다. 자서전은 개인의 생애에서 중요한 목표, 자아개념, 인생에 의미를 주는 구성요소, 삶의 경험으로부터 얻은 지혜와 교훈 등을 묘사하며, 저자가 직업, 가정생활, 사랑과 성, 인간관계, 사회적 역할, 그리고 생존과 관련된 삶의 다양한 요구에 어떻게 대응해 왔는지를 알려준다(한정란, 조혜경, 이이정, 2004, p. 13).

서양사에서 자서전 문학의 효시로 꼽는 유명한 고전이 아우구스티누스(Augustinus, 354~430)의 『고백록』이다. 그의 자서전은 파괴되고 혼란스러워진 마음을 회복시키기 위해 썼는데, 자기애의 욕망으로 가득 찼던 과거를 회상하면서 내면세계의 갈등을 진실한 마음으로 고백하며 깊이 있고 섬세하게 분석했다. 과거의 방종과 위선을 깊이 반성하고, 순수한 종교적 열정을 회복하면서, 자신의 유한성을 자각하며, 정체성의 근원을 인식하고, 미래적 방향성을 새롭게 정한다. 아우구스티누스는 자서전을 쓰면서 현실 속에서 자신의 모습과 신의 창조와 섭리 속에서 자신의 위치를 통합시켜 바라보게 된다. 초월적이면서 동시에 인격적인 신을 전적으로 신뢰하고 교제하므로 신과의 영원한 안식과 행복을 느끼며, 사회적 실천 의지와 행동의 변화를 경험한다.

『고백록』을 통해 한 사람의 이야기 속에 다른 사람들의 이야기가 있고, 이런 이야기가 서로 연결되고 보완되어 내면 성찰을 촉발하고 더 풍성하게 자라나게 하는 것을 보게 된다(심승환, 2017, p. 71). 아우구스티누스는 어머니 모니카[1]를 비롯한 다른 사람들과의 관계에서 받은 영향의 중요성을 깊이 깨닫는다. 개인

사진 6-2 아우구스티누스와 모니카[2)]

의 정체성은 자아성찰뿐 아니라 다른 사람들과의 깊은 인격적 교제의 경험을 통해 발달해 간다. 이렇게 자신에 대해 확장된 시야로 바라보면서 인생의 목적과 방향을 돌이키게 된다. 아우구스티누스는 자서전 쓰기를 통한 종교적 진리 탐구의 여정 속에서 과거-현재-미래가 통시적으로 연결된 자아성찰을 하게 되며, 이런 내면적 경험이 자서전적 이야기 진술의 치유 효과이다.

여기서 눈에 띄는 자서전의 가장 두드러진 특징은 고백 문학이라는 것이다. 종교적으로 신앙의 대상인 신에게 자신의 종교적 신조를 증언하거나 자신의 죄를 신 앞에 정직하게 내놓고 참회하는 기도도 고백 행위이고, 범죄 사건에서 범인이 범행을 실토하는 자백도 고백 행위이며, 연인 사이에서 진심 어린 사랑

1) 아우구스티누스의 어머니 모니카는 서양사에서 발명왕 에디슨의 어머니 낸시, 감리교 창시자 존 웨슬리의 어머니 수산나와 함께 가장 존경받는 어머니 중 하나이다. 아들을 북아프리카의 시골 마을에서 대도시인 카르타고와 로마로 유학을 보낼 정도로 교육열이 강했고, 10대부터 성적으로 방탕한 삶을 살면서 이단 종교에 빠졌던 아들로 인해 날마다 눈물로 기도하며 신앙적으로 권면하여 아들을 위대한 학자로 키워낸 신앙심이 대단히 강한 어머니였다.

2) 이 작품은 화란계 프랑스 화가인 아리 쉐퍼(Ary Sheffer, 1795~1858)가 1846년 그린 것이다.

을 공개적으로 표현하는 것도 고백 행위이다. 공통점은 고백하는 순간 인간의 순수하고 정직한 마음이 회복된다는 것이다.

아우구스티누스는『고백록』에서 젊은 시절 저지른 부끄러운 삶의 과오를 있는 그대로 진술한다. 청소년기 초반 친구들과 남의 집 배나무의 배를 잔뜩 따서 훔쳐 먹은 일을 떠올리며, 재미 삼아 서슴지 않고 도둑질한 것을 참회하며 고백한다(Augustinus, 2008, pp. 31-32). 청소년기 후반에는 성적 욕망에 사로잡혀 방황하다가 노예 출신의 여성을 만나 아들을 낳게 되지만, 어머니의 반대로 나중에 동거녀를 버리고 나이 어린 여성과 결혼하게 된다. 동거녀와 13년 동안 살면서 생긴 깊은 애착으로 인해 그녀와 헤어지면서 마음이 갈기갈기 찢기고 피투성이가 되었다고 비통한 마음으로 고백한다(Augustinus, 2008, pp. 90-91).

도덕적인 면에서 고백은 남의 잘못을 비판하기보다 자신의 허물을 인식하고 드러내는 데 그 특징이 있다. 고백은 자율적이며, 자신을 반성하고, 슬픔의 언어로 정서를 순화시킨다(김대군, 2021, p. 133). 충고는 남의 잘못을 찾아내는 데서 시작하지만, 고백은 자신의 잘못을 인식하고 스스로 드러내는 행위로 문제를 반대 방향에서 바라보며 접근한다(김대군, 2021, p. 140).

상담에서 고백 행위는 자기 개방을 유도하고, 자신을 공개하면서 억압에서 자유로워지고, 내면의 고백을 통해 자신의 순수한 정체성을 찾아가게 된다. 더 나아가 대부분의 방어기제에 동원되는 은밀한 숨기기는 부정적 결과를 초래하는 경우가 많지만, 고백 행위의 드러내기는 문제해결을 돕는 적절한 동기를 주게 된다. 다만 개인 상담이 아닌 집단 상담에서의 고백 행위는 의무나 강요가 되어서는 안 되고, 고백을 수용할 수 있는 분위기가 먼저 조성되어야 하며, 비밀보장이 철저히 준수되어야 한다. 참가자들의 자발적인 공개 증언을 많이 의존하는 중독자들의 자조 모임에서도 고백의 치료적 효과가 매우 크다고 보고된다.

의사소통에 관한 상담교육 프로그램 중에 갈등을 해소시키는 표현방식으로 자주 나오는 나 전달방식도 일종의 고백 행위로 볼 수 있다. '나 전달법'은 상대방을 직접 판단하고 평가하며 공격하는 것이 아니므로 상대방으로 하여금 방어적인 태도가 아니라 편안하게 대화에 임할 수 있도록 도와줌으로써 서로 갈등이 생긴 문제를 효과적으로 해결할 수 있도록 해 준다. 그러니까 대인관계의 갈등 상황에서 분쟁이 생겨 피해를 입은 당사자가 비난하고 따지며 덤빌 줄 알았는데, 오히려 자신의 심정을 있는 그대로 고백하므로 상대방은 놀라거나 의아해 하게 되고, 고백하는 사람의 이야기를 먼저 경청하게 되면서 갈등을 일으킨 문제가 순차적으로 쉽게 풀리게 된다.

자서전이 고백 문학의 장르를 취한다는 특성 외에 상담학적으로 중요한 의의는 글쓰기를 통해 내면세계의 탐색과 치유를 도모한다는 것이다. 글쓰기를 통해 자신의 주관적 경험을 타자의 시각에서도 관찰하면서, 객관적으로 접근할 수 있는 기회를 얻고, 그로 인해 자신과 문제에 대한 확장된 시야를 갖게 된다. 다양하고 많은 자료를 수집하면서 객관적 관점을 확보하고, 주체와 객체로서의 경험을 동시에 해 보게 된다. 거기다가 혼자 조용하고 은밀한 공간에서 다른 사람을 의식하지 않고, 자신의 깊은 감정이나 부정적 감정을 가식 없이 마음껏 자유롭게 표출할 수가 있어 감정을 이해하고 다스릴 수 있는 능력을 증진시키게 된다.

작가나 예술가들은 작품 활동을 통해 자서전적인 스토리텔링의 흔적을 자신의 작품 속에 남겨놓는 일이 많다. 작가들은 자서전 형식을 빌려 자신의 이야기를 하는 자서전적 소설을 쓰는 경우가 있다. 시인들 중에도 자서전적인 고백의 시를 써서 정서적 상처의 치유를 시도하기도 한다. 이렇게 시나 소설과 같은 문학작품들이 작가 자신의 삶의 경험을 소재로 한 자서전적 이야기인 경우가 많다.

화가들의 작품 중에도 자화상이 많듯이, 시인들의 작품 중에서도 쉽게 찾아낼 수 있다. 모든 작품이 기억과 상상의 산물이므로 자신의 흔적들이 구석구석 남아 있겠지만, 제목부터 자화상으로 발표된 시들도 있다. 김현승, 노천명, 박두진, 박병순, 서정주, 유안진, 윤동주, 이은상, 황금찬의 「자화상」이 대표적인

데, 이 중 윤동주의 「자화상」을 곰곰이 읽어보면 자기 반영적인 거울 은유를 사용하고 있다. 시인은 우물물에 비친 자신의 모습을 여러 차례 들여다보다 미워져서 돌아갔다가 그리워하며 다시 가서 보기를 반복한다. 시에 나오는 깊은 우물물은 거울처럼 나의 얼굴을 비춘다는 점에서 내면 성찰의 상징이다. 내성적인 시인은 거울 같은 깊은 우물 속을 바라보며 끊임없이 자신의 내적 갈등을 들여다보는데, 이런 내면 성찰의 과정을 통해 자신에 대한 미움과 연민의 양가감정을 수용하고 극복해 낸다(강연호, 2017, p. 154).

자서전 쓰기의 구조적 틀과 작성 방식

자서전 쓰기를 통한 자아발견과 성장의 다양한 모델이 발표되었지만, 주로 문학적이거나 역사적 접근이고, 그렇지 않으면 노년기를 중심으로 특정 연령층에 제한되어 있다. 여기서는 맥아담스(Dan P. McAdams)의 이야기 심리학 이론을 주 모델로 삼아 한 개인의 자서전적 이야기를 수집하고 구성하는 방식을 살펴보고자 한다. 자서전 쓰기의 여러 방식 중에서 어떤 것은 시간적 순서에 따라 연대기적 접근을 하고, 다른 방식은 삶의 중요한 주제들을 정리해 나가는 데 주력하지만, 맥아담스의 방식은 이 두 가지를 통합시켜 전체 내용을 전개해 나간다. 여기서 제안되는 자서전 쓰기의 작업은 개인적으로 해 볼 수 있지만, 소규모의 집단 프로그램에서 다루어지는 것도 유익하고 풍성한 경험이 될 수 있다.

맥아담스의 자서전 쓰기 프로그램을 시작하기에 앞서 생각해 볼 문제가 있다. 첫 번째는 자서전 쓰기에 관한 잘못된 편견과 오해를 불식시키는 일이다. 거부하는 한 가지 이유는 자신이 유능하거나 유명한 사람이 아닌데 쓸 만한 대단한 업적이 없다는 것이다. 또 다른 이유는 인생을 오래 산 노인들이 쓸 수 있는 것이지 짧고 제한된 경험에서 떠오르는 특별한 기억이 없다는 것이다. 그러나 상담에서의 자서전 쓰기는 성공과 성취의 경험에 집중하는 것이 아니고, 오히려 부정적 경험을 다시 조명해 보는 것이다.

쓸 내용을 확보하는 문제는 자료수집의 기술 여하에 달려 있다고 볼 수 있고, 아동이나 청소년의 경우에는 상상력을 동원하여 아직 살아보지 않은 삶은 미래의 관점에서 과거형으로 기술할 수 있다(내가 현재 70세라고 가정하고 과거를 회상하는 식으로). 아동상담에서는 자서전을 그림책 형식으로 엮거나 부모나 가족의 증언을 보충하여 완성시킬 수도 있다.

자서전 쓰기 전 준비 단계에서 생각해 볼 두 번째 문제는 자서전의 글쓰기 방식이다. 첫 번째는 서사 방식의 글쓰기로 인물의 행동, 사건의 진행을 시간적 흐름 속에서 전개시키는 것이다. 두 번째는 묘사로 눈으로 보거나 마음으로 느낀 것을 그림을 그리듯이 표현하는 것으로서 인물의 외양이나 배경 묘사, 심리 묘사 등이 있다. 세 번째는 대화로 인물들이 주고받는 말, 인물들 간의 대화를 통해 그 인물의 성격이나 사건의 전개 과정을 드러내는 것이다(한국미니픽션작가모임, 2014, pp. 71-72).

때로는 글쓰기의 문체에 따라 자서전의 분위기가 달라진다. 자서전을 쓰는 사람의 입장에서 자신의 이야기를 읽는 독자를 의식하여 대화체로 쓰기도 하고, 그와 상관없이 독백체로 쓰기도 한다. 또 전통 문화로 인해 읽는 독자를 존중하여 경어체로 쓰기도 하고, 거기 구애받지 않고 평서체로 쓰기도 한다. 상담에서는 지나치게 형식에 구애받을 필요는 없지만, 고백 형식의 평서체로 쓰는 것이 일반적이다. 때로는 자서전을 3인칭 관점에서 쓰는 경우도 있지만, 치료적 목적의 글쓰기는 1인칭 주관적 관점으로 독백하듯이 쓰는 것이 효과적일 수 있다.

자서전을 쓰기에 앞서 생각해 둘 세 번째 문제는 자료수집의 방식이다. 과거 경험과 관련된 자료들을 찾고 모을 때 창의적이고 다양한 방법을 고려할 수 있다. 편지나 일기, 비망록이나 메모, 사진 앨범이나 스크랩북, 상담 활동 기록, 녹음이나 동영상 파일 등 다양한 자료를 확보할 수 있다. 그러면서 자료의 출처와 연도를 기록해 두는 것이 나중에 연대표를 작성하는 데 큰 도움이 될 수 있다. 연대표를 작성하는 이유는 개인, 가족, 국내외 큰 사건을 정리하면서 연대별 주요 사건과 자신의 기억을 연결하면서 자서전의 내용을 확대시킬 수 있기 때문이다.

상담학적으로 구조화된 자서전 쓰기를 위해 맥아담스는 자기 자신에 관해 이야기할 수 있는 일곱 단계의 전개 방식을 제안했다(McAdams, 2015, pp. 323-332).

1단계: 제목과 목차

자서전 쓰기는 자신의 삶에 관해서 제목을 붙이고 목차를 구성해 보는 것으로 시작한다. 자신의 삶이 마치 한 권의 책으로 써졌다고 생각하는 것이다. 이 책은 삶의 여러 부분으로 나누어져 있고, 각 장마다 그럴듯하게 재미있는 제목을 붙여본다. 적어도 두세 개 내지는 일곱, 여덟 개 정도의 여러 장을 만들고, 대충 어떤 내용인지 간략하게 정리해 본다. 처음부터 내용이 너무 산만하거나 장황해지지 않도록, 30분 내지 40분 정도의 시간 내로 준비하도록 한다. 자신의 삶의 모든 이야기를 한꺼번에 이야기하는 것이 아니라, 전체적으로 중요한 윤곽을 잡는 것이다. 어떤 사람들은 시간적인 흐름 속에서 어린 시절, 청소년 시절 등으로 전체적인 내용의 골격과 줄거리를 잡기도 하고, 어떤 사람은 대인관계, 학교나 직장 생활 등의 주제별로 삶의 이야기를 정리하기도 한다.

2단계: 과거의 사건들

이번 단계에서는 자신의 삶에 관해 일반적인 설명에서 더 나아가 자세하고 구체적인 내용을 다루되, 삶의 여덟 가지 주요 경험에 관해 묻는다. 이런 경험에 관한 질문은 어떤 특정 시간과 장소에서 발생한 중요하면서 자신의 심리적 영역에 어떤 결정적인 영향을 미친 사건이나 경험을 의미한다. 과거 그때, 자신이 어디에 있었고, 누구와 함께, 무엇을 하고 있었으며, 무슨 생각을 했고 어

사진 6-3 끝없이 내려가는 나선 계단

떤 감정을 지니고 있었는지 등을 이야기한다.

자서전을 쓰는 범위를 좁힐 경우는 현재의 문제와 연관된 주제에 집중하고, 범위를 넓힐 경우는 각 사건이나 경험이 내가 누구이며, 나를 어떻게 바꾸어 놓았는지 정체성 형성의 주제를 생각하면서 정리해 본다. 사람들은 자신의 삶에서 어떤 특별하고 구체적인 사건이나 경험을 이야기할 때, 생각이 명확하게 정리되거나 새로운 영감이 튀어나오므로, 이런 작업을 할 때 보다 구체적으로 표현할 수 있도록 충분한 시간을 써야 한다.

전체적인 면에서 이번 단계는 과거 이야기를 다루는 데 큰 의미를 두므로 내면아이에 초점을 맞춰 본다. 이 작업은 잃어버린 자아를 찾기 위해 나선 계단을 끝없이 내려가는 경험이 될 수 있다.

① 절정 경험(Peak Experience)

내 인생에서 최고의 순간은 언제였고, 가장 놀랍고 감동적인 순간은 언제였는가?

내 인생의 가장 행복했던 순간들을 기록해 본다. 절정 경험은 개인의 삶에서 최고의 지점이라고 볼 수 있는 가장 큰 성취를 이루었거나 자랑스럽고 영광스러운 순간을 가리키거나, 가장 행복했던 순간으로 기억되는 경험을 의미한다.

② 침체 경험(Nadir Experience)

내 인생에서 가장 밑바닥으로 떨어졌을 때는 언제였고, 최악의 순간은 언제였는가?

침체 경험은 삶의 밑바닥까지 떨어진 경험, 실패의 경험, 가장 고통스러웠던 경험을 의미한다.

③ 전환점(Turning Point)

나 자신과 나의 삶의 문제를 이해하는 데 중대한 변화를 가져온 사건을 의미한다.

④ 초기 기억

가장 오래된 기억, 가장 어렸을 때의 기억을 찾아본다.

⑤ 중요한 아동기 기억

긍정적이든 부정적이든 아동기와 관련된 기억을 떠올리면서, 그것이 지금의 나와 어떻게 연결되고, 어떤 영향을 미쳤는지 확인해 본다. 아동기의 중요한 경험을 찾기 위해 태몽이나 이름의 뜻,[3] 부모님이 하셨던 일과 가정 형편, 형제관계, 조부모와의 관계경험, 태어나고 자란 곳, 살던 집과 동네 모습, 즐겨하던 놀이, 기억에 남는 친구, 좋아하거나 잘했던 과목과 싫어하거나 못했던 과목, 기억에 남는 선생님, 재미있었던 동화, 슬펐던 일, 화가 났던 일, 무섭고 두려웠

3) 인간은 무엇보다 자신의 이름을 통해 정체성을 확인하고 형성하는 특성으로 인해, 자신의 이름이 지어진 유래라든지, 자신의 이름이 의미하거나 의도하는 것을 자신의 이미지, 운명, 미래 등과 쉽게 연결시킨다.

던 일, 몸이 아팠던 일, 좋아했던 음식과 싫어했던 음식 등을 떠올려 본다.

필자도 아동기를 회상하면서 특별하게 떠오르는 기억 내용을 시간 순서로 기록해 보았다. 내면아이를 탐색하기 위해 아동기만 따로 자서전을 만들어 보는 것도 유익한 작업이다.

출생 시 난산이었는데 산파 대신 유능한 의사가 합류하여 간신히 목숨을 건졌다.

영아기에는 모유가 아닌 우유를 먹고 컸다.

◈ 만 2세(1959년 여름) '내 자리를 뺏길까 봐 불안했던 아이'

조산원에서 내 밑의 여동생[4)]을 낳고 산후조리를 하는 엄마에게 찾아가, 미역국이 나오니까 너무 맛있게 먹고 나서 한 그릇을 더 달라고 하여 주변 사람들이 나를 바라보며 웃던 일이 어렴풋이 떠오른다. 나는 별미처럼 느껴져 그랬겠지만 어른들은 엄마가 먹어야 할 식사를 아들이 다 먹어 치우니 난감했던 상황인 듯하다. 그 당시 나는 어린 동생이 생겨 엄마의 사랑을 빼앗길 것 같아 불안했던 것 같다.

◈ 만 3세(1960년 여름) '엄마를 위해 통쾌하게 보복했던 아이'

당시에 대학생이었던 막내삼촌이 우리 집에 함께 기거하고 있었다. 삼촌은 날마다 친구들을 여러 명 불러 자기 방에서 함께 먹고 자며 지냈다. 어느 날 나는 삼촌 친구들의 신발들을 수돗가에 갖고 가서 신발 안에 물을 찰랑찰랑하게 채워놓았다. 기발하고 재미있는 물놀이였지만, 내가 저지른 엉뚱한 사고로 인

4) 어린 시절 여동생에 대한 즐거웠던 추억거리는 내가 네댓 살 무렵 밖에서 놀다가 나보다 큰 아이에게 얻어맞고 우는데, 내 동생이 달려가 그 아이 허벅지를 이빨로 힘껏 물어 그 아이가 울면서 줄행랑을 친 사건이었다.

해 엄마는 물에 젖은 신발들을 부엌 아궁이에 갖고 가 하루 종일 말려야 했다. 어렸지만 나는 엄마를 힘들게 부려 먹는 삼촌에게 복수극을 펼친 것 같다.

◈ 만 4세(1961년 가을) '엄마를 잃어버리고 울고 있던 아이'

어느 날 엄마와 나는 집(을지로4가)에서 가까운 시장이 아닌 조금 멀리 떨어진 동대문 시장으로 장을 보러 나갔다. 아마도 추석 명절을 준비하러 갔던 것 같고 그날 시장 안은 몹시 혼잡하게 느껴졌다. 엄마는 어느 가게에 물건을 사러 들어갔고, 흥정을 하는지 시간이 오래 걸렸다. 밖에서 기다리던 나는 밀려드는 인파에 뒤엉켜 떠밀리듯 휩쓸려 가서 엄마와 떨어지고 말았고, 어디가 어딘지 방향감각을 잃고만 나는 엉엉 울면서 엄마를 부르며 헤매고 있었다.

다행히 어떤 어른 한 분이 나를 근처 파출소로 데려다주었고, 엄마는 얼마 후 파출소로 나를 찾으러 왔다. 엄마는 나를 잃어버리고 혼비백산했지만, 침착하게 정신을 차리고 어린아이는 뒤돌아서 왔던 길로 가기보다는 눈앞에 보이는 길로 계속 갈 것이라고 판단해 앞으로 내달렸고, 얼마쯤 앞에 파출소가 마침 보여 들어가 보니 거기서 내가 울고 있었다고 했다.

◈ 만 5세(1962년 봄) '멋있고 정교한 장난감 속에 파묻혀 무척 행복한 아이'

엄마는 막내 여동생을 낳고 얼마 후 용산 미군 부대 안에 있는 장난감 가게에서 일을 하게 되었다.[5] 그로 인해 장난감을 선물로 자주 사오셔서 당시 나는 또래 중에 최고의 장난감 부자였다. 모든 종류의 장난감 차들뿐 아니라 건설 중장비와 군용 차량, 카우보이 의상과 쌍권총, 태엽을 돌리면 북을 치는 원숭이, 우유병을 들고 우유를 먹는 아기곰 등 시중에서는 구할 수 없는 귀한 장난감들이었다. 나는 이 세상 모두를 소유한 느낌이었고, 능력 있는 엄마가 참 자랑스러웠다.

5) 엄마가 일을 하게 되었기에, 외할머니가 어린 시절 나를 많이 돌봐 주었고, 서로 깊은 애착이 형성되었다.

◈ 만 6세(1963년 봄) '어려서부터 노래와 춤을 싫어했던 아이'

집에서 가까운 곳에 있었던 유치원에 들어간 나는 거기에서 노래 부르고 율동하는 것이 너무 싫었다. 엄마에게 노래 부르고 춤추는 것이나 배우라고 나를 그런 데 보냈냐고 가기 싫다고 투정을 부렸다. 노래 부르고 춤추는 것에 소질이 없기도 했지만, 본격적으로 성 정체성이 형성되면서 그 당시 시대적 배경에서 노래와 춤은 여성적인 활동으로 인식했던 것 같다.

다행히 사촌 남동생도 동시에 입학하여 친구처럼 같이 다녔는데, 사촌 동생은 엉뚱하고 재미있는 아이였다. 하루는 간식시간에 과자를 주었는데, 선생님은 과자를 먹기 전에 다들 눈감고 기도하자고 했다. 잠시 후 눈을 떠보니 사촌 동생 접시에는 과자가 없었다. 선생님이 과자가 어디로 갔냐고 물어보니까 동생은 쥐가 와서 몰래 물어갔다고 대답했고, 다들 폭소를 터뜨렸다.

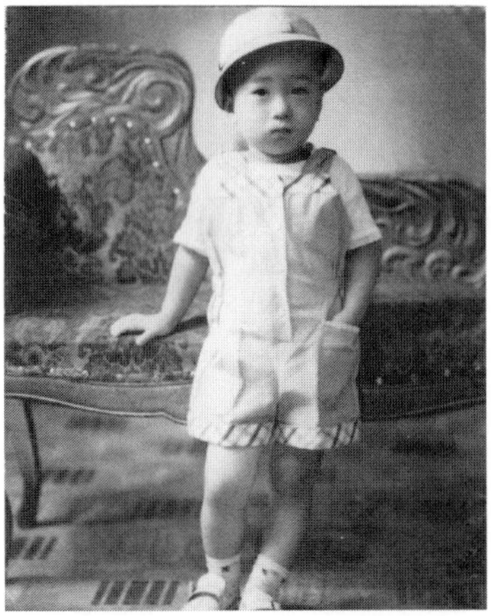

사진 6-4 유치원 다닐 때의 모습

◈ 초등학교 1학년(1964년 가을) '새롭고 신기한 물체에 호기심이 많았던 아이'

초등학교 들어갈 무렵 우리 집은 상업 지역이었던 을지로를 떠나 연세대학교, 이화여자대학교, 서강대학교가 함께 몰려 있어 교육 신도시였던 신촌 로터리 큰길가 바로 뒤에 자리를 잡았다. 초등학교 1학년 때 생생하게 기억나는 큰 일이 있었다. 어느 날 동네 아이들이 모여서 신나게 떠들고 있었는데, 바로 우리 동네에서 얼마 떨어지지 않은 곳에 큰 비행기가 여러 대 모여 있는 것을 보았다는 이야기였다. 장난감 비행기가 아니고 진짜 비행기를 볼 수 있다는 말에 아이들은 다들 놀라며 신기해했고, 함께 가보기로 했다.

나도 호기심이 발동하여 몇 살 위인 형들을 따라나섰다. 그런데 한 시간, 두 시간, 몇 시간을 간 것 같은데, 비행기들은 계속 보이지 않았다. 나중에 알고 보니 비행기가 있는 곳은 김포공항이었고, 그 당시 대중교통이 발달하지 않은 상황에서 초등학생들이 걸어서 그곳까지 도달하기에는 너무도 먼 거리였다. 결국 나를 비롯하여 몇 명은 기진맥진해서 길가에 드러눕고 말았다. 아이들 여러 명이 큰길가에 드러누워 있는 것을 사람들이 목격하고 경찰에 신고했는지, 다행히 경찰차가 우리를 구조하기 위해 찾아왔고, 나와 몇 명의 아이들은 평생 처음 백차(그 당시 경찰차는 흰색 소형 지프차였다)를 타고 귀가할 수 있었다. 호기심 때문에 비행기는 보지 못한 채 길을 잃고 헤매면서 큰 고통을 겪을 수 있었던 트라우마 경험이었다.

◈ 초등학교 2학년(1965년 봄) '학교에서 여학생들에게 인기 있었던 아이'

내가 살던 동네에서 가까운 곳에 좋은 학교가 새로 생겨 2학년부터 사립학교를 다니게 되었다. 그때는 아버지의 사업이 꽤 성공해서 우리 가족은 풍족하고 행복한 시절을 보낼 수 있었다. 학교도 그 당시 고위층이나 유명 인사들의 자녀가 다니는 사립학교를 다닐 수 있었다. 그 학교는 모든 기물이 최고급이었고, 책상과 의자도 일반 가정에서 보기 어려운 비싸고 고급스러운 것을 사용했다. 칠판지우개의 분필 가루가 날리지 않게 전용기계에 넣어 깨끗이 털 수 있었으며, 청소도 학생들이 아닌 외부 용역이 담당하고 있었다. 과학 실험실이 따로 있었고, 학생들은 예체능 특기교육이나 엄격한 예절교육도 받았다. 학생들이 쓰는 학용품은 물론이고 운동회나 소풍을 가면 갖고 오는 음식이나 간식은 시중에서 구하기 어려운 희귀한 외제 물건들이 많았다.

새로 들어간 학교는 남녀 공학이어서, 남학생과 여학생이 짝이 되어 서로 가까이 지내야 했다. 나는 조용하고 얌전한 아이였지만, 얼굴이 희고 귀티 나게 생겨 여학생들에게 꽤 인기가 있었다. 여학생들의 엄마들이 학년이나 학기가 바뀌면 담임 선생님에게 자기 딸을 내 옆에 앉게 해달라고 부탁하는 바람에 나는 대한민국 명문가의 어린 딸들과 여러 차례 짝이 되곤 했다.

◈ 초등학교 3학년(1966년 봄) '위기 대응 능력이 뛰어났던 아이'

나는 시내버스를 타고 통학을 했는데, 어느 날 집으로 가는 도중 대학생들의 격렬한 데모가 터져 큰길에서 투석전이 벌어지고 경찰 최루탄이 여기저기 터지는 큰 소동이 벌어졌다. 길이 막히고 위험한 상황이라 집으로 갈 수가 없었고, 너무 놀라고 당황스러운 상황이 벌어졌다. 순간적으로 아버지 회사로 갈 수밖에 없다고 판단했다.

어렸지만 아버지 회사 이름과 위치한 동네 이름을 기억해 냈다. 충무로 뒤쪽에 있던 오장동이었다. 버스 차장 누나에게 물어보니 길 건너편에서 버스를 타라고 일러주었다. 충무로 가는 버스를 찾아 타고 차장 누나에게 오장동 앞에서 내려달라고 부탁했다. 차장 누나는 어린아이가 모르는 길을 찾아가는 것이 신기하면서 불안했는지 가는 내내 신경 쓰며 잘 챙겨주었다. 버스에서 내려 동네 사람들에게 물어보며 아버지 회사를 찾아갈 수 있었다. 아버지 회사 사무실에 들어가니 회사 직원들이 다들 깜짝 놀라며 대견해했다.

◈ 초등학교 4학년(1967년 가을) '엄마의 특별 배려를 늘 고마워했던 아이'

어느 날 학교에서 외부 견학으로 육군 기갑 부대를 방문하게 되었다. 학생들은 탱크에 올라타 강물도 쉽게 건너는 놀라운 순간을 직접 느껴볼 수 있었는데, 너무나 신나고 감동적인 경험이었다. 그런데 나중에 알고 보니 그때 우리 집은 사실상 아버지의 사업 부진과 실패로 인해 더 이상 학교를 다닐 수 없는 절박한 상황이었다.

그런데도 엄마는 나의 부푼 기대를 꺾기 어려워 최대한 공립학교 전학을 뒤로 늦추었고, 엄마의 특별한 배려로 나는 탱크를 타볼 수 있었다. 이 일로 나는 엄마의 각별한 사랑에 대한 감사의 마음을 오랫동안 마음속 깊이 간직하였다.

◈ 초등학교 5학년(1968년 가을) '빚쟁이에 시달리며 독해진 아이'

그 당시 육군 사병이었던 빚쟁이 집 20대 아들이 우리 가족이 살고 있는 집을 알아내려고 학교로 찾아와, 자신을 친척이라고 속이며 나를 납치했던 일이 있었다. 한꺼번에 들이닥친 빚쟁이들의 빚 독촉에 시달리다가 엄마는 정신을 잃고 헛소리를 계속하므로 정신병원에 여러 달 입원해야 했다.

나는 엄마 옆을 지키며 모든 일을 다 보게 되었다. 이를 악물고 울음을 참으며 눈을 무섭게 부릅뜬 채 빚쟁이들을 사납게 노려보았다. 아버지는 어디론가 혼자 피신하여 나타나지 않았고, 엄마가 혼자 모든 곤욕을 치렀다. 1968년은 내게 악몽 같은 일들이 벌어졌고, 많은 일들을 내 과거에서 지우고 싶었던 한 해이다.

◈ 초등학교 6학년(1969년 봄) '원시 정글 속에 던져져 무서워 어쩔 줄 모르는 아이'

아버지의 사업 실패로 우리 집은 서울 변두리의 가난한 동네로 이사하였고, 나는 공립학교로 전학하였다. 하늘에 떠 있는 구름 위에서 호화롭게 살다가 땅바닥 진흙 구덩이로 한순간에 떨어진 기분이었다. 전학한 첫날부터 나는 기가 막힌 현실에 질리고 말았다.

사립학교에서는 쉬는 시간에도 교실 안이 조용했고, 복도에서는 까치발을 들고 사뿐사뿐 걸어 다녔지만,[6] 공립학교에서는 책상 위로 뛰어다니며 노는

6) 공립학교와는 달리 건물 내에서도 신발을 신고 생활하는 현대식 구조였다. 공립학교처럼 실내화나 신발주머니가 따로 없었고, 모든 아이는 교복을 입고, 검정색 구두를 신었다.

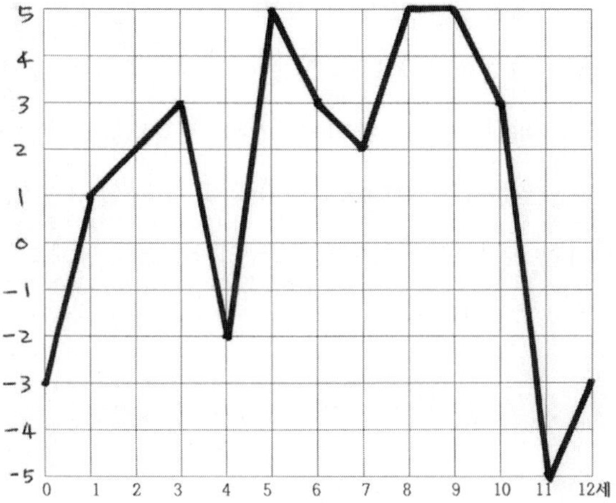

[그림 6-1] 아동기 삶의 궤적

아이들, 유리창 커튼을 붙잡고 타잔 놀이를 하는 아이, 지저분하고 보기 흉한 책상 위에 낙서를 하거나 칼로 파는 아이 등 이전 학교에서는 전혀 볼 수 없는 색다른 광경이 펼쳐졌다. 나는 완전히 다른 세상에 들어온 느낌이었고, 야만적인 원시부족 마을에 강제로 끌려온 것 같은 심한 공포를 느꼈다.

아동기의 전체적인 성장 과정을 그래프로 그려 보았다. 그 당시 기억나는 사건들을 배경으로 행복했거나 고통스럽고 불행하게 느낀 대로 점수를 플러스와 마이너스 5점 척도로 부여하였다. 전체 기간을 100점 만점으로 환산해 보니 평균 점수가 60점대 초반으로 나왔다. 절정 경험과 침체 경험이 뒤섞여 다른 사람들보다 기복이 매우 심한 모양으로 그려졌다.

이런 심리적 불안정 상태는 청소년기에도 부정적 영향을 주었고, 무엇보다 사업 성과에 따라 극과 극으로 오르내렸던 아버지와 같은 사업가는 결코 되지 않기로 마음속 깊이 다짐했다. 전체 이야기에서 튀어나오는 상징물들은 우유병, 미역국, 신발, 시장, 장난감, 율동, 비행기, 짝꿍, 길 찾기, 탱크, 악몽, 정글이다. 긍정적으로 작용한 것이 6개, 부정적으로 작용한 것이 6개로 서로 대등한 상태이다.

아동기의 전체 흐름을 짧게 요약해 보면, 어린 시절 나를 지배했던 감정은 두려움과 공포였다. 그런 부정적인 감정을 이겨내기 위해 주로 썼던 심리적 대응 방식은 우월의식(과대 자기)과 완벽주의(강박 성향)였다.

아동기를 대표하는 은유는 롤러코스터를 타고 신나서 흥분했다가 급강하를 하면서 무서워 어쩔 줄 모르는 아이의 모습이다. 문학 장르로 본다면 집안이 몰락하면서 겪는 비극적인 가족 드라마에 가까운 내용이다.

⑥ 중요한 청소년기 기억

청소년기의 특별하거나 중요한 경험과 기억이 현재의 나와 어떤 연관을 갖고 있는지 확인해 본다. 예를 들면, 가족 분위기와 형편, 부모님의 생활 습관과 가치관, 건강 상태, 정서 상태, 친구들과의 추억이나 갈등, 학교 공부와 성적, 수상 실적, 인상적인 선생님, 사교육(학원 수강이나 과외 교습), 종교 생활, 봉사 활동, 진로에 대한 고민, 이성교제 경험, 사춘기의 비밀스러운 추억, 자랑스러웠던 일과 부끄러웠던 일, 내가 좋아했던 것과 싫어했던 것 등을 떠올려 본다.

⑦ 중요한 성인기 기억

20대 이후 삶에서 중요한 기억을 떠올려보고, 그 의미를 성찰해 보며, 그때의 경험으로 어떤 영향을 받게 되었는지 확인해 본다. 성인기는 청년기, 중년기, 노년기로 분리하여 탐색해 볼 수 있다. 청년기의 경험을 찾기 위해 대인관계 갈등과 대처, 미래에 대한 고민과 꿈, 해외어학연수, 자격증 취득, 아르바이트, 취업 준비, 여행과 취미생활 등을 떠올려본다. 중년기의 경험을 찾기 위해 입원이나 수술 경험, 내 집 장만, 동창회, 기억에 남는 모임, 성공과 성취의 경험, 실패와 좌절의 경험, 후회스러운 일, 그 밖의 주된 관심사를 떠올려본다. 노년기의 경험을 찾기 위해 투병 경험, 손자 돌봐주기, 여행과 여가활동, 애착이 가는 특별한 장소, 생전에 꼭 하고 싶은 일, 나이가 들어서 좋은 점과 불편한 점 등을 떠올려본다.

⑧ 그 밖의 중요한 기억

그 밖에 다른 사람들이나 사회적 경험으로 과거에 일어난 중요한 사건에 관한 기억을 적어 본다.

발달 단계를 거치면서 공개되는 내담자의 자서전적 스토리텔링에서 상담자는 희미하고 불확실한 경험이 명확해지거나, 새로운 통찰을 갖게 되는 경험에 주의를 기울여야 한다. 그러면서 상담자는 내담자의 이야기 속에서 삶 전체를 에워싸는 반복되거나 연속성을 띠는 특정 주제의 흐름을 잘 살펴보아야 한다. 특히 아동기, 청소년기, 청년기, 중년기를 회상하면서 공통적으로 그 당시 내 인생의 주요 관심사, 생존을 위해 가장 힘겹게 투쟁한 것, 내게 가장 중요했던 꿈과 목표, 내가 가장 친했고 잘 어울렸던 상대가 누구였는지 떠올려본다.

더 나아가 이번 단계에서는 삶의 전환점을 깊이 있게 다루어 보는 것이 자신의 삶을 새롭게 이해하며, 다시 구성해 나가는 데 큰 도움을 줄 것이다. 우리는 삶에서 여러 차례 중요한 선택의 순간을 맞이하게 된다. 인생의 갈림길에서 선택은 때때로 한 사람의 삶을 전혀 다른 모습으로 바꾸어 놓는다.

인생의 전환점이란 인생의 방향과 흐름에 중대한 영향을 미친 크고 작은 사건이나 경험을 의미한다. 이런 전환점은 어떤 사건을 기점으로 그 전과 후가 확연히 달라지는 삶의 기념비적인 이정표가 되는 어떤 지점을 가리키는데, 다른 사람과의 특별한 관계경험을 통해 심경의 새로운 변화가 일어나거나, 위기 경험 속에서 새로운 돌파구를 찾게 되어 과거와는 전혀 다른 방향으로 나가게 된 성장 경험을 찾아본다.

때로는 전환점이 반드시 크고 대단한 것일 필요는 없다. 결혼이나 취업, 유학이나 이민 등 외형적으로 중요하고 커다란 사건일 수도 있지만, 친구와의 우연한 대화나 무심코 집어든 책 한권, 별 생각 없이 떠난 여행과 같이 흔하고 사소한 사건일 수도 있다. 나의 삶에서 맞이했던 특별한 선택의 순간은 언제였고, 그 선택에서 가장 고민했던 부분은 무엇이었는지, 그리고 그 선택의 결과는 무엇이었는지를 회상해 본다.

다음의 질문들은 삶의 전환점에 대한 상세한 기억을 끌어내는 데 도움을 줄 수 있을 것이다.

- 지금까지 살아오면서 중요한 인생의 전환점이 몇 번이나 있었는가?
- 삶에서 가장 중요한 전환점은 언제였는가?
- 그런 전환점에서 선택한 것은 무엇이었고, 그 전환점으로 인해 삶은 구체적으로 어떻게 달라졌는가?
- 중요한 선택을 할 때 가장 큰 영향을 준 사람은 누구였고, 그가 끼친 영향의 결과는 무엇이었는가?
- 과거를 되돌아보면서, 후회되는 선택의 순간은 없었는가? 있었다면 어떤 것인가?
- 만일 그때 다른 선택을 했다면, 지금의 삶은 어떻게 바뀌었을 것이라고 생각하는가?
- 과거를 되돌아보면서, 지금 다시 생각해도 만족스러운 선택은 무엇이었는가? 그리고 만일 그때 다른 선택을 했다면, 삶은 어떻게 바뀌었을 것으로 생각하는가?

3단계: 주변 인물들

여기서 다루는 주제와 질문 내용은 앞의 중요한 사건에서 주변 인물로 옮겨간다. 누구나 자신의 삶에 관한 이야기에는 중대한 영향을 미친 주변 인물들로 둘러싸이게 된다. 이런 사람들로는 부모나 자녀, 형제, 배우자, 연인이나 친구, 선생님, 직장 동료 등을 들 수 있을 것이다.

먼저 내 인생에 가장 영향을 미친 다섯 사람에 대해 이야기해 보도록 한다. 부모와 같이 너무 분명한 사람일 필요는 없다. 선생님이나 친구나 동료와 같이 나를 믿어 주었고 내 인생의 모습을 형성하도록 도와준 사람들을 생각해 보고, 그들이 어떻게 영향을 미쳤는지 이야기해 본다. 그다음은 멀리서 존경했던 다섯 사람을 찾아본다. 이들은 내게 큰 도전과 감동을 주었던 유명한 분일 수 있고, 오래전 생존했거나 책의 저자로 실제로 만나본 적이 없었을 수도 있다. 이들에 대해 무엇을 가장 존경스러워 했는지도 이야기해 본다.

어린 시절 고통과 위기를 잘 이겨낸 사람에게는 누군가 그를 돌보고 도와주었거나 격려하고 응원해 준 사람이 배후에 존재하는 경우가 많다. 어떤 경우는 현실 속에 존재하지 않는 사람일 수도 있다. 이를테면, 오래전 돌아가신 가족이나 친척 중 한 명이거나 소설이나 드라마 속의 어떤 등장인물일 수도 있다.

내 삶에 중대한 영향을 준 다른 사람들과의 관계를 설명하면서, 그들이 삶에 어떤 방식으로 어떤 영향을 주었는지 이야기해 본다. 나의 삶에 중요하게 긍정적인 영향을 준 사람은 누구인지, 반대로 부정적인 영향을 준 사람은 누구인지도 이야기해 본다.

이들에 대해 각기 이야기한 후 자신의 삶에 어떤 영웅적 존재가 있었는지 이야기해 본다. 우리는 성장하는 과정에서 영웅숭배에 빠져 누군가를 이상화시키곤 한다. 너새니얼 호손이 단편 소설 『큰 바위 얼굴』에서 보여 준 것처럼, 우리는 영웅의 모습을 투사하면서 영웅을 닮아간다. 주인공 어니스트는 산꼭대기 바위가 영웅 얼굴을 닮은 산을 바라보며 산다. 언젠가 큰 바위 얼굴을 닮은 고귀한 사람이 나타날 것이라는 오래전부터 그 고장에서 전해 내려온 예언이 있었기 때문이다. 그는 큰 바위 얼굴을 올려다보고 그 얼굴을 닮은 사람이 나타나기를 기다리면서, 동네 주민들에게 좋은 일을 하며 평생을 보낸다. 어니스트가 노인이 되고 어느 날 그가 산꼭대기에 있는 큰 바위 얼굴과 닮았다는 것을 깨닫는다(Hawthorne, 2013, pp. 93-94).

4단계: 미래 이야기

과거와 현재에 대해 충분히 시간을 쓴 후 삶의 주제는 미래 이야기로 나아간다. 삶의 이야기는 앞으로 무슨 일이 있기를 기대하고 계획하는지를 살펴보면서, 미래로 확장된다. 미래에 대한 전반적인 계획과 내가 갖고 있는 희망과 비전에 대해 이야기해 본다. 대다수 사람들은 자신의 삶에서 얻기를 바라거나, 미래에 실현하기를 바라는 꿈과 계획을 지니고 있다. 이런 꿈과 계획은 인생의 의미와 목적, 동기와 욕구를 불러일으킨다. 그런 꿈과 계획이 어떤 식으로 자신에게 삶의 활기나 생산적인 힘을 주는지, 다른 사람들을 위해 살아가게 하는지 이야기해 본다. 상담자는 내담자에게 삶의 어떤 새로운 전환점이 나타나는지 주목해 보고, 자신의 이야기가 어디로 가고 있는지 그리고 어떻게 그곳에 도달하고자 하는지를 밝혀보도록 격려한다.

5단계: 삶의 위기 경험

이번 단계에서는 고난과 위기의 문제를 중심 주제로 정리해 본다. 대다수 삶의 이야기는 크고 작은 갈등과 미해결과제, 정서적 상처와 고통, 심한 스트레스, 정신적 외상 경험, 질병이나 사고 경험 등을 갖고 있다. 살면서 경험하는 위기의 유형은 성장 과정에서 발생하는 발달적 위기, 심각한 질병으로 건강을 잃는 신체적 위기, 실직이나 폐업으로 생활고에 시달리는 경제적 위기, 저출산과 가족해체로 발생하는 사회적 위기, 기후변화와 자연재해로 발생하는 환경적 위기 등으로 나누어진다.

현재 삶의 어떤 영역에서 심한 갈등과 고통, 어려운 문제나 도전을 받고 있는지 두 가지만 찾아내서 설명해 보라. 이 둘을 각기 고통이나 위기가 구체적으로 어떤 성격을 띠고 있는지, 그것에 관해 무엇을 신경 쓰고 염려하는지, 어떤 식으로 그 문제가 진행되고 있는지, 그것에 관해 미래적인 계획이 있다면 어떤 것인지 등을 이야기해 본다.

우리는 일생을 통해 다양한 형태의 고난과 위기를 경험하면서, 때로는 좌절하기도 하고, 때로는 극복하면서 살아간다. 살면서 겪는 여러 가지 위기는 그 유형과 성격이 각기 다를 뿐 아니라, 그것을 받아들이는 사람이나 당시 상황에 따라서도 매우 다르게 받아들여지며, 또 전혀 다른 결과를 낳기도 한다. 똑같은 고난이 어떤 사람에게는 성공을 이루는 중요한 전환점이 되기도 하고, 또 어떤 사람에게는 헤어 나오지 못할 좌절을 안겨 주기도 한다. 한 사람의 고난과 위기 그리고 그것에 대한 대응방식은 그의 인생의 중요한 주제를 형성해 주고, 정체성, 인간관계, 삶의 방식에 큰 영향을 미친다.

당신이 겪은 가장 어려웠던 일을 떠올려 보라. 그때 당신의 반응과 행동에 대해 생각해 보라.

- 당신의 일생 중 가장 고통스러웠던 시기는 언제였고, 그 어려움은 무엇이었는가?
- 그 어려움은 외부로부터 온 것이었는가, 아니면 내부로부터 온 것이었는가?
- 당신은 그 어려움에 대해 어떻게 대처했는가?
- 당시 고난에 대처한 방식에 대해 만족하는가, 아니면 후회되는 부분이 있는가? 또다시 그런 어려움이 닥친다면 당신은 어떻게 반응하겠는가?
- 어려서부터 지금까지 위기를 만났을 때 대처하는 방법은 늘 한결같았는가, 아니면 계속 변했는가?
- 어린 시절 고통이 닥쳤을 때 피난 가는 안전한 장소는 어디였는가? 거기서 당신은 무엇을 경험했는가?
- 어려움을 당했을 때, 가장 참을 수 없었던 것은 무엇이었는가? 자신의 무력함인가, 아니면 외부의 비난인가?
- 고난을 극복하는 데 가장 큰 도움을 준 사람은 누구였는가? 그로부터 받은 구체적인 도움은 무엇이었는가?

사진 6-5 바람이 심하게 부는 날 바닷가 풍경[7]

- 당신이 겪은 고난의 결과는 어떻게 나타났는가? 그 결과는 긍정적이었는가, 아니면 부정적이었는가?

6단계: 가치와 신념

이번 단계에서는 개인적 신념이나 도덕적 가치를 깊이 있게 살펴보는데, 이런 주제는 정신분석학에서는 사회적 규범과 가치 체계를 구성하고 있는 초자아(superego)의 기능과 유사한 면이 있다. 우리는 어린 시절 부모의 기대와 격려에 의해 장차 어떤 사람이 되고, 무슨 일을 하고 싶은 꿈과 이상을 갖기도 하며, 부모의 훈육과 징계에 의해 어떤 일을 해서는 안 된다고 거부하거나 억제하기도 한다. 이로 인해 우리는 어떤 대상을 이상화시키며 추종하기도 하고, 반대로 혐오하거나 기피하기도 한다.

과거 세대와 달리 요즘 우리 사회에서는 인간의 마땅한 도리라고 여겼던 것들을 쉽게 포기하는 경우가 자주 발생한다. 자신의 행복을 앞세워 어린 자녀들

7) 저자 스마트폰 촬영, 2021년 12월 3일, 안면도 꽂지 해수욕장

을 포기하는 부모들이 있고, 늙은 부모들은 성인 자녀들에 의해 버려지거나 학대당하기도 한다.

여기서는 이런 신념과 도덕 체계에 의해 형성된 세계관과 가치관을 중점적으로 탐색하고 정리해 나간다. 일반적인 상담에서 세계관은 내담자가 항상 의식하고 있지는 않지만 내담자의 삶 속에 근원적으로 내재되어 있고, 내담자가 총체적으로 세계를 바라보는 관점을 가리킨다. 철학 상담에서 세계관은 개인이 삶의 경험을 인식하고 판단하는 철학적 틀을 의미한다(노성숙, 2016, pp. 5-6).

삶의 경험을 이해하는 방식은 크게 자연주의를 표방하는 과학적 세계관과 초자연주의를 표방하는 종교적 세계관으로 나누어진다. 김득룡은 이런 두 가지 상반된 방식을 눈의 세계관과 귀의 세계관이라는 몸의 은유로 설명한다. 눈의 세계관이 외적 우주의 형태와 색을 시각에 호소하여 이를 과학적으로 관찰함으로써 실재와 삶을 해석하고 이해하는 방식이라면, 귀의 세계관은 눈을 감고 자연과 마음의 내적 세계에 귀를 기울임으로써 실재와 삶을 종교적으로 해석하고 이해하는 인식 구조이다(김득룡, 2010, p. 449). 인간은 자신의 세계관에 의해 삶의 경험과 현상에 대한 진실과 거짓을 이해하고 판단하는 기준과 방식이 다를 수 있고, 그로 인해 삶의 의미, 목적, 가치를 추구하는 방식과 방향이 달라질 수 있다. 일상생활이나 학문 활동에는 눈의 세계관이 우세한 능력을 발휘할 수 있지만, 사방을 들을 수 있는 귀와 달리 눈은 오직 자신이 향해 있는 쪽만 바라보게 된다(김득룡, 2010, p. 450). 종교적 영성뿐 아니라 인간의 내면세계의 탐색과 성찰에도 때로는 귀의 세계관에 기초한 접근방식이 적절하고 도움이 될 때가 있다.

세계관은 인간관, 가치관, 인생관 등을 각각 의미하기도 하고, 때로는 이를 포괄하는 개념으로 사용된다(노성숙, 2016, p. 19). 여기서 가치관은 자신이 지향하고 있는 일이나 행동의 방향성을 결정하기 때문에 내담자가 자기 자신이나 타인을 판단하거나 평가하는 데 중요한 기준점이 될 수 있다(노성숙, 2016,

pp. 20-21).

가치는 우리가 어떤 선택을 할 때 무엇이 좋고 나쁜지, 옳고 그른지를 판단하는 신념과 감정체계이다. 이런 가치는 삶의 관습과 규범에 의해 다양한 형태를 띤다. 전통적 가치와 현대적 가치, 그래서 과거지향적 가치를 추구하는지 미래지향적 가치를 추구하는지 달라진다. 개인을 우선시하는지 또는 집단을 중요시하는지에 따라 개인적 가치와 사회적 가치로 나누어지고, 거기서 수평적 · 수직적 질서의 갈등이 발생한다. 개인에 따라 정신세계를 추구하는지, 물질세계를 추구하는지의 심리 성향이 다르고, 시간과 돈에 대한 평가와 태도도 다르다. 이런 가치관에 의해 정치적 성향이나 종교적 성향도 크게 다를 수 있고, 거기서 형성된 신념은 삶에 긍정적 영향을 주기도 하고, 반대로 부정적 결과를 남기기도 한다. 더 나아가 이런 신념과 가치는 내담자의 성장 과정에서 정체성 형성과 진로 선택, 이상형으로 남성과 여성을 바라보는 안목, 연애와 결혼에 대한 관점과 견해에도 영향을 준다.

삶의 여러 영역에서 신념과 가치에 대해 생각하면서 자세히 답변해 본다.

- 당신의 인생관과 세계관의 내용은 무엇입니까?
- 당신의 신념은 당신이 아는 대부분의 사람들과 어떻게 다릅니까?
- 어린 시절 마음에 품었던 생활신조는 무엇입니까?
  시간이 지나면서 당신의 신념은 어떤 식으로 변하게 되었습니까?
  당신의 신념에 급격한 변화가 생긴 어떤 계기가 있었습니까?
- 당신은 인간의 삶에서 가장 중요한 가치가 무엇이라고 생각합니까?

7단계: 중심 주제와 핵심 메시지

마지막으로 자신의 삶의 전반적인 주제에 대해 살펴본다. 여러 장을 지닌 책과 같이 당신의 전체적인 삶의 이야기를 돌이켜 보면서 중심 주제나 메시지,

정체성의 형성 과정, 삶의 목적과 가치, 대인관계, 삶의 방식 등을 살펴본다. 당신의 삶에서 무엇이 중요한 주제인지 설명해 본다.

자서전 쓰기가 끝나면 전체 내용을 읽어보고 고치거나 다른 자료를 보충할 수도 있다. 필요하다면 쓴 글을 퇴고하는 과정을 거칠 수 있다.

7단계 자서전 쓰기는 7주간 동안 진행되는 회기별 프로그램으로 구조화시킬 수 있고, 상담의 전체 기간을 고려하여 내용을 축소하거나 확대시킬 수도 있다. 특히 두 번째 단계의 과거 이야기는 다른 회기보다 내용이 훨씬 많기 때문에 발달 단계에 따라 두세 번 나눠서 진행하는 것이 나을 수 있다. 경우에 따라서는 내담자가 집에서 할 수 있는 과제물로 부여하는 것도 상담 시간을 효율적으로 쓸 수 있는 좋은 방안이 될 수 있다. 프로그램 내용이 방대하다면 상황에 따라 내담자가 관심 있는 주제를 골라 짧게 쓰도록 과제를 줄 수도 있다.

맥아담스의 7단계 자서전 쓰기 방식 외에 문학적이거나 예술적인 방식을 동원하여 창의적인 글쓰기를 해 볼 수가 있다. 몇 가지 예를 들어 본다면, ① 자신의 생애를 소재로 영화를 만든다고 상상하면서 영화 제목과 줄거리를 써보고, 전체 구성과 개요(synopsis)를 만들어 본다. ② 태어나서 지금까지 삶의 이동 과정을 떠올리면서 과거 살았던 동네를 소재로 어린 시절의 추억거리를 하나씩 기록해 본다. 살았던 집과 주변 환경, 동네 모습과 특징, 그 당시 가까웠던 사람들과 기억나는 특별한 경험에 대해 생각나는 것을 글로 써본다. ③ 개인과 가족의 크고 중요한 사건, 지역과 국가, 세계사적인 특별하거나 중대한 사건을 연대기표로 작성하면서 시대문화적인 영향과 남긴 결과를 찾아본다. ④ 개인과 가족의 사진과 동영상을 편집하여 짧은 다큐 영화로 만들어 본다. ⑤ 좋아했던 영화, 배우(남자배우 또는 여자배우), 공연물(연극, 뮤지컬, 발레 등)을 시간적인 순서대로 찾아보고, 그 당시의 상황과 느낌을 자세히 적어 본다. 마찬가지 방식으로 좋아했던 노래와 가수(또는 성악가, 연주자)를 대상으로 자서전적 기술을 해 본다. 좋아했던 또 다른 대상은 운동이나 운동선수가 될 수 있고, 좋아했던 음식으로 정리해 볼 수도 있다. ⑥ 어린 시절부터 지금까지 독서 경험을 중심으로 과거 읽었던 책들 중에서 기억에 남고 인상적인 내용과 줄거리를 발달 단계별로 찾아서 적어본다. ⑦ 자신의 삶의 큰 주제를 놓고 시를 쓰고 제목을 붙여본다. 포르샤 넬슨(Portia Nelson)이 쓴「다섯 개의 짧은 장으로 된 자서전(Autobiography in five short chapters)」을 참고하여 모방시를 써보는 것도 또 다른 좋은 방법이다.

자서전의 내용 분석

완성된 자서전의 최종 내용을 놓고 몇 가지 심층 분석을 해 볼 수 있다. 먼저 써놓은 글을 문체나 표현방식, 품사의 의미와 기능을 놓고 언어적 분석을 해 보는 것이 한 가지 좋은 방법이고, 거기서 파생되는 많은 심리적 문제가 드러날 수 있다. 검토해 볼 수 있는 항목들을 보면, ① 전체 분량이 얼마나 많은지, ② 문장이 길고 장황한지, 짧고 간결한지, ③ 어휘력이 풍부한지, 빈곤한지, ④ 추상적 언어를 많이 쓰면서 막연하고 불확실한 표현이 많은지, 구체적이고 정확한 표현이 많은지, ⑤ 전반적 교양 수준이나 문학적 표현력이 어떠한지, ⑥ 비속어나 방언을 사용하는지, ⑦ 반복, 과장, 강조하는 표현이나 내용이 무엇인지, ⑧ 이성적 표현이 많은지, 정서적 표현이 많은지, ⑨ 시각적 표현이 많은지, 청각적 표현이 많은지, ⑩ 명사는 주로 단수형인지, 복수형인지, ⑪ 대명사는 몇 인칭이 많은지, ⑫ 형용사는 긍정적 또는 부정적 표현 중 어떤 표현이 많은지, 비교급 또는 최상급이 얼마나 사용되는지, ⑬ 동사의 시제가 과거, 현재, 미래 중 어디에 몰려 있는지, ⑭ 동사의 주체가 능동태나 수동태 중 어느 쪽이 많은지, ⑮ 동사에 의지적 표현(절대로, 반드시 등)이 얼마나 강한지, 당위 보조 동사(~해야 한다, ~해서는 안 된다 등)가 얼마나 자주 사용되는지 등을 살펴본다.

프로이트는 언어 사용 중 발생하는 부주의와 실수(한 젊은 남편은 처가에서 아내와 함께 집으로 돌아오는 길에 매표원에게 차표를 한 장만 달라고 말했다),[8] 망각(특정 인명이나 지명이 기억나지 않는 경우),[9] 착오 행위[10]에는 무의식의 심리적 동기가 숨어 있다고 지적하였다. 융은 단어연상검사를 고안하였는데, 단어에 대한 반응 속도를 측정하여 연상이 지연되는 경우는 심리적 갈등을 불러일으키는 콤플렉스가 문제가 된 단어와 연결된 과거 경험 속에 숨어 있다고 생각했다(Rollins, 2002, p. 39).

라캉도 언어가 무의식의 정신세계를 반영한다고 강조하면서 프로이트의 정신분석 작업을 언어학적 관점에서 재구성해 나갔다. 그래서 정신분석을 욕망의 수단인 언어를 다루는 과학, 말로 표현한 욕망과 그렇지 못한 욕망 사이의 간극을 다루는 과학, 또는 사람들이 언어로 상대에게 가하는 상호적 압력을 다루는 과학으로 평가했다(김현주, 2017, p. 77). 라캉은 대상관계 이론이 상상계만 중시한다고 비판했는데, 언어가 인간의 실존을 지배하고 결정한다고 보았기 때문이다. 그는 분석은 말을 통해서만 가능하다고 주장한다(Fink, 2002, p. 156). 사실상 인간의 언어 표현에서는 이야기하는 사람의 지성과 감성, 성격과 기질, 정서적 욕구나 심리적 동기, 도덕성 등이 있는 그대로 드러나는 경우가 많다. 또한 상담자는 언어 표현에서 내담자가 자주 사용하는 왜곡이나 생략을 조심스럽게 탐색해 볼 필요가 있다.

두 번째로 내담자가 쓴 자서전에서 기본적으로 검토해야 하는 큰 주제는 정체성의 형성 과정이다. 정체성은 내가 누구이고 어떤 존재인지에 대한 자신의 인식이며, 거기 맞춰 자신을 대하는 태도나 평가, 감정적 느낌도 동시에 뒤따

8) 불행해진 결혼생활로 인한 심리적 갈등이 무의식적인 실수를 불러일으켰다(Freud, 2003b, p. 300).

9) 이런 경우 프로이트는 마음속에 반감이 숨겨져 있고, 기억이 그것을 재생할 경우 불쾌감이 되살아날 우려가 있다고 보았다(Freud, 2003a, pp. 101-102).

10) 회의를 시작하면서 사회자가 "폐회합니다."라고 말한 경우(Freud, 2003a, p. 44).

르게 된다. 자서전 쓰기를 하면서 나오는 정체성의 구성요소로는 개인의 인적 사항(연령, 성별, 학력, 직업, 거주지 등), 특히 별명이나 가명 등을 포함한 이름과 거기 연결된 이야기, 성격과 심리 성향, 특기나 취미, 인생관과 가치관, 장래 희망 등이 들어간다. 정체성이 형성되는 과정에서 바꿀 수 있는 부분도 있지만, 바꿀 수 없는 부분도 많이 있다. 바꿀 수 없는 부분은 있는 그대로 인정하고 나의 운명으로 받아들이며 적응하거나, 그 속에 숨겨진 강점과 자원도 있으므로 창조적 변형을 시도해 볼 수도 있다. 바꿀 수 있는 부분은 살면서 계속 직면하는 중요한 선택의 순간 무엇을 결정하느냐에 따라 크게 달라질 수 있다.

정체성의 형성 과정에서 혼란이나 침체가 오면서 위기 경험을 할 때가 있다. 흔히 인생의 큰 변화를 겪는 청소년기와 중년기를 발달적 위기가 자주 찾아오는 시기로 지목한다. 청소년기는 아이에서 성인으로 일찍 내몰리면서, 중년기는 젊음의 매력이 사라지면서 신체적, 심리적, 사회적 변화의 폭이 커지고 심한 스트레스가 몰려오기 때문이다. 그 여파로 삶의 기복과 굴곡이 커지면서 발달적 위기가 닥치기도 한다. 이런 과정에서 성공과 실패 경험의 양쪽으로부터 모두 영향을 받는데, 때로는 성공 경험보다 실패 경험을 다루는 방식이 훗날 자신의 성장에 더 크게 영향을 주기도 한다. 때로는 오랜 기간 주인공이 아닌 조연이나 2인자의 삶을 계속 살아야 하지만, 이런 배역도 전체 이야기 속에서 주인공보다 다른 사람들의 마음을 더 사로잡고 더욱 빛나고 돋보이는 모습으로 기억에 남게 되는 경우도 있다.

세 번째로 자서전의 전체 내용 속에 깊이 배여 있는 이야기의 톤을 살펴볼 수 있다. 삶의 시간적 흐름 속에서 기쁘고 행복한 순간이 있고, 슬프고 고통스러운 순간도 있다. 이런 모습은 낙관적이거나 비관적인 분위기에 따라 크게 달라진다. 낙관적인 이야기는 자신에게 어떤 좋은 일이 생겼거나, 또는 나쁜 일이 생겼더라도 상황이 나아지리라는 쪽으로 기대하게 만든다. 마찬가지로 비관적인 이야기는 자신에게 나쁜 일이 생겼거나, 좋은 일이 생겼더라도 부정적인 면으로 이해하고 받아들이게 한다. 이야기의 톤은 내면아이의 핵심 감정,

성장 과정에서 원가족의 정서적 분위기, 성공과 실패 경험, 그리고 삶의 행복감이나 만족감의 크기와 연결되어 있다. 시간의 흐름 속에서 행복감이나 만족감이 어떻게 바뀌는지 주의 깊게 살펴보고, 더 나아가 자서전의 시작과 끝의 정서적 변화가 상승세인지, 하강세인지를 확인해 보면서 현재 상태를 평가해 보고, 결과를 전망해 본다.

네 번째로 자서전 내용을 놓고 분석할 때, 중요한 큰 과제는 원형적 플롯을 찾아내는 것이다. 어떤 사람은 살면서 죽을 고비를 여러 차례 넘기는 죽음과 재생의 플롯을 자신의 자서전에서 찾아낸다. 이와 가깝게 생명과 죽음의 플롯도 등장한다. 본인의 생존 문제도 있지만, 어린 시절 부모를 사별하거나, 반대로 부모가 자식을 먼저 보내면서 참척(慘慽)의 고통을 겪는 경우이고, 때로는 살아 있지만 식물인간같이 생명력을 잃어버린 상태도 있다.

생명과 죽음의 플롯은 양극단의 모습으로 표현되면서, 활력이 넘치는 신나고 모험적인 삶과 지루하고 재미없는 침체된 삶, 흥분과 자극에 의한 도취 상태와 무미건조하고 맥 빠진 상태, 동적인 상태와 정적인 상태로 표현된다. 삶의 에너지가 넘치는 삶과 그렇지 않은 삶에 따라 이야깃거리가 풍성하고 많을 수도 있고, 그렇지 않을 수도 있다. 저돌적으로 목표를 향해 돌진하며 끊임없이 도전하는 이야기도 있다. 직업도 평생 한 가지였던 사람도 있고, 너무 많았던 사람도 있다. 집이나 직장도 거의 옮기지 않는 사람이 있고, 너무 많이 옮겨 다닌 사람도 있다. 때로는 다혈질적인 사람과 우울질적인 사람의 인생이 크게 달라 보인다.

흔하게 발견되는 여러 다른 플롯을 찾아보면, 지배와 종속의 플롯이 있는데 많은 사건이 힘의 역학관계에서 벌어지고, 지배 계층과 피지배 계층, 정복자와 피정복자, 착취자와 피착취자의 갈등과 분쟁 속에 휘말린 자서전 내용이 튀어나오기도 한다. 이런 권력지향 이야기는 독립과 의존의 긴장과 갈등 속에서 살아가는 모습으로 종종 표현되며, 상담에서는 사회적 약자, 소수자, 소외 계층의 생존 투쟁 이야기로 자주 등장한다.

사진 6-6 남사당 바우덕이의 줄타기 공연[11)]

일반적으로 자주 발견하는 또 다른 플롯은 성공과 실패의 플롯이다. 성공과 실패 경험에 의해 승승장구하며 계속 치고 올라가는 때도 있고, 악재가 겹치며 모든 일이 한꺼번에 뒤틀리고 엉켜버리는 때도 있다. 성공으로 승리를 환호하며 성취감을 만끽하기도 하고, 실패로 인해 좌절의 쓴 맛을 보기도 한다. 성공과 실패 여부에 따라 인생의 급격한 상승과 하강이 찾아온다. 그로 인해 삶의 크고 작은 굴곡이 생기고, 성공 가도를 질주하기도 하고, 어두운 삶의 질곡을 힘겹게 통과하기도 한다.

상담 현장에서 자주 발견되는 삶의 큰 주제는 건강과 질병의 플롯이다. 신체적이든 정신적이든 투병 기록이 자서전의 주된 내용이 되기도 한다. 정상인지 비정상인지를 놓고, 평범하고 안정적인 삶도 있고, 특이하고 별난 삶의 이야기도 있다. 상담에서 대두되는 또 다른 플롯은 애착과 분리의 플롯이다. 어린 시절 부모와 너무 일찍 오랜 시간 떨어져 지냈거나 성인이 된 후 친밀한 관계에서 애착 형성의 어려움이 생겨 심리적 갈등이 고조되는 이야기이다.

다섯 번째로 내담자의 이야기 속에서 중요하게 분석되어야 할 것은 이야기

11) 저자 DSLR 촬영, 2013년 10월 6일, 안성 남사당 공연장

속에 숨겨진 상징적 형상체계이다. 모든 개인적 이야기는 특징적인 이미지를 표현한다. 우리 자신의 이야기를 이해하기 위해서 우리 자신과 삶에 관해서 어떤 이미지를 어떤 방식으로 독특하게 사용하는지를 살펴보아야 한다. 자서전의 목차나 주요 사건을 설명하는 데 어떤 용어를 쓰는지 주의 깊게 살펴보면, 사용된 용어는 개인적인 상징과 은유를 이해할 수 있는 단서를 알려 준다. 때로는 우리가 이런 이미지를 만들기도 하지만, 대중문화 속에 존재하는 원재료에 의존하기도 한다. 자서전에 나타나는 이미지의 특징적 체계를 찾아낼 때, 그 이미지가 어디서 온 것인지 탐색해 본다. 그 이미지가 어떤 식으로 발전한 것인지, 가정적인 배경과 관련된 것인지, 아니면 우리가 살고 있는 사회의 지배적 이야기 속에서 발견되는 것인지 확인해 본다(Crossley, 2000, pp. 89-90).

때로는 내담자가 가장 소중하게 여기는 물건이 내담자의 상징체계를 푸는 단서일 수가 있다. 어떤 경우는 어떤 한 가지 종류를 다양한 형태로 오랫동안 계속 모으고 수집하기도 한다. 이를 테면, 서울 삼청동과 강원도 삼척에 부엉이 박물관이 있다. 박물관을 만들어 놓을 정도로 수천 점의 희귀한 부엉이 조각이나 공예품을 모을 때는 어떤 사연이나 심리적 배경이 있고, 부엉이에 얽힌 상징적이고 문화적인 의미나 가치가 숨겨져 있을 것이다. 필자는 지적 세계의 진리를 탐구하는 마음에서 지성미를 상징하는 부엉이[12] 장식품을 한동안 모은 적이 있고, 내 마음 속의 어둠(죽음, 무지)을 몰아내고 빛(생명, 진리)으로 가득 채우고 주변세계를 아름답게 밝혀 주도록 스테인드글라스 조명과 등대 모형과 그림을 계속 모았던 적이 있었다. 이렇게 집안의 장식품이 삶의 새로운 의미를 만들어 내고 긍정적 변화를 불러일으키기도 한다.

여섯 번째로 내담자의 자서전적 진술 속에 나타나는 이야기의 주제에 관해서 깊이 살펴보아야 한다. 개인적인 이야기 속에서 지배적인 주제는 무엇인

12) 로마신화에서 미네르바와 항상 함께 다니는 지혜의 상징이다.

사진 6-7 각양각색의 부엉이 인형들[13)]

가? 자서전에 나타난 많은 사건 속에서 삶의 동기를 주거나 중요하게 여겨지는 특별한 패턴이 있는가? 맥아담스는 힘과 사랑이 삶을 살아가는 중요한 동기를 불러일으키기 때문에 자서전 이야기의 두 가지 중요한 주제가 된다고 주장한다(McAdams, 2015, pp. 95-97). 일과 활동 중심의 과제지향 이야기인가, 주로 가족관계 중심의 관계지향 이야기인가? 사랑하는 관계 속의 이야기는 늘 고맙기도 하고 미안하기도 하고, 행복하고 만족하거나, 갈등과 고통이 많아 후회와 아쉬움을 남기는 양면성이 교차하는 이야기가 자주 등장한다.

사진 6-8 어두운 밤바다에 강한 빛을 멀리 비춰 주는 등대

13) 저자 DSLR 촬영, 2017년 9월 9일

자서전적 진술을 해석하면서 그것이 삶의 동기에 관해서 뭐라고 말하는지 주의 깊게 살펴보아야 한다. 내담자는 힘이나 사랑에 의해 얼마나 영향을 받았는가? 어떤 특별한 방식으로 힘과 사랑에 대한 욕구나 필요가 이야기 속에서 표현되고 있는가? 이런 필요나 욕구는 삶의 위기가 닥쳤을 때, 보다 뚜렷하게 나타난다. 우리는 이 지점에서 과거의 나와 현재의 나 사이의 어떤 불일치를 발견하게 된다. 어떤 경우는 이런 불일치가 전에는 한 번도 생각해 본 적이 없는 인생에 대한 진지한 질문을 불러일으키고, 삶의 새로운 대안과 가능성을 찾게끔 한다(Crossley, 2000, pp. 89-90).

마지막으로 삶의 이야기에서 내담자는 주로 어떤 역할을 맡고 있는지를 살펴볼 수 있다. 우리는 삶의 이야기를 쓰면서 성장 과정이나 애착관계 형성에 따라 주인공, 관중, 저자의 역을 맡게 된다. 주인공의 역을 맡는 사람은 자신의 경험을 강조하면서 주관적인 관점을 취하게 된다. 관중의 역은 반복되는 상황을 강조하는 객관적인 관점에서 바라본다. 저자의 역은 내담자가 자신의 경험을 통합해 나가는 방식을 이끌어주는 자아성찰적 관점을 취한다(Neimeyer & Raskin, 2000, p. 103).

자서전 쓰기를 하면서 우리는 과거에 누구였고, 현재 누구이며, 미래에 누구이고자 하는지를 결정한다. 새롭게 구성된 삶의 이야기는 우리에게 과거와 현재 그리고 미래에 대하여 어떤 의미를 찾게 하며, 시간적 흐름 속에서 자신의 정체성에 대한 전체적인 의미를 파악하고 치유를 경험하도록 이끈다.

이야기 심리학자들은 인간의 삶을 어느 한 순간 혹은 단계 속에 가두어 보거나, 어느 특정한 영역 속에 묶어서 보려는 시각을 배격한다. 오히려 그들은 과거, 현재, 미래로 연속되는 시간 속에서 한 인간의 삶의 이야기가 어떤 주제를 가지고, 어떤 이야기 음조를 띠며 전개되는지에 관심을 갖는다. 그들은 이야기의 전개 속에서 이야기의 주체가 지니는 욕구, 관심사, 관계성, 성장과 쇠퇴, 불안과 희망 등을 읽을 수 있다고 믿는다(Neimeyer & Raskin, 2000, p. 8).

이야기 심리학은 시간적 연속성의 흐름 위에 펼쳐지는 인간 이야기의 드라마에 관심을 가지며, 시간의 틀 속에 펼쳐진 이야기의 중심 주제를 묻는다. 과거-현재-미래의 시간 위에 펼쳐지는 인간의 이야기를 듣고 깊이 이해할 수 있을 때, 우리는 한 인간을 보다 총체적으로 이해하며 돕게 된다.

자서전 쓰기를 이끄는 상담자의 주요 과제는 삶의 이야기를 촉진시키고, 이야기의 의미를 끌어내고, 이야기의 패턴을 찾는 것이다. 우리는 때때로 자신의 삶에 대한 새로운 이야기를 원한다. 우리 삶의 어떤 이야기라도, 심지어 굉장히 길고 복잡하게 쓴 자서전일지라도 거기에는 항상 이야기되지 않은 보다 많은 사건과 경험이 존재한다. 그래서 삶의 이야기가 상처받고 불쾌한 경험만 담고 있다면, 다른 아직 이야기되지 않은 경험이나, 이미 이야기된 경험으로부터 또 다른 의미를 찾아봄으로써 새로운 이야기를 쓸 수 있는 것이다. 자서전 쓰기를 통한 성장과 치유는 삶의 이야기를 다시 쓰는 것이고, 새로운 이야기 속에서 살아가는 것이다. 사람들이 이런 작업 속에서 건강하고 성숙한 이야기를 하게 될 때, 그들은 이미 새로운 이야기 속에서 살아가고 있는 자신들의 모습을 발견하게 된다. 그러나 이런 이야기가 단순히 말로만 이야기되는 것으로는 부족하다. 어떤 변화를 일으키기 위해서는 새로운 이야기는 반드시 경험되어져야 하며, 외부 세계의 삶에서 변화된 모습과 행동으로 나타나야 한다.

자서전 쓰기를 고급 단계로 발전시켜 보길 원한다면 다른 모범적인 자서전들을 읽어 보는 것도 도움이 된다.[14] 이런 작업에 앞서 자서전의 범주를 넘어 전기문학까지 넓히면 훨씬 많은 작품을 끌어들일 수도 있다. 필요하다면 영웅들의 이야기를 참고할 수 있고, 동양에서는『삼국지』또는『삼국지연의』, 서양에서는『플루타르코스 영웅전』을 가장 먼저 떠올릴 수 있다. 그러나 상담 진행의 맥락에서 위인전이나 영웅전을 다루는 것이 부적절하거나 불필요하다고 평가되면 자서전의 영역으로 제한시킨다.

14) 여기서 논의되는 내용은 개인상담보다는 문학치료나 독서치료로 접근하는 집단상담 프로그램을 개발할 때 참고해 보는 것도 좋은 방안이다.

사진 6-9 벤자민 프랭클린

상담 프로그램의 필수 과제로 포함시킬 필요는 없지만, 자서전 쓰기에 관심이 많은 상담자나 내담자라면 읽어 보거나 알아둘 만한 자서전들이 많이 있다. 먼저 일반적인 자서전으로 벤자민 프랭클린의 자서전과 러셀 베이커의 자서전을 지목할 수 있다.[15)]

벤자민 프랭클린(Benjamin Franklin, 1706~1790)은 미국 건국의 아버지 중 하나로 가난한 집안에서 태어나 자수성가한 고전적 성공의 상징적 인물이다. 계몽사상가, 정치가, 외교관, 과학자, 발명가이며, 필라델피아대학교를 설립하였다. 미국 100달러 지폐에 그의 초상화가 들어가 있다. 절제, 침묵, 질서, 결단, 절약, 근면, 진실, 정의, 중용, 청결, 평정, 순결, 겸손의 13가지 덕목을 지키고자 노력하였고, 이런 덕목을 주간일과표에 날마다 기록하며 지켜나갔다(Franklin, 2015, pp. 156-161). 그의 자서전은 검소하고 절제된 생활습관을 철저하게 준수하는 근면하고 성실한 청교도의 전형적 모습에 기반을 두고 있다(이

15) 특수한 자서전으로는 정신질환과 장애를 다룬 자서전이나 영화를 주목할 수 있고, 다양한 유형과 증상별로 많은 책과 영화가 있는데, 특히 자폐증 환자였던 동물학자 템플 그랜딘의 책과 영화를 추천한다.

숙진, 2017, p. 256). 프랭클린은 물질적 축적과 세속적 성공을 이루기 위한 합리적 노력을 자기 수양의 한 과정으로 이해했다(이숙진, 2017, p. 224).

러셀 베이커(Russell Baker, 1925~2019)는 『뉴욕타임스』의 정치부 기자 출신의 칼럼니스트로, 퓰리처상을 두 차례 수상했는데 그중 한번은 자서전 『성장』으로 받았다. 그의 자서전은 유능한 신문 기자가 취재한 정확하고 자세한 내용을 유명 작가가 소설로 다시 재미있게 옮겨 쓴 것처럼 능숙하게 기술했다.

베이커의 자서전에서 한 세기 전 대가족 제도 속에 살았던 미국 가정의 과거 모습을 보게 된다. 오늘날 가족 개념이 붕괴되고 해체되면서 1인 가족이 날로 증가하는 시대에 전통 가족에 대한 진한 향수를 느끼게 해 주는 훈훈한 인간미가 있는 자서전이다.[16] 베이커의 확대 가족은 부모의 형제애가 두터운 집안으로 삶의 위기 속에서, 특히 경제적으로 매우 심각했던 대공황 시기에 서로 도와주는 지지 세력이 되어 준다.

베이커는 다섯 살 때 아버지가 만성 질환으로 일찍 돌아가신 후 편모슬하에서 크다가 열네 살 때 어머니가 재혼을 하면서 매우 다양한 가족 환경을 경험한다. 그의 자서전은 사건 중심보다는 인물 중심의 플롯을 진행하면서 그의 정체성 형성에 영향을 준 가족과 친척 등 주변 인물들을 중심으로 내용을 전개시킨다. 가장 큰 영향을 준 핵심 인물은 전직 교사이자 아들에게 헌신적이었던 그의 어머니로, 책의 전체 내용도 치매에 걸려 요양원에 계신 어머니에서 시작하여 마지막에 다시 어머니에게 돌아오는 회귀 구조를 택했다. 그는 자서전에서 어머니와 아들의 심리적으로 밀착된 공생관계에서 발생하는 전형적 갈등을 매우 잘 묘사했다.

장남이고 외아들로 집안의 기둥이었던 주인공은 유년기부터 20대 중반 결

16) 이런 분위기의 전형적인 TV 가족드라마로는 1980년에서 2002년까지 MBC에서 방영한 〈전원일기〉와 1972년부터 1981년까지 미국 CBS에서 방영한 〈월튼네 사람들〉을 들 수 있다.

혼하기까지의 성장 과정을 소개한다. 주인공은 내성적이고 소심한 성격이었지만 매우 열악하고 거친 환경에 잘 적응하고 극복해 나감으로써 독자들에게 희망과 용기를 준다.

자신의 자랑거리가 아닌 결함과 잘못을 다른 사람들에게 공개하는 것은 쉽지 않은 일이지만 그는 어린 시절의 경험을 놀라울 정도의 기억력으로 매우 자세하고 솔직하게 기술하였다. 저자의 원래 의도는 아니겠지만 독자로서 그의 자서전을 읽으면서 성장 과정에서 도덕성에 의해 인간의 품격과 존재 가치가 크게 달라지고, 인생행로의 진로와 운명까지 결정되는 것을 인상적으로 바라보게 된다.

대부분 자서전은 다른 사람의 이야기이기 때문에 읽는 독자의 입장에서는 지루하고 재미없는데, 그의 자서전은 평범하게 느껴지는 삶의 주제를 특별한 개인의 이야기로 전환시켰고, 적당한 유머 감각도 동원하여 두꺼운 책이고 긴 내용이지만 지루하지 않게 읽을 수 있다. 사진과 편지를 자서전 곳곳에 집어넣는 신문 기자 출신다운 구성도 돋보인다. 베이커의 어린 시절 꿈이 작가였는데, 자서전 쓰기로 그는 내면아이의 꿈을 마침내 이루었다.

자서전 쓰기를 하다 보면 과거를 회상하는 순간이 자주 찾아오게 되고, 과거 이야기 속의 내면아이를 다시 만나게 된다. 앞의 3장에서 내면아이의 탐색과 치유에 관해 충분한 논의를 했지만 문학 작품과 연계시켜 또 다른 창의적인 작업을 해 보길 원한다면, 앙투안 드 생텍쥐페리(Antoine de Saint-Exupery, 1900~1944)의 『어린 왕자』가 매우 적절한 선택이 될 수 있다.

생텍쥐페리는 프랑스의 귀족 집안 출신으로 어린 시절 조그만 성에서 살았다. 2남 3녀 중 셋째이며 장남으로 태어났고, 4세에 아버지를 일찍 사별하고 편모슬하에서 성장했다. 어린 시절 비행기 운전을 배워 해외 우편물 배송 비행사와 전시 공군 조종사로 일했다. 『어린 왕자』는 43세에 미국 뉴욕시에서 집필하여 출간했고, 전 세계에서 300여 언어로 번역되어 장기간에 걸쳐 가장 많이 팔린 소설로 알려져 있다.[17]

사진 6-10 높은 데서 도시 야경을 즐기는 어린 왕자와 사막 여우

『어린 왕자』는 작가가 소년 시절의 자신과 상상 속에서 대화를 함으로써 자신의 내면아이의 이야기를 문학적으로 서술한 것인데, 작가가 자신의 내면아이와 만나 대화하고 교제한 경험을 독자들에게 들려주는 전개방식을 썼다(고혜영, 2013, p. 16). 작가는 이 책에서 선과 악의 갈등을 겪은 후 선의 승리를 내세우는 일반 문학 구조와 달리, 긴 여정을 통한 주인공의 성장과 치유의 과정을 소개한다(이선형, 2016, p. 64). 장미, 바오밥나무, 여우, 코끼리, 뱀, 호랑이, 양, 사막, 샘물, 별, 화산, 왕, 허영심에 빠진 사람, 술꾼, 사업가, 가로등을 켜는 사람, 지리학자 등 많은 상징적 원형과 은유적 표현이 등장하여 신비로운 느낌을 더해 주고, 이런 상징물에 대한 독자들의 반응도 제각기 달라질 수 있기 때문에, 상담에서 스토리텔링과 은유로 치료적 접근을 하는 데 적합한 구성을 잘 갖추고 있다.

내면아이의 문제에 대해 문학 작품 외에 미술 작품을 찾는다면, 마르크 샤갈(Marc Chagall, 1887~1985)의 그림을 추천하고 싶다. 동시대 유럽 화단에서

17) 유종헌(2020. 12. 14.). "'어린 왕자' 최초 번역은 조선일보", 조선일보.

는 인상파, 입체파, 야수파 등이 크게 활약했지만, 그는 어느 유파에도 속하지 않고 독자적인 세계를 추구해 나갔다. 어려서부터 시를 쓴 시인이었고, 시인으로서의 영혼을 화풍에 담으려 노력한 화가이다(오수진, 2011, p. 340). 한국의 시인과 소설가들에게도 예술적 영감을 크게 불러일으켰다.

색채의 마술사[18]로 불리는 샤갈의 그림은 시적이고 몽환적인 분위기 속에서 우리를 신비로운 세계로 인도해 준다. 무중력 상태처럼 사람들이 회전하는 상태로 공중에 붕 떠 있고,[19] 건물들이 뒤집혀 있는 재미있고 독특한 표현 방식 속에서 삶의 다양한 주제를 동화적이고 낭만적으로 표현해 내면서 원형적 이야기를 우리에게 전달해 준다.[20] 과거 기억의 파편을 재구성하여 환상적 화면을 만드는 몽타주 기법을 사용하였으며(김인숙, 2015, p. 114), 이로 인해 그림 속에 풍부한 이야기 요소를 남겨 놓았다.

특히 1911년 작품인 〈나와 나의 마을〉은 유년 시절의 경험을 몽상적으로 그렸는데, 초기 기억 회상 작업처럼 유아적 환상과 현재의 심리적 갈등이 오버랩되었다. 각기 다른 시간과 공간을 하나의 캔버스에 옮겨놓은 몽타주 기법을 사용했다. 샤갈은 유대인으로 그 당시 고통스러운 시대 상황에서 전 세계 여러 국가를 유랑하며 살았지만, 그가 항상 그리는 공간적 대상은 태어나 어린 시절을 보낸 러시아의 작은 농촌 마을이었고(현재 벨라루스), 고향을 그리워하는 추억을 그림 속에서 서정적 분위기로 살려냈다. 떠나온 고향 마을 비테프스크,

18) 또 다른 색채의 마술사는 영국의 3대 동화작가 중 하나인 브라이언 와일드스미스(Brian Wildsmith, 1930~2016)이다. 그의 그림책 중 『서커스』, 『파랑새』, 『토끼와 거북이』를 내면아이 치유를 위한 예술치료매체로 추천한다.

19) 주로 사랑에 빠진 연인들의 비현실적이거나 몹시 흥분하고 들뜬 마음을 잘 표현해 준다(〈생일(1915)〉, 〈산책(1917)〉).

20) 그가 좋아했던 영화배우는 미국의 희극 배우 찰리 채플린이었고, 어린 시절을 회상하며 잘 썼던 작품 소재는 서커스 공연이었는데, 곡예사를 여러 번 그렸다. 유사한 주제로 오페라 〈마술 피리〉와 〈불새〉의 무대 배경그림을 그려 주기도 했다.

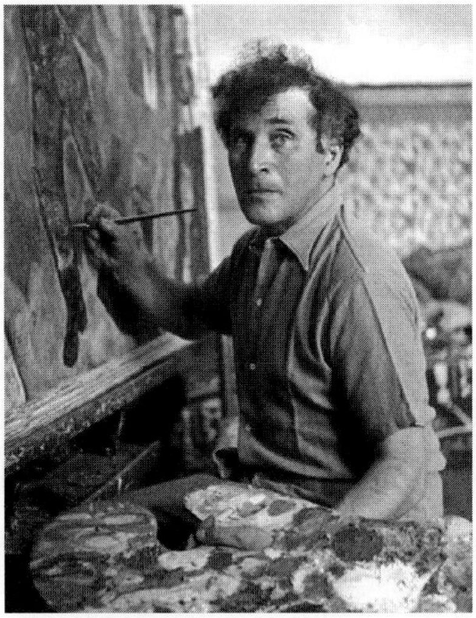

사진 6-11 마르크 샤갈

사랑하는 여인, 소와 닭 등의 농가에서 키우는 동물들의 이미지를 통해 상징적 원형들을 표현했으며, 그의 예술적 심혼 속에서 고향 마을은 누구나 꿈꾸는 이상적 낙원으로 바뀐다(변상형, 2015, p. 336).

샤갈의 〈나와 나의 마을〉을 자세히 들여다보면, 그림에 등장하는 주인공은 왼쪽의 흰 색의 큰 동물과 오른 쪽의 초록색 얼굴의 젊은 남성이다. 이 남성은 이 그림을 그린 샤갈을 암시하는데, 초록색으로 표현한 것은 프랑스 파리 유학 시절 성장과 창작의 욕구가 강했기 때문일 것이다. 왼쪽 큰 동물이 오른 쪽 샤갈을 내려다보고 있는 구도를 선정한 것은 샤갈이 왼쪽의 동물을 이상화시켜 바라보고 있기 때문이다.

왼쪽의 큰 동물은 염소로 보는 사람들이 많지만, 필자는 신성한 흰색 어린 암소로 본다. 염소는 상징적 이미지로 볼 때 대다수 문화권에서 남성이나 노인으로 해석하는 경우가 많기 때문이고, 화가의 유대문화 전통에서는 소나 양이 더 가깝고 친밀한 느낌을 준다. 중요한 것은 화가도 말이나 염소로 다른 사람들이 오해할까 봐 동물의 젖을 짜는 여인을 그 안에 그려 넣었는데,[21] 동물과 여인의 크기 비율로 볼 때 염소가 아닌 소라고 판단된다. 또 하나 중요한 사실은 연모하는 대상(훗날 아내가 된 벨라)의 얼굴형은 말이나 염소처럼 위아래가 긴 얼굴형이 아니었고, 소에 가까운 동그란 형이었다고 한다. 흰 색으로 표현한 것은 종교적인 의미보다는 순결한 여성성을 의미하는 것으로 보인다.

문제는 그림 속의 암소가 벨라라면 처음부터 젊은 여성을 그릴 것이지 왜 동물을 그렸느냐 하는 것인데, 이것은 샤갈이 동물애호가나 하시디즘 같은 유대교 신비주의의 영향 때문이 아니고, 연애하는 상대 여성을 세상에 공개할 수 없기 때문이다. 아직 결혼할 수 있는 여건이 아니기에 비밀로 하면서 상징적 동물로 변형시켜 놓을 수밖에 없다. 사실 그림의 제목도 〈나와 나의 마을〉보다는 〈나와 고향에 두고 온 보고 싶은 벨라〉라고 붙이는 것이 맞지만 벨라와 러브 스토리를 압축시켜 숨겨놓고, 벨라를 고향 마을로 전치시켜 바꿔놓은 것이다.

큰 그림으로 확대해 보면 동물과 사람의 눈 사이에 희미하고 가는 실선으로 서로 연결되어 있다. 너무 보고 싶다는 의미이거나 서로 딴 마음을 품지 말자는 약속의 의미인 듯하다. 심리적으로는 자기가 사랑하는 여인을 다른 남성이 빼앗아 갈까 봐 불안해하는 마음도 커 보인다. 이 그림은 샤갈이 결혼하기 몇 년 전에 그린 그림인데, 벨라(18세)는 샤갈(24세)보다 나이가 여섯 살이나 어렸다.

동물의 눈 밑에 검은 색으로 넓게 얼룩져 있다. 이 부분은 빛이 들어가는 방향에 의해 어둡게 음영 처리를 한 것으로 볼 수 있지만, 전달되는 느낌이나 분위기는 동물(벨라)이 울었고, 그래서 눈물 자국이 남은 것처럼 보인다. 이것은 사실 샤갈 본인이 너무 외롭고 고향에 두고 온 연인이 보고 싶어 울고 싶은데, 그림 공부에 몰두해야 하므로 심리적으로 그런 마음을 억압시키고 부정한 다

21) 가난한 집에서 태어난 샤갈의 무의식에는 부잣집 딸을 아내로 맞고 싶은 욕망이 숨겨져 있다. 장차 아내로 마음에 품고 있는 벨라는 비테프스크에서 보석가게를 세 개나 운영하는 보석상의 딸이었다.

음, 동물(벨라)에게 투사시켜 놓은 것이다. 자기를 보고 싶어 벨라가 날마다 울고 있을 것이라고 상상하면서 그렇게 자기를 간절히 연모하는 대상으로 바라보며 즐거워하는 것이다.

서로 입을 약간 벌린 모습으로 은밀한 대화를 계속 주고받는 듯하다. 목에는 둘 다 같은 모양의 목걸이를 걸고 있고, 젊은 남성은 반지를 끼고 있는데 약혼반지인 듯하다. 꽃이 핀 나무줄기를 들고 행복을 기원하는 모습인데, 여기서 사용된 식물은 유대문화를 염두에 둘 때 꽃과 열매가 달린 올리브 나무 가지로 보인다. 눈처럼 보이는 흰색 점들은 올리브 꽃이 활짝 피기 시작할 때, 작은 꽃들이 많이 달려 있어 멀리서 보면 눈꽃처럼 보인다. 파리에서 성공적인 유학생활이 되도록 기도해 달라는 의미 같다.

그림 위쪽에는 큰 낫을 들고 가는 젊은 남성이 나오는데, 샤갈을 가리키며 열심히 일하고 있다는 것을 강조하는 듯하다. 농부 옆의 거꾸로 그려진 여성은 얼핏 보면 크기가 작기 때문에 바이올린을 켜거나 춤추는 것처럼 보이지만, 그림을 회전시켜 확대해 보면 얼굴과 손의 각도나 위치가 남성을 반갑게 쳐다보면서 자기 집으로 놀러오라고 초대하는 자세를 취하고 있다.

그림 맨 위의 집들이 위아래가 서로 엇갈리게 그려진 것은 프랑스에서 처음 접한 입체파의 영향이기도 하지만, 샤갈은 프랑스 파리에 있고, 연인(벨라)은 러시아 농촌마을에 살고 있기 때문이다. 샤갈이 있는 세계는 바로 서 있고, 연인이 있는 세계는 뒤집혀 있다. 그것은 서로 유럽의 북쪽과 남쪽 반대 방향으로 멀리 떨어져 있기 때문이고, 파리의 화려한 선진 문명에 비해 러시아의 생활환경은 실망스럽거나 열악하고 뒤떨어져 있기 때문일 수 있다.

그림의 부분적인 내용물들에 대한 분석을 마치고 전체적인 구도를 보면 크게 사선과 원형으로 전체 틀의 균형을 잡으려고 했다. 사선은 신체적이고 공간적으로 남녀가 서로 떨어져 있는 분리와 단절의 상태를 의미하며, 원형은 합일의 경험을 추구하는 것을 의미한다. 그림에서는 사선보다 크고 작은 여러 개의 원형이 강조되면서, 현실의 고통을 환상의 공간 속에서 극복하고자 한다.

이 작품 외에도 〈일곱 손가락[22]의 자화상〉, 〈누워 있는 시인〉과 같이 자신을 묘사한 그림들은 내면아이의 정체성 탐색과 치유를 위한 시각 매체로 쓸 수 있는 작품들이다. 샤갈은 1910년 후원자들의 도움으로 파리로 갈 수 있었고, 1914년 27세에 파리 유학 생활을 끝내고 고향인 비테프스크로 돌아왔다. 그는 프랑스나 독일 등 유럽에서 경험한 문화적인 강한 충격으로 정체성의 위기를 겪고, 이후 2년간 인생의 어떤 시기보다 가장 많은 자화상을 그렸다(Wullschlager, 2010, p. 287).

샤갈은 일반적인 유화 작품 외에도 책의 삽화와 판화, 건물 벽화와 천장화,[23] 성당이나 교회의 스테인드글라스 등 매우 다양한 방식의 창작 활동에 참여했다. 중년기의 개성화 과정을 거치면서 그의 예술성이 더욱 놀랍게 변화하는 모습을 볼 수 있는데,[24] 샤갈의 작품 속에는 집단 무의식 속의 상징적 원형, 이를 테면 그림자, 아니마와 아니무스를 자극하는 다양하고 풍부한 소재가 담겨 있다.

샤갈은 유대민족의 수난사처럼 삶의 생활공간과 터전이 여러 차례 크게 바뀌는 고통과 혼란을 경험한다. 1917년 러시아 혁명이 발발하여 사회주의 정치사상으로 심한 갈등을 겪다가 프랑스로 이주하였고, 1939년 제2차 세계대전이 시작되어 독일군이 파리를 점령하고 유대인들을 탄압하자 미국으로 망명하였다. 샤갈은 미국 문화와 언어의 이질감을 극복하지 못했고, 1948년 프랑스로 다시 돌아와 생의 마지막 기간을 프랑스 남부에서 평화롭게 살다가 98세를 일

22) 일곱 개의 손가락으로 어떤 일을 한다는 것은 유대인의 표현으로 최선을 다한다는 의미이다(Wullschlager, 2010, p. 242).

23) 샤갈이 파리 오페라 가르니에 극장의 천장화로 그린 〈꿈의 꽃다발〉이 특히 유명한 작품이다.

24) 샤갈은 화가로서 렘브란트와 스페인의 엘 그레코를 특히 존경했다. 어린 시절부터 유대교의 신비주의 운동인 하시디즘의 영향을 크게 받았는데 중년 이후 성서 이야기를 소재로 작품 활동을 많이 하여, 생존해 있던 화가로서는 처음으로 기념미술관(국립 마르크 샤갈 성서 이야기 미술관)이 프랑스 니스에 설립되었다.

기로 숨을 거두었다. 울슐라거는 샤갈이 사망할 때까지 그의 내면세계에서는 서로 다른 두 가지 모습이 나타났는데, 하나는 전쟁과 홀로코스트 트라우마 속에서 영적 위로를 전하는 인자하고 현명한 선지자의 모습이었고, 또 다른 하나는 신경질적이고, 의심 많고,[25] 기회주의적인 망명자의 모습이었다고 분석했다(Wullschlager, 2010, p. 735).

상담에서 자서전 쓰기 프로그램을 염두에 두고 또 다른 화가의 문학적이고 예술적인 생애 이야기를 찾는다면, 대중적 인지도가 높은 화가로서 자서전적 이야깃거리를 많이 남긴 한국 여성 화가 천경자 화백을 들 수 있을 것이다. 개성이 강하고, 독창적인 세계를 구축하여 20세기 한국 현대미술의 한 획을 그은 화가로 평가된다(이지현, 최광규, 2017, p. 783). 천경자(1924~2015)는 문학에도 관심이 깊어 신문과 잡지에 꾸준히 글을 발표했고, 그 당시로서는 쉽지 않은 아프리카를 포함한 세계여행기와 자서전적 삶의 애환을 실은 18권의 수필

사진 6-12 천경자 화백

25) 젊은 시절 믿었던 친구에게 맡겼던 자신의 그림을 수백 점이나 도난당해 오랜 기간 법정 소송을 했고, 노년기에 접어들어 아내 벨라와 사별 후 몇 년간 동거했던 젊은 여성이 외도를 저지르고 그를 떠난 후 마음의 상처를 크게 입기도 했다.

집을 남겼다.

천경자는 살아온 삶의 배경으로 집안의 몰락, 평탄치 못한 결혼생활, 가까운 가족의 죽음을 그림을 통한 이야기로 전달했다(한수민, 2021, p. 519). 그녀는 유교적 관념과 가부장적 인식이 지배적이었던 한국사회에서 두 자녀를 둔 이혼녀이면서 유부남과 비정상적인 사랑에 빠져 혼외자녀를 두 명 낳아, 전부 네 명의 자녀를 두었고, 친정어머니를 모셨던 여성 가장이었다(김미영, 2016, p. 67).

천경자는 일본 유학을 통해 섬세한 일본 채색화의 영향을 받았는데, 유화처럼 캔버스에 그린 것이 아닌 화선지에 그린 것으로 유화에 가까운 화법을 구사했다. 원래 동양화를 전공했지만 수묵화가 아닌 일본식 채색화를 시도하면서 독특한 화풍을 형성하였다. 해방 직후부터 화단을 둘러싼 채색화와 수묵화 논쟁 때문에 왜색 논란에 휘말리기도 했지만, 동서양의 통합, 구상과 추상의 통합으로 새로운 돌파구를 찾으려 노력했다(김정선, 2016, p. 66). 그녀는 샤갈과 유사한 면이 있는데, 어떤 미술 사조에 종속되는 것을 경계했고, 자신의 꿈과 환상을 특유의 색채로 표현하고자 했던 점에서 공통점이 있었다(최광진, 2016, p. 76). 그녀의 그림은 샤갈, 폴 고갱, 앙리 루소, 프리다 칼로, 피에르 보나르, 마리 로랑생의 작품들과 비교되며, 오딜롱 르동, 산드로 보티첼리의 영향을 받은 것으로 분석한다(김미영, 2016, p. 95).

천경자가 그린 많은 여인상 중 일부는 그녀의 자화상이라고 볼 수 있는데, 그림에 자신의 삶을 투영하여 내면 정서인 슬픔과 고통을 자서전처럼 이미지로 표출하였다. 그림은 자신을 속박하는 현실에서 벗어날 수 있는 유일한 환상의 세계였다. 무엇보다 그녀는 내면아이의 환상을 통해 영혼의 자유를 누렸는데, 이 환상은 초현실주의나 상징주의에서 의도하는 꿈과 환상을 통한 억압된 무의식의 표출보다는 영화 속 비극의 여주인공이나 현실에서 만났던 이상적인 여인, 자신을 구원해 줄 초월적 능력을 가진 여인들과 동일시하면서 그들과 심리적 대화를 나누면서 현실에서 억압된 자신의 꿈을 실현하고 생명의 에너지를 얻게 해 주었다(최광진, 2016, p. 164). 이렇게 그녀는 아름답고 화려한 색채와 신비로운 환영의 세계를 그려냈으며, 작품 속에서 고통에 무너지지 않고 억압에 맞서는 강인한 힘을 보여 주었다(한수민, 2021, pp. 518-522). 여성적인 섬세함, 고독하고 몽환적인 분위기, 이국적 감성과 초현실적 분위기를 연출했고, 한(恨)의 정서를 표출했는데 한의 색채로 보라색을 자주 사용했다.

작품의 소재로 여인, 꽃, 나비, 뱀, 장갑, 여행 등을 선택하여 특유의 화법과 색채로 표현했다. 그녀의 여인상 속에는 화려한 색채에 경직된 표정과 허공을 바라보는 천경자 특유의 여인들이 등장한다. 긴 목에 굳게 다문 입술, 초점 없는 눈동자는 어려웠던 삶과 슬픈 현실을 알려준다(한수민, 2021, p. 526). 그녀의 여인상은 한과 고독의 자전적 이미지이며, 전통을 탈피한 주체적 여성의 이미지이다(김정선, 2016, p. 54).

꽃[26]은 금세 시들고 져버려 생을 마감하는 짧은 쾌락과 허망함을 의미한다(한수민, 2021, p. 525). 꽃은 정적이고 여성성을 상징하고, 나비는 동적이고 남성성을 상징한다. 그림에 자주 보이는 장갑은 어린 시절 아버지가 자신의 질병

사진 6-13 바구니 속의 아름답고 화려한 꽃

26) 천경자의 작품에서는 장미를 위시한 몇 가지 꽃 종류가 아니라 하와이나 타이티에서 레이(화환)를 만들 때 쓰는 진한 향기가 나는 매력적인 흰색 꽃 플루메리아를 포함하여 수십 종류의 다양한 꽃들을 볼 수 있다.

을 치료받기 위해 일본에 다녀오면서 사온 선물로 부정(父情)[27]에 대한 그리움을 상징하는 것으로 분석한다(김미영, 2016, p. 93).

뱀[28]은 정신분석학적으로 남근을 상징하며, 자신을 지키는 수호신이었다. 뱀은 허물을 벗으며 변하고, 그런 변화가 달과 비슷하고, 영속하고 재생하므로 여성과 밀접한 관계가 있었다(한수민, 2021, p. 524). 천경자는 자서전에서 뱀을 싫어했지만 역경을 이겨나가는 의지로 뱀을 그렸다고 한다. 이것은 프로이트의 방어기제 중 불안을 일으키는 감정과 반대로 행동하는 반동형성에 해당한다.

천경자의 대표적인 작품들은 〈꽃무리 속의 여인〉, 〈꽃을 든 여인〉, 〈나비 소녀〉, 〈내 슬픈 전설의 22페이지〉, 〈내 슬픈 전설의 49페이지〉, 〈노오란 산책길〉, 〈두 사람〉, 〈만선〉, 〈백야〉, 〈비개인 뒤〉, 〈언젠가 그날〉, 〈여인들〉, 〈자화상〉, 〈정(靜)〉, 〈한(恨)〉, 〈황금의 비〉 등이다. 이 중에서 〈내 슬픈 전설의 22페이지〉를 보면 붉은 장미 한 송이와 함께 고대 이집트 회화처럼 뱀을 머리에 장식한 거칠고 메마른 여인을 만나게 된다. 그림에 등장하는 22세의 천경자는 첫 딸을 낳았지만 결혼은 파경으로 치달았고, 전시회에서 만난 신문 기자는 사랑할 수 없는 유부남이었다. 천경자에게 이 나이는 남편과 사랑은 식어가고 이루어질 수 없는 사랑이 시작된 혼돈의 시기였다(이지현, 최광규, 2017, p. 791). 한편 〈내 슬픈 전설의 49페이지〉에서는 통곡하는 여인을 보게 되는데, 현실에서 타자로 살아오면서 자신을 드러내지 못하고 남성이 지배하는 사회에서 살아남기 위해 자아를 억압하는 자신을 자화상에 담았다(한수민, 2021, p. 526).

잃어버린 과거 기억 속에서 내면아이를 찾아내고, 과거-현재-미래 이야

27) 천경자는 전남 고흥에서 태어나 어린 시절을 보냈는데, 그 당시 아버지가 동네 기생집을 드나들면서 어린 기생들과 많은 시간을 보내서 아버지의 사랑을 제대로 받지 못했다. 아버지의 혼외관계로 받은 심리적 상처와 고통은 훗날 결혼생활의 갈등과 불행을 초래하는 한 가지 큰 요인이 된다.

28) 천경자의 작품 중에서 35마리의 뱀을 그린 〈생태〉라는 그림이 가장 유명하다. 그 당시 사랑에 빠졌던 기혼남이 뱀띠이고 35세였다.

기를 의미 있게 연결시켜 주는 좋은 영화로 브루스 윌리스가 주연으로 출연한 〈키드〉[29]를 상담에서 써볼 수 있다. 영화 앞부분의 내용과 줄거리를 소개하면, 성격이 메마르고 냉소적인 독신남성으로 늙어가는 40세의 주인공 러스에게 8세의 어린아이가 찾아온다. 재미있고 엉뚱한 상상으로 시작하는 이 영화는 러스가 과거, 현재, 미래의 나를 만든 8세 무렵의 자신을 떠올려보고 자신의 정체성 형성에 가장 영향을 끼쳤던 사건을 회상해 보도록 한다.

유명 인사들의 이미지 관리를 대행하는 이미지 컨설턴트로 부와 명성을 거머쥔 러스는 사회적으로 꽤 성공한 인물이지만, 예민하고 독단적인 성격 탓에 정작 그의 사생활은 무미건조하기만 하다. 어느 날 러스는 고가의 보안장치에도 불구하고, 집안에 침입자의 흔적을 발견하고, 30여 년 전 자신이 갖고 놀던 빨간 장난감 비행기가 현관 앞에 놓여 있는 것을 보게 된다. 곧 마흔 살이 되는 그의 앞에 여덟 살 난 꼬마가 불쑥 나타났다가 사라진다. 예민한 성격 때문에 신경쇠약에 빠진 러스는 마치 유령이라도 본 것처럼 정신병원에 찾아가서 야단법석을 떨기도 한다. 며칠 뒤 저녁 천연덕스럽게 거실 소파에서 팝콘을 먹으면서 만화영화를 보고 있는 퉁퉁한 사내아이와 다시 마주친다. 놀랍게도 러스티란 이름의 그 꼬마는 바로 러스 자신이었다. 마흔 살의 러스가 여덟 살의 러스와 만난 것이다. 말투나 버릇, 심지어 몸의 흉터자국까지 똑같다는 것을 발견한 러스와 러스티는 놀라서 어쩔 줄을 모른다. 이름은 물론 자신만이 아는 비밀을 낱낱이 알고 있는 소년의 모습을 보며, 러스는 여덟 살의 러스티가 32년 전의 자기 모습임을 알게 된다.

영화 속 러스와 러스티는 갈등과 충돌을 일으키는 관계이다. 이런 현실을 받아들이기 위해 러스는 무진 애를 쓰지만, 도무지 이 아이가 반갑지 않다. 러스티는 러스가 지워버리고 싶었던 어린 시절의 기억을 쉴 새 없이 되살려주

29) 브루스 윌리스, 스펜서 브레슬린, 에밀리 모티머가 출연하고, 존 터틀타웁이 감독하여 2001년 개봉한 미국 디즈니 영화이다.

사진 6-14 푸른 하늘로 높이 날아오르는 경비행기

는 사고뭉치이다. 퉁퉁한 몸에, 툭하면 질질 짜고, 학교에서도 늘 얻어맞는 소년의 수치스러운 모습이 기억하고 싶지 않은 어린 시절을 자꾸 떠올리게 만들기 때문이다. 러스티도 러스가 마음에 드는 것은 아니다. 러스티는 속물로 변해버린 32년 뒤의 자신을 만나고는 실망과 슬픔에 빠진다. 러스티는 러스의 매력적인 외모나 꽤 많은 재산, 그럴듯하게 이룩해 놓은 성공이 전혀 마음에 들지 않는다. 비행기 조종사가 되겠다는 소망도, 커다란 개를 기르겠다는 소원도, 그리고 결혼에 대한 꿈도, 어느 것 하나 이루어 놓은 것이 없기 때문이다. 러스와 함께 일하는 에이미는 러스티가 찾아온 이유를 찾기 위해 여덟 살 때의 기억을 잘 떠올려보라고 조언한다. 러스티와 러스가 각각 여덟 번째 생일과 마흔 살 생일을 며칠 앞둔 어느 날, 그들은 과거의 추억을 찾기 위한 환상 여행을 떠난다.

영화를 보고 나서 다음의 질문에 답해 본다.

- 러스 이야기의 주제나 중심 메시지는 무엇인가?
- 특별히 인상적이거나 마음에 와 닿는 내용은 무엇인가?
- 러스는 어떤 사람인가? 러스의 내면세계는 어떠한가?
- 러스가 겪고 있는 심리적 갈등의 본질과 배경은 무엇인가?

- 러스의 주변 사람들은 어떤 사람들인가?
- 러스 이야기를 통해 생각나는 사건이나 사람이 있다면 무엇인가?
- 러스에게 변화가 일어날 수 있었던 능력과 자원은 무엇인가? 변화는 어떤 방식으로 일어났는가?
- 러스의 미래 이야기는 어떤 내용으로 전개될 것으로 예상하는가?
- 러스 이야기는 삶의 어떤 지혜나 통찰을 얻게 해 주는가?
- 나의 과거-현재-미래 이야기는 서로 어떻게 연결되고 전개되는가?

만약 아동기를 넘어 청소년기까지 과거 이야기의 치유 작업을 연장시킨다면, 상담 목적에 부합하는 대표적인 성장 소설로 헤르만 헤세(Hermann Hesse, 1877~1962)의 『데미안』(1919), 제롬 데이비드 샐린저(Jerome David Salinger, 1919~2010)의 『호밀밭의 파수꾼』(1951), 조제 마우루 지 바스콘셀루스(Jose Mauro de Vasconcelos, 1920~1984)의 『나의 라임 오렌지 나무』(1969)를 문학치료 매체로 선택할 수 있다. 『데미안』은 독일의 기독교 가정, 『호밀밭의 파수꾼』은 미국 뉴욕시의 상류층 가정, 『나의 라임 오렌지 나무』는 브라질의 가난한 취

사진 6-15 징검다리[30)]

30) 저자 DSLR 촬영, 2014년 7월 4일, 창녕 우포늪

약계층을 배경으로 이야기가 전개된다.

아동기에서 성인기로 넘어가는 삶의 과도기로서 청소년기는 서서히 부모를 떠나 독립하는 심리적 이유기로 아동기보다 친구들의 영향을 더 받는 시기로 묘사된다. 감수성이 예민한 청소년기에 겪는 통과의례로 폭력과 일탈 행위, 학교 부적응, 권위에 대한 반항, 이성에 대한 관심, 성적 욕망, 선과 악의 도덕적 갈등, 정체성의 혼란과 위기, 가까운 인간관계에서의 실패와 좌절, 꿈과 환상, 현실과 이상 사이의 괴리감, 희망과 절망 등이 다루어지는데, 전체 내용을 볼 때 작가의 자전적 소설로 평가된다.

특히『데미안』에서는 융의 분석심리학의 주 개념인 그림자, 아니마, 자기(Self) 원형, 개성화 과정과 융의 신비주의 성향이 전체 내용을 구성하는 사상적 배경으로 적용되었다. 아동기와 달리 청소년기부터는 본격적으로 철학적이고 종교적인 의문을 계속 품게 되면서 자신의 삶과 진로에 대한 진지한 고민을 시작하는 시기이다. 헤세에게 자아의 성장을 암시하는 상징적 대상은 알을 깨고 부화하여 높은 하늘로 솟구쳐 날아오르는 새이고, 많은 종류의 새들 중에 매를 성장하는 청소년기와 잘 어울리는 새로 보았다.

사진 6-16 멋진 날개를 펼치고 날아오르는 매

부록

과거 이야기 탐색을 위한 치료 매체

〈동화책〉

『괴물들이 사는 나라』, 모리스 샌닥, 시공주니어, 2008.

『나와 너』, 앤서니 브라운, 웅진주니어, 2010.

『서커스』, 브라이언 와일드 스미스, 시공주니어, 2008.

『숲 속으로』, 앤서니 브라운, 베틀북, 2004.

『어린 왕자』, 앙투안 드 생텍쥐페리, 비룡소, 2010.

『언제까지나 너를 사랑해』, 로버트 먼치, 북뱅크, 2000.

『엄마 어렸을 적엔…』, 이승은, 허헌선, 이레, 2001.

『연어』, 안도현, 문학동네, 2017.

『작은 집 이야기』, 버지니아 리 버튼, 시공주니어, 2009.

『짖어봐 조지야』, 줄스 파이퍼, 보림, 2009.

〈시〉

「갈대」, 신경림.

「길」, 김기림.

「길」, 윤동주.

「길 위에서의 생각」, 류시화.

「내 가슴은 설레고」, 윌리엄 워즈워스.

「모자(母子)」, 박목월.

「사모곡」, 김태준.

「산비둘기」, 박목월.

「어머니의 손」, 박목월.

「어른과 아이」, 앤 머로 린드버그.

「엄마 걱정」, 기형도.

「이니스프리의 호수섬」, 윌리엄 예이츠.

「자화상」, 윤동주.

「파도의 말」, 이해인.

「풀」, 김재진.

「풀잎에도 상처가 있다」, 정호승.

「향수」, 정지용.

〈노래〉

〈가난한 마음〉, 양희은.

〈가시나무〉, 조성모, 임형주.

〈기억해 봐요(Try to remember)〉, 브라더스 포.

〈나는 바위라오!(I am a rock)〉, 사이먼 앤 가펑클.

〈매기의 추억〉, 박인수.

〈메모리(Memory)〉, 옥주현, 뮤지컬 캣츠.

〈보리밭〉, 고성현, 최현수.

〈섬소년〉, 이정선.

〈아니요, 전 아무것도 후회하지 않아요〉, 에디트 피아프.[1]

1) 에디트 피아프(Edith Piaf, 1915~1963)는 프랑스의 국민 가수로 20세기 최고의 여성 가수로 꼽는다. 파리의 빈민가에서 태어나 병약했고, 영양실조로 키가 작아 '작은 참새'로 불렸다. 길

〈얼굴〉, 윤연선.

〈찔레꽃〉, 장사익, 임형주, 김호중.

〈즐거운 나의 집(Home! Sweet Home!)〉, 정은숙.

미래 이야기 탐색을 위한 치료 매체

〈동화책 및 소설〉

『갈매기의 꿈』, 리처드 바크, 문예출판사, 2004.

『꽃들에게 희망을』, 트리나 폴러스, 시공주니어, 2017.

『뛰어라 메뚜기』, 다시마 세이조, 보림, 1996.

『마지막 잎새』, 오 헨리, 더클래식, 2017.

『마법 침대』, 존 버닝햄, 시공주니어, 2009.

『빨간 나무』, 숀 탠, 풀빛, 2008.

『연금술사』, 파울로 코엘료, 문학동네, 2018.

『오필리아의 그림자 극장』, 미하일 엔데, 베틀북, 2009.

『작은 배』, 캐시 핸더슨, 보림출판사, 2019.

『크리스마스 캐럴』, 찰스 디킨스, 작가정신, 2010.

『큰 바위 얼굴』, 너새니얼 호손, 푸른 책들, 2013.

『파랑새』, 브라이언 와일드스미스, 현북스, 2011.

『프레드릭』, 레오 리오니, 시공주니어, 2009.

거리 가수였던 어머니는 그녀가 태어나자마자 그녀를 버렸고, 할머니가 그녀를 키웠다. 곡예사인 아버지를 따라 어린 시절 거리에서 노래를 부르기 시작했다. 1960년 발표된 그녀의 대표곡 중 하나인 〈아니요, 전 아무것도 후회하지 않아요(Non, je ne regrette rein)〉는 자신이 겪은 인생의 비극을 노래한 곡이다.

〈시〉

「겨울 강에서」, 정호승.

「귀천(歸天)」, 천상병.

「그 날이 오면」, 심훈.

「나는 희망을 거절한다」, 정호승.

「낙엽」, 구르몽.

「내 무덤가에 서서 울지 마세요」, 메리 프라이.

「다섯 개의 짧은 장으로 된 자서전」, 포르샤 넬슨.

「단풍 드는 날」, 도종환.

「담쟁이」, 도종환.

「모란이 피기 까지는」, 김영랑.

「방문객」, 정현종.

「봄비」, 정호승.

「산이 날 에워싸고」, 박목월.

「삶이 그대를 속일지라도」,[2] 알렉산드르 푸시킨.

「상한 영혼을 위하여」, 고정희.

「새벽」, 정한모.

「새벽 편지」, 곽재구.

「위로」, 윤동주.

「폭풍」, 정호승.

「햇살에게」, 정호승.

「희망은 깨어 있네」, 이해인.

「희망을 만드는 사람이 되라」, 정호승.

2) 섣부른 기대와 희망 속에서 삶이 내게 보내는 신호를 왜곡시키면서 우리는 스스로 자주 속는다.

〈노래〉

〈거위의 꿈〉, 인순이.

〈꿈〉, 조용필.

〈나는 꿈을 꾸었어요(I dreamed a dream)〉, 수잔 보일, 뮤지컬 '레미제라블'.

〈나는 꿈이 있어요(I have a dream)〉, 아바.

〈나를 일으키시네(You raise me up)〉, 폴 포츠, 조쉬 그로반.

〈넬라 판타지아〉, 사라 브라이트만.

〈라르고〉, 최성훈, 손혜수, 헨델의 오페라 '세르세'.

〈모닥불〉, 박인희.

〈무지개 너머 어딘가(Somewhere over the rainbow)〉, 주디 갈랜드.

〈민중의 노래〉, 뮤지컬과 영화 '레미제라블'.

〈보리수〉, 나나 무스꾸리, 슈베르트의 연가곡집 '겨울 나그네'.

〈비상〉, 임재범.

〈울게 하소서〉, 최성훈, 이동규, 사라 브라이트만, 헨델의 오페라 '리날도'.

〈험한 세상 다리가 되어〉, 사이먼 앤 가펑클.

〈희망가〉, 나훈아, 이선희.

〈희망의 나라로〉, 엄정행, 조수미.

〈히브리 노예들의 합창〉, 나나 무스꾸리, 베르디의 오페라 '나부코'.

집필 후기

필자가 상담학을 공부하면서 이야기 접근방식을 배우고 알게 된 것은 1980년대 후반 미국에서 박사 과정에 진학하면서부터이다. 수업 시간 담당 교수에게 새로운 상담 모델과 방법론을 소개받고 매우 신선한 충격을 받게 되었다. 그 이후 그런 가르침을 마음에 품고 학문적 구상을 하다가 2004년 학지사에서 『이야기치료: 이야기를 통한 인간 이해와 심리치료』를 출간하였고, 후속 연구를 통해 학술지 논문을 여러 편 발표하였다. 이 분야의 학문적 영역을 확장하면서 2015년 『이야기심리학: 개인적 신화의 탐색과 재구성』을 번역하였고, 2022년 『상담학 논문 작성을 위한 내러티브 탐구』를 학지사에서 출간하였다. 이야기치료에서 처음 시작하여 이야기심리학으로, 마지막에는 이야기 연구방법론으로 연구 영역을 단계적으로 확장시켜 나갔다.

이번에 쓴 『스토리텔링 시대의 내면아이 치유: 이야기 심리와 상담』은 과거 2004년 초판이 나온 『이야기치료』의 개정판이라기보다는 완전히 새로운 책으로 봐야 한다. 20년 동안 긴 시간이 지나면서 세상이 너무 많이 바뀌고, 상담 분야의 학문적 발전이 급속도로 진행되었기 때문이다. 과거의 책은 관련된 모든 내용을 넣기에 급급했다면, 이번 책은 해당되는 주제와 내용일지라도 상담에 별 도움이 되지 않을 것이라고 판단되거나, 필자가 쓴 다른 책에 있는 내용과 겹친다면 가급적 빼는 방향으로 내용을 정리하였다.

이야기치료는 현재 상담학뿐 아니라 철학과 윤리학, 문학, 교육학, 사회복

지학, 간호학 등 여러 갈래로 연구가 진전되면서 학문적인 상호 이해와 협업이 이루어지고 있다. 이 책을 쓰면서 생각나는 것은 이미 오래전이지만 20대 학부 시절 교양과목으로 인문학 강좌를 폭넓게 많이 수강했던 것이 이 책을 집필하는 데 큰 밑거름이 되었다는 것이다. 인문학은 본질적으로 인간 이해를 추구하기에 다른 어떤 학문들과도 학문적 대화를 쉽게 시도해 볼 수 있도록 도와준다. 이 책을 쓰면서 과거 문학과 철학 전공 교수님들이 새삼스럽게 기억 속에 많이 떠올랐다. 손봉호, 조신권, 최종수 학부 시절 교수님들께 존경과 감사의 마음을 전하고 싶다.

학문적인 작업에 몰두하다 보니 전에는 고단한 삶에 지쳐 떠오르지 않던 귀한 스승들과 은사 선생님들이 한꺼번에 많이 생각났다. 고등학교 때 어려운 가정 형편을 아시고 장학금을 받을 수 있도록 도와주신 허영무 선생님, 대학원 교수님으로서 삶의 목표를 정해 주신 박윤선 박사님과 대학원 졸업 후 미국 유학을 도와주신 김득룡 교수님, 미국 유학 시절 석사 과정에서 목회상담학을 가르쳐 주신 Melvin D. Hugen 교수님, 박사 과정에서 목회심리학을 가르쳐 주신 Homer L. Jernigan 교수님, 가족상담을 가르쳐주신 Merle R. Jordan 교수님, 세 분의 지도 교수님들도 그립고 고마운 분들이다. 그분들의 큰 은혜에 보답하지 못해 늘 마음에 걸렸는데, 이 책을 통해 그분들이 가르쳐 주신 것을 학문적으로 발전시켜 세상에 내놓는 것으로 조금이나마 마음의 빚을 갚는 것이 됐으면 좋겠다.

이 책을 쓸 수 있었던 데는 필자가 소속된 학문적 공동체의 많은 구성원의 도움도 컸다. 먼저 재직 시절 늘 도와주고 격려해 준 평택대학교의 학과 동료 교수님들에게 감사의 마음을 전한다. 그리고 학문적으로 신선한 자극과 영감을 주었던 한국목회상담협회와 한국독서치료학회에서 함께 일했던 선배와 후배 교수님들에게 지면을 통해서라도 감사의 마음을 전하고 싶다.

이 책을 쓰는 데 빼놓을 수 없는 또 다른 중요한 인물들로 필자가 가르치고 지도한 학생들과 제자들, 상담해 준 내담자들이다. 내가 가르치고 상담해 주었지만 동시에 그들은 나에게도 많은 영감과 도움을 준 특별한 사람들이다. 특히 50대 후반 건강이 극도로 나빠졌을 때 갱생의 비책을 마련해 준 제자 최홍렬 박사에게 고마운 마음을 다시 전한다. 최 박사로 인해 건강을 되찾고 이 책을 쓸 수 있었다.

학문적인 환경을 떠나 가족들에게도 늘 고마운 마음을 품고 있다. 39년 긴 세월을 인생의 동반자로 변함없이 인내하며 헌신해 준 아내에게, 늘 든든하고 자랑스러운 아들과 며느리에게, 가장 아끼는 보물과 같은 손자에게 사랑과 감사의 마음을 고백한다.

이 책을 쓰면서 많은 분의 도움을 받았지만, 무엇보다 실질적으로 좋은 책이 나올 수 있도록 큰 도움을 주신 학지사 김진환 대표님, 김순호 편집이사님, 백소현 실장님에게 심심한 감사의 뜻을 전한다. 시대 변화에 맞추어 해가 갈수록 경쟁력 있게 발전해 가는 모습에 놀라움을 금할 길이 없다. 계속해서 한국 사회의 의식 개혁과 성장을 위해 크게 공헌해 주기를 간절히 바란다.

다시 책 이야기로 돌아와 이 책에서 학문적 초점을 맞춘 것은 무엇보다 문학적 접근인데, 좀 더 큰 틀에서 음악은 청각 예술, 미술은 시각 예술, 그리고 문학은 언어 예술로 본다면 필자가 이 책에서 시도한 것은 통합 예술 접근의 이야기치료이고, 좀 더 발전적인 표현을 쓴다면 미학적 이야기치료이다. 이런 접근 방식 속에서 내면아이를 치료 대상으로 잡고 상담 이론과 방법을 통합적으로 구조화시켰다.

상담을 지나치게 어렵고 복잡하게 끌고 나갈 필요는 없다. 전문상담사라면 쉽게 지치지 않고 지구력 있게 장기 상담을 해 나갈 수 있는 자신만의 특별한 방법을 계속 개발해야 한다. 그런 면에서 상담을 스토리텔링 방식으로 보면서 문학적이고 예술적으로 접근해 보는 것은 매우 흥미롭고 창의적인 치료 접근이 될 수 있다. 내면아이의 문제도 거의 모든 내담자가 오랜 세월 심리적 고통과 갈등을 겪는 흔한 주제이므로 과거부터 상담학의 최대 관심사 중 하나였고, 학문적으로 깊이 있게 잘 다루어야 하는 중대한 과제이다.

개인적인 이야기이지만 어렸을 때 처음 열망한 꿈은 화가였다. 집안이 몰락하면서 일찍 꿈을 접을 수밖에 없었다. 중년기 이후 바쁘고 고단한 생활 속에서 그림 그리기를 포기한 대신 사진 촬영으로 관심을 돌렸고, 여행을 다니면서 사진을 많이 찍게 되었다.[1] 이번 책에서는 지금까지 집필 방식과 다르게 사진 자료를 많이 넣었다. 글자만 있는 책은 보기가 피곤하고 지루하기에 새로운 변화를 시도해 보았다. 독자들이 즐겁고 편하게 책을 보면서 내용을 이해하는 데 도움이 되기를 바란다.

2022년 여름 대학에서 정년퇴직하고 난 후 집필에 전념하여, 몇 차례 병치레를 크게 했지만 무난히 잘 완성되어 너무 기쁘고 감사한 마음이 든다. 노년기로 접어들면 인간관계나 사회활동에서 많은 것을 잃고 슬퍼하기도 하지만, 대신 삶의 유익한 것들을 몇 가지 얻기도 한다. 늘 일에 쫓기며 빠른 속도로 피곤하게 살다가 속도를 늦추고 쉬면서 마음의 여유를 가질 수 있는 것이다. 또 하나는 마음을 비우고 삶의 기준을 낮추면서 자족하며 절제할 수 있는 마음을 배우고 실천할 수 있는 것이다.

젊어서부터 여행을 매우 좋아했고, 코로나 여파로 일찍 앞당겨 은퇴 생활할 곳을 찾다가 산수경관이 수려하고 살기 좋은 충남 보령시로 이사하고 정착하였다. 그로 인해 산[2]과 계곡,[3] 바다[4]와 호수[5]를 누비며 인생의 황혼기를 마음껏 즐길 수 있는 자연 환경이 내게 허락되어 저술 활동에 큰 도움이 되었다.

1) 사진은 그림을 대신해서 간편하게 삶의 어떤 주제를 예술적으로 표현할 수 있는 시각 매체가 되고 일기나 자서전, 시집, 여행기, 회의나 학술 발표 자료 등 다용한 용도로 사용될 수 있다.
2) 옥마산(둘레길, 옥마정, 패러글라이딩 활공장), 성주산(자연휴양림, 무궁화수목원, 계화예술공원/바둑이네 동물원, 석탄박물관), 도미부인 솔바람길(도미부인 사당, 충청수영해안경관 전망대), 오서산
3) 심연동 계곡, 화장골 계곡
4) 대천해수욕장, 무창포해수욕장(신비의 바닷길), 상화원, 소황사구, 원산도해수욕장, 맨삽지, 굴따라길
5) 보령호 둘레길, 청천호 둘레길

이 책을 읽는 독자들에게 자신의 내면아이에 관한 이해와 통찰력이 커지고, 치유의 신비롭고 놀라운 경험이 마음속 깊은 데서부터 강하게 일어나길 바란다. 더불어 우리 모두의 마음이 사랑과 희망의 아름다운 빛줄기로 가득 채워지기를 기대한다.

보령 시내와 멀리 보이는 바다[6)]

세계적인 여름 행사인 보령 머드 축제

6) 저자 스마트폰 촬영, 2022년 10월 8일, 옥마정

참고문헌

강수정, 이제성, 이준영(2020). 키덜트 소비자의 장난감 소비동기와 소비행태. 소비문화연구, 23(1), 41-68.

강연호(2017). 시 스토리텔링의 활용과 인문학적 성찰: 1930년대 후반 자전적 고백의 시편을 중심으로. 인문언어, 19(2), 139-161.

강진, 백승권(2017). 손바닥 자서전 특강. 서울: 한겨레출판.

고기홍, 김경복, 양정국(2010). 밀턴 에릭슨과 혁신적 상담. 서울: 시그마프레스.

고미숙(2003). 정체성 교육의 새로운 접근: 서사적 정체성 교육. 한국교육, 30(1), 5-32.

고미영(2019). 이야기치료의 애도 상담에 대한 사례 연구: 회원재구성대화를 중심으로. 교육문화연구, 25(3), 727-747.

고혜영(2013). 『어린 왕자』 연구: 영원한 아이(Puer Aeternus). 동화와 번역, 25, 15-35.

구미향(1998). 치료적 은유. 놀이치료연구, 1(1), 1-13.

구자경(2016). 한 재혼가정 성인자녀의 내러티브 정체성 탐구. 가족과 가족치료, 24(2), 207-226.

권영민(2009). 문학의 이해. 서울: 민음사.

김공숙(2022). 드라마 〈마더〉에 나타난 모성원형의 양가성과 모성 콤플렉스. 영상문화콘텐츠연구, 26, 131-165.

김대군(2017). 윤리상담에서 이야기상담의 의의. 윤리연구, 117(1), 117-142.

김대군(2021). 흠, 죄의 의미와 고백의 윤리성 고찰. 윤리연구, 133(1), 133-148.

김득룡(2010). 눈의 세계관, 귀의 세계관?: 자연주의 세계관을 넘어서. 동서철학연구, 56, 431-459.

김미영(2016). 천경자의 세계여행이 여성인물화에 미친 영향: 수필분석을 중심으로. 한국문화, 75, 65-96.

김선희(2008). 실존의 고통과 실존치료: 키에르케고어를 중심으로. 동서철학연구, 49, 347-366.

김성민(2009a). 17세기 프랑스 신비주의와 J. M. 드 귀용의 신비체험에 대한 분석심리학적 고찰. 신학과 실천, 18, 253-296.

김성민(2009b). 남성성의 결핍으로 인한 문제와 그 정신치료: 47세 남성의 사례를 중심으로. 목회와 상담, 13, 102-122.

김순배(2020). 철학상담 관점에서 본 어빈 얄롬(Irvin D. Yalom)의 '지금-여기' 활성화 기법. 철학논집, 61, 9-35.
김시태(1985). 문학의 이해. 서울: 반도출판사.
김영근(2015). 인간의 고통스러운 경험과 치유에 관하여: 상담관계의 맥락 안에서. 인간 · 환경 · 미래, 15, 38-66.
김영철(2005). 라캉의 언어사회화론 탐색: '아버지의 이름'이 가정교육에 주는 시사점. 교육인류학연구, 8(1), 1-38.
김요한(2010). 문화콘텐츠로서 이야기의 확대 재생산: 〈헨젤과 그레텔〉 스토리텔링을 중심으로. 세계문학비교연구, 30, 269-288.
김용성, 김정식(1992). 문학개론. 서울: 한글.
김유라, 이근미(2019). 의학교육에서 내러티브 가능성 탐구. 내러티브와 교육연구, 7(1), 141-157.
김유숙(2012). 가족치료: 이론과 실제. 서울: 학지사.
김은철, 김종호(2019). 문학의 이해. 서울: 한국문화사.
김인숙(2015). 샤갈 회화의 문화적 모더니티에 관한 연구. 기초조형학연구, 16(3), 109-120.
김재희(2006). 보르헤스 작품에 나타난 시간의 철학적 의미: 동시적 공존과 반복. 철학연구, 74, 43-62.
김정선(2016). 아시아 여성 화가의 여성상: 천경자와 여자미술학교 졸업생을 축으로. 미술사학보, 53-77.
김종태(2018). 박목월 시에 나타난 고뇌와 죽음. 한국문예비평연구, 58, 9-31.
김준(2013). Heinz Kohut의 인간이해와 기독교상담. 복음과 상담, 20, 9-35.
김준(2019). 이야기치료의 재저작 대화: 기독교상담을 위한 적용 방안. 복음과 상담, 27(1), 121-148.
김헌성(2013). 사이코드라마에서의 무의식. 한국사이코드라마학회지, 16(2), 119-135.
김현자(2007). 한국 자연시에 나타난 은유 연구. 한국시학연구, 20, 249-279.
김현주(2017). 라깡의 주체 담론: 인간의 욕망구조의 서사성. 문학과 종교, 22(4), 71-88.
김홍신 외(2004). 내 삶을 바꾼 칭찬 한마디. 서울: 21세기북스.
노경선(2008). 아이를 잘 키운다는 것. 서울: 예담.
노성숙(2016). '세계관 해석'의 심화와 확장으로서의 철학상담: 소크라테스 대화를 중심으로. 현대유럽철학연구, 40, 1-36.
문장수(2015). 전이증상과 상담방법. 철학논총, 80(2), 197-224.
박성덕, 이우경(2008). 정서중심적 부부치료. 서울: 학지사.
박순형(2022). MZ 세대의 특성과 언어 사용 연구. 한말연구, 63(18), 1-23.
박유정, 유제분(2006). 프루스트의 인간적 시간과 하이데거의 존재론적 기분에 관한 고찰. 범한철학, 41, 1-28.
박종덕(2020). 나태주 시의 은유 기반과 함의. 어문연구, 105, 189-209.
박찬부(1994). 내러티브의 위기와 전이의 문제. 영어영문학, 40(3), 539-559.

박혜숙(2011). 그림책의 은유와 환상성 연구. 한국문학이론과 비평, 50, 133-150.
방현석(2013). 서사 패턴 959. 서울: 아시아.
백상훈(2022). 프란치스코의 신비주의적 영성에 관한 소고. 신학과 사회, 36(1), 317-347.
변상형(2015). 샤갈의 여성성, 아니마(Anima) 연구. 한국프랑스학논집, 89, 333-361.
서성록(2011). 렘브란트의 〈돌아온 탕자〉 연구. 신앙과 학문, 16(1), 131-155.
서영식(2012). 노예철학자 에픽테토스의 명예관. 철학논총 68(2), 1-20.
선안남(2010). 심리학, 사랑에 빠지다. 서울: 스타북스.
송태현(2010). 융, 동양, 그리고 동시성. 외국문학연구, 40, 127-146.
신경림(2010). 신경림의 시인을 찾아서. 서울: 우리교육.
신경희, 강기수(2020). 빅터 프랭클의 삶의 의미론에서의 고통의 의미와 교육적 시사. 교육사상연구, 34(3), 71-91.
신혜선(2013). 유아 그림책『구름빵』에 나타난 주인공의 욕망형성 과정 분석. 유아교육연구, 33(4), 71-93.
심승환(2017). 아우구스티누스의 〈고백록〉을 통한 만남과 나눔의 영성교육 고찰. 교육철학연구, 39(4), 63-86.
안승범(2009). 시와 영화의 수사학에 관한 정신분석적 일고찰: 라캉의 '은유'와 '환유' 개념을 중심으로. 한국문학이론과 비평, 45, 169-196
양용준(2016). 대학생의 은어 사용실태 분석. 영어영문학, 21(3), 111-128.
양유성(2004). 이야기치료: 이야기를 통한 인간 이해와 심리치료. 서울: 학지사.
엄상현(2016). 매슬로의 동기이론이 한국 인성교육에 주는 시사점 분석. 한국사상과 문화, 83, 358-383.
오수진(2011). 샤갈의 시적 상상력과 셰익스피어의『폭풍우 재현』. 셰익스피어비평, 47(2), 339-361.
오형엽(2008). 고전적 은유론과 해석학적 은유론 비교 고찰. 어문연구, 58, 485-508.
우한용(2004). 서사능력의 구조와 기능, 그리고 그 교육에 대한 이론적 탐구. 문학교육학, 13, 129-169.
유종헌(2020. 12. 24.). "'어린 왕자' 최초 번역은 조선일보." 조선일보.
유종호(1996). 문학이란 무엇인가. 서울: 민음사.
윤동주(2013). 하늘을 우러러 한 점 부끄럼이 없기를. 서울: 비타민북.
윤민우(2015). 자서전의 저자. 영미연구, 33, 93-139.
윤일환(2020). 예이츠의 묘비명: 죽음의 텍스트화와 망자에게 목소리 부여하기. 한국예이츠저널, 62, 139-155.
이무석(2000). 이무석 박사의 정신건강칼럼. 서울: 순출판사.
이민용(2009). 이야기와 스토리텔링의 치유적 기능. 독일언어문학, 43, 225-242.
이민용(2010). 인문치료의 관점에서 본 은유의 치유적 기능과 활용. 카프카연구, 23, 291-311.
이민용(2011). 스토리텔링 치료의 치료 요인과 그 적용. 헤세연구, 25, 217-240.
이병민(2012). 라깡의 세 정신구조 개념을 통해 보는 영화: 상상계, 상징계, 실재계와 제6세대 영화. 중국

학논총, 36, 259-283.
이선형(2012). 예술치료를 위한 "은유"의 개념과 기능에 대한 소고. 드라마연구, 37, 145-166.
이선형(2016). 『어린 왕자』의 치유적 읽기. 한국프랑스학논집, 93, 63-90.
이선혜(2005). 내러티브접근의 자가평가모형 개발: 외현화대화를 중심으로. 한국가족치료학회지, 13(2), 1-27.
이선혜(2020). 이야기치료. 서울: 학지사.
이수진(2020). 정신분석 미술치료. 서울: 학지사.
이숙진(2017). 1920년대 자기계발 문화와 기독교: 프랭클린 〈자서전〉 번역을 중심으로. 기독교사회윤리, 38, 239-270.
이윤주, 양정국(2007). 밀턴 에릭슨 상담의 핵심: 은유와 최면. 서울: 학지사.
이정미(2021). 글쓰기의 시작은 자서전 쓰기에서. 서울: 생각나눔.
이준호(2017). 멜라니 클라인의 우울적 자리를 넘어서: 초월적 자리와 영적 자리에 대한 고찰. 목회와 상담, 29, 166-201.
이지현, 최광규(2017). 천경자의 뱀을 주제로 한 작품에서 드러나는 승화와 자기치유적 의미에 대한 고찰. 미술치료연구, 24(3), 781-799.
이창재(2003). 프로이트와의 대화. 서울: 민음사.
이창재(2008). 예술작품의 기원과 의미에 대한 정신분석적 해석: 프로이드의 꿈작업과 초현실주의의 창조 기법을 중심으로. 라깡과 현대정신분석, 10(1), 35-62.
이철승(2013). 『논어』 속 군자관의 논리 구조와 정치의식. 동방학, 29, 7-33.
이해진(2011). 아버지에 갇힌 주체에서 어머니로 열리는 주체. 젠더와 문화, 4(1), 131-165.
이현승(2015). 시 교육에 있어서 은유, 상징, 알레고리의 위상. 민족문화연구, 66, 271-289.
임훈, 주효진(2017). 케이블TV 법정드라마 등장인물의 원형분석: 〈굿 와이프〉와 〈비밀의 숲〉을 대상으로. 한국자치행정학보, 31(4), 263-288.
장성숙(2022). 사람에겐 사람이 필요하다. 서울: 더난출판.
장영희(2007). 생일. 서울: 비채.
전혜성(2006). 섬기는 부모가 자녀를 큰 사람으로 키운다. 서울: 랜덤하우스.
정갑선, 김영근(2021). 일차 정서에 관한 이론적 고찰과 상담적 활용. 상담학연구, 22(2), 1-23.
정보라(2020). 서사적 정체성과 변화에 대한 목회신학적 성찰: 사랑의 경험을 중심으로. 목회와 상담, 34, 362-395.
정성미(2009). 은유의 치료적 활용. 어문논집, 42, 121-136.
정성미(2010). 감성과 인문치료의 언어, 은유. 인문과학연구, 24, 201-220.
정운채(2010). 토도로프와 채트먼의 서사이론과 문학치료학의 서사이론. 고전문학과 교육, 20, 309-330.
정정승(2002). 시간과 공간의 은유적 표현. 언어과학연구, 22, 221-242.

정호승(2006). 내 인생에 힘이 되어준 한마디. 파주: 비채.

정호승(2017). 나는 희망을 거절한다. 파주: 창비.

정호승(2021). 내가 사랑하는 사람. 파주: 비채.

정희자(1999). 삶으로서의 은유. 부산외대논총, 19(3), 219-247.

조윤제(2022). 아이는 부모의 등을 보고 자란다. 서울: 성안당.

최경도(2008). 자서전 연구의 성격과 전망. 영미문학교육, 12(1), 129-145.

최광진(2016). 찬란한 고독, 한의 미학. 고양: 미술문화.

최광현(2013). 인형치료: 트라우마 가족치료에 대한 적용. 서울: 학지사.

최연구(2018). 4차 산업 혁명과 인간의 미래. 파주: 살림.

한국미니픽션작가모임(2014). 내 이야기 어떻게 쓸까?. 서울: 호미.

한수민(2021). 천경자의 여성 인물화 표현 연구. 기초조형연구, 22(6), 517-529.

한승희(2006). 내러티브 사고의 장르적 특징에 관한 고찰. 교육과정연구, 24(2), 135-158.

한승희(2016). 내러티브에 의한 자아형성 탐색. 내러티브와 교육연구, 4(3), 75-95.

한정란, 조혜경, 이이정(2004). 노인 자서전 쓰기. 서울: 학지사.

EBS 제작팀(2011). 이야기의 힘. 서울: 황금물고기.

EBS 제작팀(2014). 죽음. 서울: 책담.

Adler, A. (2007). 아들러의 사회적 관심과 상담(Adlerian social interest and counseling). (김필진 역). 서울: 학지사.

American Psychiatric Association. (2015). 정신질환의 진단 및 통계 편람, 제5판(Diagnostic and statistical manual of mental disorders, the fifth edition). (권준수 외 공역). 서울: 학지사. (원저는 2013년 출판).

Aristoteles (2002). 시학(De arte poetica liber). (천병희 역). 서울: 문예출판사. (원저는 1922년 출판).

Augustinus (2008). 고백록: 젊은 날의 방황과 아름다운 구원(Confessiones). (정은주 역). 서울: 풀빛.

Baker, R. (2010). 러셀 베이커 자서전: 성장(Growing up). (송제훈 역). 고양: 연암서가. (원저는 1982년 출판).

Beck, A. T. (2008). 우울증의 인지치료(Cognitive therapy of depression). (원호택 외 공역). 서울: 학지사. (원저는 1987년 출판).

Berry, R. (2003). 30분에 읽는 프로이트(Freud: A beginner's guide). (이근영 역). 서울: 중앙 M&B. (원저는 2000년 출판).

Bienenfeld, D. (2009). 상담 및 임상 실무자를 위한 정신역동이론(Psychodynamic theory for clinicians). (유성경, 이은진, 서은경 공역). 서울: 학지사. (원저는 2005년 출판).

Block, J. D. (2001). *Broken promises, mended hearts*. Chicago: Contemporary Books.

Bowlby, J. (2014). 존 볼비의 안전기지: 애착이론의 임상적 적용(A Secure Base: Clinical Applications of

Attachment Theory). (김수임, 강예리, 강민철 공역). 서울: 학지사. (원저는 1988년 출판).

Cashdan, S. (2005). **대상관계치료**(Object relations therapy: Using the relationship). (이영희, 고향자, 김해란, 김수형 공역). 서울: 학지사. (원저는 1988년 출판).

Colarusso, C. A. (2011). **정신분석적 발달이론: 요람에서 무덤까지**(Child and adult development: A psychoanalytic introduction for clinicians). (반건호, 정선주 공역). 서울: 학지사. (원저는 1992년 출판).

Corey, G. (2001). **상담 및 심리치료의 통합적 접근**(The art of integrative counseling). (한명호 역). 서울: 시그마프레스. (원저는 2001년 출판).

Crossley, M. L. (2000). *Introducing narrative psychology*. Philadelphia: Open University Press.

Erikson, E. H. (1980). *Identity and the life cycle*. New York: W. W. Norton & Company.

Erikson, E. H. (2014). **유년기와 사회**(Childhood and society). (송제훈 역). 고양: 연암서가. (원저는 1993년 출판).

Erikson, M. H. (2015). **밀턴 에릭슨의 심리치유 수업**(My voice will go with you: The teaching tales of Milton H. Erikson). (문희경 역). 서울: 어크로스. (원저는 2011년 출판).

Fairbairn, R. (2003). **성격에 관한 정신분석학적 연구**(Psychoanalytic studies of the personality). (이재훈 역). 서울: 한국심리치료연구소. (원저는 1994년 출판).

Fink, B. (2002). **라캉과 정신의학**(A clinical introduction to Lakanian psychoanalysis: Theory and technique). (맹정현 역). 서울: 민음사. (원저는 1997년 출판)

Fishbach, A. (2022). **반드시 끝내는 힘: 세계 최고의 행동과학자가 18년 연구 끝에 밝혀낸 목표 달성의 과학**(Get it done: Surprising lessons from the science of motivation). (김은영 역). 서울: 비즈니스북스. (원저는 2022년 출판).

Frankl, V. E. (2002). **죽음의 수용소에서: 당신이 가진 최고의, 그리고 최후의 자유는 바로 선택할 수 있는 자유이다**(Man's search for meaning: An introduction to logotherapy). (이시형 역). 서울: 청아출판사. (원저는 1992년 출판).

Frankland, A. (2012). **대상관계 심리치료 실전**(The little psychotherapy book: Object relations in practice). (강대갑 역). 서울: 시그마프레스. (원저는 2010년 출판).

Franklin, B. (2015). **프랭클린 자서전**(The autobiography of Benjamin Franklin). (이계영 역). 서울: 김영사. (원저는 2011년 출판).

Freud, S. (2003a). **정신분석 강의**(Vorlesungen zur einfuhrung in die psychoanalyse). (임홍빈, 홍혜경 공역). 서울: 열린 책들.

Freud, S. (2003b). **일상생활의 정신병리학**(Sigmund Freud gesammelte werke). (이한우 역). 서울: 열린 책들.

Freud, S. (2004). **성욕에 관한 세 편의 에세이**(Deri abhandlungen zur sexual theorie). (김정일 역). 서울: 열린 책들.

Frye, N. (2000). 비평의 해부(Anatomy of criticism: Four essays). (임철규 역). 서울: 한길사. (원저는 1957년 출판).

Gomez, L. (2012). 대상관계이론 입문(An introduction to object relations). (김창대, 김진숙, 이지연, 유성경 공역). 서울: 학지사. (원저는 1997년 출판).

Gottschall, J. (2014). 스토리텔링 애니멀: 인간은 왜 그토록 이야기에 빠져드는가(The storytelling animal: How stories make us human). (노승영 역). 서울: 민음사. (원저는 2013년 출판).

Hamilton, N. G. (2008). 심리치료에서 대상관계와 자아기능(The self and the ego in psychotherapy). (김진숙, 김창대, 이지연, 윤숙경 공역). 서울: 학지사. (원저는 1996년 출판).

Hawthorne, N. (2013). 큰 바위 얼굴: 호손 단편선(The great stone face). (이종인 역). 서울: 해와 나무.

Hugo, V. M. (2012). 레미제라블 1(Miserables). (베스트트랜스 역). 서울: 더클래식.

James, W. (2000). 종교적 경험의 다양성(The varieties of religious experience). (김재영 역). 서울: 한길사.

Jung, C. G. (2002). 원형과 무의식(Archetyp und unbewubtes). (융 저작 번역위원회 역). 서울: 솔출판사. (원저는 1984년 출판).

Kafka, F. (2012). 절망은 나의 힘: 카프카의 위험한 고백 86(Zetsubou meijin Kafka no jinseiron). (박승애 역). 서울: 한스미디어. (원저는 2011년 출판).

Kahn, M. (2008). 21세기에 다시 읽는 프로이트 심리학(Basic Freud: Psychoanalytic thought for the 21st century). (안창일 역). 서울: 학지사. (원저는 2002년 출판).

Kierkegaard, S. (2007). 죽음에 이르는 병(Sygdommen til doden). (임춘갑 역). 서울: 다산글방.

Kluckhohn, C., & Murray, H. A. (1967). *Personality in nature, society, and culture*. New York: Alfred A. Knopf.

Kopp, R. R. (1998). Early recollections in Adlerian and metaphor therapy. *Individual psychology, 54*(4), 480-486.

Lakoff, G., & Johnson, M. (2006). 삶으로서의 은유(Metaphors we live by). (나익주, 노양진 공역). 서울: 박이정. (원저는 2003년 출판).

Lester, A. D. (1997). 희망의 목회상담(Hope in pastoral care and counseling). (신현복 역). 서울: 한국심리치료연구소. (원저는 1995년 출판).

Mahler, M. S. (1997). 유아의 심리적 탄생: 공생과 개별화(The psychological birth of the human infant). (이재훈 역). 서울: 한국심리치료연구소. (원저는 1975년 출판).

Malkomsen, A. et al. (2022). How therapists in cognitive behavioral and psychodynamic therapy reflect upon the use of metaphors in therapy. *BMC Psychiatry, 22*, 1-12.

McAdams, D. P. (2015). 이야기 심리학: 개인적 신화의 탐색과 재구성(The stories we live by: Personal myths and the making of the self). (양유성, 이우금 공역). 서울: 학지사. (원저는 1993년 출판).

McGuinty, E. F. et al. (2018). Novel four-session treatment intervention for anxiety and high-functioning autism: a single case report for externalizing metaphors therapy. *Journal of Child and Adolescent Psychiatric Nursing, 31*, 87-96.

Neimeyer, R. A., & Raskin, J. D. (2000). *Construction of disorder*. Washington, DC: American Psychological Association.

Ogden, T. H. (2015). **투사적 동일시와 심리치료 기법**(Projective identification and psychotherapeutic technique). (김도애, 류가미 공역). 창원: 경남가족상담연구소. (원저는 1977년 출판).

Pearce, S. S. (1996). *Flash of insight: Metaphor and narrative in therapy*. Needham Heights, MA: Allyn & Beacon.

Pearson, C. S. (2007). **내 안엔 6개의 얼굴이 숨어 있다**(The hero within: Six archetypes we live by). (왕수민 역). 서울: 사이. (원저는 1998년 출판).

Peck, M. S. (2005). **아직도 가야 할 길**(The road less traveled: A new psychology of love, traditional values, and spiritual growth). (신승철, 이종만 공역). 서울: 열음사. (원저는 1985년 출판).

Rogers, C. (1998). **칼 로저스의 카운슬링의 이론과 실제**(Counseling and psychotherapy). (한승호, 한성열 공역). 서울: 학지사. (원저는 1942년 출판).

Rollins, W. G. (2002). **융과 성서**(Jung and the Bible). (이봉우 역). 칠곡: 분도출판사.

Rucinska, Z. & Fondelli, T. (2022). Enacting metaphors in systemic collaborative therapy. *Frontiers in Psychology 13*, 1-14.

Ryken, L. (1982). **상상의 승리**(Triumphs of the imagination: Literature in Christian perspective). (최종수 역). 서울: 성광문화사. (원저는 1979년 출판).

Scharff, J. S., & Scharff, D. E. (2008). **초보자를 위한 대상관계 심리치료**(The primer of object relations therapy). (오규훈, 이재훈 공역). 서울: 한국심리치료연구소. (원저는 1995년 출판).

Segal, H. (1999). **멜라니 클라인: 멜라니 클라인의 정신분석학**(Melanie Klein). (이재훈 역). 서울: 한국심리치료연구소. (원서는 1979년 출판).

Segal, J. (2018). **멜라니 클라인: 정신분석의 거장**(Melanie Klein). (김정욱 역). 서울: 학지사. (원서는 2004년 출판).

Siegelman, E. Y. (1990). *Metaphor and meaning in psychotherapy*. New York: Guilford Press.

Solomon, S., Greenberg, J., & Pyszczynski, T. (2016). **슬픈 불멸주의자: 인류 문명을 움직여온 죽음의 사회심리학**(The worm at the core: On the role of death in life). (이은경 역). 서울: 흐름출판. (원저는 2015년 출판).

Stadter, M. (2006). **대상관계 단기치료**(Object relations brief therapy: The therapeutic relationship in short-term work). (이재훈, 김도애 공역). 서울: 한국심리치료연구소. (원저는 1996년 출판).

Sternberg, R. J. (1998). *Love is a story*. New York: Oxford University Press.

Sunderland, M. (2007). **스토리텔링을 통한 어린이 심리치료**(Using storytelling as a therapeutic tool with children). (이재훈 외 공역). 서울: 한국심리치료연구소. (원저는 2001년 출판).

Tyson, P., & Tyson, R. L. (2020). **정신분석적 발달이론의 통합**(Psychoanalytic theories of development: An integration). (박영숙, 장대식 공역). 부산: 산지니. (원저는 1990년 출판).

Ulanov, A., & Ulanov, B. (1999). **신데렐라와 그 자매들: 인간의 시기심**(Cinderella and her sisters: The envied and the envying). (이재훈 역). 서울: 한국심리치료연구소. (원저는 1983년 출판).

White, M. (2012). **이야기치료의 지도**(Maps of narrative practice). (이선혜, 정슬기, 허남순 공역). 서울: 학지사. (원저는 2007년 출판).

Winnicott, D. (1997). **놀이와 현실**(Playing and reality). (이재훈 역). 서울: 한국심리치료연구소. (원저는 1971년 출판).

Winnicott, D. (2000). **성숙과정과 촉진적 환경**(The maturational processes and the facilitating environment: Studies in the theory of emotional development). (이재훈 역). 서울: 한국심리치료연구소. (원저는 1984년 출판).

Winnicott, D. (2011). **소아의학을 거쳐 정신분석학으로**(Through paediatrics psycho-analysis). (이재훈 역). 서울: 한국심리치료연구소. (원저는 1992년 출판).

Wullschlager, J. (2010). **샤갈**(Chagall: Love and exile). (최준영 역). 서울: 민음사. (원저는 2008년 출판).

Yeats, W. B. (2011). **예이츠 시선**(Selected poems of W. B. Yeats). (허현숙 역). 서울: 지식을 만드는 지식. (원저는 1990년 출판).

오카다 다카시(2018). **나를 돌보는 게 서툰 어른을 위한 애착 수업**. (이정환 역). 파주: 푸른 숲.

요시무라 미카 (2013). C. G. 융의 동시성에 관한 연구: 「주역」과 노장에 대한 C. G. 융의 이해를 중심으로. **철학 · 사상 · 문화**, 6, 30-67.

우치다 타츠루 (2016). **푸코, 바르트, 레비스트로스, 라캉 쉽게 읽기**(Nenagara manaberu kozo-shugi). (이경덕 역). (원저는 2002년 출판).

후쿠시마 아키라 (2003). **정신분석이라는 이름의 인간 드라마**. (고은진 역). 서울: 이손.

찾아보기

인명

내용

저자 소개

양유성(Yang, Yoo Sung)

1957년 서울에서 출생하여 학부 시절 상담학에 관심과 열정을 갖게 되어 미국으로 유학을 가서, 30대 후반 보스턴대학교(Boston University)에서 박사 학위를 받았고, 교수 임용을 받은 후 학술 연구와 임상 활동에 매진하였고, 평택대학교에서 정년퇴임 후 충남 보령에 정착하여 은퇴 생활을 즐기며 저술 활동에 전념하고 있다.

이메일: yyspl@hanmail.net

이야기치료와 내면아이 치유

Narrative Therapy and Healing the Inner Child

2024년 5월 10일 1판 1쇄 인쇄
2024년 5월 15일 1판 1쇄 발행

지은이 • 양유성
펴낸이 • 김진환
펴낸곳 • ㈜ 학지사
04031 서울특별시 마포구 양화로 15길 20 마인드월드빌딩
대표전화 • 02-330-5114 팩스 • 02-324-2345
등록번호 • 제313-2006-000265호

홈페이지 • http://www.hakjisa.co.kr
인스타그램 • https://www.instagram.com/hakjisabook

ISBN 978-89-997-3117-4 03180

정가 23,000원